후쿠시마원전사고와 법정책

지진·원전사고로부터의 부흥을 향해

福島原発事故と法政策

후쿠시마원전사고와 법정책

지진·원전사고로부터의 부흥을 향해

震災·原発事故からの復興に向けて

다카하시 시게루(高橋 滋) 편저 | 함인선 역

maronie

편저자 서문

후쿠시마제1원전사고에서는 복수의 원자로시설에서 핵연료의 용융 및 건물의 수소폭발이 발생하여, 대량의 방사성물질이 대기 등으로 방출되었다. 그 결과, 정부의 피난지시에 따라 인근 시정촌의 주민이 대피하고, 자주적으로 피난하는 사람도 다수 발생했다. 현재도 후쿠시마현(福島縣) 후타바군(双葉郡)을 중심으로 많은 피난민이 사고 이전의 거처로 귀환할 수 없는 상황에 있다.

이러한 거대한 원자력재해는 일본사회에 큰 충격을 주었다. 첫째로, 손해의 규모는 거대하고, 배상액은 원자력손해배상법이 규정하는 배상조치액을 크게 능가하고 있다. 그 때문에, 사고를 발생시킨 도쿄전력주식회사에 대한 정부의 지원의 형태, 배상시 사업자와 정부와의 역할분담, 신속한 배상 등, 현행 원자력손해배상법제에 대해 많은 과제가 드러나게 되었다. 둘째로, 방사성물질의 오염제거에 대해서는 방사성물질오염대처특조법에 근거하여, 국가·지방공공단체가 작업을 실시하고 있지만, 진척의 지연이 문제가 되는 외에, 오염제거 목표의 타당성, 비용부담 등도 논의되고 있다. 또한 방사성물질에 의해 오염된 폐기물의 수집·관리, 중간저장, 최종처분에 대해서도 임시보관소와 시설용지 확보 등 많은 과제가 남아 있다.

셋째로, 후쿠시마제1원전사고는 국가의 원자력시설의 안전관리체제에 대한 국민의 신뢰를 흔들고, 안전규제를 담당하는 행정조직, 규제의 체계는 근본적으로 변경되었다. 현재, 일부 원자력발전소의 재가동이 개시되고 있지만, 새로운 조직과 체제가 유효하게 기능하고 국민의 신뢰를 얻을만한 것이 되고 있는지 여부에 대해 전문적인 견지에서 검증하는 것은 법학에 부과된 중요한 과제이다. 또한, 원자력시설의 설치·가동을 둘러싼 리스크 커뮤니케이션의 방식의 검토도 중요한 과제이며, 특히 고준위 방사성폐기물 처분장의 입지선정의 체계에 대해서는 이러한 관점에서 검토가 불가결하다.

또한, 원자력법제에 관한 외국법 연구는 지금까지 구미 제국에 관한 것이 중심이었다. 그러나, 원자력사고가 발생한 경우에 우리나라에 미치는 영향이라는 관점에서는 원자력발전소의 건설·가동을 추진하는 중국을 비롯한 동아시아 국가들의 원자력법제의 연구가 중요해지고 있다.

그래서, 본서에서는 ①원자력손해배상, ②방사성물질 오염대책, ③원자력시설의 안전규제·입지선정 등, ④동아시아 국가들의 원자력법제의 4개의 테마를 다루기로 했다.

덧붙여서, 본서는 히토츠바시대학(一橋大學) 대학원 법학연구과·공익재단법인 스미토모덴코그룹 사회공헌기금 기부강좌 '지진·원전사고로부터의 부흥을 위한 환경법정책강좌'(2013년도부터 2016년도)에 의한 연구프로젝트의 성과이다. 동 프로젝트에는 히토츠바시대학의 직원과 위의 테마에 전문적인 지식을 가진 외부의 연구자의 참가를 얻어, ①히토츠바시대학과 독립행정법인 경제산업연구소에 의한 정책포럼, 에너지정책 살롱에의 협찬, ②일본공공정책학회 2014년도 연구대회·공통테마세션 '원자력법제에서의 제 문제'의 기획·운영, ③원자력손해배상 심포지엄(2014년 2월 9일)의 개최, ④그 성과물인 히토츠바시대학 환경법정책강좌 편 『원자력손해배상의 현황과 과제』(2015년 4월, 상사법무)의 발행 등의 활동을 해왔다. 본서는 이러한 활동의 중간 총괄로서의 성격을 갖는 것이지만, 게재논문은 기본적으로 각 멤버의 책임으로 집필되었다.

또한, 대만의 진 춘생(陳春生) 대법관, 윤용택 소카대학 교수님에게는 이번에 특히 부탁을 드려서 집필멤버로 참가해 주셨다. 또한, 본서의 기획에서 출간까지 제일법규주식회사 기무라 후미오(木村文男) 씨, 니시이 가오리(西井香織) 씨가 한결같이 진력해 주신 것을 특히 기술해 두고 싶다.

마지막으로, 본 프로젝트의 제반 사업을 실시할 수 있었던 것은 공익재단법인 스미토모덴코그룹 사회공헌기금(대표이사 마츠모토 마사요시(松本正義) 스미토모전기공업주식회사 사장)의 지원 덕분이다. 여기에 강좌의 운영자금을 제공받은 것에 대해 강좌의 운영책임자, 본서의 편저자로서 깊은 감사를 드리는 바이다.

본서가 지진·원전사고로부터의 본격적인 부흥을 바라는 많은 분들의 눈에 닿아, 정책담당자, 관계자의 참고로 된다면 집필자 일동의 행복이다.

2016년 1월

편저자
다카하시 시게루(高橋 滋)

역자 서문

본서는 다카하시 시게루 교수 편저인『福島原發事故と法政策 震災·原發事故からの復興に向けて』(第一法規、2016)를 번역한 것이다. 동 교수는 일본 스미토모(住友)그룹으로부터 지원을 얻어 2011년 3월의 동일본대진재(東日本大震災)관련 연구프로젝트를 수행해오고 있는 바, 본서는 그 성과의 일부라고 할 수 있다. 동일본대진재의 여파는 6년이 지난 현재도 진행중이며, 여러 가지 과제를 남기고 있다. 본서는 그 중 법적 문제라는 관점에서 어프로치한 것이라고 할 수 있다.

본서는 4편 11장으로 구성된 것으로서 제1편 '원자력손해배상', 제2편 '방사성물질오염대책', 제3편 '안전규제와 주민합의', 그리고 제4편 '동아시아 국가의 원자력법제'로 구성되어 있다. 본서의 내용은 동일본대진재라고 하는 커다란 재해에 직면하여 발생하는 여러 가지 현상과 법적 과제들을 실제상황을 대상으로 하여 깊이 있게 분석한 논문들로 이루어져 있다. 근래 들어 우리나라도 적지 않게 지진이 발생하고 있으며, 다수의 원자력발전소를 가지고 있는 입장에서 이러한 연구성과는 우리나라의 경우에도 크게 참고가 될 수 있다고 생각한다.

역자는 2010년 8월부터 2011년 7월까지 학술연구재단 대학교수해외방문연구지원을 받아 일본 히토츠바시대학(一橋大學)에서 연구를 위해 도쿄에 체재하던 중에, 2011년 3월 11일의 동일본대진재를 경험한 바

있다. 이러한 개인적 체험과 다카하시 시게루 교수님과의 오랜 인연이 본서의 번역을 가능하게 한 요인이라고 할 수 있다. 특히, 다카하시 교수님은 위 연구프로젝트의 일환으로서 2016년 9월 24, 25일 양일간 도쿄에서 개최된 심포지움에 역자를 초청하여 발제할 기회를 주셨다 (한편, 동 심포지움의 성과는 2017년 3월에 『原發事故からの復興と住民參加一福島原發事故後の法政策一』(第一法規)으로 출판되었다). 그 때, 역자는 다카하시 교수님에게 본서의 번역에 대한 의향을 전달하였고, 교수님은 이를 흔쾌히 승낙해주셨다.

또한, 본서를 출판함에 있어서는 전남대학교 학술도서출판지원을 받았다. 전남대학교의 이러한 지원사업이 개인적으로는 쉽사리 결행하기 어려운 출판을 가능하게 한 것이라고 할 수 있다. 본서의 출판으로 이웃나라의 불행한 사태로 인해 얻은 귀중한 성과가 우리나라 독자들에게도 널리 전달될 수 있기를 기대한다.

2017년 3월

함인선

목차

제2편 방사성물질 오염대책

제3편 안전규제와 주민합의

제4편 동아시아 국가의 원자력법제

제1편

원자력손해배상

제1장 후쿠시마원전사고로부터의 부흥과 원자력손해배상

— 사고 후 4년의 현황과 과제 —

1 본장의 목적과 구성

(1) 사고 피해와 배상 현황

(1) 사고 피해와 배상액

도쿄전력주식회사(이하 '도쿄전력'이라 한다) 후쿠시마제1원자력발전소(이하 '후쿠시마원전'이라 한다)의 사고가 발생한지 4년 이상이 경과하였다. 주지하는 바와 같이, 후쿠시마원전사고[1]의 피해는 「원자력손해의배상에관한법률」(1961년 법률 147호. 이하 '원배법'이라 한다) 3조 1항에서 말하는 "비정상적으로 거대한 천재지변 또는 사회적 동란"으로 인해 발생한 것이 아니라고 하여, 동 항의 무과실책임규정에 근거하여 배상이 이루어져 왔다. 다만, 방사성물질의 오염은 광범위하게 미치고, 피해는 수습되지 않고 있다. 후쿠시마현(福島縣)에 따르면, 2015년 3월 시점에서, 후쿠시마현의 피난민수는 약 11만 9,000명이다[2].

---

1) 후쿠시마제2원자력발전소에 대해서도 2011년 3월 12일 피난지시 등이 내려졌다. 그러나, 동월 15일 원자로의 냉온정지상태가 확보되어 피난구역이 시설의 반경 10㎞ 권내에서 8㎞ 권내로 축소됨에 따라, 동 원전의 피난지시구역은 후쿠시마제1원전의 피난지시구역(당시. 시설의 반경 20㎞ 권내)에 포함되었다. 한편, 후쿠시마제2원자력발전소에 관련하는 배상안건도 발생하고 있기 때문에, 본장에서는 '후쿠시마원전'의 호칭을 사용한다.

2) 동일본대진재 전체의 피난민이다. 福島縣「ふくしま復興のあゆみ <第11版>」, 17쪽.

그러나, 정부는 2015년 6월 12일의 원자력재해본부 결정에 의해 피난지시해제준비구역·거주제한구역에 대해, 사고 발생 6년 후인 2017년 3월까지는 피난지시를 해제하고, 귀환에 대한 환경정비를 추진한다는 방침을 나타냈다. 이 방침을 토대로 하여, 도쿄전력과 원자력손해배상·폐로등지원기구가 수립한 '특별사업계획'((2) 참조)에 의하면, 오염제거비용을 포함하는 손해액의 견적은 약 7조 750억 엔에 이른다[3].

(2) 국가의 지원책

이 거액의 배상금은 도쿄전력 단독으로 전부 조달할 수 없다. 따라서, 후쿠시마원전사고 이후 정부는 원배법 16조의 요건, 즉, i)동법에 근거해 사고에 대비하여 조치되어 있었던 금액(배상조치액)을 배상금액이 초과하고, ii)피해자 보호 및 원자력산업의 건전한 발달이라는 동법의 목적 달성에 필요한 경우에, 동 사고가 해당한다고 하여, 사고발생사업자를 원조하는 체계를 마련하는 원자력손해배상지원기구법(2011년 법률 94호. 현 원자력손해배상·폐로등지원기구법. 이하, 개정 후의 것을 포함하여, '기구법'이라 한다)을 제정했다.

기구법은 i) 배상금액이 배상조치액을 초과한 경우에 사고발생사업자를 지원하는 조직으로써 원자력손해배상지원기구(현 원자력손해배상·폐로등지원기구. 이하 명칭 변경 후를 포함하여 '기구'라고 한다)를 설립하고, ii) 기구의 업무내용과 정부에 의한 감독체계를 규정한다. 또한, iii) 업무비용에 충당하기 위하여 기구가 발전용원자로의 운전 등을 하는 사업자 등으로부터 일반부담금을, 사고발생사업자로부터 특별부담금을 징수하는 것 등도 규정되어 있다. 한편, 후쿠시마제1원전의 폐로 지원 등을 기구의 업무에 추가하기 위하여, 2014년에 동법이 개정되고(2014

---

3) 原子力災害本部 「『原子力災害からの福島復興に向けて』 改訂」, 原子力損害賠償·廢爐等支援機構=東京電力株式會社 『新·總合特別事業計畫』(2014년 1월 15일). 덧붙이면, 동 계획은 2015년 7월 28일에 변경인정이 되었다.

년 법률 40호), 기구의 명칭은 원자력손해배상·폐로등지원기구로 변경되었다.

덧붙이면, 지원비용에 충당하기 위하여 기구가 국채의 교부를 받을 필요가 있다고 인정하는 때에, 기구는 원자력사업자와 공동으로 특별사업계획((1) 참조)을 작성하여 주무대신의 인정을 받는다. 특별사업계획에는 i) 피해상황·배상액의 전망과 배상의 이행을 위한 방안·사업 및 수지에 관한 중기계획, ii) 경영의 합리화를 위한 방안, iii) 관계자에 대한 협력 요청 등의 방안 등이 기재된다.

이러한 기구법에 의한 지원제도에 근거하여, 도쿄전력에 대해 원배법에 근거한 조치액(1,889억 엔. 정부의 원자력손해배상 보상계약에 근거하는 것) 외에도, 기구로부터 약 5조 1,300억 엔의 자금이 교부되었다(2015년 8월)[4].

〔2〕 본장의 구성

(1) 본장의 문제의식

이러한 심각하고 광범위한 손해에 대한 배상을 둘러싸고는 폭넓은 영역에서 다양한 논의가 일어났다. 특히, 민법학 영역에서는 두 방향에서 비판과 의문이 제시되고 있다.

첫째로는, 이번 사고가 원배법 3조 1항의 면책사유에 해당한다고 하는 것[5]과 '풍문피해'나 '영업손해'에 대한 구제는 불법행위법이 예정하는 바가 아니라는 것[6]이다. 한편, 이와는 반대로 정부지시에 따른 피

4) 東京電力「プレスリリース2015年 原子力損害賠償·廢爐等支援機構からの資金の交付について」(2015年 8月 21日).

5) 예를 들어, 森嶌 昭夫「原子力事故の被害者救濟−損害賠償と補償(1)」『時の法令』1882호(2011년), 40쪽 이하. 동 취지의 문헌을 소개하는 것으로서, 高橋 滋「原子力損害賠償法の法的諸問題」『公共政策研究』14호(2014년), 87쪽.

난주민, 자주(自主)피난민 등에 대한 위자료의 지불방법에 대해서 비판이 가해지고[7], 나아가서는 사고 전의 생활이 재건된 상태를 출발점으로 하는 배상액의 산정이 이루어져야 했다는 지적도 유력하게 이루어지고 있다[8].

그러나, 그 중 불법행위법 고유의 논의를 여기서 본격적으로 다루는 것은 행정법학의 범위를 넘는다. 한편, 원자력 사고시의 국가에 의한 사업자에 대한 지원, 배상의 실시 등에 관한 바람직한 국가책임 등은 행정법학의 고찰대상이다. 또한, 원배법은 손해배상에 관련된 분쟁의 해결을 위해 원자력손해배상분쟁심사회를 설치하고 있지만, 배상의 지침을 책정하는 심사회, 조정을 담당하는 원자력손해배상분쟁해결센

---

6) 新美 育文「原子力事故と損害賠償」澤 昭裕ほか監修『新たな原子力損害賠償制度の構築に向けて』(2013년, 21世紀政策研究所), 127쪽 이하 등.

7) 대표적인 것으로서, 淡路 剛久「福島原發事故の損害賠償の法理をどう考えるか」『環境と公害』43권 2호(2013년), 5쪽, 동「『包括的生活利益としての平穩生活權』の侵害と損害」『法律時報』86권 5호(2014년), 136쪽 이하, 浦川道太郎「原發事故により避難生活を余儀なくされているものの慰謝料に關する問題点」『環境と公害』43권 2호(2013년), 14쪽 이하, 吉村良一「原子力損害賠償紛爭審査會『中間指針』の性格「『法律時報』86권 5호(2014년), 136쪽 이하, 동「福島第一原發事故被害の完全救濟に向けて」『環境と公害』44권 1호(2014년), 30쪽 이하, 吉田邦彦「居住福祉法學と福島原發被災者問題(下)」『判例時報』2240호(2015년), 3쪽 이하. 또한 2015년에 지금까지의 배상문제를 포괄적이고 비판적인 입장에서 검토한 淡路 剛久=吉村良一=除本理史『福島原發事故賠償の研究』(日本評論社)가 간행되었다. 吉村良一「避難者に對する慰謝料」同 131쪽 이하 등.

8) 淡路·전게주 7)『環境と公害』43권 2호, 6쪽, 淡路 剛久「『包括的生活利益としての平穩生活權』の侵害と損害」淡路=吉村=除本·전게주 7)『福島原發事故賠償の研究』20쪽 이하, 潮見佳南「中島『原發賠償 中間指針の考え方』を讀んで」『NBL』1009호(2013년), 46쪽 이하, 同「福島原發賠償に關する中間指針等をふまえた損害賠償法理の構築」淡路=吉村=除本·전게주 7), 同 106쪽 이하. 그 이외에 원배심의 지침에 의한「營業損害(間接損害)」의 산정방법을 비판하는 것으로서, 吉田邦彦「福島原發事故による營業損害(間接損害)の賠償について」淡路=吉村=除本·전게주 7) 同 161쪽 이하 등이 있다.

터의 방식에 대해서도 논의가 있고, 필자도 여러 논고를 공표해 왔다[9].

(2) 본장의 내용

따라서, 본장에서는 상기 논고와의 중복을 피하여, 이하의 문제를 다룬다. 그 첫째는, 주민의 생활지원 등을 중심으로 한 부흥시책의 현황과 평가이다. 광범위한 피해를 가져온 후쿠시마원전사고에 대해서는 지역사회와 커뮤니티에서의 관계를 유지, 부활·회복을 시야에 넣은 정부의 지원이 불가결하다. 그리고, 이 점과 관련하여, 원배법 하에서의 배상 현황을 비판하는 견해가 사고 전에 누렸던 지역적 관계, 커뮤니티에 의지하였던 생활을 손해로 파악하여 배상액을 산정하여야 한다고 주장하고 있는 점은 시사하는 바가 크다[10]. 이러한 시점을 포함한 정부의 시책을 분석함으로써 원전피해로부터의 부흥을 위한 정부의 책임과 원배법에 근거한 불법행위책임에 따른 손해배상과의 관계를 정리하기 위한 하나의 시점을 제공할 수 있을 것이다[11].

---

9) 高橋 滋「原子力損害賠償紛争審査會について一中間指針策定の作業と今後の課題」『原子力學會誌』53권 11호(2011년), 16쪽, 高橋·전게주 5)『公共政策研究』14호, 86쪽. 또한, 一橋大學環境法政策講座編『原子力損害賠償の現狀と課題』(別冊NBL 150호, 2015년), 94-97쪽 이하[高橋 滋].

10) 전게주 7)의 제 문헌. 또한, 吉田邦彦교수는 피난자의 거주복지의 보장이라는 관점에서 특정적 구제로서의 손해배상론을 전개하고 있다. 吉田·전게주 7)『判例時報』2240호 7쪽 이하.

11) 동일본대진재로부터의 부흥시책에 관한 법률학으로부터의 논고 내지 법제도를 의식한 분석을 행하는 것으로서 다음의 것을 들어 둔다.『自治研究』89권1호·同2호(2013)의 특집(「第12回行政法研究フォーラム東日本大震災と行政法(1)(2)」) 게재의 제 논문, 특히, 太田直史「復興事業と特區制度」同 1호, 20쪽, 生田長人「災害對策法制の抱える主要課題とその檢討の視点」同 1호, 37쪽, 日本財政法學會編『東日本大震災後の財源調達と法の諸層 財政法叢書29号』(2013年, 全國會計職員協會) 所收의 제 논문 (五十嵐敬喜「復興政策の構造と論点」同 9쪽, 近藤俊之「震災復興をめぐる國會論議の整理·分析」同 26쪽, 諸坂佐利「東京電力福島第一原子力發電所事故の賠償責任者の範囲 (賠償財源調達) について」同 43쪽, 片桐直人「復興財源にかかわる諸問題」同 75쪽),『公法研究』76호 (2014

두 번째 검토사항은 지방자치단체에 대한 배상문제이다. 개인·법인에 대한 배상은 진행되어 왔지만, 후쿠시마현, 피해 시정촌에의 배상은 본격화되고 있지 않다. 한편, 사고에 수반하는 세수 감소 등, 지방자치단체에게 고유의 손해배상에 관한 논의는 충분히 되어 있지 않다.

(3) 본장의 구성

따라서, 본장에서는 우선 후쿠시마원전사고 발생 후 국가 등의 부흥시책의 실적에 대해 시간별로 분석·검토하기로 한다(2). 그 후에, 후쿠시마원전사고로 인한 지방자치단체의 손해에 대한 논의를 소개하고 고찰하기로 한다(3). 마지막으로, 요약을 하도록 한다(4).

2 부흥시책의 현황과 과제

(1) 분석의 시점과 유의점

지금까지의 문헌에서는 국가의 직할사업, 보조사업, 동일본대진재부흥교부금(이하 '부흥교부금'이라 한다), 지방교부세의 특례인 진재부흥특별교부세(이하 '부흥특별교부세'라고 한다) 등에 초점을 맞춘 것이 많다[12)13)]. 그러나, 이들 시책 이외에도 특별교부세, 보통교부세 상의 조

年) 게재의 제 논문(특히, 晴山一穗「大規模災害と行政組織」同 22쪽, 中原茂樹「大規模災害と補償」同 150쪽, 由喜門眞治「震災と復興·地域づくり」同 160쪽), 鈴木庸夫編『大規模震災と行政活動』(2015年,日本評論社) 所收의 제 논문(특히 由喜門眞治「震災と復興·地域づくり」同 111쪽, 中原茂樹「原子力損害と補償」同 267쪽). 그러나, 이들 선행연구에서는 후쿠시마원전사고로부터의 부흥시책에 깊이 들어가서 분석하는 논고는 많지 않다. 中原茂樹「大規模災害と補償」同 150쪽이 원자력사고로부터의 부흥을 다룬 소수의 논고의 하나이다.

12) 후쿠시마원전사고를 받은 지방세 재정상의 조치를 정리한 것으로서, 竹之內美砂子「東日本大震災に係る地方稅財政上の對応」『立法と調査』318호(2011년), 12쪽이 있다.

치 등의 지원책이 실시되고 있다. 또한, 시책의 평가 시에는 국가뿐만 아니라 현·시정촌의 움직임을 포함해서 보는 것도 중요할 것이다.

또한, 다음과 같은 점에 유의할 필요가 있다. 첫째로, 후쿠시마현 등에 대해서는, 지진·쓰나미 등에 의한 피해에 착안한 시책도 실시되고 있으며, 원전사고에 관한 시책과 이들을 엄밀하게 구별하는 것은 곤란하다. 둘째로, 후쿠시마원전사고는 완전히는 수습되지 않았다. 따라서, 시책의 분석에 대해서도 시간의 경과를 쫓아 평가하는 시점이 중요하다. 이하에서는 위의 여러 가지 사항에도 유의하여 분석을 진행하기로 한다.

〔2〕 긴급대응과 오염제거·이재민 지원

먼저, 2011년도·2012년도 상반기의 시책을 개관한다. 이 시기에는 지진재해·사고에 대한 긴급대응 및 피난지시, 피난민에 대한 긴급지원을 중심으로 시책이 전개되었다.

(1) 긴급대응[14)]

① 2011년 입법

(가) 2011년에는 동일본대진재에 대한 긴급대응으로서 이하의 입법이 제정되었다. 먼저, 기본적인 체계를 정하는 것으로, 동일본대진재부흥기본법(2011년 법률 76호), 동일본대진재부흥특별구역법(2011년 법률 122호), 부흥청설치법(2011년 법률 125호) 등이 있다[15)]. 그 외에도, 이재

13) 또한, 나중에 보는 바와 같이, 2011년도를 중심으로 하여 피해 지자체에 대해 보통교부세의 각종의 산정의 특례, 특별교부세의 적립 등도 실시되었다(〔4〕-(1) 참조).

14) 復興廳「復興の現狀と取組」(2013년 9월 25일), 69쪽이 부흥입법을 잘 정리하고 있다. (http://www.reconstruction.go.jp/topics/main-cat7/sub-cat7-2/20130925_sanko1-2.pdf)

민에 대한 국세·지방세 감면[16], 부흥재원 확보를 위한 증세나 공채 발행의 특례 등 국가의 재원조치[17], 피해 지자체의 재정지원에 대해 규정하는 동일본대진재재특법[18](2011년 법률 40호) 등의 여러 법들이 제정되었다[19][20].

(나) 한편, 후쿠시마원전사고에 주목하는 입법조치로는 1) 기구법

---

15) 동일본대진재부흥기본법은 부흥청설치법의 제정에 수반하여 일부가 개정되고, 동일본대진재부흥특별구역법은 2014년 5월에 일부 개정되었다(2014년 법률 32호).

16) 「동일본대진재의이재민등에관한국세관계법률의임시특례에관한법률」(2011년 법률 29호), 「지방세법의일부를개정하는법률」(2011년 법률 30호). 전자는 2011년 12월에 일부 개정되었다(2011년 법률 119호).

17) 「2011년도분의지방교부세의총액의특례등에관한법률」(2011년 법률 41호, 이하 '2011년지방교부세특례법'이라 한다), 「동일본대진재에대처하기위하여필요한재원등의확보를도모하기위한특별조치에관한법률」(2011년 법률 42호), 「2011년도에서의공채의발행의특례에관한법률」(2011년 법률 106호), 「동일본대진재로부터의부흥을위한시책을실시하기위하여필요한재원의확보에관한특별조치법」(2011년 법률 117호), 「동일본대진재로부터의부흥에관해지방공공단체가실시하는방재를위한시책에필요한재원의확보에관한지방세의임시특례에관한법률」(2011년 법률 118호) 등. 또한, 「2011년지방교부세특례법」은 2011년 12월과 2012년 2월에 일부 개정되고 있다(2011년 법률 116호 및 2012년 법률 1호). 나아가, 「2010년도세입세출의결산상의잉여금의처리의특례에관한법률」(2011년 법률 88호).

18) 정식명칭, 「동일본대진재에대처하기위한특별재정원조및조성에관한법률」(2011년 법률 40호). 또한, 지방교부세의 특례액을 정하는 「2011년지방교부세특례법」(전게주 17))이 있다.

19) 이것들을 법적으로 분석하는 것으로서, 由喜門·전게주 11)『公法研究』 76호, 160쪽, 동·전게주 11) 『大規模震災と行政活動』 111쪽, 生田·전게주 11) 『自治研究』 89권 1호, 37쪽이 있다. 국회에서의 재원논의를 분석하는 것으로서, 近藤·전게주 11) 『東日本大震災後の財源調達と法の諸層 財政法叢書29号』 26쪽.

20) 이들 법률 이외에도 「특정비상재해의피해자의권리이익의보전등을도모하기위한특별조치에관한법률」(1996년 법률 85호)에 근거하여, 응급가설주택의 제공(민간임대주택의 임차, 공적 주택의 활용을 포함한다)의 제공기간(원칙 2년)이 연장되었다(그 후 다시 연장).

(1-[1]-(2)) 외에도, 2) 원자력사고피해긴급조치법[21](2011년 법률 91호), 3) 방사성물질오염대처특조법[22](2011년 법률 110호), 4) 원전사고사무처리특례법[23](2011년 법률 98호), 5) 원전사고관련 지방세·재특법[24](2011년 법률 96호) 등이 있다.

② 예산 및 세제조치

(가) 예산조치

다음으로, 예산조치에 대한 것이다. 2011년도에는 3차에 걸친 일반회계 보정예산이 편성되었다[25].

(a) 부흥교부금 등

피해 현(縣)의 인프라의 복구·정비에 대해, 후쿠시마현에는 각종 사업비를 보조하는 부흥교부금((피해 현의 합계. 이하 같다) 2011년 1조 5,621억 엔, 2012년 2,868억 엔, 2013년 5,918억 엔)이 교부되고 있다. 이에 더해, 2012년도에는 재해복구사업[26](2012년 2,605억 엔, 2013년 6,611억 엔), 부

---

21) 정식명칭, 「2011년원자력사고로인한피해에관한긴급조치에관한법률」.

22) 정식명칭, 「2011년3월11일에발생한동북지방태평양먼바다지진에수반하는원자력발전소의사고에의해방출된방사성물질에의한환경의오염에대한대처에관한특별조치법」.

23) 정식명칭, 「동일본대진재에서의원자력발전소의사고에의한재해에대처하기위한피난주민에관한사무처리의특례및주소이전자에관한조치에관한법률」.

24) 정식명칭, 「동일본대진재에서의원자력발전소의사고에의한재해에대처하기위한지방세법및동일본대진재에대처하기위한특별재정원조및조성에관한법률의일부를개정하는법률」.

25) 小池拓自 「平成23年度第1次補正予算と今後の課題」『調査と情報』 711호(이하 모두 2011년) 1쪽, 동「平成23年度第1次補正予算と今後の課題」『調査と情報』 720호 1쪽, 小池拓自외「平成23年度第3次補正予算と今後の課題」『調査と情報』 729호 1쪽.

26) 공공토목시설의 기능회복을 위해 「공공토목시설재해복구사업비국고부담법」(1951년 법률 97호)에 근거하여 높은 보조율을 가지고 실시되는 지방의 보조사업 및 국가 직할사업이다.

흥관계공공사업[27](2012년 2,389억 엔, 2013년 2,868억 엔)이 더해졌다. 이들 지출의 특징은 보조사업에 대해 높은 보조율이 채용되어, 직할사업·보조사업의 지방부담분에 대해서도 동일본대진재에 대해 특례로 설정된 부흥특별교부세에 의해 그 전액이 조치되는 점이다. 이들 자금은 지진·쓰나미 피해에 중점을 둔 것이 주이지만[28], 개호(介護)기반부흥마을건설정비사업을 통한 고령자개호시설의 정비사업 등, 원전사고로부터의 부흥에 이용되는 것도 있다[29].

(b) 피해자 지원사업

그리고, 이외에도 피해자 지원, 산업의 진흥·고용의 확보 등을 목적으로 하여, 2011년도 내에 피해 현(縣) 전체로 총 8조 9,513억 엔의 국비가 집행되었다[30]. 한편, 이들 중에는 피난민 지원 등과 같이 원전사고의 피해자를 대상으로 하는 것도 포함된다.

예를 들어, i) 2011년도 일반회계의 보정합계에서는 생활지원으로 7,119억 엔이 집행되고 있지만, 그 중에는 재해구조법(1947년 법률 118호)에 근거하는 피난소의 설치 등에 관련된 국고부담금 4,554억 엔이 포함되어 있다[31]. 그리고, 재해구조법에 근거한 가설주택·임차주택에

27) 부흥에 관련하여 실시되는 기반정비토목사업(하천, 도로, 농지 등), 생활관련시설정비사업(주택, 상하수도 등)을 가르킨다.

28) 예컨대, 2012년도행정사업리뷰시트 「사업번호 국토교통성 0379 부흥청 119」(재해복구사업(동일본대진재관계)), 「사업번호 국토교통성212 부흥청 114-2」(동일본대진재에 관한 복구·부흥관련사업(도로관계) (동일본대진재관계)).

29) 후생노동성 「동일본대진재부흥관련사업체크시트(2011년도 제3차보정예산) 사업번호7 개호기반긴급정비등임시특별기금(개호기반부흥마을건설정비사업)(http://www.mhlw.go.jp/wp/yosan/yosan/11hosei/dl/kanrenzigyou_07.pdf). 또한, 2012년도행정사업리뷰시트 「사업번호 부흥청 34-2 후생노동성 0787」.

30) 부흥청 「부흥관계예산의집행상황(2011년도말 현재)」(http://www.reconstruction.go.jp/topics/main-cat8/sub-cat8-3/20140813_kesan.pdf).

31) 2012년도행정사업리뷰시트 「사업번호 부흥청47 후생노동성 992」

대해서는 자주피난민을 포함하여 무상공여가 계속되고 있다[32]. 또한 ii) 산업의 진흥·고용의 확보 등의 집행액 2조 7,204억 엔 중 4,308억 엔이 고용확보를 위한 것이며, 그 주요사업인 중점분야고용창조사업비(부흥관련사업)(4,010억 엔 집행)에서는 방사선의 모니터링, 건강진단 등의 보조, 지역지킴이사업에 활용하는 형태로 피해지에서의 고용촉진에 충당된 예가 있다[33]. 또한, iii) 교육·의료·복지관계(집행액 3,1121억 엔) 가운데 문교관계에서는 학교상담사 긴급파견, 피해가정의 학생들에게 무이자장학금의 지급, 국립·사립학교의 수업료 감면[34], 등이 실시되었다. 그에 더하여, iv) 가설주택에서의 지원거점의 정비 등을 내용으로 하는 지역버팀목체제구축사업[35] 외에도 고령자 복지, 장애인 복지, 모자·과부 복지, NPO와의 협력·협동을 통한 생활지원 분야에서도 원전사고 피해자를 대상으로 한 사업이 있다[36].

---

32) 재해구조법 4조 1항(피난소 및 응급가설주택의 공급), 동 18조(도도부현의 부담), 21조(국고부담). 전게주 20) 참조. 한편, 후쿠시마현은 자주피난자에 대해 2017년 3월까지로 할 방침이라는 것이 보도되었다(『朝日新聞』 2015년 6월 15일자 석간 1쪽 등).

33) 2012년도행정사업리뷰시트「사업번호 부흥청34-2 후생노동성 0286」,「2011년도 후쿠시마현긴급고용창출기금사업(진재등긴급고용대응사업)의 하반기(2011.10.1.~2012.3.31.) 실적에 대하여」(http://www.pref.fukushima.lg.jp/uploaded/attachment/74240.pdf).

34) 2012년도행정사업리뷰시트「사업번호 부흥청0026 문부과학성 0106」, 동「사업번호 부흥청0030 문부과학성 0170」, 동「사업번호 부흥청0031 문부과학성 0176」, 동「사업번호 부흥청0032 문부과학성 0191」.

35) 후생노동성「동일본대진재부흥관련사업체크시트(2011년도제3차보정예산) 사업번호 6 개호기반긴급정비등임시특례기금(지역상호의지체제만들기사업)(http://www.mhlw.go.jp/wp/yosan/yosan/11hosei/dl/kanrenzigyou_06.pdf).

36) ⅰ)재난을 당한 장해자등의 이용자부담을 감면하고, 경계구역거주자에게 시정촌이 감면을 행한 경우, 이것을 전면부담하는 등의 사업이 있다(2012년도행정사업리뷰시트「사업번호 부흥청35 후생노동성 0910」). 동일한 것으로서 모자과부가정에 대한 자금대부 등의 이자보급사업 등도 있다. 또한, ⅱ)시정촌등이 개호보험이용자의 보험료의 감면을 한 경우에 재정지원하는 제도가

(c) 후쿠시마현에 중점을 둔 시책

이 점을 감안하여, 후쿠시마현의 복구·부흥에 특히 중점을 둔 2011년도 시책을 살펴보기로 한다. 먼저, i) 특별교부세의 증액을 통해 '인출형 부흥기금'이 창설되어, 후쿠시마현에 570억 엔이 배분되었다(절반은 시정촌에 배분). 또한, ii) i) 이외에 방사선치료센터 등의 정비, 기업입지보조, '긴급고용창출사업기금' 등으로 구성된 '후쿠시마현 원자력재해등부흥기금'(3,840 억 엔), iii) 기존 제도의 추가배분(1,500억 엔 정도)이 조치되었다. 다만, 이들 시책 중 '인출형 부흥기금', '긴급고용창출사업기금' 등은 다른 피해 도현(道縣)과 공통되는 제도이다.

또한, 본장과의 관련에서는, '후쿠시마현 원자력이재민·아동건강관리기금'(962억 엔) 및 학교급식검사·어린이들의 자연체험활동 등을 위한 '후쿠시마현 원자력피해응급대책기금'(404억 엔)이 조치되어 있는 것이 주목된다.

그러나, 다른 예산조치에 대해서도 마찬가지이지만, 지방공공단체의 기금에 포함된 자금은 당해 연도에 지출된다고는 할 수 없다. 또한, 부흥예산 일반에 대해서 지적되는 것이지만, 예산 가운데에는 집행 잔류가 발생하여, 다음 연도로 이월된 비목이 많다.

(d) 부흥특별교부세·특별교부세

이미 언급 한 바와 같이, 부흥특별교부세는 동일본대진재의 부흥시

있었지만, 2012년도에 경계구역내 등의 피보험자에게 특화한 제도로 되었다. 동「사업번호 부흥청36 후생노동성 0916」. 그 이외에도, 건강보험료·국민건강보험료의 감면에 관한 사업 등이 있다. 동「사업번호 부흥청40 후생노동성 0952」. 농림관계에서도 iii)재난을 당한 농가의 피난처에서의 영농을 위한 각종 지원사업등이 있다. 동「사업번호 부흥청068 농림수산성 0184」, 동「사업번호 부흥청070 농림수산성 0186」 등. 또한, NPO와의 협동을 통한 생활지원책의 강화에 대해서도 2011년도의 제3차보정에 의한「새로운 공공지원사업」의 적립액 8억 8,000만 엔이 피해지지원에 사용되었다(2012년도부터「NPO등의 운영력 강화를 통한 부흥지원사업」으로 바뀜).

책에 관련한 지방자치단체의 부담을 경감하기 위해 창설되었다. 구체적으로는, i) 직할·보조사업에 관련한 지방부담액을 전액 조치하는 한편, ii) 단독재해복구사업비, iii) 중장기 직원파견, 직원채용의 비용, iv) 쓰나미 피해지역의 주민정착 촉진, v) 지진에 관련한 지방세법의 감면에 따른 수입감소금액의 보전 등을 조치하는 것이다. 또한, 생활지원에 관련한 시책으로서, vi) 2011년도부터 피해자 돌봄이나 케어, 지역일으키기활동 지원 등의 활동을 통해 커뮤니티의 재건을 도모할 목적으로 고용되는 '부흥지원원(復興支援員)'이 부흥특별교부세의 대상이 되고 있다(2014년도 실적, 21단체·452명).

또한, 원전사고로부터의 부흥에 중점을 둔 것으로서, i) 피해 지방자치단체 이외의 단체가 실시하는 자체 오염제거, ii) 자신의 풍문피해대책도 부흥특별교부세의 대상으로 되었다. 그에 더하여, 2012년도 이후는, iii) 피난지 시정촌과 피난주민과의 관계유지비용, iv) (피해를 입은) 어린이의 교육환경의 정비, 안전·안심되는 환경의 확보를 목적으로 하는 시책의 비용도 포함되게 되었다(2011년 47억 엔, 2012년 109억 엔, 2013년 76억 엔, 2014년 76억 엔)[37].

또한, 특별교부세에서도 동일본대진재에 더하여 원전사고에 관련하는 시책의 비용이 조치되어 있다. 전자에 대해서는 i) 피해 지자체의 요청에 따른 지원활동, ii) 문화재 보호, iii) 수산업의 진흥, iv) 방재사업이 있고, 후자에 대해서는 또한 i) 후술하는 원전사고사무처리특례법(③-(나))의 비용 외에도 ii) 동일본대진재재특법(①-(가))의 적용을

37) 「지방단체에대해교부해야할2011년도분의진재부흥특별교부세의금액의산정방법, 결정시기및결정액그리고교부시기및교부액의특례등에관한성령(이하, 「0000년도 부흥특별교부세성령」이라 한다)」(2011년 총무성령 155호) 1조 23호 내지 26호. 한편, 부흥지원원에 대하여, 총무성자치행정구지역자립응원과 인재력활성화·연계교류실의 홈페이지(http://www.soumu.go.jp/main_sosiki/jichi_gyousei/c-gyousei/02gyousei08_03000067htmal) 참조.

받지 않는 도도부현·시정촌이 한 오염제거 조사, 풍문피해대책 등의 비용, iii) 입지 및 주변의 현(縣)·시정촌(市町村)이 긴급하게 실시하는 원자력방재에 관한 비용이 조치되어 있다(ii)·iii)은 10할을 조치)[38].

(나) 세제상의 긴급조치

그 외에도 피해자에 대한 세금 감면 등이 이루어졌다. 첫째, 국세의 감면에 대해서는 동일본대진재에 '원자력발전소 사고로 인한 재해'를 포함하는 조치가 취해지고 있다[39]. 그리고, 동일본대진재에 관련하여, 지방세 감면 등의 입법조치가 이루어진 것을 근거로 하여(①-(가)), 원전사고관련 지방세·재특법(①-(나))이 제정되었다. 동법은 i) 지진·쓰나미 등에 준하여, 후쿠시마원전사고로 인한 손해에 대해 지방세 감면 등을 규정하고, ii) i)에 따른 지방세의 수입 감소를 메꾸기 위한 지방채 특례 및 기준재정수입액 산정방법의 특례를 마련하고 있다[40].

또한, 원전 피해에 관련해서는 원배법에 따른 배상금에 대해, i) 피난생활 등으로 인한 정신적 손해, 피난·귀택이나 일시출입의 비용, 생명·신체적 손해 등에 관한 배상금 외에, ii) 귀환곤란구역 내 등의 자가

---

38) 사고에 주목한 조치에 대해 특별교부세에 관한 성령(1976년 12월 24일 자치성령 35호. 최종개정 2015년 3월 19일 총무성령 15호) 부칙 8조 2호·6호 내지 8호, 9조 2호·6호 내지 8호, 10조 2호·6호 내지 8호, 11조 2호·6호 내지 8호.

39) 동일본대진재의이재민들에관한국세관계법률의임시특례에관한법률(2011년 법률 29호) 2조 1항. 한편, 이재민생활재건지원금은 종래의 취급을 변경하여, 잡손공제에 관한 손실금액공제의 대상외로 되었다. 國稅廳「被災者生活再建支援金の稅務上の取扱について」(2011년 12월).

40) 지방세의일부를개정하는법률(2011년 법률 120호. 경계구역 등의 고정자산세 등의 2011년도분의 과세면제), 지방세법및국유자산등소재시정촌교부금의일부를개정하는법률(2012년 법률 17호, 피난지시미해제지역의 일부에 대해 고정자산세의 당분간의 면제 등), 지방세의일부를개정하는법률(2014년 법률 4호. 자동차를 가지고나오기 곤란한 구역내에 관한 자동차세의 면제, 자동차취득세·자동차세 등의 비과세의 연장)도 참조.

거주자에게 '주거 확보에 관한 비용'에 관련된 배상금의 일부가 비과세로 처리되었다[41].

③ 약간의 검토

(가) 긴급지원과 이재민생활재건지원법

이상의 체계를 근거로 하여, 이 시점에서의 후쿠시마원전사고 피해자의 구제·지원에 대해 몇 가지 점을 지적한다. 우선, 피난민 등의 신속한 지원의 바람직한 방안이 문제되었다. 이 점에 대해, 원자력사고피해긴급조치법(①-(가))은 i) 원자력사고로 인한 피해의 신속한 구제를 도모하기 위해, 원자력손해의 일부에 대해 국가가 가불하는 것을 인정하고, ii) 지방공공단체가 사고에 관련된 응급대책사업에 충당하는 기금을 설정한 경우에, 재원의 전부 또는 일부를 국가가 조치할 것을 규정한다. 다만, 도쿄전력은 동법의 성립에 선행하여, 2011년 4월 및 5월에 공표된 정부방침[42]에 따라, i) 피난으로 인한 손해, ii) 농림어업자·중소사업자의 손해에 대해 '가불보상금', '가불금'을 지불하고 있다[43].

또한, 일본변호사연합회는 후쿠시마원전사고는 자연재해로 인한 피해에도 해당한다고 하여, 이재민생활재건지원법(1998년 법률 66호)의 적용을 요구했다[44]. 이 점, 필자도 i) 원자력사고 피해의 특성을 감안한

---

41) 도쿄전력의 조회에 대한 국세청과세부장회답(2011년 11월 30일 및 2014년 6월 19일).

42) 원자력발전소사고에 의한 經濟被害對應本部決定「原子力災害被害者に對する緊急支援措置について」(2011년 4월 15일), 原子力發電所事故經濟被害對應チーム·關係閣僚會合決定「原子力災害被害者に對する緊急支援措置について」(2011년 5월 12일).

43) 東京電力「プレスリリース2011年 原子力事故による損害に對する仮拂いの取り組み狀況について」(2011년 5월 31일)(http://www.tepco.co.jp/cc/press/11053104-j.html).

44) 日本弁護士連合會「被災者生活再建支援法改正及び運用改善に關する意見書」

구제는 필요하고, ii) 원자력발전을 추진해온 책임으로부터서도, 정부가 적극적으로 구제책을 실시해야 한다고 생각한다. 다만, 불법행위의 책임주체가 있는 후쿠시마원전사고와 자연재해에서는 자금투입의 근거가 다르다. 또한, 이재민생활재건지원법을 적용한 경우에는 도쿄전력에 대한 구상의 문제도 발생한다. 따라서, 법 개정을 거치지 않고, 동법을 후쿠시마원전사고에 적용하는 것은 곤란하였다고 말할 수 있을 것이다.

다만, 도쿄전력에 의한 가불에 대해서는 피해자의 신속한 구제라는 관점에서 적절하고 충분한 것이었는가라는 관점에서 검토가 필요하다.

(나) 원전사고사무처리특례법

원전사고사무처리특례법(①-(나))은 사고의 약 5개월 후에 제정되었다[45]. 동법은 i) 피해 시정촌에서 제공이 곤란해진 사무에 대해 신고를 한 피난민은 피난지 시정촌으로부터 제공받을 수 있는 것으로 한다는 것, ii) 피해 시정촌에 관한 정보의 피난주민에게 제공, 피해 시정촌과 피난주민과의 교류사업의 실시, 주소이전자협의회의 개최 등을 통해, 피난민과 피난전 시정촌과의 관계를 유지하는 것을 목적으로 한 것이다(2012년 시점에서 의료, 복지, 교육관련 사무 약 230사무). 동법은 국가의 재정조치에 대해서도 규정하고 있고, 2014년도는 법정의 사무, 소방·구급, 육아지원 등에 관련한 비용으로 피난민 1인당 4만 2,000엔이 특별교부세의 형태로 피난민을 받아들인 지자체에 배분되었다(피해단체

(2011년 7월 29일), 日本弁護士連合會會長「被災者生活再建支援法の福島第一原子力發電所事故の長期避難者への適用を求める會長聲明」(2013년 4월 26일). 中原·전게주 11)『公法研究』76호, 156쪽 이하, 동·전게주 11)『大規模震災と行政活動』, 281쪽 이하.

45) 植田昌也「原發避難者特例法について」『時の法令』1898호(2012년), 42쪽, 今井照「原發災害事務處理特例法の制定について」『自治總研』395호(2011년), 89쪽 등.

는 10할, 기타 단체는 8할을 조치. 산정방식 개정 전의 2013년도의 조치총액은 40억 엔)[46].

한편, 민간계약 등을 함에 있어서 피난민이 피난장소 증명을 요구받는 예가 있다고 하는 의견을 근거로 하여, 2012년 12월 19일에 총무성에서 통지[47]가 발표되고, 신고정보(성명 등 4 정보와 피난장소)에 근거하여, 피난전 시정촌이 인증서를 발급하게 되었다.

(2) 오염제거방침의 책정 및 실시

① 오염제거의 체계

오염제거는 본장의 주제가 아니지만[48], 재해폐기물 등의 처리와 더불어 부흥시책 실시의 전제이다. 본장에서는 다음 사항을 확인해 둔다.

먼저, 오염제거의 체계를 규정하는 방사성물질오염대처특조법((1)-①-(나))에 대해서이다. 동법은 i) 국가, 도도부현, 시정촌이 오염제거계획을 정하여 오염제거를 실시할 것, ii) 오염제거조치는 원자력사업자가 배상책임이 있는 손해와 관련되는 것으로서, 최종적으로는 사고발생사업자의 부담 하에 실시될 것을 규정하고 있다[49].

---

46) 필자의 조회에 대한 총무성자치재정국담당직원의 회답.

47) 總務省自治行政局長 「東日本大震災における原子力發電所の事故による災害の影響により避難している住民の避難場所に關する証明について(通知)」(都道府縣知事·指定都市市長宛て、2012年12月19日付け, 總行住102号·總行市175号).

48) 田中良弘·本書第2編第2章。 또한, FAIRDO「福島における除染の現狀と課題(第1次報告)」(2012년, IGES), 동 「『除染』の取組から見えてきた課題−安全·安心, 暮らしとコミュニティの再生をめざして(第2次報告)」(2013년, IGES), 鈴木良典 「放射性物質の除染と汚染廢棄物處理」『レファレンス』 64권 12호(2014년), 90쪽 이하.

49) 동법에 대해, 田中良弘·本書第2編第2章 이외에, 大塚直「放射性物質を含んだ廢棄物·土壤問題」高橋滋＝大塚直編『震災·原發事故と環境法』(2013年, 民事法研究會), 111쪽 이하, 田中良弘「放射性物質汚染對處特措法の立法経緯と環境法上の問題点」『一橋法學』 13권1호(2014년), 263쪽 등.

2011년도부터 2013년도의 3개년에는 합계 1조 2,874억 엔(회계검사원 조사. 오염폐기물 처리·중간저장시설 관련비용을 포함)[50]이 지출되어, 2016년도까지 총계 2조 5,000억 엔(오염폐기물 처리·중간저장시설 관련비용을 제외)[51]이 집행되는 것으로 되어 있다.

② 작업 공정

다음으로, 오염제거작업은 다음과 같은 방법으로 이루어져 왔다. 2011년 4월 이후의 피난지시의 요건은 후쿠시마 제1원전에서 반경 20km 권내 및 반경 20km를 벗어나는 지역으로서, 추정연간적산선량(推定年間積算線量)이 20mSV 이상이 되는 지역이다. 그래서, 피난지시 해제시에는 i) 연간적산선량이 20mSV 이하로 될 것이 확실하게 될 뿐만 아니라, ii) 지시 해제 후 주민의 피폭선량을 감소시켜 건강을 확보하고 방사선에 대한 불안에 대응하는 대책을 제시할 것, iii) 장기목표로서 추가피폭선량이 연간 1mSV 이하를 목표로 하는 것이 방침으로 되었다[52]. 또한, 2011년 12월 26일의 원자력재해대책본부 결정[53]은 i) 필수인프라, 생활관련 서비스가 대체로 복구하고 어린이의 생활환경을 중심으로 하는 오염제거가 충분히 진척될 것, ii) 현(縣)·시정촌(市

---

50) 會計檢査院 「東日本大震災に伴う原子力發電所の事故により放出された放射性物質による環境汚染に對する除染について」(會計檢査院法第30條の2の規定に基づく報告書)(2013년 10월), 10쪽.

51) 환경성의 시산으로서는 原子力災害對策本部「原子力災害からの福島復興加速に向けて」(2013년 12월 20일), 12쪽의 주9의 기재가 공식적인 것이다.

52) 原子力安全委員會「今後の避難解除、復興に向けた放射線防護に關する基本的な考え方について」(2011년 7월 19일), 原子力規制委員會「歸還に向けた安全·安心對策に關する基本的考え方(線量水準に応じた防護措置の具体化のために)」(2013년 11월 20일) 등. 목표설정의 경위에 대해, 大嶋健志「福島第一原發事故の避難指示解除の基準をめぐる経緯」『立法と調査』353호(2014년), 61쪽 이하.

53) 原子力災害對策本部 「ステップ2の完了を受けた警戒區域及び避難指示區域の見直しに關する基本的考え方及び今後の檢討課題について」(2011년 12월 26일).

町村)·주민과의 협의를 해제요건에 추가하고 있다[54].

그리고, 피난지시구역 외의 지역, 피난지시해제지역에 관련된 오염제거에 있어서는, 참고레벨(10mSV, 5mSV 등)을 설정하고, 단계적으로 집단의 피폭선량을 1mSV에 접근시켜 간다는 방법이 취해졌다[55]. 다만, 오염제거작업이 완료된 지역에서도 오염제거 효과가 유지되지 않는 부분 등이 있기 때문에, 원인을 파악하여, 합리성·실시가능성을 판단한 다음, 팔로우업의 오염제거를 실시할 것이 예정되어 있다[56].

③ 약간의 지적

이상의 경위를 근거로 하여, 약간의 지적을 한다. 첫째로, 오염제거에 대해서는 i) 국가의 직할사업에 대해서도 진척이 늦어진 것[57], ii) 오염제거의 효과가 충분히 오르지 않은 지점이 있는 것[58]이 문제되고 있다. 그러나, 이들 점에 관해서는 오염제거기술의 성숙도 등의 기술적 측면, 임시보관소 및 작업인원 확보의 곤란도 등을 감안한다면 평가는 나누어질 수 있다. 한편, 평가 시에는 i) 20mSV 이하에서도 높은 선량의 지역의 오염제거를 우선시켜, ii) 참고레벨을 설정하고, 단계적으로 주민의 피폭선량을 1mSV 이하로 감소시키는 것이 방침으로 된 점, iii) 다른 대책을 병용하여 종합적으로 피폭선량의 감소를 도모한다

54) 구체적으로는 2013년 8월 말까지 ⅰ)일반공중의 연간추가피폭선량을 2011년 8월 말에 약 50% 감소(물리적 감쇠를 포함한다. 이하 같음)시키고, ⅱ)학교·공원 등을 우선하여, 2013년 8월 말까지 어린이의 연간추가피폭선량을 2011년 8월 말에서 약 60% 감소시킨다고 되었다(방사성물질오염대처특조법에 관한 환경성의 「基本方針」(2011년 11월 11일).

55) 「福島ふるさと除染實施計畵〈第2版〉」(2012년 5월 21일), 「伊達市除染實施計畵〈第2版〉」(2012년 8월. 2014년 재개정). 鈴木良典 「福島縣における除染の現狀と課題」 『レファレンス』 63권 3호(2013년), 102쪽 이하.

56) 제11회 環境回復檢討會(2014년 3월 20일) 자료2 「除染のフォローアップについて」.

57) 會計檢査院·전게주 50), 42쪽 이하.

58) 鈴木·전게주 55), 106쪽 등.

고 된 점 등을 감안할 필요가 있을 것이다.

둘째로, 오염제거작업에 대해 이소노 야요이(礒野 弥生) 교수가 행정법학의 관점에서 다음의 지적을 하고 있다. 즉, 교수는 오염제거의 계획 수립·실시에 즈음한 주민참여에 대해 과제가 남은 점을 지적하고[59], 나아가, 오염제거 후도 5mSV 이하가 되지 않는 지역이 있는 이상, 귀환자·비귀환자 쌍방에게 생활보상을 하고, 거주와 피난의 선택지를 주어야 한다고 주장하고 있다[60]. 전자에 대해서는 개별상황에 따라 적절한 형태에서의 참여가 추구되어야 한다는 것에 동의하고 싶다[61]. 후자에 대해서는 피난자 지원에 관한 시책 전체를 검토한 후에 사견을 말하려고 한다(후술 4-[3]).

(3) 부흥의 초동 시책

① 입법의 개요 및 예산

(가) 입법의 개요

이미 본 바와 같이, 후쿠시마원전 사고에 대한 긴급대응적인 입법이 채택되었다((1)-①-(나)). 그러나, 방사성물질에 의한 광범위하고 장기적인 오염이라는 피해의 특수성을 감안하여, 2012년 3월에 후쿠시마원전사고로부터의 부흥을 촉진하는 것을 목적으로 한 후쿠시마부흥재생특별조치법(2012년 법률 25호)이 제정되었다. 또한, 동년 6월에는 원전

---

59) 礒野弥生 「原發事故對策における住民の參加權」 廣渡清吾ほか編『清水先生追悼論集 日本社會と市民法學』(2013년, 日本評論社), 礒野弥生「避難指示の解除をめぐる法的課題ー福島原發事故をめぐってー」 『人間と環境』 39권 1호(2013년), 14쪽 이하, 同 「除染と『健康に生きる權利』」除本理史=渡辺淑彦編著『原發災害はなぜ不均等な復興をもたらすのか』(2015년, ミネルヴァ書房) 227쪽 이하.

60) 礒野·전게주 59)『清水先生追悼』 208쪽 이하, 同·전게주 59)『人間と環境』 15쪽 이하, 同·전게주 59)『原發災害』 236쪽 이하.

61) 「피난의 권리」를 보장하는 입장에서 리스크커뮤니케이션을 도모해야 하는지 여부는 별도로 하고, 오염제거의 목표 등으로 돌아간 커뮤니케이션은 불가결하다고 할 수 있을 것이다.

사고어린이·이재민지원법(2012년 법률 48호)[62]이 제정되었다[63].

(나) 후쿠시마부흥재생특별조치법

후쿠시마부흥재생특별조치법은 피해의 특수성과 원자력정책 추진에 관련하는 국가의 사회적 책임을 감안하여 후쿠시마현의 부흥을 추진할 목적으로 제정되었다[64]. 우선, i) 후쿠시마부흥재생기본방침을 정부가 정하는(각의결정) 것으로 된다. 그리고, ii) 동 방침(2012년 7월, 각의결정)에 근거하는 '중점추진계획'(2013년 4월 현의 책정), '산업부흥재생계획'(2013년 5월 현의 책정), '피난해제등구역부흥재생계획'(2013년 3월 책정, 2014년 6월 개정. 현의 신고·내각총리대신의 결정)에 입각하여, 부흥·재생을 목적으로 하는 시책의 실시, 재해복구사업의 국가에 의한 대행[65], 공공시설의 청소를 비롯한 생활환경정비의 국가에 의한 실시, 과세특례조치의 적용[66], 공영주택의 입주의 특례[67] 등이 실시된다. 그

---

62) 정식명칭은「東京電力原子力事故により被災した子どもをはじめとする住民等の生活を守り支えるための被災者の生活支援等に關する施策の推進に關する法律」。信谷彰「法令解說 原發事故子ども·被災者支援法の制定」『時の法令』1917호(2012년) 24쪽. 동 씨의 해설은『法令解說資料總覽』374호(2013년) 15쪽 이하에도 있다.

63) 그 이외에「災害對策基本法等の一部を改正する法律」(2013년 법률 54호),「大規模災害からの復興に關する法律」(2013년 법률 55호) 등이 있다.

64) 續橋亮「法令解說 原子力災害からの福島の復興と再生を推進」『時の法令』1914호(2012년) 4쪽, 同「法令解說 福島復興再生特別措置法」『法令解說資料總覽』370호(2012년) 4쪽.

65)「東日本大震災による被害を受けた公共土木施設の災害復旧事業等に係る工事の國等による代行に關する法律」(2011년 법률 33호). 福島復興再生特別措置法에 의해 避難指示解除等區域내에서도 대행사업이 가능하게 되었다.

66) 東日本大震災의 과세특례((1)-①-(가))에 준거하여, 피난대상구역내의 법인·개인사업자가 피난해제구역내에서 사업을 재개하는 경우 등을 대상으로 i) 사업용설비 등의 특별상각, ii)被災者 고용에 있어서의 급여지급액 등의 세액공제 등이 실시된다.

67) 원자력재해에 대해서는 당초 주거의 현존을 이유로 공영주택의 입거자격이

외, iii) 방사선에 의한 건강 불안의 해소 등의 생활환경 정비(현민(縣民) 건강관리조사의 실시 등), iv) 원자력 재해로부터 산업의 부흥·재생(특구제도의 활용)[68], v) 새로운 산업의 창출을 위한 중점적인 노력, vi) 국가와 후쿠시마현 관계자에 의한 '원자력재해로부터의 부흥재생협의회'의 법정화 등이 그 내용이다.

(다) 원전사고어린이·이재민지원법

다음으로, 원전사고어린이·이재민지원법은 i) 지원대상지역(방사선량이 피난지시기준을 밑돌고 있지만 여전히 일정 이상인 지역)에서의 거주, 이동·귀환에서의 피난민 의사의 존중·지원, ii) 방사선에 의한 건강 불안의 조기 해결에의 노력, iii) 이재민 차별방지에 대한 배려, iv) 어린이·임산부에 대한 특별한 배려, v) 이재민 지원의 확실한 실시 등을 기본이념으로 내건다. 그리고, 정부는 필요한 법제상 또는 재정상의 조치를 강구하고, 기본방침을 정하는 것으로 되었다. 본장과의 관계에서는, 동법이 i) 지원대상지역에서 생활하는 이재민, ii) 동 지역 외에서 생활하는 이재민, iii) 이주 전에 거주하던 지역으로 귀환하는 이재민, iv) 피난지시구역으로부터 피난하고 있는 이재민에 대해 필요에 따른 지원을 해야 할 것이라고 하고 있는 것이 중요할 것이다.

다만, 동법의 운용에 대해서는 2013년 10월에 정부의 기본방침이 책정될 때까지 약 1년이 걸렸던 것이 비판받고 있다[69]. 나중에 보는 바와

부정적으로 해석되었다. 福島復興再生特別措置法은 피난지시구역내의 주택거주자에게 입거자격을 인정하고, 보조율의 추가, 입거자격의 특례, 주택의 양도제한기간의 내용연한(耐用年限)의 단축 등을 규정하고 있다.

68) 쓰나미·지진피해에 대해서는 이미 「東日本大震災復興特別區域法」((1)-①-(가))이 적용되었다. 福島復興再生特別措置法에 의해 후쿠시마현 전역을 대상으로 규제완화, 세액의 공제·특례, 지방교부세 보전 등에 관한 계획의 책정이 가능하게 되었다.

69) 福田健治 = 河崎健一郎 「『被爆を避ける權利』はなぜ具体化しないのか」 『世界』

같이, 방침책정기에는 피난지시구역의 재검토, 귀환을 위한 환경정비, 피난의 장기화에 입각한 시책이 실시된 점으로부터 정부의 기본방침은 이들 시책을 그대로 답습하는 형태로 되고 있다.

② 예산조치

2011년도에 이어 2012년도에는 중소기업대책, 고용창출, 농림수산업에 대한 지원 등 동일본대진재에 공통적인 지원책(피해 현 전체 2,391억 엔) 이외에, 후쿠시마현을 대상으로 하는 보조금으로써 산업부흥입지, 영농재개지원, 건강관리거점 정비, 풍문피해대책, 관광업 지원, 재생에너지 도입지원 등(합계 968억 엔) 외에 피난지시구역 등의 해제에 따른 주민의 귀환을 도모하기 위한 후쿠시마피난해제등구역 생활환경정비사업(42억 엔)이 계상되었다(보정예산에서의 '후쿠시마 고향부활프로젝트'의 수행에 대해서는 후술 〔3〕-(1)-②-(가)).

(4) 현 및 시정촌의 대응

① 후쿠시마현

(가) 긴급대응·오염제거

다음으로, 국가의 긴급대응, 오염제거, 부흥의 시책을 기반으로 한 후쿠시마현의 시책에 대해서이다. 후쿠시마현은 2011년도에 12차에 걸친 일반회계 보정을 하고, 결산기준으로 세입총액은 전년도 대비 1조 4,271억 엔 증가한 2조 2,856억 엔이 되었다.

긴급대응으로는 재해구조관련에 대해 응급가설주택의 공급, 민간주택의 임차, 2차 피난소의 제공이나 긴급융자 등의 경비가 계상되어 있다. 후쿠시마원전사고와 관련하여서는 이와 함께 교육시설의 표토(表土) 개선, 교사(校舍) 등 현(縣) 자체의 오염제거, 건강관리 조사의 실시, 축산업 지원, 풍문피해 대책 등의 사업이 실시되었다[70]. 또한, 후쿠시

847호(2013년) 185쪽 이하.

마현건강관리기금조례(2011년 현조례 83호)에 따라 기금이 창설되고, 건강 조사, 오염제거·모니터링, 농업계 오염폐기물 처리, 모자건강 지원 등의 구분에 따른 계정이 동 기금으로 창설되어 있다. 오염제거에 대해서는 오염제거대책기금 지출을 통해 시정촌에 교부금이 지급되었다[71]. 특히 생활지원관련에서는 중점분야 고용창출사업비(부흥관련사업)를 활용하여 가설주택 등의 돌봄, 건강진단 등의 보조, 지역의 돌봄 등의 목적을 가지고 피해지역의 고용촉진을 도모하고 있다((1)-②-(가)-(b)).

한편, 부흥대책의 실시에 즈음하여, 현은 보통교부세·세수 등의 재원을 기타 경상사업에 충당하면서 국가의 예산조치를 활용하여 시책을 추진해 오고 있다[72].

(나) 부흥

(a) 현의 부흥계획·예산조치

후쿠시마현은 긴급대응의 시기를 거친 시점에서, 장기적·종합적인 관점에서 부흥의 비전을 명확히 하기 위해 '후쿠시마부흥계획(제1차)'을 2011년 12월에 책정했다. 동 계획의 내용은 전술한 후쿠시마부흥재생특별조치법에 근거하는 국가의 후쿠시마재생기본방침, 피난해제등지역부흥재생계획 등에도 반영되어 있다((3)-①-(나)).

또한, 2011년도, 2012년도 국가예산조치에 대응하여 현예산에서도 '후쿠시마현원자력재해등부흥기금'(국가의 예산지출금, '인출형 부흥기금'의 일부, 일반 및 해외로부터의 기부금 등으로 구성), '후쿠시마현민건강관리기금', '후쿠시마현원자력피해응급대책기금'((1)-②-(가)-(c)) 등이 조

---

70) 2011년도의 후쿠시마현 일반회계 보정예산(3호), 동(4호), 동(5호), 동(6호), 동(8호), 동(10호), 동(12호).

71) 會計檢査院·전게주 50) 28쪽 이하.

72) 후쿠시마현청(福島縣廳)의 담당부국(재정과, 시정촌재정과, 피난자지원과, 지역진흥과, 사회복지과, 지역협력과, 아동가정과 등)의 히어링에 근거하는 것이다.

성되어, 원자력 재해로부터의 부흥을 위한 시책을 지속적으로 실시하는 체제가 구축되어 있다. 또한, 상기 기금에 포함된 사업 외에도 각 성(省)의 원자력 재해관계의 경비항목에 관련된 국고보조금 등을 통해 후쿠시마현은 삼림의 오염제거 등 실시사업과 각종 시설의 재해복구 사업을 실시하고 있다[73].

(b) 부흥계획의 개요

예를 들어, '후쿠시마부흥계획(제1차)'에서는 생활, 고용, 마을 만들기의 관점에서 나누어, '생활'은 ① 환경회복, ② 생활재건 지원, ③ 심신의 건강유지, ④ 어린이·청소년 육성을, '고용'에 대해서는 ① 농림수산업 재생, ② 중소기업 대책, ③ 재생에너지 추진, ④ 의료관련산업 집적을, '마을 만들기'에 대해서는 ① 후쿠시마 인연 만들기, ② 관광교류 ③ 쓰나미 피해지역 등 부흥 마을 만들기, ④ 연계 축·네트워크 강화를 중점프로젝트로 하고 있다.

(c) 시책의 주목점

본장의 문제의식과 관련하여서는 다음의 점이 중요하다. 먼저, i) '생활재건 지원'에서 현내 피난민과 현외 피난민에 대해 각각 지원을 내놓았다. 또한, ii) '심신의 건강 유지'에서는 현민 건강의 유지·증진, 피해자 등의 마음의 케어가, 또한, iii) '후쿠시마 인연 만들기'에서는 α) 현내 피난민에 대해서는 가설주택에서 커뮤니티활동 지원, β) 현외 피난민에 대해서는 생활서포트지원거점사업, 피난민과 후쿠시마현과의 네트워크를 지원하는 사업 등이 추진되고 있다.

그러나, 이 단계에서는 주거환경의 정비에 대해서는 가설주택의 정비·환경개선, 재해복구 공영주택(시정촌)의 정비 지원, 주택재건 지원

73) 會計檢査院 「東日本大震災からの復興等に對する事業の實施狀況に關する會計檢査の實施について」(2013년 10월 31일) 「別添2 福島縣の被災等の狀況及び原子力災害の取組等の狀況」(實態調査結果) 359쪽 이하.

과 가설주택·재해부흥주택에서의 커뮤니티재생 지원 등이 중점으로 되고 있다. 그러나, 한편으로, 2012년도 이후 i) 시읍면·사회복지협의회·NPO 등과의 연계를 강화하고, 생활지원상담원을 배치하는 것을 내용으로 하는 지역사회재건 지원사업(2012년 약 9 억엔. 후쿠시마현긴급고용창출기금사업에 따라 2014년도까지 180명～200명을 고용)이 실시되고, ii) NPO와의 협력에 대해서는 '지역협력모델추진사업'(2012년) 및 '고향·인연 유지·재생지원사업'(2013년 이후)에 의해, NPO의 인재육성·네트워크 형성을 보조하고, 부흥으로 연결되는 사업이 전개되고 있다(2012년 3억 9,920만 엔, 2013년 1억 1,974만 엔, 2014년 1억 2,590만 엔)[74].

또한, iii) 부흥공영주택의 건설 추진 및 소프트웨어사업의 전개를 통해 장기피난민 등의 생활거점을 확보하는 것을 목적으로 하여, 후쿠시마현, 국가, 원래 피난지방자치단체, 현재 피난지방자치단체로 구성된 '장기피난민 등의 생활거점의 검토를 위한 협의회'가 2012년 9월 이후에 2회 개최되고, 사무담당자회의(개별 부회)도 동시에 개최되었다.

② 시정촌

지면관계상 본장에서는 나미에마치(浪江町)와 이와키시(いわき市)를 다루기로 한다.

(가) 나미에마치

(a) 나미에마치의 부흥계획

나미에마치는 모든 마을에 피난지시가 내려져, 후쿠시마현의 시정촌 중에서도 가장 심각한 피해를 입은 지방공공단체의 하나이다. 또한 연안부(沿岸部)에서는 쓰나미 피해가 겹쳤다. 동사무소에도 몇 차례의

74) 후쿠시마현 홈페이지(http://www.pref.fukushima.lg.jp/sec/21025a/tiikicommunity.html, http://www.pref.fukushima.lg.jp/sec/11055a/furusatokizunaijisaiseisien.html). 한편, 고향·연대유지·재생지원사업의 예산액에 대해서는 필자의 히어링에 대한 후쿠시마현의 담당부국(문화진흥과)의 회답에 의한 것이다.

이전을 거쳐, 2012년 10월에 니혼마츠(二本松)사무소를 개설하고 있다. 그 중에서, 공립 초등학교(6개교)·중학교(3개교)에 대해서는 2011년도 2학기부터 니혼마츠시(二本松市)에 각 1개교가 재개했다. 또한, 부흥에 대해, 지자체는 같은 해 4월에 '나미에마치 부흥비전'을, 같은 해 10월에 '나미에마치 부흥계획'을 책정하고 있다[75].

상기 계획의 특징은 1) 수용처나 국가·현의 협의를 바탕으로 정외(町外) 커뮤니티를 조속히 실현하는 것, 2) 연안부의 저선량(低線量) 지역을 중심으로 오염제거 인프라 복구를 실시하고, 부흥거점을 선행적으로 준비하는 것, 3) 마치(町) 자체 시책으로서 i) 갑상선검사의 실시, ii) 방사선교육의 실시 등이 걸려있다는 점이다. 또한, 주민에게 친밀한 입장에서 자원봉사단체 등의 협력을 통한 건강증진사업, 피난처의 자치회 등의 조직구축 지원 등 커뮤니티 장소의 설치 등에도 시책의 중점이 놓여 있다.

(b) 시책의 중점

그러나, 전역(全域) 피난의 상황에서 2011년도 결산 및 2012년도 예산을 보는 한, i) 건강관리(내부피폭검사, 식품 등의 방사능 분석), ii) 임시청사·출장소의 확보·관리, iii) 가설주택의 관리·노인생활지원사업의 실시, iv) 재개한 초등·중학교의 운영, 취학원조 등의 자녀교육환경 정비, v) 행정구, 가설주택자치회의 운영 조성, vi) 주민과의 연대의식 유지활동 등이 주요시책의 중점으로 되었다(상대적으로 저선량(低線量)지

75) 지자체사무소 기능의 이전에 대해 山下祐介 = 開沼博 『「原發被難論」論』(2012년, 明石書店) 376쪽 이하〔開沼博〕. 덧붙이면, 나미에마치(浪江町)는 홈페이지에서 각종 정보를 공개하고 있다. 예를 들면, 浪江町 「福島縣浪江町の現況一大震災と原發事故から4年目の歩み一」(2015년 2월 10일)(http://www.town.namie.fukushima.jp/uploaded/attachment/3584.pdf), 「浪江町復興ビジョン」(2012년 4월 19일), 「浪江町復興計畫(第1次)」(2012년 10월). 초중학교의 현황에 대해 浪江町教育委員會 「2012年度 『教育に關する事務の管理及び執行狀況の点檢·評価』實施報告書」(2013년 6월) 8쪽 등.

역을 대상으로 한 농업용 시설·교량 등의 재해복구사업도 일부 실시되고 있다.). 나아가, vii) 조위금·위로금의 지급, 국가의 재원을 이용한 장애인 지원, 육아 지원 등도 실시되었다. 또한, viii) 후쿠시마현과 마찬가지로, 긴급고용창출사업을 활용하여 임시직원을 2012년도에 26명 고용했으며, 일찍부터 부흥특별교부세의 대상으로 된 부흥지원원(復興支援員)제도가 활용되고, 피난주민의 지원이 실시되었다.

한편, 이들 사업은 마치(町)의 통상 사업의 연장으로 자리매김되는 것에 대해서 보통교부세와 세수·수수료 등을 충당한 이외에 부흥청 예산에 일괄 계상된 각종 사업예산, 부흥특별교부세·특별교부세에 의한 조치가 재원으로 활용되었다[76].

(c) 마치(町)의 예산

나미에마치(浪江町)에 따르면[77], 2011년도 결산에서 i) 총무비가 나미에마치 복구·부흥기금의 창설에 의한 적립, 마치(町)사무소 기능의 이전, 현내 각지의 출장소 설치를 위해 전년도 대비 42억 5,501만 엔

76) 浪江町總務課에 대한 필자의 히어링의 결과. 예를 들면, ⅰ)보통교부세의 표준재정수요의 산정대상인 암검진사업·예방접종사업에는 일반재원이 충당되고, 중도장해자지원, 지역생활지원사업은 震災前부터의 후생노동성의 보조사업이었던 것으로부터 마치(町) 부담분에 대해 자주재원이 충당되고 있다. 또한, ⅱ)가설학교운영사업에 대해서는 통상경비는 보통교부세의 표준재정수용에 관한 특별산정조치가 이루어진 점을 토대로 하여 일반재원으로부터 지출되는 한편, 스쿨버스 등의 비용은 부흥특별교부세로 조치되고 있다. 또한 ⅲ) 임시청사의 비용은 국토교통성의 응급복구사업의 보조대상으로 되어, 마치(町) 부담분은 부흥교부세에 의해 조치되었다. 나아가, 후게주 77) 및 浪江町「2012년도 일반회계·특별회계 세입세출예산 자료」참조. 한편, 본문에서 기술한 바와 같이, 浪江町는 2012년도에 2거점 6명, 2013년도에 5거점 14명, 2014년도에 10거점 28명의 지원원을 고용하고, 지원원 등의 생활지원 등에 대해 거점소재지의 NPO 등과 연대하여 사업을 실시하고 있다(浪江町生活支援課의 회답).

77) 浪江町「2011年度主要な施策の成果」(http://www.town.namie.fukushima.jp/uploaded/attachment/785.pdf) 7쪽.

증가하고(55억 1,176만 엔), ii) 민생비에 대해, 피난소 운영, 재해조의금·재해위로금 등의 재해구조비의 증가에 의해, 18억 7,613만 엔 증가(38억 2,109만 엔)로 되는 한편, 교육비(시설 정비의 중지), 토목비, 위생비가 감소하고 있다(마치(町)의 세출총액은 118억 7,903만 엔. 2010년도는 88억 3,388만 엔). 또한, 2012년도 결산에서는 기금의 적립분의 감소 등에 의해 총무비가 29억 1,751만 엔으로 대폭 감소되는 한편, 민생비는 30억 1,119만 엔으로 높은 수준을 유지하고 있다(마치(町)의 세출액은 86억 4,491만 엔)[78].

(나) 이와키시

(a) 시의 부흥계획

이와키시는 지진·쓰나미에 의한 피해를 받음과 동시에, 원전사고로 인한 피난민을 많이 받아들인 지방공공단체이다[79]. 그래서, 이와키시는 2011년 9월에 '이와키시부흥비전'을, 같은 해 12월에 '이와키시부흥사업계획(제1차)'을 수립하였다. 그 중에서는 '이재민 생활재건', '생활환경의 정비·충실', '사회기반의 재생·강화', '경제·산업의 재생·창조', '부흥의 추진'을 다섯 기둥으로 하여, i) 쓰나미피해지역의 부흥(토지이용), ii) 재해공영주택의 정비 등, iii) 마음의 케어, iv) 원자력재해대책, v) 오나하마항(小名浜港) 주변지역의 정비·재생, vi) 산업진흥(재생에너지), vii) 지역산업의 재생, viii) 기업 유치, ix) 피해지역 지자체와의 연계 강화를 내걸고 있다.

(b) 구체적 시책

이와키시의 경우, 지진·쓰나미 피해지역을 중심으로 부흥시책의 노

78) 2012년도 결산상황(시구정촌) 福島縣(07) 浪江町(5477).

79) 이와키시의 정리에 의하면, 215년 2월 27일 현재 후타바군(双葉郡) 8정촌에서 2만 3,427명, 미나미소마시 외 후타바군 이외의 4시정촌에서 715명 합계 2만 4,142명을 받아들여, 가설주택·임차주택의 호수는 7,867호로 되고 있다.

력은 일찍부터 시작되었다. 그 때, 후쿠시마현·나미에마치(浪江町)와 마찬가지로, 구체적인 시책은 재해구조비, 재해복구사업비, 부흥교부금사업, 진재부흥교부세, 인출형 부흥기금, 그 이외의 각 부처의 보조금, 특별교부세 등을 통해 재원조치가 이루어진 사업이 중심이다. 특히, 농업의 재생, 사회기반정비에 대해서는 부흥교부금·진재부흥교부세 외에 농림수산성 소관의 각종 보조금, 국토교통성 소관의 사회기반정비종합교부금 등도 함께 활용되고 있다.

부연하면, 상기 계획에 포함되어 있는 사업 가운데에는, α) 의료체제의 충실, β) 관광업을 중심으로 한 산업진흥에 관한 시책 등, 시 자체의 재원을 충당하고 있는 것은 있다. 그러나, 그들 사업은 부흥시책으로서 자리매김 얻는 것이지만, 종래의 시책의 연장선상에 있는 것, 종래의 시책과의 사이의 명확한 선긋기가 곤란한 것이 많다[80].

하지만, 그 중에서도 iv) 원자력재해대책에 대해서는 현민(縣民)건강조사의 확대 실시가, ix) 피해지역 지자체와의 연계 강화에 대해서는 국가·현의 시책에 더해 후타바군(双葉郡) 8개 정촌(町村)의 출장소에 관련된 설치장소의 제공 등 시의 자주적인 조치가 포함되어 있다. 또한, 후쿠시마현의 경우와 마찬가지로, 피난민의 생활재건시책에 있어서는 국가의 중점분야 고용창출사업비(부흥관련사업)에 대응하는 현의 기금사업 등((1)-②-(가), (4)-①-(나))을 활용하여 직원을 고용하고, 다양한 지원사업이 전개되고 있는 점이 주목할 만하다.

한편, 시외에 피난한 이와키시민에 대한 정보발신에 종사하는(디지털포토프레임의 대여) 외에 후타바군(双葉郡) 등으로부터의 피난민의 수용에도 시는 적극적으로 대응하고 있다. 구체적으로는 가설주택의 장소 제공, 임대주택의 제공 외에도 원전사고사무처리특례법에 근거하는 사무의 제공에 더하여 다른 사무에 대해서도 제공노력의무가 부과

---

80) 이와키시財政部에 대한 필자의 히어링 결과.

되고 있는 것 등을 토대로 하여, 현·후타바군의 정촌(町村)과의 협의에 근거해 2012년 4월 이후 의료·복지, 교육관계의 일부 사무의 제공이 임의의 형태로 이루어지고 있다(현재 53사무)[81]. 또한, 후타바군의 정촌(町村)과의 연계를 도모하기 위해 수장(首長) 레벨의 의견교환회 및 실무 레벨의 회의를 개최해오고 있다[82].

(c) 시의 예산

이들 시책의 재원 확보를 위해 2011년도 시는 10차의 보정예산을 짜고, 일반회계는 2,031억 2,081만 엔이 되었다. 그 외에도, 토지구획정리사업, 하수도사업의 특별회계의 보정을 실시하였다. 이들 보정은 부흥기금 조성, 각종 고용사업의 실시(학습지원원(學習支援員), 홍보 등), 주택의 응급수리, 취학원조, 공공시설 재해복구사업, 시설의 내진화(耐震化), 중소기업 융자·지원, 폐기물 처리 외에, 피폭측정체제의 정비, 학교 등의 오염제거 등을 실시하는 것이다.

또한, 2012년도에는 세입·세출총액 2,200억 엔이라는 사상 최대규모의 일반회계예산이 짜여, 그 중에서도 현저한 증액을 나타낸 비목으로는 i) 재해폐기물처리사업비(66억 2.400만 엔 증가), 오염제거추진사업(44억 1,200만 엔 증가)을 포함한 물건비 400억 5,100만 엔(41.7% 증가), ii) 재해공영주택정비사업비(20억 1,100만 엔 증가), 지진재해부흥토지구획정리사업비(18억 8,600만 엔 증가)를 포함한 보통건설사업비 132억 4,300만 엔(76.1% 증가)이 있다[83].

---

81) 2012년 2월부터 53사무로 개시하여, 그 후 4사무가 추가되었지만, 2015년 4월부터 의료비 조성 등 피난지의 정촌에서 제공가능한 사무는 피난지에서 행하고, 개호서비스 등의 현물급부적인 서비스는 이와키시에서 행하는 것으로 하고 있다(필자의 조회에 대한 이와키시의 회답).

82) 시정촌장의 의견교환회는 계 5회, 사무담당자 레벨의 회합은 계 12회 개최되었다.

83) 이와키시 「2011년도 예산」(http://www.city.iwaki.fukushima.jp/zaisei/yosan/

〔3〕 귀환지원과 피난의 장기화대책

(1) 피난지시의 재검토 등

① 구역 등의 재검토와 후쿠시마부흥재생특별조치법의 개정

(가) 2011년 12월 26일 원자력재해대책본부결정[84]에 따라 사고 후에 설정된 경계구역[85], 계획적 피난구역, 긴급시피난준비구역 등[86]에 대해, 귀환곤란구역, 거주제한구역, 피난지시해제준비구역으로 개정하기로 되었다. 2012년 4월 1일 가와우치무라(川内村), 다무라시(田村市)의 개정을 시작으로, 2013년 5월 후타바마치(双葉町), 같은 해 8월 가와마

9572/index.html), 이와키시 「2012년도 주요한 시책의 성과설명서」((http://www.city.iwaki.fukushima.jp/zaisei/kessan/017803.html) 1쪽, 5쪽 이하 참조.

84) 原子力災害對策本部 「ステップ2の完了を受けた計畫區域及び避難指示區域の見直しに關する基本的考え方及び今後の檢討課題について」(2011년 12월 26일) 8쪽 이하.

85) 원자력재해대책특별조치법(1999년 법률 156호) 20조 2항에 근거하는 경계구역은 원자력재해대책특별조치법 28조 2항에 의한 대체 후의 재해대책기본법(1961년 법률 223호) 63조(시정촌장의 경계구역 설정권 등)에 근거하여, 벌칙에 의해 담보된 출입제한조치의 대상으로 된다(원자력재해대책특별조치법 28조 1항, 재해대책기본법 116조). 경계구역은 2011년 4월 22일, 후쿠시마제1원전의 반경 20㎞권내로 되었기 때문에, 후쿠시마제1원전에서 반경 20㎞권내의 지역에 대해서는 피난지시구역과 경계구역이 중복하여 설정되었다(한편, 전게주 1) 참조).

86) 2011년 4월 22일, 후쿠시마제1원전의 반경 20㎞권외와 반경 30㎞권내(후쿠시마제2원전에 관한 피난지시구역을 제외한다)의 옥내퇴피지시구역은 해제되는 한편, ⅰ)사고발생으로부터 1년간에 적산선량 20mSV에 달할 우려가 있는 지역을 계획적 피난구역으로 ⅱ)그 나머지의 대부분의 지역을 긴급시 피난준비구역(긴급시의 옥내퇴피 등에 대한 준비 외에 어린이, 임산부 등의 출입억지가 요구된다)으로 지정되고 있다. 또한, 2011년 6월 16일에는 경계구역·계획적 피난구역 외에서 사고발생으로부터 1년간의 적산선량이 20mSV를 초과한다고 추정되는 공간선량이 계속되고 있는 지점에 대해 주거단위로 특정피난권장지점이 설정되었다. 다만, 특정피난권장지점은 현시점에서는 존재하지 않는다(原子力災害現地對策本部 「南相馬における特定避難勸奬地点の解除について」(2014년 12월 24일)).

타마치(川俣町)에서 구역 개정은 일순하였다[87]. 또한, 2014년 4월에는 다무라시의 피난지시해제준비구역이 해제되어, 같은 해 10월에 가와우치무라(川内村)가 구역의 해제와 거주제한구역의 피난지시해제준비지역으로의 지정변경이 이루어졌다[88][89][90].

(나) 상기의 움직임과 궤를 함께 하여, 2013년 5월 후쿠시마부흥재생특별조치법(〔2〕-(3)-①-(나))이 개정되었다(2013년 법률 12호). 이에 의해, i) 공영주택 등의 인프라 정비와 소프트웨어사업을 일체적으로 지원하는 장기피난민생활거점형성교부금의 법정화(②-(나)), ii) α) 국가에 의한 공공사업 대행의 대상지역의 확장 β) 피난대상구역 내에 소재했던 사업자에 관련한 과세특례대상지역의 확장, γ) 신규사업자에 대한 과세특례의 확충이 실시되었다[91].

(다) 또한, 후쿠시마부흥재생특별조치법은 2015년 4월에 재개정되었다(2015년 법률 20호). i) 쓰나미부흥거점제도에 준거해서 생활거점을 형성하는 '한 단지의 부흥재생거점정비제도'의 창설(토지제공자에의 세

87) 후타바마치(双葉町)의 구역개정으로 전 경계구역이 해제되고, 가와마타마치(川俣町)의 개정으로 모든 계획적 피난구역이 개정되었다.

88) 原子力災害對策本部「田村市における避難指示區域の解除について」(2014년 3월 10일), 同「川內村における避難指示區域の解除について」(2014년 9월 12일).

89) 또한, 2015년 9월에 나라하마치(楢葉町)의 피난지시가 해제되었다.

90) 피난지시의 해제에 대해 礒野弥生교수가 국가·지방관계의 시점 등에서 비판적인 고찰을 하고 있다(同·전게주 59)『人間と環境』9쪽). 다만, 시정촌장과의 협의는 긴밀하게 이루어져, 주민설명회 등도 개최되었다(후자에 대해 비판의 여지가 있을 것이다).

91) i)대행사업의 대상지역은 피난해제구역·피난지시해제준비구역으로부터 거주제한구역·귀환곤란구역으로 확장되고, ii)과세특례의 대상지역은 피난해제구역으로부터 피난지시해제준비구역·거주제한구역으로 확장되고, iii)신규사업자의 과세특례는 피난대상구역에 소재하였던 사업자에 더해, 현의 계획에 따라서 사업을 행하는 자에게도 적용된다.

제 혜택 등. 양도소득의 5,000만 엔 공제), ii) 귀환환경정비교부금의 법정화 및 확충[92], iii) 피난지시해제구역등[93]의 사업재개지원의 과세특례의 확장[94]이 그 내용이다.

② 귀환 환경의 정비

(가) 시책의 개관

이상에 대응하여, 2012년도 보정예산 및 2013년도 당초예산에 대해서는 i) 귀환 촉진, 미귀환지역의 황폐 억제 등을 골자로 하는 '지역의 희망부활응원사업(후쿠시마원자력재해피난구역등귀환·재생가속사업위탁금)'(2012년 보정 208억 엔, 2013년 당초 48억 엔), ii) 장기피난민의 생활지원을 목적으로 하는 '커뮤니티부활교부금'(장기피난민생활거점형성교부금. 후술 (나)), iii) 어린이의 운동 기회를 확보하는 시설의 정비 등을 내용으로 하는 '어린이원기부활교부금(후쿠시마정착긴급지원교부금)'(2013년 당초 100억 엔)을 포함한 '후쿠시마고향부활프로젝트'가 창설되었다[95]. 그 후, 2013년 3월에는 후쿠시마부흥재생총괄본부가 '조기귀환·정주계획'을 수립하고 동 계획에서 조기 귀환·정주를 위한 시책이 표방되었다.

(나) '커뮤니티부활교부금'(장기피난민생활거점형성교부금)

장기화하는 피난대책으로 나온 시책이 '커뮤니티부활교부금'(2013년 당초 503억 엔, 2013년 보정 512억 엔)이다[96]. 이 교부금의 특장은 i) 현·

92) 대상사업으로서 토지구획정리사업, 일 단지의 부흥재생거점사업, 도로, 공영주택, 하수도 등의 기간인프라사업이 추가되었다.

93) 피난지시해제준비구역, 거주제한구역이 포함된다.

94) 사업재개에 향해 사업자가 설비투자자금을 적립한 경우에 소득세·법인세 등에서의 적립액의 손금산입이 인정된다.

95) 復興廳「福島ふるさと復活プロジェクト(2012년도 보정·2013년도 정부예산안)」(http://www.reconstruction.go.jp/topics/20130315_furusatofukkou.pdf).

96) 2014년도 보정예산에서는 중간저장시설 등에 관한 보조금(1,500억 엔)에 더

시정촌이 계획을 책정한 경우에, ii) 공영주택 정비·관리사업과 관련사업(교육·육아·사회복지시설의 정비, 피난민생활지원의 소프트사업[97]. 기간사업의 35%까지 실시가능)을 대상으로 하며, iii) 계획사업에 대해 보조율을 올리고, 지방 부담분을 부흥특별교부세로 조치하는 것(원전사고관련 보조금으로 최초)이다.

그러나, 부흥청의 공표자료에 따르면, 2012년도 및 2013년도에 있어서는 이들 예산에는 고액의 집행 잔액이 발생하였다[98]. 그 후, 2014년도에는 부흥공영주택(현영(縣營)이 중심·일부 시정촌영)에 대해 주민의향조사를 바탕으로 한 정비가 진행되어, 2017년도까지 예정수인 4,890가구가 정비되는 것으로 되어 있다(2014년도 실적 509호). 그런 상황도 있어서, 지금까지 조치액의 대부분은 주택정비사업비에 충당되어 왔다. 그러나, 그 중에서도 후쿠시마현이 1억 8,600만 엔을 조치하고, 커뮤니티교류원 40명, 전체 총괄 1명, 감독원 5명을 배치하고 있는 것은 주목할 만하다[99].

(다) '후쿠시마재생가속화교부금'

2014년도 상기의 '커뮤니티부활교부금'은 '어린이건강부활교부금'(후

하여, 중간저장시설 정비등의 영향도 포함하여, 원전사고 피재지역의 부흥이나 풍문피해대책 등의 후쿠시마현 전역의 부흥을 추진하는 사업 등에 이용이 가능하며, 후쿠시마현의 기금에 편입된 「원자력재해로부터의 후쿠시마부흥교부금」(1,000억 엔)이 창설되고 있다.

97) 고령자생활지원, 건강관리, 고립방지, 삶의보람만들기, 마음의 케어, 고용대책, 교통수단 확보, 피난지간 및 피난지 시정촌과의 교류, 주변주민과의 교류가 들어진다.

98) 復興廳「2012年度 東日本大震災復興特別會計決算概要」(2013년 7월 31일), 同「2013年度 東日本大震災復興特別會計決算概要」(2014년 7월 31일).

99) 復興廳「福島再生加速化交付金(第9回) ≪長期避難者生活拠点形成(コミュニティ復活交付金)第9回≫の交付可能額通知及び長期避難者等の生活拠点の形成に向けた取組方針の公表について」(2015년 1월 30일)(http://www.reconstruction.go.jp/topics/main-cat1/sub-cat1-17).

쿠시마 정착 등 긴급지원교부금. 예산 보조)와 함께 '후쿠시마재생가속화교부금'으로 분류되었다(2014년도 당초·2015년도 개산(概算), 각 1,000억 엔 규모). 그 목적은 장기피난 지원부터 조기귀환까지의 지금까지의 대응책을 일괄화하는 것에 있다(후생노동성·농림수산성 소관의 부흥교부금 대상의 하드 정비사업의 일부도 여기에 통합되었다)[100]. 그 때, i) 지역으로의 귀환자, 신규전입자를 위한 공공임대주택의 정비, ii) 방사선·건강·생활에 관한 상담원 배치, iii) 간호복지시설, 아동복지시설의 정비, iv) 각종 환경정비, 생활용수의 정비 등의 사업이 추가되었다.

한편, 2014년도부터 후쿠시마재생가속화교부금에 대해서는 지방 부담분이 특별교부세로 조치되고, 또한, 후쿠시마부흥재생특별조치법의 재개정(①-(다))에 의해 동 교부금 중의 '귀환환경정비교부금'이 새롭게 법정화되어 보조율이 인상되었다(예산조치의 어린이건강부활교부금도 후쿠시마재생가속화교부금 중에서 지방 부담분의 특별교부세 조치가 이루어졌다)[101].

③ 피난의 장기화에의 대응

귀환환경 정비가 진행되는 한편, 피난 장기화대책이 중요하다는 것에의 인식이 높아지게 되었다. 그래서, 2013년 3월에는 '원자력재해로 인한 이재민지원패키지'가 책정되어 '어린이건강부활교부금'(②-(가))에 의해 실시되고 있던 사업 외에도 재해구조법 적용지역의 아동, 피난한 어린이 등을 대상으로 하는 학교카운셀러 등의 파견, 주택환경의 정비·유지(공공임대주택의 정비, 임차가설주택의 제공 계속 등), 원전사고로 인한 모자피난민 등에 대한 고속도로의 무료화 조치 등이 실시되고

100) 復興廳「福島再生加速化交付金制度の概要」(http://www.reconstruction.go.jp/topics/main-cat1/sub-cat1-17/).

101) 復興廳「(參考)復興の取組と關連諸制度」39쪽(http://www.reconstruction.go.jp/topics/main-cat1/sub-cat1-1/20150310_torikumi_seido.pdf), 2014년도 부흥특별교부세성령(2014년 4월 15일 총무성령 45호) 2조 1항 20호.

있다.

그 후에도 2014년 8월에는 이재민의 건강·생활 지원에 관한 시책 등의 정리가 이루어졌다[102]. 2015년도에는 i) 고속도로 무료화조치 등에 더해, ii) 생활지원상담원의 배치, 지역커뮤니티활동의 활성화, iii) 어린이가 있는 가정에의 방문, 케어, iv) 사회복지협의회, 사회복지법인, NPO 등의 연계 강화, v) 후쿠시마현 내의 어린이를 대상으로 하는 자연체험활동, 현외와의 교류 촉진 등을 내용으로 하는 '이재민건강·생활지원종합교부금'(2015년도 개산 59억 엔)이 각 성의 지원책을 강화·패키지화한 형태로 제도화되었다[103]. 동일본대진재의 피해자치단체 전체를 대상으로 하는 것이지만, 후쿠시마현에 대해서는 22억 7,500만 엔이 조치되었다.

(2) 후쿠시마현·시정촌의 움직임

① 후쿠시마현의 움직임

국가의 상기 시책에 대응하여, 후쿠시마현도 '후쿠시마부흥계획(제2차)'(2012년 12월)에서, i) 피난의 장기화에 따른 지원 강화, ii) 새로운 생활거점의 정비, iii) 귀환을 가속하기 위한 노력 등을 내세웠다. 예를 들어, 동 계획 중의 '생활지원프로젝트'에서는 귀환을 위한 노력이 자리매김하게 되었다(커뮤니티의 재생, 생활인프라 복구, 귀환지에서의 주택재건·확보). 한편, 피난의 장기화에 따른 케어·고립화의 방지, 피난지에서의 육아 지원, 간병서비스 등이 나왔고, 특히 현외피난민에 대해서는 임차주택의 공여기간 연장·주거변경에의 대응, 현외의료기관 등과

102) 復興廳·被災者に對する健康·生活支援に關するタスクフォース「被災者の健康·生活支援に關する總合施策」(2014년 8월 25일)(http://www.reconstruction.go.jp/topics/main-cat2/20140825_sougousesaku.pdf).

103) 復興廳「被災者健康·生活支援總合交付金の概要」(http://www.reconstruction.go.jp/topics/main-cat2/20150526_h27_1kenkouseikatsukoufukingaiyo.pdf).

의 협력을 통한 검사, 케어·육아지원, 간병서비스의 제공 등이 실시되기로 되어 있다. 또한, 피난의 장기화에 따른 국가의 지원책 강화와 연동하여, 후쿠시마현에서도 지원책의 강화를 도모하게 되었다.

또한, 2013년도 이후, 국가에서 피난의 장기화를 위한 대책이 강화되어온 것에 따라, 지금까지의 시책과 더불어 다양한 피난민지원책이 실시되게 되었다. 예컨대, 생활지원상담원을 중심으로 한 생활거점형성지원사업에 대해서는 '후쿠시마재생가속화교부금', '이재민건강·생활지원종합교부금'을 이용하여, 지금까지 200명 규모였던 것이 2014년도에는 270명으로 증원되었다. 또한, 부흥특별교부세를 이용한 부흥지원원에 대해서도 2013년도 말부터 사업이 개시되어, 2015년도에는 피난민 지원의 목적으로 28명을, 하마도리(浜通り)지역의 마을재건의 목적으로 19명을, 후쿠시마시의 거점에 5명을 배치하고 있다. 고용면에서도 순회 등에 의한 취업 상담, 직업훈련의 실시, 피난지에서의 영농재개지원 등이 현 내외의 피난민에 공통되는 대책으로서 내세워졌다. 또한, 장기피난민 등의 생활거점의 정비(부흥공영주택, 생활거점으로서의 기능정비 등)도 내걸었다[104].

② 관계 시정촌의 움직임

(가) 나미에마치(浪江町)

나미에마치의 피난구역 개정은 2013년 4월 1일에 실시되었다. 다만, 마을의 상당한 구역이 귀환곤란구역, 거주제한구역으로 지정되어, 마치(町)사무소가 소재하는 해안부인접지역이 피난지시해제준비구역으로 지정되었다. 이런 가운데, 마치(町)의 2013년도 일반회계 당초예산은 세입 베이스로 12억 5,900만 엔이 증가한 76억 2,200만으로

---

104) 福島縣 「福島復興計畫(第2次)」(2012년 12월). 한편, 이상의 기술은 후쿠시마현청의 담당부국(피난자지원과, 지역진흥과, 사회복지과, 지역협력과, 아동가정과 등)의 히어링에 근거한 것이다.

되고, 부흥특별교부세, 후쿠시마원자력재해피난구역 등 귀환·재생가속사업위탁금((1)-②-(가)), 나미에마치 복구·부흥기금 등을 활용하는 내용으로 되어있다. i) 건강관리사업, 식품 등의 방사능 분석사업, ii) 재해조위금·위로금의 교부, iii) 가설·임차주택자치회의 운영 등의 조성, iv) 고령자피난생활지원사업, v) 재개한 초·중학교의 운영, 취학원조 등의 자녀교육환경 정비, vi) 고용창출사업에 의한 고용(31명의 직접고용) 등, 초기의 긴급대응에서 뿐만 아니라, i) 일시출입지원 버스운행사업, ii) 일시출입용 가설화장실의 설치, iii) 방범대책 등의 귀환환경 정비사업 외에도, iv) 부흥지원원(復興支援員)의 강화, v) 피난주민과의 커뮤니케이션의 유지를 위한 활동 등의 지출이 눈에 두드러진다. 그러나, 귀환곤란구역, 거주제한구역 등을 중심으로 하여 오염제거가 진전되지 않는 등의 요인으로 인해 마치 내(町內)의 인프라 복구·정비를 위한 사업은 반드시 활발한 것은 아니다.

그러나, 마치(町)는 2014년도를 부흥의 실현기로 자리매김하고, 상기의 재생가속사업위탁금을 활용하는 것 외에, 나미에마치 복구·부흥교부금의 인출에 의해 이월금을 51억 3,300만 엔으로 하고, 총액 133억 6,700만 엔의 예산을 편성하였다. 예를 들어, 방재집단이전사업(34억 6,828만 엔), 절벽지역 근접 등 위험주택이전사업(6억 4,435만 엔), 쓰나미 피해주택재건사업(7억 5,922만 엔) 등 마치 내(町內)의 지진·쓰나미 피해지역에 대한 부흥·복구사업의 실시가 예정되어 있는 외에, i) 공영부흥주택의 건설 준비, ii) 농림업·수산업 재개지원, iii) 마치도로(町道) 복구 등도 걸려있다. 또한, 마치주민(町民)에게 태블릿 단말기를 배포하는 등 마치(町)와 주민과의 사이의 커뮤니케이션의 강화도 도모되고 있다[105].

105) 浪江町「2013年度一般會計·特別會計歲入歲出豫算資料」, 同「2014年度一般會計·特別會計歲入歲出豫算資料」(http://www.town.namie.fukushima.jp/

(나) 이와키시

이와키시는 2012년 12월에 '이와키시부흥사업계획(제2차)'을, 2014년 1월에 '동 계획(제3차)', 같은 해 11월에 '동 계획(제4차)'을 책정하였다.

이들 계획에 따라서 2013년도에는 복구·부흥을 최우선으로 하는 정책을 유지하면서도, 신·시종합계획 후기기본계획의 실시, 지속가능한 시 재정의 확립 등을 방침으로 내걸어, 예산편성을 실시하고 있다. 예를 들면, 지진·쓰나미 이재민을 위한 재해부흥주택의 입주가 2013년도부터 시작되어 2015년도까지 거의 조치가 될 전망이라고 되어있다. 피난민의 대체주택을 건설하는 등의 택지수요의 증가에 따라 시가화구역의 개정 등이 실시되고 있으며, 부흥은 상당한 정도로 진행되고 있는 것이 이러한 점에서도 확인될 것이다[106]. '이와키시부흥사업계획(제4차)'의 '사회기반의 재생·강화'에 관한 기술(記述)에서도 이들 분야에 대한 사업이 어느 정도 진척되고 있는 상황을 확인할 수 있다.

그러나, 동 계획의 '이재민의 생활재건'에 관한 기재에서는 i) 돌봄활동이나 심리치료의 중요성, ii) 모니터링, 피폭검사 등을 통해 시민의 불안을 없애는 과제가 남아 있는 것도 알 수 있다[107].

2013년도 시의 결산에서는 재해폐기물처리사업비 37억 3,200만 엔 감소, 오염제거추진사업비 21억 8,300만 엔의 감소에 따라, 물건비가 63억 4,300만 엔으로 15.8% 감소한 반면, 재해공영주택정비사업비 133억 4,700만 엔의 증가, 지진토지구획정비사업비 59억 4,900만 엔의 증가 등으로 인해, 일반건설사업비가 244억 3,500만 엔으로 증가하고 있다[108].

---

uploaded/attachment/2582.pdf).

106) 이와키시 행정경영부, 재정부에 대한 필자의 히어링의 결과.

107) いわき市「いわき市復興事業計畫(第4次)」(2014년 11월) 79쪽 이하, 7쪽 이하.

108) いわき市「2013年度主要な施策の成果說明書」(http://www.city.iwaki.fukushima.jp/dbps_data/_material_/localhost/03_zaisei/1010/H25syuyounasakuseika.pdf)

〔4〕 지자체의 재정조치

(1) 동일본대진재의 재정조치

① 부흥교부금

이상 원전사고의 피해로부터의 부흥시책에 대해 보았다. 여기에서는 현·시정촌에 대한 국가의 재정지원을 확인한다. 우선, 동일본대진재의 부흥시책에서는 각종 인프라의 복구·정비를 추진하기 위한 재정지원으로 2011년도의 특별교부세 조치로 '인출형 부흥기금'이 창설된([2]-(1)-②-(가)) 외에, 부흥교부금, 부흥특별교부세의 조치가 실시되었다. 그러나, 부흥교부금 및 부흥특별교부세는 부흥시책의 재정부담을 피해 지자체에 부과하지 않는 것으로 평가되고 있기는 하지만[109], 일부 예외는 있지만, 지진·쓰나미피해로부터의 부흥을 상정한 것이었다[110].

② 특별교부세

(가) '인출형 부흥기금'

인출형 부흥기금제도에 대해서는 이미 설명했다(〔2〕-(1)-②-(가)).

5쪽.

109) 村手聰「東日本大震災からの復興の現狀と取組」『地方財政』51권 8호(2012년) 19쪽, 池上岳彦「東日本大震災をめぐる地方財政制度」『地方財政』 52권 8호(2013년) 4쪽, 奧山裕之「東日本大震災に伴う財政措置」『レファレンス』64권 12호(2014년) 187쪽, 高寄昇三「政府財政支援と被災自治体財政」『都市政策』156호(2014년) 49쪽, 同『政府財政支援と被災自治体財政』(2014년, 公人の友社) 116쪽 이하 등이 있다. 덧붙이면, 부흥교부금의 대상이 좁다는 등의 비판이 있다. 예를 들면, 池上·前揭 同 7쪽 이하.

110) 〔2〕-(1)-②-(가) 참조. 한편, 이다테무라(飯舘村), 가와마타마치(川俣町)에서 사고에 의한 피해를 받은 산업시설에 대한 대체시설정비비에 충당된 예도 있다.

(나) 부흥특별교부세

부흥특별교부세는 재해로 인한 부흥 전체를 시야에 둔 것이지만, i) 오염제거, ii) 풍문피해대책, 나아가, 2012년도 이후는 iii) 어린이의 교육환경 정비, 안심·안전한 환경의 확보, iv) 피난지 시정촌과 피난주민과의 관계유지비용도 포함되게 되었다. 그러나, 이미 언급했듯이 원전재해 부흥에 자신의 보조금·교부금에 관한 지방부담분이 새롭게 부흥특별교부세의 대상이 된 것은 후쿠시마부흥재생특별조치법 제1차 개정 후의 일이다.

(다) 다른 특별교부세 조치

부흥교부세 이외에도 통상의 특별교부세 조치의 범위에서 후쿠시마원전사고에 착안한 조치가 이루어졌다. i) 원전사고사무처리특례법의 사무처리비용, ii) 피해지역 자치단체 이외의 단체에 의한 오염제거, 풍문피해대책, iii) 원자력방재의 노력 등이 그것이다.

③ 기타

그밖의 조치로는 채권발행에 관한 특례[111] 외에도 보통교부세의 특례조치가 있다. 첫째, 지방세의 감면에 대해서는 부흥특별교부세에 의해 조치된 것을 이미 언급하였다(②-(나)). 이에 따라, 보통교부세 기준재정수입액의 산정시에 조치액을 가산하게 되지만(보전된 수입 감소분이 보통교부세 교부액에 중복해서 조치되지 않기 위한 조치), 산정비율은 75%이다(통산하여 전체의 25%가 증액교부)[112]. 둘째, 2011 년 이후, 동일본대진재의 '특정재해 지방자치단체'로 지정된 단체에 대하여 초·중학교의 교육비등이 기준재정수요로써 산정되었다[113]. 셋째, 2011년도의

---

111) 高寄·전게주 109) 『都市政策』156호 40쪽 이하.

112) 보통교부세에관한성령(1962년 성령 17호) 부칙 22조.

113) 總務省自治財政局交付稅課 「2011年度普通地方交付稅の決定について」 4쪽 (http://soumu.go.jp/main_content/000124635.pdf). 2011년도에는 205억 엔이

보통교부세의 산정시에는 기준재정수입액의 산정에 대해 이와테현(岩手縣)·미야기현(宮城縣) 등에 비해 원자력사고피해 현인 후쿠시마현의 수입감소비율을 높게 견적하여(법인세할·법인사업세), 원전피해 시정촌에 대해서도 특별 산정되었다(법인세할). 그리고, 이 조치는 2012년도까지 실시되었다[114].

(2) 지방자치단체의 재정상황

① 후쿠시마현

그 결과, 후쿠시마현을 예로 든다면, 2011년도의 일반회계의 전년도 대비 세입증가의 1조 4,000억 엔은 보통지방교부세의 증가(2,258억 6,700만 엔. 88억 1,950만 엔 증가), '인출형 부흥기금' 등의 특별교부세의 증가(730억 1,630만 엔. 697억 7,145만 엔 증가), 부흥특별교부세의 교부(864억 3,572만 엔), 부흥교부금 등의 국고지출금의 증가(1조 1,220억 263만 엔. 9,979억 1,099만 엔 증가), 이월금(1,234억 3,750만 엔) 등에 의해 조달되고 있다. 현민세의 소득할과 핵연료세의 수입 감소 등으로 지방세 수입이 1,905억 1,218만 엔으로 53억 5,515만 엔 수입 감소(지방양여세는 7억 4,460만 엔 증가)로 되고 있지만, 보통교부세의 증가가 보전하고 있다[115].

다음으로, 2012년도는 부흥시책의 실시에 수반하여, 현민세 소득할, 법인관련세, 목적세 등이 증가함에 따라, 지방세 수입은 2,042억 3,122만 엔으로 전년도 대비 137억 1,903만 엔, 전전년도 대비 약 83

계상되었다. 교육비에 관한 조치는 2014년도에도 계속되고 있다.

114) 地方交付稅制度硏究會編 『2011年度地方交付稅制度解說(補正係數·基準財政收入額篇)』(2012년, 재단법인 지방재정협회) 363쪽, 同『2012年度地方交付稅制度解說(補正係數·基準財政收入額篇)』(2013년, 재단법인 지방재정협회) 339쪽.

115) 總務省『2010年度財政狀況資料集·總括表(都道府縣)』「福島縣」(2012年) 및 同『2011年度』「福島縣」(2013年).

억 6,387만 엔의 증가로 되고, 또한, 지방양여세가 6억 4,258만 엔 증가했다.

그 때문에, '인출형 부흥기금' 상당의 특별교부세의 감액 등을 이유로 지방교부세는 3,090억 3,001만 엔으로 전체로 762억 8,901만 엔 감소로 되었지만, 전전년도 대비 887억 3,965만 엔 증가의 수준을 유지하고 있다. 또한, 국고지출금도 5,149억 7,689만 엔원과 6,070억 2,574만 엔의 감소였지만, 전전년도 대비로 본다면 약 400억 엔이 부흥에 충당되고 있다.

또한, 2013년도에도 법인관계세의 신장과 더불어, 현민세, 법정외목적세의 증가로 인해, 지방세 수입은 2,141억 3,022만 엔으로 전년도 대비로 98억 9,900만 엔 증가했다. 또한, 지방양여세도 344억 5,765만 엔으로 전년도 대비 49억 8,761만 엔 증가하고 있다. 그 때문에, 기준재정수입액의 산정특례(법인관련세 수입 감소분)가 2013년도부터 폐지된 것((1)-③)도 있고, 보통지방교부세는 1,941억 4,711만 엔으로 202억 2,505만 엔 감소하였다[116]. 이와 함께, 직할·보조사업의 지방부담분의 이월이 전년도까지 반영된 부흥특별교부세의 감소(255억 6,608만 엔)에 의해, 지방교부세는 2,629억 7,075만 엔으로 460억 5,925만 엔 감소되었지만, 국고지출금은 5,706억 6,941만 엔으로 2010년도 대비 4,465억 7,773만 엔의 증가를 유지하고 있다.

② 시정촌[117]

(가) 나미에마치(浪江町)

나미에마치의 2011년도 결산을 보면 세출총액은 118억 7,683만 엔

116) 또한, 2013년도는 통상수지분의 지방교부세 총액은 2.2% 감소로 되고 있다.

117) 후타바마치(双葉町)·센다이쵸(川内町)에 관한 분석에 대해, 清水修二「原子力災害下の町村財政」『農村と都市をむすぶ』64권 5호(2014년) 4쪽, 오구마마치(大熊町)·히로노마치(廣野町)에 대해 宮下雅志「避難自治体の財政の現状と課題」『月刊自治研』3월호(2015년) 29쪽.

으로 전년도 대비 30억 4,462만 엔 증가로 되었다. 세입총액은 124억 6,106만 엔이며, 주민·법인에 대한 세금 감면 등으로 지방세 수입이 4억 575만 엔으로 전년도 대비 15억 1,209만 엔 감소로 되었고, 지방양여세도 1억 3,489만 엔으로 1,390만 엔 감소한 한편, 부흥특별교부세 19억 39만 엔이 조치되어 수입 감소를 보충했다. 보통교부세에 현저한 증감은 없었다[118]. 이에 대해, '인출형 부흥기금'의 시정촌 배분 등을 통해 특별교부세가 20억 732만 엔으로 18억 112만 엔 증가하여, 합계로 지방교부세는 44억 7,410만 엔이 조치되었다. 다른 한편, 부흥사업은 마치(町) 구역내에서 본격적으로는 전개되지 않았기 때문에, 국고지출금은 9억 9,790만 엔(전년도 대비 13억 1,720만 엔 감소)으로 된 한편, 후쿠시마현의 지출금이 29억 2,361만 엔(22억 8,421만 엔 증가)으로 현저한 신장을 보이고 있다[119].

2012년도 결산에서는 세출총액은 86억 4,491만 엔이며, 32억 3,191만 엔 감소로 되었다. 다른 한편, 세입총액은 94억 5,189만 엔이다. 세입 중, 지방세는 3억 7,830만 엔, 지방양여세는 1억 2,589만 엔으로 더욱 감소하였지만, 부흥특별교부세가 19억 6,075만 엔 조치되었다(보통교부세·특별교부세는 계 26억 3,354만 엔으로 2010년도의 수준으로 되돌아 왔다.). 또한, 현 지출금은 '인출형 부흥교부금'의 마치(町) 배분 상당의 감액 등의 요인에 의해 11억 8,493만 엔으로 된 한편, 국고지출금이 9억 6,370만 엔이며, 부흥사업의 진전이 지체되고 있는 것을 알

118) 기준재정수입액에 대해서는 부흥특별교부세에 의한 감세액보전에 관한 증액산정과 정민세의 법인세할에 관한 감액산정의 결과, 약 1억 엔 감소로 인정되었다. 한편, 기준재정수요액도 공립보육원의 비용, 교육부조비의 감소 등을 통해, 거의 동액이 감액산정되어 있다(필자의 조회에 대한 나미에마치총무과의 회답).

119) 「2010年度決算狀況(市區町村) 福島縣(07) 浪江町(5477)」 및 「2011年度決算狀況(市區町村) 福島縣(07) 浪江町(5477)」.

수 있다.

마지막으로, 2013년도 결산에서는 세출총액 139억 7,976만 엔으로 규모가 확대되었다. 세입총액은 149억 1,124만 엔이며, 지방세 수입은 3억 8,252만 엔, 지방양여세는 1억 1,891만 엔으로 회복이 보이지 않지만, 부흥특별교부세 23억 4,940만 엔이 교부되었다. 더욱이, 보통교부세도 27억 6,636만 엔으로 2010년도 대비 3억 675만 엔 증가하였다[120]. 또한, 현 지출금 17억 8,677만 엔, 국고지출금 52억 2,189만 엔으로 마치(町) 역내에서의 부흥시책이 반영된 내용으로 되었다[121].

(나) 이와키시

2011년도 결산에서의 이와키시의 세출총액은 1,742억 1,304만 엔이며, 전년도 대비 518억 8,590만 엔으로 크게 증가하였다. 세입총액은 1,820억 6,348만 엔이며, 지방세 수입은 전년도 대비 31억 9,875만 엔 감소한 423억 6,191만 엔, 지방양여세는 5,540만 엔 감소한 14억 5,951만 엔으로 되었지만, 120억 2,661만 엔의 부흥특별교부세가 교부되었다. 또한, 국고지출금 362억 1,346만 엔(전년도 대비 198억 1,000만 엔 증가), 현(縣) 지출금 196억 5,362만 엔(동 129억 4,397만 엔 증가)으로 지진·쓰나미로부터의 부흥사업이 실시된 이와키시의 상황을 반영한 재정상황으로 되었다(한편, 보통교부세는 6억 5,256만 엔 감소하였지만, 특별교부세의 증가로 합산하면 54억 6,268만 엔 증가하고 있다).

다음으로, 2012년도 결산에서는 세출총액 2,188억 5,762만 엔, 세입총액 2,266억 9,505만 엔으로 재정규모는 더욱 확대되었다. 지방세 수

120) 기준재정수입액이 17억 2,928만 엔에서 15억 937만 엔으로 되었다. 촌민세의 산정액에 대해 감액이 이루어진 것이 그 요인이다(필자의 조회에 대한 나미에마치총무과의 회답).

121) 「2012年度決算狀況(市區町村) 福島縣(07) 浪江町(5477)」 및 「2013年度決算狀況(市區町村) 福島縣(07) 浪江町(5477)」

입은 449억 7,929만 엔으로 회복을 보이는(지방양여세는 13억 9,083만 엔) 한편, 부흥특별교부세는 다소 감소한 100억 9,463만 엔이 교부되었다(보통교부세·특별교부세는 2010년도와 거의 같은 금액이다). 국고지출금 819억 5,196만 엔, 현(縣) 지출금 179억 2,058만 엔으로 부흥시책이 진행되고 있는 것을 확인할 수 있을 것이다.

마지막으로, 2013년도이지만, 세출총액 2,001억 4,572만 엔, 세입총액 2,121억 396만 엔으로 전년도와 비슷한 예산규모이다. 지방세 수입은 471억 2,476만 엔으로 2010년도를 상회하였지만(지방양여세는 13억 2,837만 엔), 부흥특별교부세는 91억 2,589만 엔이 교부되었다. 그러나, 시세 수입의 증가에 따라 보통교부세가 177억 2,492만 엔으로 전년 대비 28억 4,659만 엔 감소한 결과, 보통교부세 및 특별교부세의 합계액은 198억 202만 엔이 되어, 2010년도 대비에서도 22억 4,856만 엔 감소하였다. 또한, 국고지출금 478억 9,750만 엔, 현(縣) 지출금 190억 3,260만 엔으로 부흥시책관계의 세입도 다소 감소했다.

〔5〕 소괄

(1) 지진재해부흥시책과 후쿠시마현

① 부흥시책의 개요

지금까지 본 것처럼 후쿠시마의 부흥은 i) 부흥시책의 전제가 되는 오염제거, 풍문피해대책, ii) 방사선의 영향으로 인한 건강 불안에 대한 대책, iii) 귀환을 위한 환경정비, iv) 피난민 지원 및 피난의 장기화에 대한 대응 등을 목적으로 상당 규모의 자금이 투입되어 왔다. 그 외에도, 후쿠시마현의 산업상황을 토대로 한 진흥책·산업유치 등 많은 자금이 투입되고 있다. 지원형태도 인프라 정비사업의 실시, 취업지원, 주택의 제공, 공공시설의 정비, 보조금·교부금의 교부, 세금 감면 등 다양하다. 또한, 후쿠시마현·현내 시정촌에 대해 교부금·보조금의 지출 이외에 보통교부세·특별교부세·부흥특별교부세 등 상응한 지원이 이루어졌다. 그러나, 다음과 같은 점에 유의할 필요가 있다.

② 재해복구사업, 부흥관련 공공사업

먼저, 재해복구사업, 지자체관련 공공사업에 대해서는 가설주택의 확보, 공영주택의 확보 등 피난민 등의 주거환경의 정비라는 관점에서 중요한 시책이 동일본대진재 부흥시책의 전체 틀에 의해 조치가 이루어졌다. 주민의 희망조사, 용지 확보 등의 요인으로 인한 지연은 있었지만, 2017년도까지는 피난주민의 의향을 토대로 한 숫자의 부흥공영주택이 확보되게 되었다(그러나, 이와키시와 같이 지진·쓰나미관련 이재민에 관한 시영재해부흥주택 정비의 목표가 이미 선 지자체도 있다). 반면, 다른 재해복구사업, 부흥관련공공사업에 대해서는 일부 사업을 제외하고는 동일본대진재의 지진·쓰나미 등의 피해에 대한 복구·부흥을 염두에 둔 것이라고 말해도 좋다.

③ 부흥교부금, 부흥특별교부세

부흥교부금은 지진·쓰나미 피해 등으로부터의 복구·부흥을 염두에 둔 것이다. 다른 한편, 부흥특별교부세는 부흥교부금의 대상사업과 관련되는 지방부담분을 전액조치하는 것이 제도의 기둥이지만, 오염제거, 풍문피해대책, 아동교육환경의 정비, 피난민과 피난지 지자체와의 관계 유지 등에도 활용되어 왔다. 그러나, 원전사고로부터의 부흥에 관한 독자의 보조금·교부금 대상사업의 지방부담분이 부흥특별교부세로 조치되게 된 것은 후쿠시마부흥재생특별조치법 제1차 개정 후의 일이다.

④ 세금의 감면, 특례조치

세금 감면, 각종 과세특례조치에 대해서는 동일본대진재의 지진·쓰나미 피해에 대한 취급에 준거하여, 세금 감면 등이 실시되었다. 그러나, 후쿠시마부흥재생특별조치법의 제정·개정 경위에서 보듯이, 귀환환경 정비 등의 관점에서의 과세특례·특구제도의 적용 등에 대해서는 오염제거 등의 단계를 거칠 필요에서 지진·쓰나미대책의 관점의 것에 비해 템포는 늦은 것이 되었다.

⑤ 재해지 지원, 피난민 지원대책

후쿠시마원전사고의 피난민 지원이라고 하는 관점에서는 동일본대진재의 부흥시책 전체의 틀 안에서 여러 시책이 실시되고 있다. 응급가설주택·임차주택의 무상제공, 부흥공영주택의 확보시책은 그 예이다. 그 외에도, 응급가설주택의 지원거점 정비, 긴급고용대책사업을 통한 피해지역의 고용촉진과 부흥시책에의 활용, 피해지역의 교육기관 지원, 노인복지·장애인복지·모자과부복지분야에서 시책이 전개되었다. 또한, 직원의 파견, 부흥지원원 등의 배치에 관한 부흥특별교부세 조치를 비롯해, 피난민, 피해지역 지자체에의 지원책이 실시되고 있다. 이러한 생활지원책은 피난의 장기화 속에서 근래 대책이 강화되고 있다.

이상의 점을 감안한다면, 피난민의 생활지원 등에 대해서는 다음과 같이 정리할 수 있다. 즉, 원전피난민의 생활지원은 당초 지진·쓰나미 피해에 따른 피난과 공통되는 시책의 틀에서 진행되었지만, 시간의 경과와 함께 지진·쓰나미 피해지역 중에서도 부흥의 템포가 지체되고 있는 지역과 대등한 형태로, 피난의 장기화에 따라 발생하고 있는 과제에 대응할 필요성이 의식되었다고 할 수 있을 것이다.

(2) 원전사고에 착안한 시책

① 보조금·교부금 등

그 외에도, 후쿠시마원전사고로부터의 복구·부흥 자체를 목적으로 한 시책으로서, 방사성물질에 의한 오염 제거, 풍문피해대책, 건강불안에 대한 대책 등 외에도 다양한 사업이 전개되었다. 그러나, 2011년도부터 2013년도까지 국가예산을 보는 한에서는 오염제거, 풍문피해대책, 건강불안대책 외에 연구개발거점 정비 등의 산업진흥대책비용이 상당한 비율을 차지하고 있다[122].

이에 비해, 2012년도 이후 후쿠시마재생가속화교부금 등 장기피난민대책을 포함한 시책이 내세워졌다. 그러나, 집행률은 2013년도까지는 다른 시책에 비해서도 낮은 상황에 있었다. 한편, 위에서 본 바와 같이, 부흥공영주택의 정비 완료가 2017년도로 늦춰진 관계로 2014년도까지는 주택정비 하드사업에 중점을 두고 있다([3]－(1)－②－(나)). 그 결과, 후쿠시마재생가속화교부금이 예정하고 있는 주택정비를 중심으로 하는 하드사업과 그 중에서의 커뮤니티 형성, 입주자의 케어 등의 소프트사업을 연계한 프로젝트의 본격적인 실시는 향후로 맡겨져 있다.

나중에 보는 것처럼, 시책의 지연은 여러 가지 요인이 겹친 결과인 것으로 생각된다(4－[3]). 그러나, 예를 들어, 후쿠시마부흥재생특별조치법의 제정·개정까지, 후쿠시마원전사고에 관한 부흥시책에 대해서는 동일본대진재의 부흥·복구시책의 틀에 준한 보조율의 인상, 부흥특별교부세의 조치 등이 실시되지 않았다. 이 점에 대해서는 재산권자체의 멸실·훼손이라는 형태의 피해가 방사성물질로 인한 오염의 피해보다도 무겁다고 평가하는 견해가 있었던 것이 아닌가하는 추측도 성립한다.

② 보통교부세, 특별교부세

그러나, 후쿠시마현은 '인출형 부흥기금'을 '후쿠시마현 원자력재해등부흥기금'에 포함시켜, 원전사고에 관한 부흥시책에 널리 활용하고

---

122) 復興廳「これまでの復興關係予算の執行狀況について」(http://www.reconstruction.go.jp/topics/main-cat8/sub-cat8-3/20140813_kesan.pdf).

있다. 또한, 보통교부세, 특별교부세의 형태로 후쿠시마현·관계시정촌에 독자적으로 배려하는 시책이 취해지고 있는 것은 이미 보았다.

3 지자체의 손해와 배상

다음으로, 지자체의 고유의 손해배상문제를 검토한다. 우선, 원자력손해배상분쟁심사회(이하 '분쟁심사회'라 한다)의 지침에서의 배상방침을 확인하고, 그 위에, 후쿠시마현 등과의 협상결과에 따라 도쿄전력의 배상방침과 원자력손해배상분쟁해결센터(이하 'ADR센터'라 한다)의 사례 등을 개관하고, 사견을 언급하고 싶다.

〔1〕 중간지침과 그 후의 추이

(1) 중간지침(2011년 8월 5일) 등의 방침

① 민간사업자 등에 준하는 손해

지자체 고유의 손해에 대한 배상문제에 대해서는 우선, 분쟁심사회는 '중간 지침[123]'에서 i) 상·하수도사업, 병원사업 등에 대해서는 민간사업자 등의 손해와 구별할 이유가 없기 때문에 사업자 등에 대한 배상에 준한 판단을 해야 할 것, ii) 지방공공단체가 피해자 지원 등을 위해 가해자를 대신하여 부담한 비용도 배상대상이 되는 것, iii) 지방공공단체 등이 입은 그 이외의 손해에 대해서도 개별·구체적인 사정에 따라 배상해야 하는 손해로 인정되는 것이 있을 수 있는 것을 나타냈다.

예컨대, iii) 항목에 관련해서는 오염제거 등의 비용에 대해 그 후의

123) 「東京電力株式會社福島第一、第二原子力發電所事故による原子力損害の範囲の判定等に關する中間指針」(2011년 8월 5일) 第10-2.

분쟁심사회의 지침에서, α) 필요하고 합리적인 범위의 오염제거 등(오염된 토양 등의 제거뿐만 아니라, 오염의 확산 방지 등의 조치, 제거토양의 수집, 운반, 보관 및 처분 그리고 오염된 폐기물의 처리를 포함한다)을 행하는 것에 따라 필연적으로 발생한 추가적인 비용, β) 주민의 방사선 피폭의 불안과 공포를 완화하기 위하여 지방자치단체와 교육기관이 행할 필요하고 합리적인 검사에 드는 비용은 배상해야 할 범위로 되었다[124].

② 세수의 감소

반면, 세수 감소에 대해서는 '중간지침'에서, i) 법률·조례에 근거하여 권력적으로 부과, 징수되는 공법적 특수성이 있고, ii) 세수에 대한 기대권이 손상된 것에 그치는 것, iii) 조세채무자인 주민과 사업자 등이 사고로 인한 손해배상금을 수령하면 거기에 담세력(担税力)이 발생한다는 점에 입각하여, 특별한 사정이 있는 경우를 제외하고 배상해야 할 손해로는 인정되지 않는다고 되어 있다[125].

(2) 목적세에 관한 사업 등의 취급

① 목적세에 관한 사업 등

그러나, 위에서 기술한 것은 주민세와 법인관련세 등의 보통세를 주로 상정한 것이다. 이에 대해, 지방자치단체의 세수 중에는 입욕세를 비롯한 목적세를 재원으로 하는 사업과 같이, 세수와 지방공공단체에 의한 사업지출의 연관성이 높은 사업이 있다. 이 같은 세금의 세수가 감소한 경우이며, 교부세에 의한 재원조치가 되지 않고, 사고 후에도 실시가 필요한 사업에 대해서는 중간지침에서 말하는 '특별한 사정이

---

124) 「東京電力株式會社福島第一、第二原子力發電所事故による原子力損害の範囲の判定等に關する中間指針(第2次追補(政府による避難區域等の見直し等に係る損害について」(2012년 3월 16일) 第2-4.

125) 전게주 123) 「中間指針」 第10-2.

있는 경우'에 해당하는 것으로 생각해도 좋다.

② 추가적 견해

그래서, 2013년, 분쟁심사회는 "목적세를 재원으로 하는 사업처럼 세수와 사업지출의 연관성이 높은 사업이며, 교부세에 의한 재원조치가 되지 않고, 사고 후에도 실시가 필요한 사업에 관련한 세수의 감소[126)]"는 적어도 배상해야 할 손해로서 인정된다고 하는 견해를 나타내고 있다.

〔2〕 피해 현의 견해 등

(1) 후쿠시마현의 견해와 교섭경위

이하에서는 피해 현 등의 견해를 소개하고, 피해 현과 도쿄전력과의 교섭경위를 살펴보기로 한다(지면관계 상, 후쿠시마현·이와테현으로 한정한다).

우선, 후쿠시마현은 빠른 시점부터 세수 감소에 대해 배상의 대상으로 해야 한다는 입장을 명시하고[127)], 세수 감소에 대한 판단을 분쟁심사회가 나타낸 후에도, i) 관광객의 감소와 사업활동의 정체, ii) 사업소의 이전, iii) 피난민의 전출 등으로 인한 세수 감소분은 배상의 범위라는 견해를 표명했다[128)].

---

126) 第35回原子力損害賠償紛争審査會(2013년 10월 1일)·자료5「地方公共団体の税收減について(案)」. 동 안은 심사회의 심의를 거쳐, 상기 회합에서 승인되었다.

127) 福島縣原子力損害對策協議會(會長·佐藤雄平福島縣知事)「原子力損害賠償の完全實施に關する緊急要望」(2011년 9월 2일) 9 (「地方公共団体の損害」).

128) 福島縣原子力損害對策協議會 「原子力損害賠償に係る『指針』の追加等に關する緊急要望」(2013년 11월 18일) 1-(3)-ク (「地方公共団体の損害に係る賠償」). 日本弁護士連合會編『原發事故·損害賠償マニュアル』(2011년, 日本加除出版)도 주민세의 인수할당, 고정자산세 등을 예로 들고서, "감소가 현실화한 경우

이 입장에 근거하여, 후쿠시마현은 2012년 7월에, i) 현의 시설의 이전비용, ii) 현이 독자적으로 실시한 축산대책·중소기업지원대책비용, iii) 임시직원·할증임금 등의 인건비 증가, iv) 기업의 현외(縣外) 이전 등으로 인한 법인현민세의 감소를 포함하는 현세의 수입 감소분 등이며, 국고보조금 및 특별교부세 등을 통한 국가의 재정조치의 대상이 되지 않는 것(약 63억 엔)을, 또한 2013년 10월에, 마찬가지로 국가의 재정 처리에 포함되지 않는, i) 방사성물질검사, 풍문피해대책, ii) 피난지에서의 영농재개 지원, iii) 현세의 수입 감소분 등(약 29억 엔)을 청구하고 있다. 또한, 2015년 4월에도 추가금액이 청구되었다(약 17억 엔).

이에 대해, 2015년 7월까지 도쿄전력과 합의한 배상액은 i) 시설의 기능 이전비용, ii) 일부 축산대책비, iii) 식품검사비용에 관한 합계 37억 엔이다[129].

(2) 이와테현(岩手県)의 견해와 교섭 경위

이와테현은 2013년 6월 도쿄전력에 대한 공개질의서를 공표하고, 도쿄전력은 같은 해 7월 이에 대한 답변서를 공개하였다[130]. 그 가운데에서, 이와테현은 i) 현이 독자적으로 실시한 방사성물질 영향대책비용, ii) 비정규직원의 인건비, 정규직원의 할증임금 이외에 일반직원의 근무시간의 급여 등의 상당액, iii) 2013년도 이후의 학교급식검사비용 등도 배상의 범위에 포함된다는 입장을 표명했다. 덧붙여서, 측정

에" 배상의 대상으로 해야 한다고 하고 있다(355쪽 이하).

129) 福島縣財政課 「東京電力株式會社に對する縣の損害賠償請求に係る一部合意について」(2013년 8월 14일). 또한 동명(同名)의 2014년 3월 28일자 및 2014년 7월 29일자의 문서 참조.

130) 岩手縣知事·達增拓也 「東京電力原子力發電所事故に係る損害賠償に關する公開質問書」(總務 72号 2013년 6월 21일). 東京電力株式會社代表執行取締役社長「公開質問書へのご回答について」(2013년 7월 10일).

비용, 기기구입비, 오염제거비용, 홍보경비 및 기타 비용(볏짚의 소각재 등 농림계 방사성오염폐기물 처리비용 등), 인건비 등에 대해 ADR센터에 화해신청이 이루어져, i) 인건비 이외에 대해서는 기본적으로 배상의 범위로 한다, ii) 인건비에 대해서는 할증임금 등 외에, 업무시간내에서의 업무를 통해 다른 통상업무가 시간외로 된 부분에 대해 손해의 범위로 한다는 화해안이 제시되어, 합의에 도달했다[131]. 한편, 이와테현에 의하면, 상기의 비용에 대해서도 국가의 보조금·교부금, 특별교부세의 대상으로 된 부분은 공제되었다[132].

(3) 시정촌

시정촌에 대해서도 현에 준거한 형태로 배상에 대한 교섭이 순차적으로 진행되어 갈 것으로 생각된다. 덧붙여서, 후쿠시마현 하마도리(浜通り)의 시정촌(구 경계구역·구 계획적 피난구역을 포함한다)의 소방, 간호전문학교의 관리·운영, 지역진흥사업 등의 공동처리를 할 일부사무조합 등이 ADR센터에 화해신청 등을 하여, 화해사안례가 ADR센터의 홈페이지에 공표되어 있지만, 이와테현과의 화해내용과 크게 차이가 있는 것은 아니다[133].

---

131) 그 이외에도, 방사선영향에 관한 대책 중에서도 "정부지시 등에 근거하는 것이 아닌" 비용에 대해 이와테현(岩手縣)과 도쿄전력(東京電力)과의 사이에서 합의가 성립되지 않았기 때문에, 현내(縣內)시정촌(市町村)등과 함께 ADR센터에 화해의 신청이 이루어졌다. 이에 대해, ADR센터는 기본적으로는 상당인과관계의 범위라고 하는 화해안을 제시했기 때문에, 2015년 1월 6일자로 화해계약을 체결하고 있다. 岩手縣總務部總務室「東京電力株式會社への損害賠償請求に係るADRセンターの仲介による和解について」(2015년 1월 13일).

132) 필자의 조회에 대한 岩手縣總務部總務室放射線影響對策担当의 회답.

133) 원자력손해배상분쟁해결센터에 의한「事案概要一覽表」「和解事例 896」및「和解事例 963」(수도사업의 일실이익),「和解事例 921」(재해대책, 방사선대책 등),「和解事例 1045」(방사성물질농도검사비용),「和解事例 1014」(인건비, 측정경비, 오염제거경비, 홍보경비 등) 등.

〔3〕 검토

(1) 현의 손해

후쿠시마현·이와테현은 분쟁심사회의 지침에 입각하면서도 상당인과관계의 범위를 가능한 한 광범위하게 파악해, 지자체 독자의 손해를 회복하려고 하는 입장을 취하였다고 해석할 수 있다. 손해배상청구권의 행사에 관한 주민소송에서의 최고재판소의 판단[134]을 감안한다면, 이들 지자체의 입장은 합리적인 것으로 해석할 수 있다.

그러나, 이미 본 바와 같이, 후쿠시마원전사고의 부흥시책 실시의 과정에서 2011년도, 2012년도를 비롯해 특별교부세, 부흥특별교부세의 교부 외에도 다양한 국가의 재정지원이 실시되고 있다. 부흥특별교부세의 조치 등에 대해서는 부흥비용에 대해 지방자치단체의 재정에 영향을 미치지 않는 형태로 조치된 것은 높게 평가되고 있으며, 지방세의 감면에 의한 수입 감소에 대해서도 조치의 대상이 되고 있다. 이 점을 감안하여, 후쿠시마현, 이와테현은 지금까지 국가의 재원조치에서 조치가 이루어지지 않았던 '독자의 지출·수입 감소'에 한정해서 배상청구를 하고 있다.

또한, 보통지방교부세에 대해서도 후쿠시마원전사고에 착안한 형태로 기준재정수입, 기준재정수요의 양면에서 조치가 이루어진 점도 간과되어서는 안된다. 또한, 후쿠시마현의 재정상황에서 보이는 것처럼, 2012년도부터는 법인관계의 세수는 부흥시책의 실시에 의해 상당한 신장을 보이고 있다. 후쿠시마원전사고로 인한 보통세 등의 수입 감소를 관념하는 것은 가능하지만, 분쟁심사회의 지침이 나타내는 것과 같이, 담세력의 발생형태는 다양하며, 그 증감에 관한 인과관계를 명확하게 보여주는 것은 용이하지 않다. 따라서, 실제 배상액의 확정에 있

134) 最二判2004년 4월 23일 民集 58권 4호 892쪽(はみ出し自販機占有料事件), 最三小判2009년 4월 28일 判時 2047호 113쪽(入札談合損害賠償事件) 등.

어서는 상당한 곤란이 따르는 것은 부정할 수 없을 것이다.

(2) 시정촌의 손해 – 전역에 피난지시가 발령된 지자체 등

그러나, 이상의 고찰은 기본적으로 후쿠시마현을 상정한 것이다. 예를 들어, 전역에 대해 피난지시가 발령된 정촌(町村)에 대해서는 원전사고의 전후를 통한 행정수요의 변화, 각종 세수의 변동, 재정구조의 변화를 근거로 하여, 보다 깊은 고찰이 필요할 것이다. 이 점에 대해서는 후일을 기하고 싶다.

4 끝으로

〔1〕 지진·쓰나미 등의 부흥시책과의 대비

이하, 본장의 정리를 하고 싶다.

(1) 부흥의 지연·피난의 장기화

이재민 지원의 과제, 커뮤니티의 상실은 지진·쓰나미로 인한 피난 모두에 공통되는 문제이다. 이들 문제에 관한 시책은 처음에는 이재민 대책 전체의 틀 안에서 실시되어 왔다. 그 후, 지진·쓰나미 등의 재해에 관한 부흥시책이 어느 정도 진행되는 가운데, 부흥이 지연되고 있는 일부 지역의 이재민과 더불어, 부흥의 예상이 서지 않거나 상당히 지연되고 있는 후쿠시마원전사고 이재민에 대해 피난의 장기화에 따른 다양한 부담이 중요한 정책과제로 인식되게 되었다(원전사고에서 '부흥의 지연'문제는 후술 〔3〕-(1)).

(2) 원전사고 피해의 성격

후쿠시마부흥재생특별조치법의 제정경위에서도 나타난 바와 같이,

지진·쓰나미로 인한 피해의 형태는 개인의 재산권의 멸실·훼손인 반면, 후쿠시마원전사고에서는 방사성물질로 인해 오염되고 있지만, 재산의 기본적인 가치는 현존하고, 오염은 개별 재산에 대해 개별적으로 제거되어야한다고 하는 전제에서 시책이 실시되어 온 것으로 생각된다.

이러한 전제는 피해의 성질, 그리고 오염은 시간이 지남에 따라 자연 감소하는 점에서도 시책을 구축하는 출발점에 있어서는 타당한 것이다. 그러나, 귀환곤란구역 등의 존재, 기타 지역에서의 장기피난에 따른 가옥의 황폐 등에 비추어 보면, 장래의 원자력사고대책의 제도설계를 생각할 때에는 사고의 규모와 심각성 등에 대응할 수 있는 유연한 발상을 가지고 시책의 방향이 검토될 필요가 있을 것이다.

〔2〕 오염제거 등의 환경회복

(1) '오염제거' 의 전제

후쿠시마원전사고의 부흥시책의 진전이 지연된 요인 중 하나는 방사성물질로 인한 오염으로부터의 회복이 충분하지 않은 지역이 아직 확산되고 있는 것이 있다. 그러나, 회복이 지연된 시시비비에 대해 필자는 논자에 따라 평가가 엇갈릴 수 있는 것으로 생각하고 있다. 오히려, 여기서 지적되어야 할 것은 환경회복에 관한 시책의 입안시에도 '오염제거'라는 용어에 단적으로 표현되고 있는 것처럼, "개개인의 사유재산에 발생한, 개별적으로 제거되어야 할 대상으로서의 오염"이 시책의 출발점이 된 점일 것이다.

오염제거의 과정에서는 커뮤니티 단위로 오염제거를 실시하는 것도 중시되었다. 그러나, 국가·지방공공단체가 실시하는 사업이라 하더라도 방사성물질오염대처특조법상은 어디까지나 사고발생사업자의 불법행위책임에 근거하는 오염제거를 사고발생자의 부담으로 대행하는 자리매김에 그치고 있다. 그리고, 시책의 검토과정에서 일정한 확산을 가진 지역을 대상으로 지반의 구획형질의 변경, 주택 개조, 제거 해체, 증개축·신축, 이전 등 사업에서 발생한 오염토양·자재의 임시보관소 확보 등의 사업을 공공사업으로 자리매김하는 입법을 하는 것의 가능성에 관한 논의는 없었던 것으로 생각된다[135].

(2) 공공사업과 원인자부담금

물론, 방사성물질 오염에 관한 상기의 관념을 환경회복에서의 정책의 출발점으로 하는 것의 타당성을 부정할 의도는 필자에게는 없다. 그러나, 후쿠시마부흥재생특별조치법의 재개정에 의해 현행법제도에 '일 단지의 부흥재생거점정비제도'가 도입되었다(2-[3]-(1)-①-(다)). 이 점을 감안한다면, 향후 방사성물질 오염에 관한 환경회복제도의 개정시에 거주제한지역, 피난지시해제준비구역과 그 주변지역 등의 부흥을 염두에 두고, 공공적인 환경회복사업을 원배법의 조항('정부의 시책'에 관한 규정) 중에 메뉴화하는 것이 고려할 만하다. 그리고, 그 때, 공해방지사업비사업자부담법(1970년 법률 133호. 이하, '부담법'이라 한다)의 틀에 준하여, 적절한 비율로 부담을 원인자에게 청구하는 공법상의 부담금제도를 설치하는 것도 검토되어야 한다.

특히, 공법상의 부담을 특별법에 의하여 사업자에게 부과할 때에는 i) 사업자의 활동과 공해의 인과관계에 대해 '포괄적 인과관계의 존재'로 충분하다고 되어 있는 점[136], ii) 사업자부담금액의 산정시에도 공

---

135) 環境省 「除染の進捗狀況についての總点檢について」(http://josen.env.go.jp/about/efforts/overhaul.html). 덧붙이면, 삼림의 일부에 대해서는 건강피해방지의 관점에서 오염제거가 실시되고 있다. 한편, 삼림 전체에 대해, 주민의 안전·안심의 확보를 위해 생활권에 대한 방사성물질의 유출·확산의 실태파악과 유출·확산방지의 대책이 추진되고 있지만, 이것을 오염제거로서 자리매김할 것인지 여부에 대해서는 명확하지 않다(필자의 조회에 대한 환경성 水·大氣局放射性物質汚染對處特別措置法施行팀의 회답).

해방지사업비의 금액·사업자의 기여도를 기초로 하여, 공해방지기능 이외의 기능을 감안하여 감축한 금액으로 되어 있는 점(부담법 4조 1항·2항)[137]이 중요하다.

그러나, 이러한 제안은 i) 이재민의 희망은 사고 이전의 생활로의 복귀이며, ii) 토지의 구획형질의 변경, 주택 개조, 제거 해체, 증개축·신축, 이전 등은 구역의 일부에 그치는 것이라고 하더라도 지역의 합의를 얻는 데에는 오염제거 이상으로 어려움이 따른다고 하는 견해도 있을 수 있다. 이 점, 사업의 가부에 대해 주민의 선택권이 보장되어야 함은 물론이다. 그러나, 주민에게 제시되어야 하는 선택지의 하나로서 상기의 제도적인 구조를 미래에 준비하는 것이 중요할 것이다.

〔3〕 커뮤니티·고향 상실 등의 문제

(1) 사고로부터의 부흥의 지연

지금까지도 피난민의 생활지원에 대해서는 동일본대진재의 전체 틀 속에서 다양한 시책이 실시되어 왔다. 그리고, 근래 후쿠시마재생가속화교부금 등을 통해, 피난의 장기화에 대한 대책, 지역의 부흥과 재생을 위한 노력은 강화되고 있다. 그러나, 부흥공영주택의 정비에 대해서는 목표의 확보, 건설의 예정이 선 것에 그치고, 소프트사업의 본격적인 전개는 이제부터다[138]. 피난지시가 해제된 지역에서도 본격적인 부흥을 향한 움직임은 반드시 활발하다고는 말할 수 없다.

---

136) 藤田耕三「公害防止事業費事業者負担法上の事業者負担金」『環境法研究』9호(1978년) 92쪽. 또한, 公害對策本部編『公害防止事業費事業者負担法の解說』(1971년, 中央法規出版) 15쪽.

137) 공해방지사업비의 산정 등에 대해 公害對策本部編·전게주 136) 52쪽 이하.

138) 피난자 주택의 시책을 비판적으로 검토한 것으로서, 森川清=山川幸生「原發事故被害者に對する支援政策の課題」除本=渡辺·전게주 59)『原發災害』206쪽 이하가 있다.

이러한 지연의 배경에는 i) 오염제거작업의 진전이 지연된 것과 아울러, 방사선에 의한 건강영향에 대해 심각한 불안을 느끼는 주민들이 많았던 점[139], ii) 부흥시책의 실시주체가 되어야 하는 정촌(町村)의 행정기능에 심각한 피해가 발생한 점[140], iii) 원전사고의 책임을 둘러싸고, 지방자치단체와 주민 사이에서 국가에의 심각한 불신이 생긴 점 등이 있는 것으로 생각된다. 부흥시책의 실시에 즈음한 원전피해의 특유의 문제점이 이들 점에 나타나고 있다고 말할 수 있을 것이다.

(2) 커뮤니티 회복의 과제

이번 후쿠시마원전사고에 대해, 피난민의 다양한 생활상의 불이익, 커뮤니티·고향 상실 등에 대한 배상이 필요하다고 하는 주장이 있다. 본장에서는 이들 문제를 의식한 각종 시책이 국가 등에 의해 실시되어 왔음을 확인했다. 그러나, 원전사고로부터의 부흥의 지연 등의 요인으로 인해, 현황에서도 이들 손실의 충분한 회복에는 이르지 않았다[141]. 따라서, 장기피난민의 존재를 상정하고, 피난지 지자체와 피난전 지자체에서의 '임시 마치(町)'를 구상하거나 또는 '이중의 지위'를 제도화해야 할 것 등의 논의[142]가 제창되는 점에도 일정한 근거가 있는 것이라

---

139) 森川=山川·전게주 138)『原發災害』216쪽 이하는 의료·건강대책에 대해서도 비판적으로 검토한다.

140) 피해 자치체의 행정기능의 상황을 소개하는 것으로서, 山下=開沼·전게주 75)『「原發被難論」論』374쪽 이하가 있다.

141) 丹羽史紀ほか「座談會 原發災害被災地からの聲：先の見えない避難生活」『住民と自治』623호(2015년) 6쪽 이하, 除本=渡辺·전게주 59)『原發災害』게재의 논문(38쪽 이하〔藤川賢〕, 73쪽 이하〔渡辺淑彦·賴金大輔〕, 113쪽 이하〔尾崎寛直ほか〕 등).

142) 人見剛「原發事故避難者住民と『仮の町』構想」『學術の動向』19권 2호(2014년) 59쪽 이하. 또한, 2중의 주민등록을 인정해야 한다고 하는 주장이 이마이 아키라(今井照)교수에 의해 제창되고 있다(同『自治体再建』(2014년, 筑摩書房) 161쪽 이하·206쪽 이하, 同「原發災害から考える多重市民權」『學術の動向』20

고 할 수 있다.

(3) 정부에 의한 시책의 중요성

이런 상황에 비추어본다면, 중간지침 및 그 부록으로 조치된 위자료 등의 배상은 개별 특수사정에 근거하는 추가의 가능성을 인정한 것을 포함하여, 기본적으로는 타당한 것이었다[143]고 생각된다. 그러나, 현재의 배상실적에서 더욱 파고드는 형태의 불법행위법상의 구제가 가능한지 여부에 대해서는 본장에서는 결론을 보류하고 싶다. 그러나, 행정법학자인 필자로서는 배상과는 별도로 적극적인 정부의 시책에 의한 구제의 역할이 크다는 것을 지적해 둔다.

그래서, 먼저, 후쿠시마현을 대상으로 하는 부흥시책을 더욱 추진함과 동시에, 피난의 장기화에 대해 충분한 시책이 실시되는 것을 정부에게 바라고 싶다[144]. 또한, 향후 원자력손해배상제도의 개혁을 생각

권 4호(2015년) 18쪽 외 다수). 다만, 세수의 배분이나 피난주민의 투표권의 취급 등, 이 구상에는 검토해야 할 문제가 남아 있다(同·전게서(『自治体再建』 189쪽)).

143) 다음의 점이 중요하다. 첫째로, 제2기에서의 피난지시에 근거하는 피난자위자료에 대해서는 배상실무에서 월액 5만 엔이 10만 엔으로 증액되었다. 심사회도 제3기에서의 위자료의 산정에 있어서 10만 엔을 전제로 하고 있다. 둘째로, 그 때, 예컨대 귀환곤란구역에 대해서는 "장기간 생활에 친숙한 주거 및 지역에서의 생활의 단념을 불가피하게 된 것"을 토대로 하여, 1인당 계 600만 엔을 기준으로 하여 위자료가 일괄로 지급되고 있다. 셋째로, 2015년의 원자력재해본부결정(전게주 3))은 피난지시해제준비구역, 거주곤란구역 등에 대해, 해제시기에 불구하고 2017년 3월(사고 6년 후)에 해제하는 경우와 동등한 지급을 하도록 도쿄전력을 지도한다고 하는 방침을 나타내고 있다.

144) 同旨, 原子力損害賠償紛争審査會「東京電力株式會社福島第一、第二原子力發電所事故による原子力損害の範囲の判定等に關する中間指針第4次追補(避難指示の長期化等に係る損害について)」(2013년 12월 26일) 第1-2. 피난의 장기화에 대해 丹羽史紀「ふくしまにおける原子力災害の特徴と長期避難者の生活再建」『法と民主主義』491호(2014년) 23쪽 이하 등. 이 점, 2015년도 福島縣은 1조 8,994

할 때는 방사성물질에 의한 오염의 제거측면뿐만 아니라, 피해지역의 환경정비 및 이재민 생활지원 등에 대해서도 부담법이 규정하는 공해방지사업에 준한 공공적인 사업을 법정하고, 필요에 따라 적절한 비율로 사업자부담을 원인자에게 청구하는 구조(공법상의 원인자부담주의에 근거한 부담금)를 구축하는 것이 바람직하다[145]. 이것은 불법행위법에서의 상당인과관계를 둘러싼 논의를 회피하고, 사고의 성격·규모 등을 토대로 한, 사고발생자와 국가 등과의 적정한 책임분담을 입법을 통해 명확히 하는 것에 이바지한다고 생각한다.

〔4〕 지자체 자체의 손해

마지막으로, 지방자치단체의 독자적인 손해에 대해서이다. 분쟁심사회의 지침, 나아가서는 지금까지의 ADR센터에 의한 화해조정작업을 보는 한, 그 내용은 지방자치단체의 손해의 특성을 감안한 것으로 되어 있다. 부흥특별교부세, 특별교부세 등의 조치의 대상이 된 것을 공제해서 청구가 되고 있으며, 보통세의 세수의 침체에 대해 배상된 예는 지금까지 없는 것 같다. 이들 세수 감소의 침체를 산정할 때, 다양한 요인의 존재를 고려할 필요가 있고, 현실에서는 상당한 어려움이 따르는 것은 부정할 수 없다. 그러나, 전 지역이 피난지시대상으로 된 정촌(町村)에 대해서는 보다 상세한 검토가 필요하다.

억 엔의 당초예산을 짜고, 그 중 1조 287억 엔이 震災·原子力災害對應分으로 되어 있다. 福島縣·전게주 2) 16쪽.

145) 부담법 2조 2항은 공해방지사업으로서 ⅰ)녹지 등의 설치, 관리, ⅱ)준설, 導水 등, ⅲ)농용지의 객토사업 등, ⅳ)하수도 드의 설치, ⅴ)주택, 학교의 이전 등을 든다.

[추기(追記)]

본장의 작성에는 부흥청, 후쿠시마현, 이와키시, 나미에마치의 직원 여러분들에게 귀중한 가르침을 받았다. 다수에 이르기 때문에 구체적인 이름을 밝힐 수 없지만 여기에 감사의 말씀을 드린다.

또한 각주에서 인용한 홈페이지는 2015년 10월 20일에 모두 최종확인된 것이다.

| **다카하시 시게루(高橋 滋)** 히토츠바시대학 대학원 법학연구과 교수 |

제2장 원자력손해배상에 관한 조약과 일본의 원자력손해배상제도

1 처음에[1)]

일본은 2015년 1월 15일에 '원자력손해의 보완적인 보상에 관한 조약'(Convention on Supplementary Compensation for Nuclear Damage : 이하, 'CSC'라 한다)을 체결했다. 일본이 6번째 체약국으로 가입함으로써 CSC는 그 발효요건을 충족하여, 같은 해 4월 15일에 세계에서 세 번째의 원자력손해배상조약제도가 효력을 가지게 되었다.

CSC 외에, 국제적인 원자력손해배상에 관한 제도에는 이른바 빈조약과 파리조약이라는 두 계통[2)]이 존재해왔다. 빈조약의 계통에는 동유럽, 개발도상국을 중심으로 40개국이 가입하고 있다. 또한, 파리조약의 계통에는 서유럽을 중심으로 16개국이 가입하고 있다. 이들 세 개의 조약 계통을 합치면 가동중인 상업용 원자로를 보유한 30개국 중 23개국이 국제적인 원자력손해배상제도에 가입하고 있는 것으로 된다[3)].

---

1) 본장의 내용은 저자의 개인적인 견해에 근거하는 것이며, 저자의 소속기관 및 그 가맹국정부의 견해를 나타내는 것이 아니다.

2) 후술하는 바와 같이, 파리조약 및 빈조약에는 개정의정서도 포함하여 복수의 관련조약이 존재하고, 모든 체약국이 모든 관련조약을 체결하고 있는 것은 아니며, 또한 개정의정서가 개정전의 조약을 폐지하는 것도 아니다. 이 때문에, 파리조약 및 빈조약에 관련하는 조약체계를 정리하여 나타내기 위하여 「계통」이라고 표현한다.

3) 가동중의 상업용원자로 보유국의 데이터는 IAEA, *Nuclear Power Reactor in the World*, Reference data series No2, 2015 edition(2015)의 숫자에 의한다. 또한,

세 개의 조약 계통은 원자력시설을 보유한 회원국에 대해 기본적인 점에서 대체로 공통의 원자력손해배상제도를 정비할 것을 요구하고 있으며, 특히 1960년대 원자력의 민생이용의 초기에 체결된 파리조약과 빈조약은 그 후의 각국의 원자력손해배상제도의 정비를 선도해왔다. 원자력손해배상제도는 각국의 손해배상제도 중에서 각각 독자적으로 발전하고 있는 면이 있는 한편, 이와 같이 국제적으로 공통의 틀 속에서 발달해 온 면도 가지고 있다.

이러한 국제적인 틀에 관해서는 체르노빌원자력발전소사고의 영향을 받은 개정의 실시조치를 구체적으로 각국에서 검토하는 과정에서, 혹은 동일본대진재에 따른 원자력발전소사고의 교훈을 토대로 하여 논의가 이루어지고 있는 점도 있다.

본장에서는 먼저 국제적으로 어느 정도 공통화되고 있는 원자력손해배상제도의 전통적인 틀에 대한 현황을 정리한 후, 현재 논의되고 있는 점 가운데, 일본에도 관련될 수 있는 것을 몇 가지 다룬다. 또한, CSC 및 그 관련법의 전반적인 내용에 대해서는 별고에서 해설하였기 때문에[4] 본장에서는 상기의 관점에서 필요한 점만을 다루기로 한다.

각 조약의 체결상황은 파리조약은 http://www.oecd-nea.org/law/paris-convention-ratification.html, 빈조약 및 CSC는 http://www.iaea.org/Publications/Documents/Conventions/index.html의 각 조약의 Latest Status에 의해 확인하였다(2015년 9월 25일 최종확인).

4) 長谷浩之「原子力損害の補完的な補償に關する條約關連法について」『時の法令』2015년 6월 15일 20쪽 이하. 또한, CSC의 개요에 대하여 細野淳一「原子力損害の補完的な補償に關する條約(CSC)の締結」『時の法令』2015년 6월 15일 4쪽 이하도 참조.

2 원자력손해배상제도의 국제적인 틀

여기에서는 먼저 원자력손해배상제도가 갖는 국제적 성격을 개설하고, 다음으로, 세 계통으로 존재하는 국제적인 틀에 대해 그 전체상 및 공통의 내용에 대해서 정리한다.

〔1〕 국제적인 원자력손해배상제도 성립의 배경

원자력손해에 대한 민사책임과 국가의 조치를 규정하는 조약이 원자력의 민생이용의 초기부터 구축되어, 각국의 입법에 영향을 주어온 배경에는 국경을 초월한 제도 간의 조화가 필요하게 된 몇 가지 요인이 있다[5].

(1) 국경을 넘는 손해의 처리

특히 지역적으로 국가가 근접하는 유럽에서 최초로 발달해 온 요인으로, 원자력사고가 한번 발생하면 국경을 넘어 그 영향이 미치게 되는 점이 있다.

원자력손해배상제도는 후술하는 바와 같이 과실책임을 기본으로 하는 민사책임에 맡긴 것으로는 충분히 피해자의 보호와 원자력산업의 발전을 도모할 수 없는 면이 있어, 특별한 제도가 요청된다. 원자력사고의 영향은 한 국가의 영역을 넘어 미칠 수 있기 때문에 책임의 내용, 보험의 의무 등에 대해 어느 정도 기본적인 부분은 공통된 제도를 가지는 것이 적당하다. 또한, 실제의 분쟁처리 시에도 복수의 국가에게 손해가 발생한 것과 같은 경우에는 어느 국가가 재판관할권을 가지고,

---

5) 참고문헌에 든 각 문헌 이외에도 국제적인 체계가 요청된 배경에 대하여, 金澤良男 「國際原子力機關の原子力災害補償問題に關する活動について」 『ジュリスト』 190호(1959년) 9쪽 이하도 참조.

어떻게 준거법을 결정할 것인가를 정하는 것이 신속하고 공정한 지불을 위해서는 적당하다.

(2) 원자력관련 기자재·기술의 국제적인 이동

일본처럼 파리조약과 빈조약의 체약국으로부터 지리적으로 떨어진 국가로서도 원자력관련 기자재와 기술이 국제적으로 왕래하기 때문에, 만일 원자력사고가 발생했을 때의 책임관계에 대해서 어느 정도 공통적인 제도를 정해 두는 것은 그것들에 의해 영향을 받을 수 있는 국민에게는 중요한 것이며, 또한 국경을 넘어 활동하는 기업으로서는 손해배상의 리스크를 명확히 하는데 있어서도 큰 관심사가 된다. 일본이 CSC를 체결하는 목적의 하나로서도, 도쿄전력 후쿠시마제1원자력발전소의 폐로에 관해 해외의 기업이 보유한 기술의 도입을 도모하는데 있어서, 기업의 활동환경을 정비하는 것이 설명되고 있다[6]. 이 점은 원자력시설이 복수의 국가의 기자재와 기술의 거대한 집적을 형성하는 것이며, 관련 기자재 및 기술이 국경을 넘어 이동하는 중에는 불가피한 면이 있다[7].

---

6) 제187회 국회중의원외무위원회 회의록 제6호(2014년 11월 12일) 6쪽, 岸田文雄外務大臣答弁.

7) 한편, 원자력시설의 운영에서 국경을 넘어서 연결되는 것은 보험에도 적용된다. 원자력손해배상제도는 거액의 배상자금을 확보하기 위하여 보험 등의 조치가 의무지워져 있다. 민간의 원자력보험은 단독의 보험회사만으로 인수가 이루어지는 것이 아니라, 대부분의 국가에서는 복수의 손해보험회사가 각각 인수비율을 결정해서 보험 풀을 구성하고, 또한 한 국가의 보험시장뿐만 아니라 국경을 넘은 보험시장의 재보험에 의해 인수능력을 높이고 있다. 이 배경으로서 거액의 자금을 조달할 필요성이나 보험사고의 케이스가 적고, 리스크의 크기도 불확정하며 합리적인 리스크계산을 가능하게 하는 관점에서 필요한 것 등이 지적된다. 기본적인 배상제도가 어느 정도 공통화하고, 예견가능성을 높이는 것은 이러한 국제적인 보험의 네트워크에 필요한 기반도 제공하고 있다. 국제적인 원자력보험에 대하여, Sebastiaan Reitsuma and Mark Tetley, 'Insurance of Nuclear Risks', OECD/NEA, *International nuclear Law :*

〔2〕 국제적인 원자력손해배상제도의 틀 전체상

1950년대에 세계의 선두에 서서 원자력의 상업적 이용을 개시한 미국에서 최초의 원자력손해배상제도가 정비된 이후, 여러 나라에서 원자력손해배상제도가 정비되기 시작했지만, 〔1〕과 같은 사정을 배경으로 원자력의 민생이용의 초창기부터 원자력손해배상의 국제적인 틀이 형성되어 왔다. 여기에서는 시계열적으로 국제적인 틀의 전체상을 정리한다[8].

(1) 파리조약과 빈조약의 성립

원자력의 상업적 이용이 미국에 이어 시작되었던 서유럽을 중심으로 원자력손해배상제도에 관한 최초의 국제적인 틀에 대해 유럽경제협력기구(OEEC, 현재의 경제협력개발기구(OECD)의 전신) 아래에서 논의가 이루어져, 파리조약(Paris Convention on Third Party liability in the Field of Nuclear Energy)이 1960년에 채택되었다. 또한, 파리조약에는 후술하는 바와 같이 손해배상 상한액이 정해져 있었지만, 이것을 더욱 충실하게하기 위해 파리조약에서 보장되어있는 배상금액에 가산하여 확보되는 국가 간의 자금지원제도에 대하여 규정하는 브뤼셀 보충의정서(Brussels Convention Supplementary to the Paris Convention)가 1963년에 채

History, Evolution and Outlook, OECD/NEA(2010), pp387-412 참조.

8) 참고문헌에 든 각 문헌 이외에, Pelzer.N., 'Main Features of the Revised International Regime Governing Nuclear Liability-Progress and Standstill', OECD/NEA, *International nuclear Law : History, Evolution and Outlook*, OECD/NEA(2010), pp355-386 참조. 또한, 특히 빈조약의 기초과정에 대하여 星野英一「原子力損害賠償に關する二つの條約案」『ジュリスト』236호(1961년) 40쪽 이하, 빈조약의 개정경위에 대하여 廣部和也「原子力損害についての民事責任に關するウィーン條約の改正」『成蹊法學』47号(1998年) 111쪽 이하, CSC의 경위에 대하여 道井綠一朗「原子力損害賠償條約と日本の對応」『世界法年報』32호(2013년) 160쪽 이하 참조.

택되어, 파리조약과 브뤼셀 보충의정서의 이단계의 구조가 취해지게 되었다. 파리조약은 1968년, 브뤼셀 보충의정서는 1974년에 각각 발효되었다. 파리조약 계통은 OECD 국가와 다른 당사국의 승인을 얻은 나라가 참여할 수 있지만(브뤼셀 보충의정서는 파리조약 체약국만을 대상으로 하여, 그리스, 포르투갈, 터키 이외의 파리조약 체약국이 가입하고 있다), 현재에 이르기까지 서유럽을 중심으로 한 대응으로 발전을 거듭해 왔다.

빈조약(Vienna Convention on Civil Liability for Nuclear Damage)은 보다 세계적인 대처를 목표로 하여 1963년에 국제원자력기구(IAEA)에서 채택되어, 1977년에 발효되었다. 빈조약의 회원국은 IAEA 아래에서 러시아, 동유럽, 개발도상국으로 확산되고 있다.

(2) 파리조약과 빈조약의 강화

이들 두 계통에 의해 성립된 국제적인 원자력손해배상의 틀은 체르노빌원자력발전소 사고를 계기로 개정이 이루어졌다. 구소련은 이들 조약에도 가입하지 않았고, 동 사고 시에는 국경을 넘어 영향을 미쳤음에도 불구하고 손해배상의 틀에서 손해를 처리 하지 않았다. 또한, 대규모 사고가 발생한 경우에는 당시의 조약이 상정했던 것보다 광범위한 손해가 발생하는 것이 명백하게 되었다. 이들 배경에, 원자력손해배상조약의 적용범위를 확대하는 노력과 함께, 그 내용의 충실을 도모할 것으로 되었다.

우선, 빈조약과 파리조약 각각의 조약에만 가입한 국가 간에서 일방의 조약을 체결한 국가는 다른 조약이 적용되는 경우에도 그 조약의 체약국으로서 다루어지도록 하는 조정규정을 갖는 조인트·프로토콜(Joint Protocol Relating to the Application of the Vienna Convention and the Paris Convention)이 1988년에 채택되었다.

또한, 기존의 빈조약과 파리조약에 대해서도 배상액과 배상에 대비한 자금의 보증금액을 인상함과 함께, 대상으로 하는 원자력손해의 범위 및 지리적 적용범위도 확대하는 등의 강화를 도모하여, IAEA의 작업반에서 논의를 거듭한 결과, 1997년에 빈조약의 개정의정서가 채택되어, 2003년에 발효했다[9]. 이어 2004년에는 파리조약과 브뤼셀 보충의정서의 개정의정서가 채택되었다[10].

(3) CSC의 성립

또한, 빈조약의 개정과 함께 CSC의 초안 논의도 이루어져, 제3의 조약계통으로 1997년에 채택되었다. 당초에는 빈조약과 파리조약을 보완하는 출연금제도로서 구상되었지만, 빈조약과 파리조약의 체약국 이외에도 일정한 내용의 배상제도를 가진 국가(구체적으로는 CSC부속서에 규정하는 제 규정의 내용을 충족하는 제도를 갖는 국가)에 대해서도 문호를 넓히는 것이나, 미국이 빈조약 및 파리조약을 체결 하는 것이 국내법의 사정으로 곤란하였던 것 등도 고려하여[11], 출연금제도 등에 대해 규정하는 조약 본문에 추가하여 해당 제도에 참여하기 위해 충족시켜야 할 원자력손해배상제도를 규정한 부속서도 있는 그 자체로 완결할 수 있는 세 번째 조약 계통으로 성립하게 되었다.

---

9) 다만, 개정전의 빈조약을 배제하는 것이 아니라, 개정의정서의 체약국도 12개국이다(전게주 3)의 빈조약의 Latest Status 참조).

10) 파리조약 개정의정서는 2015년 8월 시점에서는 스위스 및 노르웨이만이 기탁하고 있으며, 미발효이다. 이 상황은 재판관할권의 조정규정을 가지는 파리조약의 개정에는 개정전의 EU가맹국 모두가 동시에 체결할 것을 요한다고 하는 유럽위원회의 결정(2004/294/EC)을 받아서, 모든 국가의 국내절차가 갖추어질 때까지 EU가맹국 각국이 기탁할 수 없게 된다.

11) 미국은 연방법 레벨에서 손해배상의 원칙을 정하는 것이 한정되어 있기 때문에, 연방법에서는 국제체계의 기본원칙인 원자력사업자에 대한 책임집중을 결정할 수 없다. 이 때문에, 원자력사업자 이외의 자(메이커 등)도 법적으로는 책임주체가 되지만, 자기 몫의 배상금의 부담은 원자력사업자에게 귀속시키는 것으로 하고 있다(경제적인 책임집중). CSC에서는 부속서 중에서 실질적으로 미국을 대상으로 한 조부조항을 두고 있고, 미국의 제도가 CSC부속서와 정합적인 것을 확보하고 있다.

CSC의 출연금제도는 부속서에 규정된 내용을 충족하는 제도를 갖는 국가뿐만 아니라, 빈조약 또는 파리조약의 체약국이 참여할 수 있으며, 세 가지 제도를 보완하는 기능을 가진 것으로 구상되고 있다. 또한, CSC는 IAEA에서 채택된 지역적인 성격이 없는 조약이지만, UAE(아랍 에미리트)가 체결하고 있는 외에, 캐나다, 인도 등이 서명하고 있으며, 다른 원자력손해배상조약을 체결하고 있는 국가가 적은 아시아·태평양 지역의 국가가 포함되어 있다.

〔3〕 공통되는 점

세 조약 계통은 크게 나누면 다음과 같은 점에서 공통되는 기본적인 제도를 갖추고 있다[12].

(1) 원자력사업자의 엄격책임

원자력사업자는 원자력사고로 인한 손해에 대해서는 과실의 입증 없이 책임을 진다(무과실 책임). 잠재적으로 거대한 위험을 내포하는 원자력시설을 관리하는 자에 대하여, 그 운전 등으로 발생한 손해에 대해 책임을 부담시킴과 동시에, 원자력시설의 운전의 하자에 대하여 지식과 정보를 입수하기 곤란한 피해자의 입증부담을 경감하고 구제를 도모하는 것으로 된다.

원자력사업자가 면책되는 사유도 전쟁 등 대규모의 사회적 동란과 비정상적으로 거대한 천재지변과 같이 대단히 한정적인 경우로 제한되어 있다. 일본은 동일본대진재에 따른 원자력발전소 사고에 대해서는 면책사유를 적용하지 않고, 원자력사업자에 대한 손해배상책임의 틀에 의한 취급이 이루어지고 있다. CSC의 경우에는 천재지변을 면책사유로 할 것인지 여부는 국내법의 취급에 맡기고 있기 때문에 일

---

12) 참고문헌 및 전계주 8)에 기재한 각 문헌을 참조.

본의 면책사유가 CSC의 체결에 의해 영향을 받는 것은 없다. 또한, 개정 후의 파리조약과 빈조약은 천재지변을 면책사유에 포함하지 않게 되었다.

(2) 원자력사업자에의 책임 집중

원자력손해에 대해서는 손해를 초래한 원자력시설을 관리하는 원자력사업자만이 피해자와의 관계에서 배상책임을 지며, 그 이외의 자는 배상책임을 지지 않는다. 원자력사업자 이외의 다른 자가 원자력사고의 원인을 만들어 낸 경우, 원자력사업자는 당해 자에 대해 구상권을 행사할 수 있지만, 구상권을 가지는 요건은 자연인의 고의에 근거한 행위가 있고 당해 자연인에 대하여 구상하는 경우이거나 또는 원자력사업자와 다른 자 사이에 구상권에 관한 특약이 있는 경우로 한정된다.

피해자에게는 원자력사업자 이외에 손해발생에 기여한 자를 특정하는 것은 매우 곤란하고, 원자력사업자를 배상책임의 주체로 하여, 조기 청구를 가능하게 된다. 또한, 원자력사업자에게 기자재 등을 제공하는 자에게는 사업자와의 사이의 계약관계에서 구상관계를 처리할 것이 원자력손해의 리스크에 대해 예측가능성을 높이게 된다.

또한, 사인의 활동에 대한 손해배상을 규정하는 조약 중에는 우주물체에 관한 손해배상제도와 같이 국가책임에 대해서 규정하는 것도 있고[13], 원자력손해배상에 관해서도, 빈조약의 개정과정에서 국가책임의 요소를 도입할 것인지 여부에 관해 논의가 이루어졌다. 그러나, 결국은 각국의 의견이 집약되지 않고, 세 계통의 각 조약에는 국제법의 일반원칙에 근거한 체약국의 권리의무에 영향을 미치는 것이 아니라고 하는 규정이 마련되어 있으며, 국가책임에 관하여 특별한 규정을 하는 것이 아니라는 것을 나타내고 있다[14].

---

13) 우주물체에 의해 일어난 손해에 대한 국제책임에 관한 조약 2조.

(3) 배상자금의 확보

원자력사업자에게 엄격한 배상책임을 지게하고, 또한 사업자에게만 책임을 집중하는 한편, 그 배상책임이 이행되도록 사업자에게 자금을 확보시키는 것이 필요하다. 그 방법은 민간의 손해보험의 부보, 정부에 의한 보상의 제공, 사업자 상호의 출자 또는 그들 조합 등 각국의 사정에 따라 다르지만, 어쨌든 강제적인 자금보증이 확보되고 있다. 필요한 자금보증금액에 대해 각 조약은 **표 1**과 같이 정해져 있다.

국내법상 원자력사업자에게 의무적인 자금보증금액으로는 이보다 낮은 금액을 설정하는 것도 인정되지만, 이 경우에 조약에서 요구되고 있는 금액과의 차액에 관해서는 배상금 지불이 확보되도록 체약국이 어떻게든 자금을 확보할 것이 조약상의 의무가 된다. 이 점에서, 마찬가지로 책임주체에 강제적인 자금보증 부보를 정하는 선박유탁 손해배상에 관한 국제적 제도에서 정부는 국내법령에 의하여 자금보증이 확보되도록 할 것이 요구되고 있는 것과는 국가의 관여 방식이 다르다.

표 1 자금보증 및 배상한도의 금액(소규모 시설·핵물질의 운반을 제외한다)

	파리조약	빈조약	CSC
개정 전	500만 SDR 이상 1,500만 SDR 이내(각국에서 1,500만 SDR 이상의 액을 설정하는 것도 가능)	500만 미달러 이상	
개정 후 (CSC는 현행)	7억 유로 이상	3억 SDR 이상	3억 SDR 이상

14) 빈조약의 개정과정에서의 국가책임에 관한 논의에 대하여, 廣部·전게주 8) 『成蹊法學』47号 118쪽 이하 참조.

또한, 이처럼 국내법의 조치로 자금보증을 의무화하는 외에 국가간에 상호출자함으로써 배상자금을 보완하는 구조가 형성되는 경우도 있다(**그림 1** 참조). CSC에서는 각국에서 3억 SDR[15]까지를 보험 등으로 확보한 후, 유엔분담금의 부담비율 및 보유하는 원자로의 출력에 따라 부담액이 계산되는 출연금을 각국이 출연하는 이 단계의 구조를 취하고 있다. 또한, 파리조약과 브뤼셀 보충의정서에서는 7억 유로까지 를 보험 등으로 확보한 후, 5억 유로를 원자력시설의 소재국이 확보하고, 3억 유로를 체약국 상호가 출연하는 삼 단계의 구조를 취하고 있다. 이들 출연금을 출연할 의무를 조약상 부담하고 있는 것은 체약국 이며, 이 점에서도 선박유탁에 관한 국제기금제도에서 기름 수취인이 국제적인 기금에의 출연의무를 지고 있는 것과는 국가의 관여방식이 다르다.

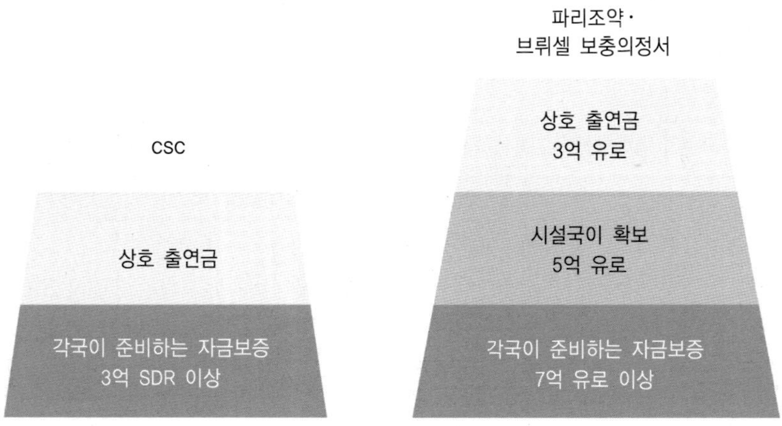

그림 1 자금보증 및 출연금의 구조

15) 특별인출권. IMF가맹국 공통의 통화단위.

(4) 배상책임의 한계

위와 같은 강제적인 자금보증의 근거를 요구하더라도 보험시장에서 조달할 수 있는 자금의 범위에도 한도가 있다. 원자력사업자에 대해 엄격한 법적 책임을 자금의 표기도 없이 부담시키는 것이나, 예측할 수없는 범위의 리스크를 부담시키는 것을 회피하는 관점에서 국제적인 원자력손해배상제도에서는 배상책임의 금액적 범위와 시간적 범위(시효·제척기간)가 규정되어 왔다[16].

이 중, 금액적 범위에 대해서는 개정 전의 파리조약은 자금보증의 근거가 없는 배상책임을 설정하는 것을 피하는 취지에서, 자금보증으로 요구되는 금액을 명시적으로 배상의 상한액으로 하였다. 그러나, 개정 전의 파리조약 하에서도 독일처럼 무한책임을 채용하게 된 국가가 있고, 조약에서 상한을 정하는 것에는 논란이 있었다. 개정 후의 파리조약, 빈조약(개정 전후 모두) 및 CSC에서는 국내법으로 책임한도액을 정하는 경우에는 각각의 조약으로 정하는 일정 금액 이상으로 하여야 한다고 되어, 배상금액의 상한을 설정하는 것이 아니라 조약 체약국이 최저한도로 확보해야 할 배상의 범위 및 자금보증의 범위를 설정하는 성격의 것으로 되어, 무한책임도 포함하여 체약국의 판단으로 배상의 범위를 결정할 수 있게 되어 있다.

(5) 쟁송의 처리

피해자가 복수의 국가에 걸쳐 존재하는 경우, 각국의 법원이 각국의

16) 시효 및 제척기간에 관하여서는 예컨대 CSC에서는 상한을 사고일로부터 10년 이내(개정후의 파리조약·빈조약의 경우, 생명·신체의 손해에 관하여서는 30년 이내) 등으로 하지만, 이것들을 초과하는 기간에 대해서도 자금적 보증이 확보되어 있으면 국내법에 의해서 정할 수 있다고 되어 있다. 일본과 같이, 사고발생시부터 10년을 초과한 후에 발생한 손해도 원자력손해배상보상계약에 의해 커버되고 있는 경우에는 이들 상한에 저촉하지 않는다.

법률에 근거하여 분쟁을 처리하는 경우에는 어느 국가에서 재판을 하는지에 따라 판단에 차이가 나올 가능성이 있고, 이른바 포럼쇼핑이 발생할 우려나, 재판관할의 규정이 불명확한 경우, 제소한 법원에 결과적으로 관할권이 인정되지 않기 때문에 구제가 획득되지 않게 될 우려가 있다. 또한, 만일 다른 국가에서 재판을 했다고 하더라도, 그 판결이 원자력사업자의 자산이 존재하는 국가에서 집행되는지 여부가 명확하지 않다.

각 조약에서는 기본적으로는 사고가 발생한 조약 체약국(즉 원자력시설의 사고의 경우는 원자력시설의 소재국)이 재판관할권을 가지며, 또한, 재판관할국의 법원의 판결은 조약 체결국의 집행이 확보되는 것으로 하여, 규정을 명확히 하고 있다. 또한, 특별한 규정이 없는 한, 재판관할국의 법령에 따라서 적용법규가 결정되게 된다[17]. 법령의 적용에 있어서는 자국의 국민과 다른 체결국의 국민을 평등하게 취급할 것이 요구된다.

〔4〕 조약상의 기본개념

조약의 적용대상을 획정하는 기본개념에 관해서이지만, 세 조약은 대체로 공통사항을 규정하고 있다. 후술하는 논의와 관련하여, 여기에서 조약상의 기본개념에 대해 간략하게 정리해 둔다.

조약의 대상이 되는 원자력시설에는 원자로, 핵물질의 가공, 재처리, 저장시설 등이 포함된다. 한편, 핵물질 중 그 위험에 비추어 특별한 배상제도를 필요로 하지 않는 것, 예를 들면 극히 소량의 것이나,

17) 일본이 관계하는 원자력손해가 국경을 넘어서 발생한 경우의 국제사법상의 처리에 대해서는 道垣內正人「國境を越える原子力損害についての國際私法上の問題」『早稻田法學』87권 3호(2012년) 131쪽 이하에 상세히 분석되어 있다.

의료용, 공업용, 농업용 등의 방사성 동위원소의 이용에 관한 것은 대상으로 되지 않는다.

조약이 대상으로 하는 원자력사고는 하나의 사건 또는 동일한 원인으로 인한 일련의 사건에서 원자력손해를 야기하는 것으로 된다. 그리고, 원자력손해의 범위에 대해서는 개정 전의 파리조약과 빈조약은 a) 사람의 사망 또는 인적 피해, b) 재산의 멸실 또는 손상과, 기타 국내법에서 정하는 손해로 했다.

개정 후의 빈조약 및 CSC는 상기의 a), b) 이외에, 개정 전에는 다른 국내법에서 정하는 손해로 되어 있던 것을 대체로 다음과 같이 제시하고 있다[18].

c) a) 또는 b)에서 발생하는 경제적 손실((a), b)에 포함되지 않는 것),
d) 환경의 악화(중대하지 않은 것을 제외한다)에 대한 회복조치의 비용(실제로 취하여졌거나 또는 취하여질 조치의 비용으로, b)에 포함되지 않는 것),
e) 환경의 이용 또는 향유에 관한 경제적 이익으로부터 발생하는 수입의 상실로서, 그 환경의 중대한 악화의 결과로 발생하는 것(b)에 포함되지 않는 것),
f) 손해의 발생을 방지하기 위한 조치의 비용 및 방지조치로 인해 발생하는 손해(b)에 포함되지 않는 것),
g) 기타 경제적 손실(환경의 악화로 인한 것을 제외하고, 재판관할국의 민사책임에 관한 일반법에 의해 인정되는 것으로 제한된다)

이들 가운데, a)~e) 및 g)는 원자력시설 내부의 핵연료 등으로부터 방출되는 전리방사선에 의해 야기되거나 기인하는 것으로 한정한다고 되어 있다. f)는 손해발생을 방지하기 위한 조치이기 때문에 실제로 방사선이 방출되지 않는 경우에도 그 비용은 포함하는 취지이며, 동일본

18) 개정 후의 파리조약도 g)에 상당하는 것을 제외하고는 같은 규정이다.

대진재에 따른 후쿠시마제2원자력발전소의 사례처럼 실제로 방사선은 방출되지 않았지만, 피난지시가 나온 것에 관한 손해가 발생하는 경우가 상정된다.

개정 전의 파리조약과 빈조약에서는 a), b)와 같은 전통적인 손해 이외의 손해는 국내법으로 정한다고 하여 각국의 판단에 맡기는 형태로 되어 있었지만, 이것으로는 체르노빌원자력발전소 사고에서 발생한 다양한 손해가 배상의 대상으로서 각국에서 인식되는지 여부가 불명확하였다. 개정 후의 파리조약과 빈조약의 원자력손해의 범위도 구체적으로는 국내법으로 정하는 것으로 되어 있기 때문에, 국제적으로 통일된 손해의 범위를 정하는 성격의 것은 아니지만, 전통적인 손해항목 이외에 경제적 손실과 환경회복조치의 비용 등을 명시적으로 열거함으로써, 이들 항목도 손해의 범위에 들어가는 것을 명확히 하는 의의를 가지고 있다. 이 점은 4 〔1〕에서 구체적으로 설명한다.

3 일본의 국내법의 대응

일본에서는 세 조약계통 가운데, CSC의 체결이 선택되었다. 이것은 세 조약계통 중에서는 체약국·서명국의 구성에서 아시아·태평양지역으로 확산될 가능성이 있다거나 자연재해에 관한 면책사유의 설정이 국내법에 맡겨지고 있는 등 국내제도와의 관계에서 비교적 유연한 대응이 가능했던 것 등이 배경으로 고려되고 있다[19].

CSC 체결에는, 제도적인 면으로는 **표 2**에 나타낸 바와 같이 조약을 국내에서 실시하기 위해 원자력손해의배상에관한법률(1961년 법률 147

19) 보다 정확한 정부의 견해는 제187회 국회 중의원외무위원회 회의록 제6호(2014년 11월 12일) 10쪽, 기시다(岸田) 외무대신 답변에 나타나 있다.

號. 이하 '배상법'이라 한다) 및 원자력손해배상보상계약에관한법률(1961년 법률 148호. 이하 '보상계약법'이라 한다)에 관해 몇 번의 개정이 이루어지고 있지만, 이들은 먼저 나타낸 바와 같은 국제적인 원자력손해배상제도의 기본원칙에 관련되는 것이 아니라, 일본의 원자력손해배상제도는 국제적인 원자력손해배상제도의 기본적인 내용에 따른 형태로 되어 있다. 새롭게 제정된 법률은 CSC에서 규정하는 국제적인 출연금제도를 국내에서 실시하기 위하여 필요한 조치를 창설하는 것이며, 이를 통해 배상법과 보상계약법에서 규정된 기존의 배상조치 이외에 배상자금을 확보하기 위한 조치가 보강되게 된다.

또한 **표 3**에서 열거된 바와 같이 몇 가지 점에 대해서는 CSC의 규정을 유보함으로써 국내제도를 그대로 적용하는 것으로 하고 있다. 한편, 조약규정의 유보가 인정되는 것은 조약의 취지 및 목적과 양립할 수 있는 범위의 것으로 한정되어 있다(조약법에 관한 빈조약 19조 (c)).

표 2 CSC의 체결에 관련된 주요한 법 정비사항의 개요

1. 원자력손해의배상에관한법률(배상법) 및 원자력손해배상보상계약에관한법률(보상계약법)의 개정사항

① 원자력사업자 간의 핵연료물질 등의 운반에 관한 책임에 관한 특약 및 구상권에 관한 특약(배상법 3조 2항 및 5조 2항)

원자력사업자 간의 핵연료물질 등의 운반중에 발생한 원자력손해의 배상책임을 어느 원자력사업자가 부담할 것인가에 관해 규정한 특약 및 원자력사업자와 제3자와의 사이에서 원자력손해가 발생한 경우의 구상권에 관한 특약은 서면에 의해 정할 것.

② 과실상계(배상법 4조의2)

과실상계에 관해, 일반불법행위에 의한 손해배상에 관해서는 민법 722조 2항에 의해, 재판소는 피해자의 과실을 고려해서 손해배상액을 정할 수 있지만, 원자력손해배상에 관해서는 중대한 과실에 해당하지 않는 과실에 의해

서는 배상책임이 감하여지지 않는 것.

③ 구상권(배상법 5조 및 부칙 4조 2항)

원자력사업자 이외의 제3자의 행위에 의해 원자력손해가 발생한 경우에 관하여, 당해 제3자에 대해서 원자력사업자가 구상권을 가지는 것은 서면에 의한 특약이 있는 경우이거나 자연인의 고의에 의한 행위가 있었던 경우로 할 것.

④ 원자력손해배상책임보험계약 및 원자력손해배상보상계약의 해제(배상법 9조의2 및 보상계약법 16조)

원자력손해배상책임보험계약에 대하여 문부과학대신이 보험자에 의한 해제의 신고를 수리한 날부터 90일 후에 계약의 해제의 효력이 발생하는 것, 핵연료물질 등의 운반에 관한 원자력손해배상책임보험계약 및 원자력손해배상보상계약에 대해서는 당해 운반의 개시 후 그 종료까지의 사이는 해제할 수 없는 것.

2. 원자력손해의보완적인보상에관한조약의실시에따르는원자력손해배상자금의보조등에관한법률(2014년 법률 133호. 이하 '자금보조법'이라 한다)의 규정사항

이 법률은 CSC가 규정하는 출연금제도를 실시하기 위하여 일본이 출연금을 이용할 수 있는 경우의 이용절차와 일본이 CSC에 근거하여 부담하는 비용의 확보에 관한 제도를 창설한다.

① 출연금에 의한 보조(자금보조법 제2장)

국내 원자력사업자가 원자력사고를 발생시킨 경우에 CSC에 근거하여 일본정부가 이용할 수 있는 출연금의 이용에 관해서는 손해배상을 행하기 위하여 필요한 자금에 대한 보조금으로서 정부로부터 당해 원자력사업자에 대해 교부할 것.

② 원자력사업자로부터의 부담금의 징수(자금보조법 제3장)

CSC에 근거하여 일본이 부담의무를 지는 출연금에 요하는 비용의 확보에 관해서는 이 비용에 충당하기 위한 부담금을 국내의 원자력사업자로부터 징수할 것. 일반부담금은 매년도 모든 원자력사업자로부터 징수하고, 특별부담금은 출연금제도의 대상으로 되는 원자력사고를 발생시킨 원자력사업자로부터 징수할 것.

표 3 CSC의 체결에 따라 일본정부가 유보한 사항의 개요

① 위험의 정도가 작다고 생각되는 것에 대해 IAEA 이사회가 정한 기준 등에 따라서, 시설국은 일정한 원자력시설 또는 소량의 핵물자에 대하여 조약의 적용을 제외할 수 있지만, 현 시점에서 이들에 관한 IAEA 이사회의 기준 등이 작성되어 있지 않기 때문에, 기준 등이 정하여지기까지는 국내법에 근거한 적용제외를 확보한다.

② 원자력시설과 동일 부지 내의 재산으로, 당해 원자력시설과 관련하여 사용되는 것에서 발생하는 원자력손해에 대해서는 원자력사업자가 원자력손해배상책임을 지지 않는 것으로 되어 있지만, 기존의 국내법 규정에 따라서 당해 사업자 자신 이외의 자(협력기업등 다른 기업이 소유하는 재산 등)에 관해서도 당해 사업자에게 원자력손해배상책임을 부담시키도록 한다.

③ 핵물질의 수송중의 원자력사고에 대해, 서면에 의한 계약에 규정된 바에 따라, 또는 계약의 규정이 없는 경우에는 핵물질의 관리가 이전될 때까지는 발송인인 원자력사업자가 책임을 부담하는 것 등을 규정하고 있지만, 이 규정에도 불구하고, 다른 체약국의 원자력사업자와 일본의 원자력사업자와의 사이의 수송중의 원자력사고에 대해, 일본의 국내법령에 따라 일본의 원자력시설의 사업자에게 책임을 부담시키는 것으로 한다.

운영 측면에서는 일본의 배상실무는 광범위한 손해를 대상으로 배상을 실시하고 있으며, 이것은 2 [4]에 나타낸 CSC의 손해항목의 범위를 커버하는 것으로 해석되고 있다[20]. 또한, CSC는 발효일 전의 원자력사고에 대해 소급적으로 적용되지 않는 것으로 해석되고 있고[21], CSC 체결에 따라 정비된 국내법 개정이나 출연금제도도 각 법률의 부칙에서 법 시행 전의 원자력사고에는 적용되지 않도록 경과조치를 두

20) 현재의 배상의 경험 및 과학적 식견에 비추어볼 때, 배상법의 원자력손해의 정의와 CSC의 원자력손해의 정의는 범위가 일치한다고 해석되고 있다. 제187회 국회 중의원외무위원회 회의록 제6호(2014년 11월 12일) 12쪽, 引原毅外務省總合外交政策局軍縮不擴散·科學部長答弁。

21) 제187회 국회참의원외교방위위원회 회의록 제8호(2014년 11월 18일) 13쪽, 引原外務省總合外交政策局軍縮不擴散·科學部長答弁。

었다. 이와 같이, CSC의 체결이 현재 이루어지고 있는 배상의 실시에 관하여 영향을 미치는 것은 아니라고 생각된다.

일본이 이 타이밍에서 CSC를 체결하게 된 것은 현재 이루어지고 있는 배상과의 관계라고 하기 보다는 이번 원자력발전소사고를 반영해서 IAEA 등에서 국제적인 원자력손해배상체제의 구축의 필요성이 말하여지고 있는 것이나, 사고 후의 원자로의 폐지조치를 위해 필요한 기술과 지식을 가진 기업이 활동하는 데 법적 환경 정비의 필요성 등을 고려한 것으로 설명되고 있다[22].

4 원자력손해배상제도에 관한 국제적인 논의

이상과 같은 국제적인 제도에 관해, 체르노빌원자력발전소사고를 계기로 한 조약의 개정 이후에도 논의가 이루어지고 있는 점이 있다. 또한, 이번 일본의 원자력발전소사고는 국제적인 기본원칙을 충족하는 원자력손해배상제도가 대규모 사고에 적용된 최초의 사례이며, 그 현실적인 대응 후의 국제적인 논의 중에서 몇 가지 논점이 제시되고 있다. 일본으로서는 원자력손해배상제도의 국제적인 서클에 들어감으로써, 거기에서 이루어지고 있는 논의가 직접적이든 간접적이든 향후 국내의 논의에 영향을 미칠 가능성이 있으며, 반대로 일본의 논의와 경험이 국제적인 논의의 진전을 선도할 것으로 기대된다. 여기에서는 원자력손해배상제도에 관하여 국제적으로도 논의되는 논점을 세 개 다루기로 한다.

22) 전게주 6) 岸田外務大臣答弁。

〔1〕 손해배상의 항목 - 환경손해 -

환경의 악화에 대한 배상은 누구에게 발생한 어떠한 이익의 침해를 대상으로 할 것인지, 사정범위의 파악방법이 어려운 문제이다. 여기에서는 원자력손해배상조약이 환경의 악화에 관한 손해를 어떻게 파악하려고 하고 있는지를 조약의 규정에 따라 정리해 두고 싶다. 한편, 개정 후의 파리조약·빈조약 및 CSC의 세 조약계통은 대체로 유사한 규정을 두고 있기 때문에, 여기에서는 일본이 체결한 CSC의 조문에 따라서 설명한다.

각 조약은 환경의 악화에 대해 회복시키기 위한 조치의 비용, 환경을 이용함으로써 얻을 수 있는 경제적 이익의 상실이라는 관점에서 환경에 미치는 영향을 손해로 평가하고 있다. CSC 1조(f)의 원자력손해의 개념을 제시한 조문 중에서 환경의 악화에 직접적으로 언급하는 손해 항목으로는 환경의 악화에 대한 회복을 위한 조치의 비용과 환경의 이용 또는 향유에 관한 경제적 이익으로부터 발생하는 수익의 상실이 있다.

후자의 경제적 손실은 예를 들어 해양중의 어패류가 방사성물질에 오염된 경우 조업이 불가능하여 그 결과 어업자가 입는 손해와 해안이 방사성물질에 오염된 경우 관광객의 감소에 의해 그 주변의 호텔이나 관광업자가 입을 매출 감소가 예로 들 수 있다[23]. 이처럼, 개인에게 귀속하지 않는 재산의 오염에 의해 간접적으로 영향을 받고 손해가 발생하는 경우, 구체적으로 이 영향의 연쇄 중 어디까지가 손해로 인정할 수 있는지는 국가에 따라서도 입장이 다르며, 재판관할권을 가지는 국가의 국내법으로 범위가 결정되게 된다(1조 (f)).

---

23) IAEA, *The 1997 Vienna Convention on Civil Liability for Nuclear Damage and the 1997 Convention on Supplementary Compensation for Nuclear Damage - Explanatory Texts*, IAEA international law series No 3, IAEA(2007) p.37.

전자의 회복조치에 대해 조문에 따라서 정리하면, 회복조치의 대상이 되는 환경의 악화는 '중요하지 않은 것'은 제외되며, 또한 회복조치로서 손해로 될 수 있는 것은 '실제로 취한 조치 또는 취해질 조치의 비용'(1조 (f)(iv))으로 되어 있다. 조치의 내용에 대해서는 또한 동 조 (g)에 규정이 있으며, '손해를 입거나 혹은 파괴된 환경의 구성을 회복하거나 혹은 수복하는 것 또는 합리적인 경우에는 해당 요소에 상당한 것을 환경에 도입하는 것을 목적으로 하는 것'이다. 또한, 조약에서 회복조치되는 것에는 일정한 요건이 규정되어 있으며, 절차적으로는 '국가의 권한있는 당국에 의해 승인된' 것, 조치의 주체로서 '국가의 법령에 의하여 규정하는' 자일 것, 조치의 내용으로서 '합리적인 조치'일 것이 필요하다. 이 합리성에 대해서는 또한 손해의 성질·정도, 당해 조치의 유효성의 정도, 관련 과학적·기술적 식견 기타 모든 사정을 고려하여 적절하고 상응한 것인지 여부의 관점에서 각국의 해석으로 판단된다(동 조 (1)). 이들 제 요건은 국가의 권한있는 당국의 승인과 국가의 법령에 의해 정해진 주체인 국가의 일정한 관여에 의해 범위가 명백히 되는 외에, 조치의 합리성의 판단에도 국가에 의해 재량이 있을 수 있다. 이처럼 실제로 광역 오염이 발생한 경우의 대응에 있어서 어떤 범위의 비용이 커버되는지는 국내법의 해석과 입법조치를 기다릴 필요가 있다.

또한, 회복조치는 개별 재산손해에 포함되지 않는 것이 대상이 되고(동 조 (f)(iv)), 어떤 공공적인 공간환경에 관한 회복조치가 상정된다[24]. 반면에, 실제 원자력사고의 장면에서 주된 회복조치로서 합리적으로 상정되는 토지·건물의 오염제거의 비용에 대해 생각하면, 오염제거의 대상이 되는 토지, 건물 등에 대해, 사인이거나 국가 및 지방공공단체이든 어떤 주체의 재산권이 설정되어 있는 것과 같은 경우에는 결과적

24) ibid, pp.39-40.

으로는 오염제거비용의 대부분은 재산손해 등에 포함될 가능성도 있다는 지적도 있다[25)26)].

이처럼 국내법의 규정·해석이나 재산손해의 정리방법에도 따르기 때문에 환경손해의 사정범위는 각국의 실행을 기다리는 바가 크다. 그렇더라도, 개정 후의 파리조약·빈조약 및 CSC가 환경에 관한 손해를 대상으로 한 것에 의해, 지금까지의 조약에서는 손해의 범주에 들어가는지 여부가 불명확하였던 환경의 악화를 회복하는 조치의 비용과 환경의 이용에 관한 경제적 손실이 확실히 원자력손해로 인식되도록 방향을 정하는 의미가 있다[27)]. 국제적인 제도에 참가하는 것을 통해 일본의 원자력손해배상제도에서도 이들 손해에 관한 국제적인 논의의 동향의 영향을 받는 것이 생각되어진다.

일본의 원자력손해배상제도와 환경관련손해와의 관계는, 특히 오염

---

25) Pelzer, N., 'Deliberations on compensation and remediation of nuclear damage to environment', Nuclear Law Bulletin, No.86(2010), p. 54, Dussart Desart, R., 'The reform of the Paris Convention on Third Party Liability in the Field of Nuclear Energy and of the Brussels Supplementary Convention' , Nuclear Law Bulletin No. 75 (2005), p.14.

26) 한편, 환경의 회복조치에 관해 EU 가맹국의 경우, 「환경손해의 미연 방지 및 수복에 대한 환경책임에 관한 2004년 4월 21일의 유럽의회 및 이사니의 지령(2004/35/EC)」가 존재하지만, 이것은 파리조약 및 브뤼셀보족의정서, 빈조약 그리고 CSC의 적용범위에 포함되는 환경손해 등은 적용제외로 하고 있기 때문에(동 지령 4조 4 및 부속서 Ⅴ), 원자력사고에 의해 발생한 환경의 악화에 대한 회복조치는 원자력손해배상의 각 조약에 의한다. Pelzer, ibid는 원자력손해배상의 각 조약이 피해자에게 발생한 손해의 구제의 체계인 것에 대해, 동 지령이 오염자부담의 원칙에 근거하여 환경손해를 방지하여 회복하는 것을 목적으로서 사업자의 의무와 행정적인 조치를 규정하는 점에서 양자는 목적이나 대상을 달리 한다고 지적한다. 동 지령의 일문에 대해, 大塚直＝高村ゆかり＝赤渕芳宏譯「環境損害の未然防止及び修復についての環境責任に關する2004年4月21日の歐州議會及び理事會の指令2004/35/EC」『環境研究』139號(2005년) 141－152쪽을 참조했다.

27) 廣部·전게주 8)『成蹊法學』47호 127쪽 참조.

제거비용에 관해서는 과거의 JCO 도카이무라(東海村) 핵연료가공공장 임계사고에 따른 원자력손해배상에서도 반드시는 표면화되지 않았지만, 이번 사고를 통해 「도쿄전력주식회사후쿠시마제1,제2원자력발전소사고로인한원자력손해의범위의판정등에관한중간지침 제2차추록」에서, "본건 사고에서 유래하는 방사성물질 관하여 필요하고 합리적인 범위의 오염제거 등 … (중략) …을 행함에 따라 필연적으로 발생한 추가적 비용, 수입 감소분 및 재물가치의 상실·감소분은 배상해야 할 손해"로서, 배상법 하에서도 상당인과관계 중에 포함된다고 이해되고 있다. 그리고, 오염제거에 관해서는 구체적으로는 방사성물질오염대처특별조치법[28](2011년 법률 110호)에 의해, 행정이 정한 계획에 근거하여 국가 또는 지방공공단체에 의해 행하여진 오염제거활동을 배상으로 청구하는 것으로 되어 있다[29]. 이처럼, 비용면의 처리에 대해서는 손해배상제도에 의하면서도, 회복조치의 실시에 관하여는 행정기관의 조치에 의한 것으로 하여, 손해배상제도와 행정적인 조치를 결합하는 독특한 방법으로 상당히 광범위한 오염제거의 비용부담을 실현하고 있고, 국제적으로도 경험이 축적되지 않은 가운데 귀중한 예를 제공하고 있다.

〔2〕 배상자금의 확보 및 배상책임의 한도

일본의 배상법에 규정된 강제적인 자금보증으로서는 1,200억 엔의 원자력손해배상 책임보험계약 및 원자력손해배상 보상계약에 의해 확

28) 정식명칭은 「2011년3월11일에발생한동북지방태평양면바다지진에수반하는원자력발전소의사고에의해방출된방사성물질에의한환경의오염에대한대처에관한특별조치법」.

29) 오염제거비용에 관한 체계에 대해서는 본서 제2편 제2장(田中良弘 「除染の現狀と除染法制の在り方—除染費用に關する法的仕組みを中心に—」) 참조.

보되고 있으며(배상법 7조), 세 개의 조약계통에서 요구되는 자금보증과 손색없는 금액이 설정되어있다. 그럼에도 불구하고, 이 금액을 대폭적으로 초과하는 대규모 피해가 발생한 경우에 어떻게 대처할 것인가라는 것이 이번 원자력사고의 경험에서 국제사회에 제기하는 과제일 것이다. 조약의 틀 자체는 각국이 충족해야 할 최저기준을 정하고 있는 것으로부터 한다면, 그것을 초과한 경우에의 대응으로 어떤 대비를 하는지는 각국의 대응에 맡겨져 있는 바이다. 이번 원자력사고에 의해 제기된 것은 국가간에 최저기준으로 공통적으로 정할 수 있는 범위를 초과하여 원자력손해가 광범위하게 발생한 경우의 대응이다.

배상책임액의 문제나 배상자금의 확보에 대해서는 예를 들어, IAEA의 International Expert Group on Nuclear Liability(INLEX)가 제시한 회원국에 대한 제언에서,

- 기존의 틀에서 정해져있는 최저한도액보다도 충분히 높은 손해배상액 및 자금보증금액을 설정할 것.
- 손해배상액의 가치를 유지하는 동시에, 영역내의 시설에 관한 사고로 인하여 발생할 수 있는 결과에 관한 식견이 반영되도록 손해배상액이 충분한 지 여부에 대하여 원자력사업자의 무한책임을 설정하는 트렌드가 있는 것에 유의하면서, 정기적인 검증을 행할 것.
- 보험시장의 인수능력과 보험 이외의 조치가 반영되도록 자금보증금액이 충분한 지 여부에 대하여 정기적인 검증을 행할 것.
- 손해배상액 및 자금보증금액을 초과하는 금액의 손해가 발생하는 경우에 대비하여 적절한 자금확보조치를 강구할 것.

등이 제시되고 있는 것과 같이[30], 논란이 있다. 이 점은 향후의 국제적

30) International Expert Group on Nuclear Liability (INLEX) "Recommendations

인 논의의 동향도 살펴볼 필요가 있다.

(3) 청구의 처리

각 조약은 소송에 관한 국가의 관할권과 준거법을 조정하고 있지만, 돌이켜보면 이번 원자력발전소사고의 배상절차를 보았을 때에, 배상을 실시하는 기능을 가진 것으로 지금까지 큰 역할을 하고 있는 것이 조약에는 언급이 없는 재판 외 절차이다.

도쿄전력에 대한 청구 중, 대다수는 법원 등을 통하지 않은 직접 청구에 의해 취급되고 있지만, 그 때 원자력손해배상분쟁심사회가 정하는 원자력손해의 판정 등에 관한 지침은 도쿄전력이 이를 준수할 것을 표명하여 실제로 배상을 진행하고 있으며, 지침이라는 어느 정도 유형화된 형태로 집단적인 해결을 촉진하고 있다고 생각된다. 또한, 원자력손해배상분쟁심사회의 화해중개기능을 강화하고, 정비된 원자력손해배상분쟁해결센터의 절차는 다수의 청구를 간이 신속하게 해결하는 방법으로 널리 이용되고 있다. 또한, 손해배상청구절차가 개시되기 전 단계에서 실시된 국가와 도쿄전력에 의한 가불수법은 생계수단을 잃은 피해자에게 당면의 자금을 신속하게 전달하는 구조로서 기능하였던 바이다.

이러한 비권력적인 절차는 국가간의 소송의 관할권의 조정과 같이 전통적으로 국제적인 규율이 이루어져 온 것과는 다르지만, 청구처리의 실제 절차면의 정비에 대해 전술한 INLEX의 제언에서도 제시되고 있는 등, 국제적으로도 주목을 받고 있다. 원자력손해배상의 절차면의 정비에 관해서는 과거의 경험의 축적이 없는 가운데에서, 이번 사고에 대해 일본의 현실적인 대응이 촉구되는 가운데에서 보여준 경험은 귀

on how to facilitate achievement of a global nuclear liability regime, as requested by the IAEA Action Plan on Nuclear Safety".

중한 선례가 될 것으로 기대된다.

5 끝으로

본장에서는 원자력손해배상에 관한 국제적인 체계의 개략과 그와 관련된 몇 가지 논의를 정리했다.

이러한 논의는 일본이 국제원자력손해배상제도의 서클에 들어간 것을 통해 간접적이긴 하지만 일본의 논의에 영향을 줄 가능성이 있다.

또한, 동일본대진재에 따른 원자력발전소사고에 따라 일본이 제도적으로 대응한 손해배상의 경험은 오염제거에 관한 구조와 배상한도액과 자금보증금액을 초과한 것에 대한 자금확보의 조치, 재판 외의 비권력적인 청구처리절차와 같이 아직은 국제적인 경험의 축적도 이루어지지 않고, 또는 조약이 규율하고 있지 않은 점에 대해 대응을 요구한 것이다. 그 제도적 대응에 개선해야 할 점이 있는지 여부의 평가는 여기에서 생략한다고 하더라도, 현실의 해답은 여하튼 도출해낸 점에 있어서 국제적으로도 공유되고 논의되는 선례로서의 가치를 가지는 것으로 생각된다.

【 참고문헌 】

각주에서 인용한 각 문헌 이외에, 국제적인 원자력손해배상제도의 경위와 내용에 관해 특히 이하의 문헌을 참조했다.

IAEA, The 1997 Vienna Conventioin on Civil Liability for Nuclear Damage and the 1997 Convention on Supplementary Compensation for Nuclear Damage – Explanatory Texts, IAEA international law series No.3, IAEA(2007).

OECD, Exposé des motifs. Revised text of the Exposé des Motifs of the Paris

Convention : approved by the OECD Council on 16th November 1982. available at http://home.nea.fr./law/nlparis_motif.html.

OECD/NEA, 'Progress towards a global nuclear liability regime', Nuclear Law Bulletin No.93(2014), pp.9-23.

Schwartz, J., 'Liability and Compensation for Third Party Damage resulting from a Nuclear Incident', OECD/NEA, International Nuclear Law : History, Evolution and Outlook, OECD/NEA(2010), pp.307-354.

또한, 각 조약의 조문은 http://www.oecd-nea.org/law/legal-documents.html 에서 참조할 수 있다.

| **하세 히로유키(長谷 浩之)** 경제협력개발기구원자력기관 Senior Legal Advisor |

제2편

방사성물질 오염대책

제1장 사고유래 방사성물질 오염폐기물의 처리

— 현상과 과제 —

1 처음에

2011년 3월에 도쿄전력 후쿠시마제1원자력발전소(이하 '후쿠시마제1원전'이라 한다)에서 심각한 사고가 발생하여, 대량의 방사성물질이 환경 중에 방출되었다[1]. 그 방사성물질은 후쿠시마현 내외에 널리 확산되고, 그로 인하여 오염된 폐기물(이하 '사고유래 방사성물질 오염폐기물'이라 한다)이 각지에서 다량으로 발생하고 있다. 비산한 방사성물질 중 세슘 134와 세슘 137의 반감기는 각각 약 2년과 30년이며[2], 이것들은 장기간에 걸쳐 사람의 건강이나 생활환경에 영향을 미칠 우려가 있다. 따라서, 사고유래 방사성물질 오염폐기물의 신속한 처리는 사고 당초부터 중요한 정책과제로 자리매김되어, 4년여 동안 국가의 총력을 기울려 노력이 진행되어 왔다.

지금까지의 노력은 어떤 성과를 낳고, 또한, 어떤 과제를 안고 있는

---

1) 후쿠시마제1원전사고는 국제원자력사상평가척도에서 가장 심각한 레벨 7로 분류된다. 예컨대, 방사성세슘 137의 방출량은 합계 약 1만 5,000TBq(히로시마원폭의 약 168.5배 상당) 등으로 추계된다. 다만, 방사성물질의 대기중으로의 총방출량에서 비교하면, 이번 사고는 체르노빌원전사고의 약 15%라고 한다. 内閣府等「放射線リスクに關する基礎的情報[2015年10月版]」22쪽 참조.

2) 아이오딘131의 반감기는 약 8일로 짧고, 현재는 거의 존재하지 않는다고 한다. 스트롱치움90이나 플루토늄은 거의 방출되지 않고, 그 영향이 대단히 작다고 생각되고 있다.

가. 본장은 사고유래 방사성물질 오염폐기물 처리제도와 기본방침을 개관하고(2·3), 처리현황을 확인한 후(4), 그 성과와 과제를 검토한다(5). 후쿠시마제1원전사고에 관한 오염 대처조치는 폐기물의 처리 및 오염제거로 대별되는 바, 후자에 대해서는 본서의 별개의 장에서 다루기 때문에[3], 본장의 검토는 전자로 초점을 좁히기로 한다. 또한, 폐기물의 처리에 관해서도, 관계법령의 구조와 특징에 대해서는 이미 훌륭한 연구가 있기 때문에[4] 본장은 처리의 현황과 과제에 중점을 두고 분석을 행한다. 이하의 논술은 특기하지 않는 한, 2015년 7월 31일 시점에서의 정보에 근거한 것이다.

2 사고유래 방사성물질 오염폐기물 처리제도

2011년 8월 30일에 「2011년3월11일발생한도호쿠(東北)지방태평양먼바다지진에따른원자력발전소사고로방출된방사성물질로인한환경오염에의대처에관한특별조치법」(2011년 법률 110호. 이하, '특조법'이라 한다)이 공포·일부 시행되고, 다음 해 1월 1일 전면 시행되었다. 동법은 중의원환경위원장 제출과 관련된 의원입법(제177회 국회·중 제29호)이며[5],

---

3) 田中良弘·본서 제2편 제2장을 참조. 또한, 마찬가지로 본장에서 검토대상으로 하지 않는 고준위 방사성폐기물의 처리에 대해서는 織朱實·본서 제3편 제4장을 참조.

4) 大塚直「放射性物質を含んだ廢棄物·土壤問題」高橋滋＝大塚直編『震災·原發事故と環境法』(2013年, 民事法研究會) 111쪽 이하, 北村喜宣「東日本大震災と廢棄物對策」環境法政策學會編『原發事故の環境法への影響』(2013年, 商事法務) 127쪽 이하를 참조. 또한, 국회논의에 대해서는 金子和裕=天池恭子「福島原發事故の放射性物質による環境汚染への對處ー放射性物質汚染對處特措法案の成立と國會論議ー」『立法と調査』322호(2011년) 48쪽 이하, 田中良弘「放射性物質汚染對處特措法の立法経緯と環境法上の問題点」『一橋法學』13권1호(2014년) 263쪽이 유익.

'제1장 총칙(1조~6조)', '제2장 기본방침(7조)', '제3장 감시 및 측정의 실시(8조)', '제4장 사고유래 방사성물질로 인해 오염된 폐기물의 처리 및 오염제거 등의 조치 등(9조~42조)', '제5장 비용(43조~45조)', '제6장 잡칙(46조~59조)', '제7장 벌칙(60조~63조)'이라는 구성을 취한다. 이하에서 본장의 테마와 관련되는 범위에서 동법의 특징과 체계를 개관하자.

(1) 특조법의 특징과 구조

특조법이 정하는 폐기물 처리제도의 특징은 두 가지다. 하나는 사고유래 방사성물질 오염폐기물에 관하여 국가의 처리책임을 정한 점이다. 이 점은 일반폐기물에 적용되는 「폐기물의처리및청소에관한법률」(1970년 법률 137호. 이하, '폐기물처리법'이라 한다)이 시정촌(일반폐기물) 및 사업자(산업폐기물)에게 처리책임을 부담시키고 있는 것과 크게 다르다. 이러한 차이가 있는 것은 사고유래 방사성물질 오염폐기물의 처리에 관해 지금까지 원자력정책을 추진해온 국가의 사회적 책임을 중시했기 때문이다(특조법 3조 참조)6). 또 다른 특징은 원인이 되는 사고를 발생시킨 사업자에게 사고유래 방사성물질 오염폐기물의 처리비용

5) 법안제출자와 환경대신은 의원입법에 의한 대응으로 된 이유로서, ①사고 당시, 사고유래 방사성물질 오염폐기물을 직접의 대상으로 하는 법제도가 없었던 것, ②「방사성물질에 의해 오염된 우려가 있는 재해폐기물」이라는 해석에 의한 대응에서는 한계가 있었던 것, ③환경기본법을 비롯한 관계법률의 개정·정비에는 대단히 많은 시간을 요하는 것, ④오염의 영향을 감소하기 위한 긴급적인 조치를 행할 체계를 시급히 수립할 필요가 있었던 것을 들고 있다(제177회 국회참의원환경위원회 회의록 11호 3-5쪽(2011년 8월 25일), 제177회 국회중의원환경위원회 회의록 14호 5쪽(2011년 8월 23일)). 金子=天池·전게주 4)『立法と調査』 322호 49-51쪽 참조.

6) 大塚直·전게주 4)『震災·原發事故と環境法』 131쪽은 "그 사회적, 나아가서는 법적인 책임으로부터 하면, 이 점은 평가할 수 있고, 더욱 강화해야 할 것이다"고 한다.

을 부담시키는 점이다. 이것은 오염자부담원칙의 입장을 반영한 것이라고 해도 좋다[7].

① **목적과 각 주체의 책임** : 특조법의 목적은 "사고유래 방사성물질에 의한 환경오염이 사람의 건강 또는 생활환경에 미치는 영향을 신속하게 감소시키는 것"이다(1조). 각 주체의 책무로서 국가는 "지금까지 원자력정책을 추진해온 데 따른 사회적 책임을 부담하고 있는 점을 감안하여, 사고유래 방사성물질에 의한 환경오염 방지에 관하여 필요한 조치를 강구하는"(3조) 것, 지방공공단체는 "국가의 시책에의 협력을 통해 해당 지역의 자연적·사회적 조건에 응해 적절한 역할을 달성하는" 것으로 된다(4조). '관계원자력사업자'(사고유래 방사성물질을 방출한 원자력사업자. 2조 1항), 즉, 도쿄전력은 사고유래 방사성물질로 인한 환경오염에 대한 대처에 관하여 성실하게 필요한 조치를 강구하고, 국가와 지방공공단체가 실시하는 시책에 협력하여야 한다(5조 1항). 또한 '관계원자력사업자 이외의 원자력사업자'와 국민은 그러한 시책에 협력하도록 노력하여야 한다(동조 2항, 6조).

② **기본방침** : 환경대신은 사고유래 방사성물질로 인한 환경오염 방지에 관한 기본방침안을 작성하여 각의결정을 요청하여야 한다(7조). 이에 근거한 기본방침(2011년 11월 11일 각의결정. 이하, '2011년기본방침'이라 한다)은 상기 대처의 '기본적인 방향'에 더하여, (가) 감시 및 측정, (나) 폐기물 처리, (다) 토양 등의 오염제거 등의 조치, (라) 제거토양의 처리에 관한 '기본적 사항' 등을 정한다[8].

---

7) 大塚直·전게주 4) 同 131-132쪽은 오염제거 등의 비용부담 등을 인정한 것은 "일종의 환경손해의 배상이 인정되어진 것"으로 되고, 이 점은 "원인자부담원칙의 철저라는 관점에서도 중요한 진전이었으며, 일본에서의 불법행위법·손해배상법에 대해서도 어떤 시사를 하는 바가 있다"고 지적한다.

③ **감시 및 측정** : 국가와 지방공공단체는 적절한 역할분담과 상호협력 하에서 사고유래 방사성물질로 인한 환경오염의 상황에 대해 감시 및 측정을 실시하고 그 결과를 수시로 공표한다(8조).

④ **오염대처조치** : 동법이 정하는 오염대처조치는 "사고유래 방사성물질로 인해 오염된 폐기물의 처리(11조~24조)와 '오염제거 등의 조치 등'(25조~42조)으로 대별되며, 전자가 본장의 검토대상이다. 그 자세한 내용은 후술하지만, 국가는 동법상 방사능농도(세슘 134와 세슘 137의 합계를 말한다. 이하 같다)의 비교적 높은 '특정폐기물'의 처리책임을 부담한다(15조, 19조). 특정폐기물의 처리기준은 동법에 근거한 환경성령(2011년 환경성령 33호. 이하 '시행규칙'이라 한다)에 의해 정해져 있다(20조). 또한, 환경성은 사고유래 방사성물질 오염폐기물의 처리방법을 구체적이고 평이하게 설명하는 문서로서 「폐기물관계가이드라인」(제1판 2011년 12월, 제2판 2013년 3월)을 책정·공표하고 있다.

⑤ **폐기물처리법의 활용** : 특조법은 사고유래 방사성물질 오염폐기물의 처리에 대해 일반폐기물처리법을 활용하는 정책을 취하고 있다. 그러나, 폐기물처리법 2조 1항은 1970년 동법 제정시부터 "이 법률에서 '폐기물'이란 … (방사성물질 및 이에 의하여 오염된 물건을 제외한다)을 말한다"고 규정하여, 방사성물질 오염폐기물을 일률적으로 적용제외한다. 그 때문에, 그대로는 폐기물처리법은 사고유래 방사성물질 오염폐기물에 적용되지 않는다. 그래서, 특조법 22조는 폐기물처리법 2조 1항 괄호의 '오염된 물건'에서 후쿠시마제1원전사고유래 방사성물질 오염폐기물(상기의 특정폐기물 등을 제외한 것)을 제

8) 기타 중요사항으로서 오염폐기물 등의 처리를 위하여 필요한 시설의 정비 등에 대해, 토양 등의 오염제거등의 조치에 수반하여 발생하는 토양과 폐기물에 대하여 당분간 시정촌이나 커뮤니티별로 임시처리장을 확보할 것이 규정되어 있다.

외하였다[9]. 이에 따라, 후쿠시마제1원전사고에서 유래하는 방사성물질 오염폐기물 중 방사능농도가 비교적 낮은 것에 한하여, 폐기물처리법이 적용되게 되었다.

⑥ **비용부담** : 특조법에 근거하여 강구되는 조치는 「원자력손해의배상에관한법률」(1961년 법률 147호) 3조 1항에 근거하여 "해당 관계원자력사업자의 부담 하에 실시되는 것"이라고 되어(44조 1항), 당해 사업자는 "전항의 조치에 소요되는 비용에 대한 청구 또는 구상이 있었을 때는 신속하게 지불하도록 노력하여야 한다"(동조 2항). 이처럼, 도쿄전력은 결국 사고유래 방사성물질 오염폐기물의 처리비용을 부담하는 것으로 되어 있다[10]. 그러나, 구상의 범위는 조문상 반드시 명확한 것은 아니다. 학설상으로는 그 범위는 '필요하고 합리적인 범위'로 한정되지만, "사람들의 건강피해의 우려를 신속하게 감소시킬 필요가 있는 것"이기 때문에, '합리성'에 대해서는 "어느 정도 완화해서 해석해야 한다"고 주장되고 있다[11]. 또한, 후술하는

---

9) 이에 수반하는 환경기본법 13조 개정의 경위와 의의에 대해서는 高橋滋「原子力規制法制の現状と課題」高橋滋 = 大塚直編『震災·原發事故と環境法』(2013年, 商事法務) 1쪽, 7-18쪽을 참조.

10) 환경성은 특조법의 시행에 관련한 예산으로서 2014년도까지 총액 1조 8,899억 엔(내역은 오염제거 1조 4,081억 엔, 오염폐기물 처리 3,629억 엔, 중간저장시설 1,189억 엔)을 계상하고, 2013년도까지 7,536억 엔을 지출하고 있다(2011년도에 내각부가 계상한 예산 2,179억 엔 등을 제외). 또한, 환경성은 특조법 44조의 규정에 근거하여, 도쿄전력에 대해 약 2,155억 엔의 청구를 10회로 나누어 행하고, 그 가운데 약 1,115억 엔이 응락되었다(2015년 3월말 현재). 지불액의 내역은 오염폐기물 처리에 대해 구상액 342억 엔 중 지불액 132억 엔(39%), 중간저장시설에 대해서 구상액 24억 엔 중 지불액 15억 엔(61%)으로 되었다. 방사성물질오염대처특조법시행상황검토회(제1회 2015년 3월 31일) 배포자료6「放射性物質汚染對處特措法の施行狀況の概要」 40-41쪽.

11) 大塚直·전게주 4)『震災·原發事故と環境法』 128쪽. 田中·전게주 4)『一橋法學』 13권1호 294쪽도 참조(「국가가 명백히 과잉대책을 취한 경우까지 항상 관계원자력사업자에게 비용부담의무가 발생한다고 하는 것은 타당하다고는

중간저장시설의 건설 등에 대해서는 국비를 투입할 방침으로 변경되었다[12].

〔2〕 사고유래 방사성물질 오염폐기물의 분류·처리책임·적용법

사고유래 방사성물질 오염폐기물의 분류·처리책임·적용법은 다소 복잡하다. 이하, 간단하게 정리해 두자(**표 1** 참조).

① **원자력사업소와 그 주변에 비산된 폐기물** : 관계원자력사업자가 그 처리책임을 부담하고(9조), 「핵원료물질,핵연료물질및원자로의규제에관한법률」(1957년 법률 166호. 이하, '원자로등규제법'이라 한다)에 근거하여 처리한다. 이 폐기물에 관하여 본장은 더 이상 논의하지 않는다.

② **특정폐기물** : (가) 대책지역내 폐기물과 (나) 지정폐기물로 이루어지고, 국가가 특조법상의 처리책임을 부담한다(15조, 19조). 특정폐기

할 수 없다」).

12) 「原子力災害からの福島復興加速に向けて」(2013年 12月 20日 閣議決定·原子力災害對策本部決定)는 "중간저장시설비용 상당분에 대해서는 사업기간(30년 이내)에 걸쳐, 기구(필자 주: 원자력손해배상·폐로등지원기구)에 대해 기구법 68조에 근거하는 자금교부를 행하고, 이를 위한 재원은 에너지시설 중에서 추가적·안정적으로 확보하여, 부흥재원이나 일반회계의 재정수지에는 영향을 주지 않는다"고 하고 있으며(13쪽), 구체적으로는 "2014년도의 에너지대책특별회계전원개발촉진감정의 세출예산에 350억 엔 정도를 계상하고, 그 재원은 에너지관계의 세입세출예산 전체를 편성하는 중에서 염출한다. 이후의 연도에서도 마찬가지로 대응하는 것으로 하고, 매년도 필요액을 계상한다"고 한다(13쪽 주12). 이에 대해서는 기구의 국가에 대한 반환의무가 법률에 명기되어 있지 않고, 도쿄전력에 구상한다고 하면서, 실질적으로 국비를 투입하는 것으로 되고 있다고 국회에서 지적되고 있다(제187회 국회참의원환경위원회 회의록 6호 24쪽(2014년 11월 18일)). 이에 대해서는 杉浦雅一「中間貯藏施設の供用開始に向けた政府方針の法制化ー日本環境安全事業株式會社法改正案ー」『立法と調査』359호(2014년) 32쪽, 42-43쪽을 참조.

표 1 폐기물의 분류·처리책임·적용법

① 원자력사업소 내와 그 주변에 비산된 폐기물(관계원자력사업자가 처리)	원자로등규제법
② 특정폐기물(국가가 처리) (가) 대책지역내 폐기물(대책지역=구 경계구역+계획적 피난구역) (나) 지정폐기물(8,000Bq/kg 초과의 폐기물. 환경대신 지정)	특조법
③ 특정일반폐기물/특정산업폐기물(8,000Bq/kg 이하의 폐기물이며, 특조법시행규칙으로 정하는 것. 시정촌/사업자가 처리)	폐기물처리법(다만, 특조법에 의한 특별처리기준의 추가 있음)

출전 : 방사성물질오염대책특조법시행상황검토회(제1회 2009년 3월 31일) 배포자료 4 '방사성물질오염대처특조법의 개요' 3쪽을 참고로 정리함.

물의 수집·운반·보관·처분은 시행규칙으로 정하는 처리기준에 따라야 한다(20조). 특정폐기물의 불법투기(46조), 기준 위반의 소각(47조), 국가의 위탁 등을 받지 않고 사업으로 행하는 처리(48조 1항)는 벌칙이 부과되어 금지되고(60조 이하), 기준에 적합하지 않는 지정폐기물의 보관이나 특정폐기물의 처리에 대한 환경대신의 조치명령제도도 있다(51조 1항·2항).

(가) 대책지역내 폐기물 : 환경대신은 오염폐기물대책지역을 지정하고(11조), 대책지역내 폐기물처리계획을 책정한다(13조). 국가는 그 계획에 따라, 대책지역내 폐기물을 처리한다(15조). 오염폐기물대책지역은 환경대신이 "그 지역 내에서 검출된 방사선량 등으로 보아 그 지역 내에 있는 폐기물이 특별한 관리가 필요한 정도로 사고유래 방사성물질에 의해 오염되고 있는 우려가 있다고 인정될 것" 등을 고려하여, 관계지방공공단체의 의견을 들은 다음 지정한다(11조 1항·2항). 후쿠시마제1원전사고에 따른

피난구역과의 관계에서는 후쿠시마현의 구 경계구역과 계획적 피난구역에 상당하는 지역이 대책지역으로 지정되어 있다[13]. 대책지역내 처리계획은 대책지역내의 폐기물의 양과 처리량의 예상, 계획의 목표와 그 달성에 필요한 조치에 관한 기본적인 사항 등에 대해서(13조 2항), 환경대신이 관계행정기관의 장과 협의하여, 관계지방공공단체의 장의 의견을 들은 다음 정한다(동조 3항). 이 지역 내에 있는 폐기물(2012년 4월 13일 시행규칙 개정에 따라 사업계 폐기물은 제외)은 방사능농도에 관계없이 대책지역내 폐기물로 처리된다[14].

(나) 지정폐기물 : 상기 대책지역 외에서 발생하고, 방사능농도가 8,000Bq/kg을 초과하는 폐기물(소각재, 정수발생토, 하수슬러지, 농림업계 부산물 등)이다[15]. 지정폐기물의 지정은 폐기물의 오염

---

13) 현시점에서는 후쿠시마현내의 나라하마치(楢葉町)·도미오카마치(富岡町)·오쿠마마치(大熊町)·후타바마치(双葉町)·나미에마치(浪江町)·가츠라오무라(葛尾村)·이다테무라(飯舘村)의 전역과 다무라시(田村市)·미나미소마시(南相馬市)·가와마타마치(川俣町)·가와우치무라(川内村)의 구역 중에서 경계구역이나 계획적 피난구역으로 지정되었던 구역 합계 11시정촌이 지정되었다.

14) 특조법은 대책지역내 폐기물로서 사고유래 방사성물질에 의해 오염되지 않은 것에 대해서 폐기물처리법의 적용을 제외한다(21조).

15) 8,000Bq/kg이라는 기준은 폐기물 처리의 전과정(수집운반 ~ 최종처분)을 상정해서 피폭평가를 하고, 이 이하라면 일반공중·작업자의 피폭이 1mSv/年이라는 기준은 原子力委員會「東京電力株式會社福島第一原子力發電所事故の影響を受けた廢棄物の處理處分等に關する安全確保の当面の考え方について(2011年6月3日)」에서 제시된 것이며, 그 후, 2011년기본방침에 의해 답습되었다. 한편, 원자로등규제법에서의 방사성세슘의 클리어런스 레벨(통상의 산폐(產廢)로서 취급되는 기준치)은 100Bq/kg이며, 이것과 비교하여 8,000Bq/kg은 느슨하게 설정되어 있다. 이러한 차이가 있는 것은 8,000Bq/kg이 폐기물 처리를 전제로 하는 것에 대해, 클리어런스 레벨은 일반의 생활환경에서의 재생이용까지를 포함하는 모든 시나리오를 상정하여, 피폭선량의 허용한도를 0.01mSv/年으로 한 기준이기 때문이다. 大迫政浩「放射能汚染廢棄物の中間貯藏及び處理處分における技術的課題」『エネルギー·資源』35巻 2号

상태에 관한 조사의 결과를 받고서 환경대신이 행한다. 이 조사는 의무적인 것(16조조사)과 임의적인 것(18조조사)으로 나뉜다. 첫째로, 일정 지역의 수도사업자·하수도관리자·폐기물처리시설의 설치자 등은 해당 시설에서 발생하는 폐기물(슬러지와 소각재 등)의 오염상황에 대해 조사·보고의무를 지고(16조 1항), 환경대신은 보고내용을 심사한 후, 8,000Bq/kg 초과하는 것을 지정폐기물로 지정한다(17조 1항). 둘째로, 그 점유하는 폐기물의 오염상황을 조사한 결과, '오염상태가 환경성령으로 정하는 기준에 적합하지 않다고 사료하는 자'는 지정폐기물의 지정을 청구하여 신청할 수 있고(18조 1항), 환경대신은 신청내용의 심사를 거쳐 8,000Bq/kg 초과하는 것을 지정폐기물로 지정한다(동조 3항). 지정폐기물에 대해서는 국가가 인수할 때까지 시설관리자 등이나 해당 폐기물의 점유자 등이 시행규칙으로 규정하는 현장보관기준에 따라서 보관하여야 한다(17조 2항, 18조 5항).

③ **일반폐기물·특정산업폐기물** : 특정폐기물 등(상기 ①②) 이외의 사고유래 방사성물질 오염폐기물 중 시행규칙으로 규정하는 것을 말한다(23조 1항·2항). 구체적으로는 그 방사능농도가 8,000Bq/kg 이하이고, 일정 지역에 일정한 종류의 폐기물(정수슬러지, 하수슬러지와 그 소각재, 폐기물소각시설의 소각재, 폐퇴비, 폐밀짚, 오염제거 폐기물 등)을 말한다(시행규칙 28조, 30조)[16].

이것들에 대해서는 폐기물처리법에 따라, 시정촌(특정일반폐기물)과 사업자(특정산업폐기물)가 처리책임을 부담한다(특조법 22조). 그

(2014年) 38쪽.

16) 후술하는 바와 같이, 2012년 11월에 시행규칙이 개정되어 특정일반폐기물·특정산업폐기물의 요건은 개정되었다.

처리 시에는 폐기물처리법에 근거하는 통상의 처리기준 및 유지관리기준 외에 특조법시행규칙에서 정하는 가산기준(특별처리기준과 특별유지관리기준)에 따라야 한다(특조법 23조 1항·2항, 24조 1항·2항)[17]. 특별처리기준으로서는 (가) '운반'에 대하여 환적·보관장소의 게시판 설치 등, (나) '처분'에 대하여 버그필터(집진기) 등을 갖춘 시설에서의 소각·용융 등, (다) '매립'에 대해 대체로 50cm 이상의 토양부설장소에서의 매립이나 빗물침투방지조치 등의 기준이 추가되었다(시행규칙 29조, 31조). 특별유지관리기준으로서는 특정일반폐기물·특정산업폐기물의 중간처리와 최종처분을 행하는 시설을 대상으로(시행규칙 32조, 34조), (가) '소각·탈수'에 대해서, 배기가스·배수 중의 방사성물질농도의 측정과 농도한도의 설정, 부지경계의 공간선량의 측정 등, (나) '최종처분'에 대해 매립지로부터의 방류수·지하수 등의 방사성물질농도의 측정과 방류수 중의 농도한도의 설정, 부지경계의 공간선량의 측정 등의 기준이 추가되었다(시행규칙 33조, 35조). 특별처리기준이나 특별유지관리기준의 위반에 대해서는 폐기물처리법의 개선·조치명령규정과 벌칙규정이 대체되어 적용된다(특조법 23조 6항·7항, 21조 3항·4항). 한편, 행정실무상 상기의 대응에 있어서 폐기물처리법상의 시설변경허가(9조, 15조의2의6)를 얻을 필요는 없다고 되어 있다[18].

---

17) 특정일반폐기물·특정산업폐기물에 대하여, 방사능농도의 하한을 설정하지 않고서 일률적인 규제를 행하는 것에 대해서는 비례원칙의 관점에서 문제로 될 수 있다(北村·전게주 4) 『原發事故の環境法への影響』 139쪽, 大塚·전게주 4) 『震災·原發事故と環境法』 122쪽). 일률적인 규제가 채용된 이유로서 ①신속성이 필요하였던 것, ②하한치를 정함으로써 그 이하의 폐기물 밖에 수용하지 않는 것과 같은 부적절한 파급효과가 발생하는 것을 피하고자 한 것이 지적되고 있다(大塚·전게주 4) 『震災·原發事故と環境法』 122쪽 및 주15 참조).

18) 이 점에 대해 "형식적으로는 중대한 변경인 것이며, 과연 그렇게 해석할 수 있는 것일까"라는 지적도 있다. 北村·전게주 4) 『原發事故の環境法への影響』

3 처리의 기본방침

2011년기본방침은 사고유래 방사성물질 오염폐기물의 처리에 관하여, 다음의 기본적 사항을 명기했다. 즉, (가) 주민의 생활에 방해가 되는 폐기물의 처리를 우선할 것, (나) 현행 폐기물처리법에 근거하는 폐기물의 처리체제·시설 등을 적극적으로 활용할 것, (다) 처리에 있어서는 주변주민의 건강 보호 및 생활환경의 보전에 배려할 것, (라) 안전성을 확보하면서, 가능한 한 감량화할 것, (마) 지정폐기물의 처리는 당해 지정폐기물이 배출된 도도부현(都道府縣)내에서 행할 것 등이다. 또한, 이에 앞서, 환경성은 '도쿄전력 후쿠시마제1원자력발전소 사고에 따른 방사성물질로 인한 환경오염의 처리에 필요한 중간저장시설 등의 기본적인 입장에 대해(2011년 10월 29일)'(이하, '로드맵'이라고 한다)를 공표하고, 폐기물의 처리수순과 공정표 등을 제시하였다. 이하에서는 특정폐기물을 중심으로 처리의 절차 및 공정, 관계시설의 특징 등을 간단히 정리한다.

(1) 후쿠시마현내/현외의 처리절차

로드맵은 후쿠시마현 내외에서 특정폐기물 등의 처리수순을 제시하였다. 첫째로, 후쿠시마현 내의 처리공정은 다음과 같다(**그림 1** 참조). 즉, (가) 특정폐기물에 대해서는 가연성 물질을 소각한 후, (i) 방사능농도 10만Bq/kg 초과의 소각재 등은 중간저장시설에서의 보관·처분을 거쳐 현외의 최종처분장에서 처분하고, (ii) 8,000Bq/kg 초과 10만Bq/kg 이하의 것은 주로 기존의 현내관리형 최종처분장에서 처분한다(처리 후의 모니터링 등은 국가가 실시한다). (나) 오염제거토양과 폐기

139쪽.

물(낙엽 등)은 임시보관소에서의 일시보관, 중간저장시설에서의 보관·처분을 거쳐, 현외 처분장에서 처분한다(다만, 이것도 가연물은 소각하고, 방사능농도 10만Bq/kg 이하의 소각재 등은 현내의 관리형 처분장에서 처분한다). 폐기물의 발생량은 (가) 특정폐기물 가운데, 대책지역내 폐기물이 약 50만t, 지정폐기물이 약 6만t/년, (나) 오염제거토양과 폐기물은 약 1,500만~약 3,100만 m^3에 미친다고 추계되었다.

둘째로, 후쿠시마현외의 처리공정은 중간저장을 제외하고, 후쿠시마현내의 것과 거의 동일하다. 즉, (가) 지정폐기물은 가연성 물질을 소각하고, 10만Bq/kg 초과의 소각재 등을 차단형 최종처분장, 방사능농도가 그 이하의 것을 주로 기존 관리형 최종처분장에서 처분한다. (나) 오염제거토양과 폐기물은 가연성 물질과 불연성 물질로 나누어, 후자를 임시보관소에서 보관한 후, 관리형 처분장에서 처분한다. 후쿠시마현외에서 발생하는 폐기물의 총량에 대해서는 (가) 지정폐기물이 8만 t/년 정도, (나) 오염제거토양과 폐기물은 약 140만~약 1,300만m^3로 추계된다.

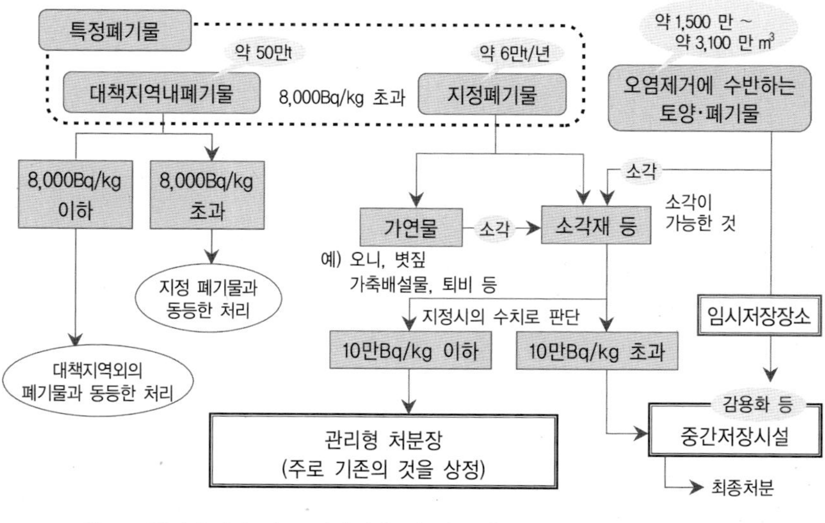

그림 1 특정폐기물 및 오염제거에 따르는 폐기물의 처리과정(후쿠시마현내)

〔2〕 일시보관·수집운반

특정폐기물과 오염제거토양·폐기물은 각각 다음의 처리공정(중간처리 및 처분)으로 진행하기 전에 일시저장이 필요하다. 첫째, 앞서 언급한대로, 지정폐기물에 대해서는 국가가 인수하기까지의 사이에 시설관리자 등이 현장보관기준에 따라 현장에서 보관할 의무를 부담한다(특조법 17조 2항, 18조 5항, 시행규칙 15조). 또한, 현장보관 이후의 단계에서의 보관에 대해서는 특정폐기물보관기준이 적용된다(특조법 20조, 시행규칙 24조). 예를 들어, 현장보관에 관해서는 환경성 「지정폐기물관계가이드라인(2011년 12월)」에 따라 폐기물의 비산·유출방지조치나 빗물 등의 침투방지조치를 취할 것이나, 보관상황의 확인을 할 것이 요구된다. 또한, 특정폐기물 수집운반에 대해서도 수집운반기준에 따라서 할 필요가 있다(특조법 20조, 시행규칙 23조).

다음으로, 오염제거토양과 폐기물에 대해서는 시정촌이나 커뮤니티마다 있는 임시보관소에 반입되어, 이에 대해서도 비산·유출방지조치, 빗물 등의 유입방지조치, 지하수 등의 오염방지조치, 방사선 방호를 위해 필요한 조치 등이 취해진다. 로드맵에서는 후쿠시마현내의 특정폐기물(방사선 농도가 높은 것)이나 오염제거토양과 폐기물의 일시보관은 3년 정도로 상정되었다[19].

〔3〕 중간처리(중간저장 포함)

2011년기본방침은 사고유래 방사성물질 오염폐기물에 대하여, 그 양이 방대한 것 등을 감안하여, 안전성을 확보하면서 가능한 한, 가연물과 불연물의 분리, 소각 등의 중간처리 등에 의해 감용화(減容化)한다는 방침을 제시하고 있다. 감용화(減容化)는 폐기물의 감량 및 성

19) 로드맵 2쪽 및 그림 5 참조.

상(性狀) 안정화(리스크원(源)과 폐기물 처분비용의 감축)라는 효용을 가지는 한편, 그 자체가 농축작업이며, 방사능농도를 높이게 된다[20]. 그 때문에, 이러한 트레이드오프의 관계를 고려한 안전대책의 실시가 필요하게 된다. 여기에서는 감용화의 필요성·안전성과 후쿠시마현내의 중간저장시설의 설치에 대해 논한다.

첫째로, 감용화의 필요에 관해, 환경성은 가연성의 방사성물질 오염폐기물(농림업계 부산물 및 하수슬러지 등)은 부패 및 악취 방지를 위해 성상(性狀)의 안정화를 도모하는 것이 필요하고, 소각 등의 중간처리에 의해 1/5～1/20 정도로 처분량을 줄일 수 있다고 설명한다. 또한, 그 안전성 확보에 대해서는 중간처리기준이 (가) 특정폐기물이 비산, 유출되지 않도록 할 것, (나) 방사성물질을 제거하는 고도의 기능을 갖는 배기가스 처리설비가 설치되어 있을 것, (다) 배기가스·배수 중의 방사성물질의 농도를 감시하고 사업장 주변의 농도한도를 초과하지 않도록 할 것, (라) 사업장의 부지경계에서 정기적으로 측정·기록할 것 등을 규정하고 있다(특조법 20조, 시행규칙 25조). 이들 대응에 관해, 환경성은 배출가스 중의 방사성세슘은 고성능의 배기가스 처리장치(버그필터)에 의해 거의 완전하게 제거할 수 있을 것, 배수 중의 방사성세슘은 소각시의 냉각수는 모두 증발하기 때문에 시설 외로 나오는 일은 없고, 시설 구내의 배수는 모니터링 및 분석측정 등에 의해 철저하게 관리할 것을 설명하고 있다[21]. 한편, 후쿠시마현의 대책지역내 폐기물을 처리하는 데 필요로 하는 가설소각시설에 대해서도 똑같은 대응이 취해지는 외에도, 그 설치에 있어서는 대책지역내 폐기물처리계획(2012년 6월 책정, 2013년 12월 일부개정)에서 폐기물처리법 8조 3항의 규

20) 長崎晋也=中山眞一『放射性廢棄物の工學』(2011年、オーム社) 12쪽 참조.

21) 이상의 減容化에 대해, 환경성 홈페이지(http://shiteihaiki.env.go.jp/faq/(2015년 9월 11일 최종확인)) 참조.

정에 준하여, 방사성물질도 조사항목에 추가된 주변지역의 생활환경 영향조사를 실시할 방침이 명기되었다.

둘째로, 중간저장시설의 설치에 관한 로드맵은 동 시설을 "후쿠시마현에만 설치한다"고 하는 방침을 나타냈다. 후쿠시마현 내에서는 방사성물질을 포함한 오염제거 토양 및 폐기물 등이 대량으로 발생하는 바, 당시 이들의 최종처분방법을 공개하는 것은 곤란하고, 최종처분을 하기까지의 사이에 안전하고 집중적으로 관리·보관하는 시설로서 중간저장시설의 정비가 필요하다고 생각했기 때문이다. 중간저장시설은 수용·분리시설, 토양저장시설, 감용화시설, 폐기물저장시설, 연구시설 등 다양한 기능을 가진 시설로 구성될 예정이다. 또한, 로드맵은 (가) 중간저장시설의 용량은 약 1,500만~2,800만 m^3로 추산된다. (나) 중간저장시설의 확보와 유지관리는 국가가 행한다. (다) 임시보관소의 본격 반입개시로부터 3년 정도(2015년 1월)를 목표로 시설공용을 개시하도록 정부가 최대한의 노력을 한다. (라) 후쿠시마현 내의 토양·폐기물만을 저장대상으로 한다. (마) 중간저장 개시 후 30년 이내에 후쿠시마현 밖에서 최종처분을 완료한다. (바) 국가는 중간저장시설의 확보·유지관리를 주변주민의 건강과 주변의 환경보전에 충분히 배려하면서 실시하며, 그 확보에 있어서는 당해 시설의 환경영향평가 및 안전성평가 등을 실시한다고 하고 있다. 2011년 기본방침도 이 내용을 답습했다.

〔4〕 최종처분

폐기물 처리의 최종단계는 매립처분의 안전성 확보와 최종처분장 후보지의 선정이 특히 중요한 논점이 된다. 첫째로, 매립처분의 안전성 확보는 이하의 방침·방법으로 행하여진다. 즉, 특정폐기물을 매립할 때는 매립처분기준을 준수하여야 한다(특조법 20조, 시행규칙 26조). 폐기물처리법에 근거하는 통상의 최종처분장은 안정형·관리형·차단형의 3유형으로 나뉘는 바, 특정폐기물에 대해서는 후쿠시마현의 내외를 불문하고, 그 방사능농도에 따라 관리형 처분장(10만 Bq/kg 이하의 것) 또는 차단형 처분장(10만 Bq/kg 초과의 것)에서 처분할 방침이 채택되었다[22]. 관리형 처분장은 일반적으로 생활쓰레기의 소각재 등을 처분하는 시설이며, 지하수 및 공공수역의 오염을 방지하기 위한 차수공(遮水工)이나 침출수(浸出水)의 집배수(集排水)설비·처리시설을 갖추고 있다. 추가적인 방사성세슘 대책으로 시멘트 등에 의한 폐기물의 고형화(固形化)와 불침투성 토양에 의한 빗물침투방지 등의 조치가 강구된다. 차단형 처분장은 상기 3유형 중에서 가장 견고한 처분장이며, 지붕 및 외주(外周)칸막이시설(철근콘크리트 구조)에 의해 시설 외부로부터의 빗물 등의 침입을 방지하고, 폐기물이 지하수나 공공수역에 접촉하지 않는 구조를 취하는 것이다. 또한, 안정형 처리장은 유해물질을 함유·분해하지 않는 산업폐기물(쓰레기더미 등)을 매립의 대상으로 하고, 주변환경을 오염시킬 우려가 없다는 전제에서 차수공(遮水工) 등의 설비가 부족한 유형으로, 특정폐기물(방사능농도가 8,000 Bq 이하의 "기준적합 특정폐기물"을 제외)의 최종처분장으로 선택되지 않는다. 특정산업폐기물의 일부는 특별처리기준이나 특별유지관리기준을 추가한 다음, 안정형 처리장에 매립된다[23].

둘째로, 최종처분장 후보지의 선정에 관한 국가의 입장을 정리해 보자. 먼저, 로드맵은 후쿠시마현에서 발생한 방사능농도 10만 Bq/kg 이

22) 최종처분장의 구조에 대해, 환경성 홈페이지(http://shiteihaiki.env.go.jp/radiological_contaminated_waste/designated_waste/step_disposal.html(2015년 9월 4일 최종확인)) 참조.

23) 환경성은 특별기준의 추가도 정성들여 하고 있다고 설명한다. 환경성 홈페이지(http://shiteihaiki.env.go.jp/faq/(2015년 9월 11일 최종확인)).

하의 폐기물에 대해 현의 기존 관리형 처분장에서 처분할 방침을 취했다. 그 전제가 된 현내(縣內) 처분장의 추정잔여용량은 일반폐기물이 약 180만 m^3, 산업폐기물은 약 500만 m^3이다. 또한, 로드맵은 후쿠시마현 내에서 발생한 방사능농도 10만 Bq/kg 초과의 폐기물에 대해 "국가는 중간저장 개시 후 30년 이내에 후쿠시마현 밖에서 최종처분을 완료한다"고 하는 방침을 제시했다. 이 방침은 후쿠시마부흥재생특별조치법(2012년 법률 25호) 5조에 근거하는 '후쿠시마부흥재생기본방침'(2012년 7월 13일 각의결정) 등에 명기된 후, 2014년 11월 19일에 성립한 「일본환경안전사업주식회사법의일부를개정하는법률」(2014년 법률 120호)에 의해 「중간저장·환경안전사업주식회사법」 3조 2항(국가의 책무)에서 법정되기에 이르렀다.

다음으로, 후쿠시마현 외부에서 발생한 지정폐기물에 대해서는 다음과 같다. 즉, "지정폐기물의 처리는 당해 지정폐기물이 배출된 도도부현 내에서 행한다"고 한 2011년기본방침에 따라, 환경성 '지정폐기물의향후처리의방침'(2012년 3월 30일)은 2014년 말을 목표로 지정폐기물이 다량으로 발생하고 보관상황이 핍박받고 있는 도도부현에서 국가가 필요한 처분장 등을 집약하여 설치한다고 하는 방침을 제시하였다. 이에 따라, 2012년 4~5월에는 상기 조건에 해당한다고 된 미야기(宮城)·찌바(千葉)·이바라기(茨城)·군마(群馬)·토치기(栃木)의 각 현(縣)에 대해 후보지 선정의 협조 요청이 이루어졌다. 이와 같은 경위를 거쳐 민주당정권 아래에서의 환경성은 같은 해 9월에 토치기현과 이바라기현의 최종처분장 후보지(야이타시(矢板市) 시오다(塩田)지구와 다카하기시(高萩市) 가미키미다(上君田)지구의 국유임야)를 제시했지만, 지역의 강한 반발로 지역에 대한 설명을 할 수 없었다.

그래서, 자민당정권으로의 정권교체를 계기로 선정프로세스의 대폭적인 개정이 이루어졌다. 환경성 '지정폐기물의최종처분장후보지선정에관한경위의검증및향후방침'(2013년 2월 25일)은 기존의 선정방법[24]에 대해 (가) 선정작업 실시 및 선정결과의 공유에 있어서 시정촌과의 의사소통이 부족했다. (나) 후보지의 제시에 있어서의 상세한 조사, 전문적인 평가가 부족했다. (다) 각 현의 상황을 감안한 대응이 불충분했다는 반성에 서서, 새롭게 (가) 시정촌장회의의 개최를 통한 공통이해의 양성(지역실정에 따라 고려해야 할 구체적인 사항에 대해서도 선정작업에서 충분히 배려한다), (나) 전문가로 구성된 지식인회의에 의한 평가실시(시설의 안전성 확보에 관한 입장이나 후보지의 선정절차, 평가항목 및 평가기준을 논의한다), (다) 후보지의 안전성에 관한 자세한 조사의 실시(보링 등에 의해 지반·지질·지하수 등의 자세한 조사를 실시하여 안전성을 평가한다)라는 기본적인 입장을 제시하였다. 또한, 유식자회의(2013년 3월 설치)는 '각현에서후보지를선정하기위한기반으로되는후보지선정수법의기본적인안'(2013년 10월 4일 제6회 유식자회의 정리)에서 안전 등을 확보할 수 있는 지역의 추출, 지역특성을 배려해야 할 사항을 최대한 존중한 지역의 추출, 필요한 면적을 확보한 토지의 추출, 안심 등 지역의 이해가 더 얻기 쉬운 토지의 선정, 자세한 조사의 실시·후보지의 제시라는 선정방법을 제시했다(**그림 2** 참조).

---

24) 종래의 프로세스는 이하와 같다. (가)지정폐기물의 최종처분장을 신설할 필요가 있는 경우에는 도도부현 내에 집약해서 설치한다. (나)그 설치장소는 필요한 규모나 사도(斜度)를 확보하고, 토지이용의 법령상의 제약이 없고, 처분장 건설에 적합한 후보지를 국유지의 활용을 포함하여 도도부현 별로 복수 추출한다. (다)그 후, 복수의 후보지 중에서 현지조사 등에 의해 입지특성을 파악한 다음 국가가 입지장소를 결정한다.

안전 등을 확보할 수 있는 지역을 추출

- 자연자해를 고려하여, 안전한 처분에 만전을 기하기 위해 피해야 할 지역을 제외
- 특히 귀중한 자연환경의 보전과 사적·명승·천연기념물의 보호에 영향을 미칠 우려가 있는 지역을 제외

↓

지역특성에 배려해야 할 사항을 최대한 존중한 지역을 추출

- 지역 특유의 자연재해·귀중한 자연환경 등의 존재와 지역주민의 안심에 특히 배려해야할 지역 특유의 요건에 배려(시정촌장회의에서 합의된 경우)

↓

필요면적을 확보한 토지의 추출

- 이용가능한 국유지가 기본(시정촌장회의에서 이용해야 할 토지로서 공유지와 민유지가 제안된 경우에는 후보지의 대상에 포함시킨다)
- 후보지로서 필요한 면적을 충분히 확보할 수 있는 경사가 완만한 지형의 토지를 추출

↓

안심 등 지역의 이해가 보다 얻기 쉬운 토지의 선정

- 지역의 이해가 보다 얻기 쉬운 토지를 선정하기 위해 생활공간과의 근접상황, 수원지와의 근접상황, 자연도(自然度), 지정폐기물의 보관상황으로부터 평가
- 대상인 토지 수가 2자리 수 이상으로 된 경우는 적성평가방식에 의해 후보지를 선별. 그 후, 종합평가방식에 의해 상세조사를 실시할 후보지를 선정
- 4개의 평가항목의 비중은 지역 사정을 감안하여 결정

↓

상세조사의 실시, 후보지의 제시

- 상세조사(보링 조사 등)를 실시하여, 유식자회의에 의한 현지 시찰 및 평가
- 후보지의 제시방법에 대해서는 시정촌장회의의 의견을 토대로 하여 결정

출전 : 환경성 홈페이지 「방사성물질 오염폐기물 처리정보 사이트」 (http://shiteihaiki.env.go.jp.initiatives_other/proposal/(2015년 9월 4일 최종 확인))에서 인용.

그림 2 최종처분장 후보지의 선정방법(안)

4 처리 현황

사고유래 방사성물질 오염폐기물의 처리는 이상의 기본방침이나 진행방법에 따라 각지에서 진행되어 왔다. 지정폐기물의 지정량은

표 2 사고유래 방사성물질 오염폐기물의 처리 현황

도도부현	소각재		정수 발생토 (상수)	정수 발생토 (공수)	하수 오니 *소각재 포함	농림업계 부산물 (지붕 등)	기타	합계
	소각재 (일반)	소각재 (산폐)						
	수량(t)	수량(t)	수량(t)	수량(t)	수량(t)	수량(t)	수량(t)	수량(t)
이와테현 (岩手縣)	199.8	0	0	0	0	0	275.8	475.6
미야기현 (宮城縣)	0	0	1,014.2	0	0	2,271.5	118.4	3,404.1
야마가타현 (山形縣)	0	0	0	0	0	0	2.72	2.7
후쿠시마현 (福島縣)	102,421.6	3,367.5	2,261.2	188.1	10,050.2	2,990.5	12,667.5	133,946.6
이바라기현 (茨城縣)	2,380.1	0	0	0	925.8	0	226.9	3,532.8
도치기현 (栃木縣)	2,447.4	0	727.5	0(66.6)	2,200.0	8,137.0	21.3	13,533.1
군마현 (群馬縣)	0	0	545.8	127.0	513.9	0	0	1,186.7
치바현 (千葉縣)	2,723.6	0.6	0	0	542.0	0	424.1	3,690.2
도쿄도 (東京都)	980.7	1.0	0	0	0	0	0	981.7
가나가와현 (神奈川縣)	0	0	0	0	0	0	2.9	2.9
니이가타현 (新潟縣)	0	0	1,017.9	0	0	0	0	1,107.9
시즈오카현 (靜岡縣)	0	0	0	0	0	0	8.6	8.6
합계	111,153.2	3,369.1	5,566.6	315.1	14,231.9	13,399	13,748.2	161,783

출전 : 환경성 홈페이지(http://shiteihaiki.env.go.jp./radiological_contaminated_waste/designated_waste/ (2015년 9월 4일 최종확인))를 일부 수정.

2015년 3월 31일 현재 12개 도현(都縣)에서 약 16만 t이며, 그 약 8할이 후쿠시마현에서 지정된 것이다(**표 2** 참조)[25]. 이하에서 처리 현황을 정리한다.

(1) 후쿠시마현 내의 특정폐기물 처리

전술한 바와 같이, 후쿠시마현 내의 특정폐기물은 일시보관·중간처리(중간저장 포함)·최종처분이라는 공정으로 처리된다. 하지만, 그 처리는 반드시 계획대로 진행되지는 않는다. 중간저장시설이나 현내(縣內) 최종처분장의 확보에 대해 일정한 진전을 볼 수 있는 반면, 현외(縣外) 최종처분장의 확보에 대해서는 전망이 서지 않는다

① **일시보관** : 첫째, 대책지역내 폐기물에 대해 대책지역내 폐기물처리계획(2013년 12월 개정)은 귀환에 방해가 되는 폐기물의 철거 및 임시보관소에의 반입을 우선한다고 하는 방침에 서서, 11 시정촌(귀환곤란구역 제외)의 폐기물(합계 약 80만 2,000 t)에 대해서 시정촌마다 임시보관소 반입완료 목표(2013년도~2015년도)를 제시하였다. 2015년 5월 말 현재, 그 중 약 51만 t의 반입을 완료하고[26], 서서히 진전되고 있다. 임시보관소의 확보는 당분간 필요한 임시보관소 25개소의 공용을 개시하고, 그 중 2곳은 원상복구가 완료되었다[27]. 둘째, 지정폐기물은 2015년 3월 31일 현재 약 13만 2,269 t의 지정이 이루어지고 있다.

② **중간처리(중간저장 포함)** : 첫째, 대책지역내 폐기물의 중간처리의 진행상황으로서 7 시정촌(8 시설)에서 가설소각시설의 설치를 예정하

25) 放射性物質汚染對策特措法施行狀況檢討會(제3회 2015년 6월 26일) 배포자료 2-1 「指定廢棄物等の處理の實施狀況について」 7쪽.

26) 전게주 25) 25쪽.

27) 전게주 25) 26쪽.

고 있는 바, 6 시정촌(7 시설)에서 사업자와의 계약을 마치고, 그 중 6 시설이 가동중이며, 1 시설이 건설공사중이다(2015년 6월 현재)[28]. 또한, 후쿠시마현내의 대책지역 외에서 행해진 복수의 감용화사업(하수 슬러지, 볏짚·퇴비 등)에서도 처리가 꾸준히 이루어져, 배기가스 중의 방사성세슘농도는 불검출이며, 주변공간 선량률(線量率)의 상승도 보이지 않았다고 보고되었다(2015년 6월 현재)[29].

둘째, 중간저장에 관하여 현재 현내(縣內) 오염제거토양 등의 발생량은 감용화 후에 약 1.600만 m^3～2,200만 m^3로 추산되고 있다(**표 3** 참조). 중간저장시설의 설치장소에 대해서는 우여곡절을 거쳐 후쿠시마현·후타바마치(双葉町)·오쿠마마치(大熊町)가 2014년에 건설을 용인하고, 2015년 2월 25일 폐기물 반입을 수용하였다[30]. 중간저장시설의 용지취득에 대해서는 국가는 당초 전부 매입방침을 취했지만, 조상 대대로의 땅을 팔고 싶지 않다는 소리와 최종처분장이 되는 것을 걱정하는 소리에 배려해 방침을 전환하고, 매입 및 지상권의 취득이라는 두 가지 방법을 채용하였다[31]. 임차권이 아

28) 전게주 25) 26쪽.

29) 전게주 25) 16-18쪽.

30) 후쿠시마현은 2014년 9월에 건설을 용인하고, 반입에 대해서는 ①현외(縣外) 최종처분장의 법안의 성립, ②중간저장시설 등에 관한 교부금의 예산화와 자유도, ③국가에 의한 반입루트의 유지관리, ④시설·수송에 관한 안전성, ⑤현·오쿠마마치(大熊町)·후타바마치(双葉町)와의 안전협정안의 합의라고 하는 5항목의 확인이 조건으로 제시되었다. 2015년 2월 25일, 후쿠시마현·오쿠마마치(大熊町)·후타바마치(双葉町)에서 반입의 전달이 이루어짐과 함께, 안전협정이 체결되었다.

31) 용지보상에 대해서는 건설후보지의 매수액 시산에서는 평균으로 사고전 지가의 48～49%로 되었지만, 후쿠시마현이 2마치(町)에 합계 150억 엔을 거출해서 차액을 보전하기로 하였기 때문에, 지권자는 사고전과 동 수준의 보장을 얻을 것이 예상되고 있다. 국가의 생활재건책·지역진흥책은 총액 3,010억 엔이며, 오쿠마·후타바 양 마치(町)에 총액 1,000억 엔이 조치된다.

니라 지상권으로 한 것은 전자의 상한이 20년인데 반해(민법 604조 1항), 후자는 그러한 제한이 없기 때문이다[32]. 중간저장시설 예정지(면적 16km^2)의 등기기록상의 지권자는 약 2,400명이며, 그 중 연락처를 파악하여 설명을 계속하고 있는 지권자가 약 1,200명(공유지를 포함하여 소유자의 연락처를 파악하고 있는 면적은 전체의 약 8할), 연락처를 파악하지 못한 지권자는 약 1,200명(그 중 사망자·사망자로 추측되는 자는 약 800명)이 된다(2015년 6월 시점)[33]. 지권자가 많아서 용지취득에 상당한 세월을 요하는 것은 부정할 수 없다. 한편, 시설의 안전대책 및 환경보전대책에 대해서는 2013년 6월부터 학식경험자들로 구성된 검토회를 설치·개최되어, 환경성「중간저장시설 안전대책 검토회 및 환경보전대책 검토회의 검토결과 정리」(2013년 10월)을 책정·공표되었다[34]. 또한, 중간저장에 관한 사업에 대해서는 2014년 11월 중간저장·환경안전사업주식회사법이 국가의 책무(중간저장시설의 정비·안전성 확보, 시설주변 지역주민 기타 관계자의 이해와 협력을 얻기 위한 필요한 조치의 실시, 중간저장 개시 후 30년 이내에 현외(縣外) 최종처분을 완료하기 위한 필요한 조치의 실시)를 명기했다(3조). 실제 사업은 동법에 근거하여 국가가 전액 출자하는 특수회사

---

32) 다만, 이 점에 관련하여, 지상권과 소유권을 얻은 토지가 혼재하는 가운데에 토지의 개변을 행해서 토지의 경계선이 불명하게 되면, 등기부도 도움이 되지 않고, 30년 후에 토지를 돌려받을 때에 커다란 혼란이 생길 수 있다고 지적되고 있다. 放射性物質汚染對策特措法施行狀況檢討會(제1회 2015년 3월 31일) 의사록(新美위원발언) 참조.

33) 放射性物質汚染對策特措法施行狀況檢討會(제3회 2015년 6월 26일) 배포자료1「中間貯藏施設の現狀について」22쪽.

34) 중간저장시설안전대책검토회는 중간저장시설이배치와 구조 등을 검토하여, 환경보전대책검토회는 환경영향평가법에 준하는 형태로 환경대책을 취하기 위하여 환경보전대책의 기본방침을 정리했다. 또한, 중간저장시설에의 수송에 대해 2013년 12월에 중간저장시설에의 제거토양의 수송에 관련된 검토회가 설치되었다.

(환경성 소관)인 '중간저장·환경안전사업주식회사(JESCO)'가 실시하고(1조, 7조 1항 1호 등)[35], 환경성은 시설의 부지 내에 현지 사무소를 설치하여 사업의 수행과 JESCO 등의 지휘감독을 담당하였다. 2015년 1월에 반입을 개시한다고 하는 당초 목표에서 약간 늦어졌지만, 같은 해 3월부터 임시보관소로부터 중간저장시설로의 오염제거폐기물 반입(파일럿 수송)이 개시되고 있다. 환경성은 중간저장시설에 관한 향후의 과제로서, (가) 용지확보 추진, (나) 파일럿 수송의 착실한 실시·본격 수송을 위한 준비, (다) 중간저장시설의 정비·운영 관리, (라) 최종처분을 향한 조치 등을 들고 있다[36].

③ **최종처분** : 현내 최종처분장(10만 Bq/kg 이하의 특정폐기물을 처분)에 대해서는 국가는 당초 민간업자에게 업무를 위탁하여 최종처분을 할 계획을 세우고 있었다. 하지만, 2015년 6월에 계획을 변경하고, 기존의 민간관리형 최종처분장인 도미오카마치(富岡町)의 후쿠시마 에코테크클린센터(매립 잔여용량은 약 74만 m^3)를 국유화해 처분장으로 하기로 했다[37]. 후타바군(双葉郡) 8 정촌(町村)의 주민귀환 후의 생활쓰레기(약 2.7만 m^3)를 약 10년간 대책지역내 폐기물 등(약 44.5만 m^3)과 후쿠시마현내의 지정폐기물(약 18.2만 m^3)을 약 6 년간에 걸쳐서 이 처분장에 매립할 예정이다. 환경성은 자신의 책임·관리 체제로서, (가) 특조법에 근거하여, 국가가 사업주체로 되어 처분장을 국유화한 후, 책임을 지고 매립처분을 실시할 것, (나) 환경성

---

35) JESCO는 종래부터 PCB폐기물의 처리를 담당하고 있으며, 안전성관리나 폐기물수송에서의 전수관리라는 노하우의 활용이 기대될 수 있기 때문에, 국가·현내 시정촌 기타의 자의 위탁을 받아서 중간저장에 관련된 사업 등을 행하기로 되었다.

36) 전게주 33) 33쪽.

37) 2015년 6월 5일, 환경대신이 도미오카마치장(富岡町長)·나라하마치장(楢葉町長), 후쿠시마현지사에게 「管理型處分場を活用した特定廢棄物の埋立處分事業に係る對応について(國の考え方)」를 제시했다.

은 현지사무소를 신설하고 현장책임자를 상주시켜, 적절한 매립처분 및 시설의 관리를 확보하는 것으로 하고, 유식자 등으로 구성된 안전감시위원회가 처분상황 및 모니터링 등을 확인·감시하고, 필요한 조언을 하는 것으로 하고 있다[38]. 다른 한편, 현외 최종처분장(10만 Bq/kg 초과의 특정폐기물로 중간저장시설을 거친 것을 처분)의 후보지는 현재 미정이며, 이 문제는 커다란 과제로 남아 있다.

〔2〕 후쿠시마현 외의 지정폐기물 처리

후쿠시마현 외의 지정폐기물 처리도 2011년 기본방침에 따라 진행되고 있다. 그러나, 이것도 순조롭게 진행되고 있지 않다. 특히, 2014년 말 예정한 국가에 의한 최종처분장의 확보는 각지에서 난항을 겪고 있어 심각한 문제로 되고 있다. 지정폐기물의 지정상황(2015년 3월 31일 시점)은 미야기현(宮城縣) 3,384 t, 이바라키현(茨城縣) 3,532 t, 토치기현(栃木縣) 13,529 t, 군마현(群馬縣) 1,186 t, 치바현(千葉縣) 3,687 t이다. 여기에서는 일시보관과 최종처분의 현황을 중심으로 논한다.

① **일시보관 등** : 현장보관이 장기화함에 따라 새로운 과제가 발생하고 있다. 첫째로, 지정폐기물의 지정기준(8,000 Bq/kg)을 초과하는 폐기물이 있지만, 굳이 지정신청을 하지 않는 지자체(사이타마현(埼玉縣))가 나타났다. 이러한 대응을 취하는 것은 원래 동 현내의 발생량이 적은 데다가, 동 현이 안고 있는 소각재가 포함하는 것은 반감기가 짧은 세슘 134이며, 시간의 경과 함께 자연히 방사능농도가 떨어지기 때문이다(동 현이 보관하는 소각재는 2013년도에는 약 4할 감소)[39].

---

38) 환경성 팜플렛「特定廢棄物の埋立て處分事業(2015年 6月)」11쪽.

39) 中村裕司＝倪　永茂 「指定廢棄物の最終處分場問題をめぐる文理融合アプロチ一栃木縣における候補地選定プロセスに着目して一」『宇都宮大學國際學部硏究論集』39号(2015年) 83쪽, 85−86쪽.

이러한 사태를 맞이하여, 환경성은 지정해제의 본질 등을 포함한 대응을 검토하고 있다. 둘째로, 지정폐기물은 현장 등에서 분산관리되고 있는 바, 그 일시보관이 장기화되고 있음으로써, 자연재해에 의해 보관장소가 피해를 입는다[40], 주변주민들이 일시보관되어 있는 방사성폐기물의 철거를 요구하여 민사소송을 제기한다[41]는 등의 문제도 발생하고 있다. 이처럼 일시보관이 장기화되는 것은 다음에 언급하는 바와 같이 최종처분장의 설치가 진행되지 않기 때문이다.

② **최종처분**(장기관리) : 국가는 2014년 말을 목표로 최종처분장의 설치를 목표로 해왔지만, 어느 현에서도 현재 처분장 건설의 전망은 서 있지 않다[42]. 군마현(群馬縣)처럼 후보지 자체가 미정인 현이 있는 한편으로, 후보지가 나타난 현에서는 아래와 같이 후보지를 안고 있는 시정촌과 주민들이 거세게 반발하고 있다.

(가) 토치기현(栃木縣) : 환경성은 2014년 7월 30일, 시오야마치(塩谷町) 가미테라시마(上寺島)의 국유지를 후보지로 제시했다. 이 후

---

40) 放射性物質汚染對處特措法施行狀況檢討會(제3회 2009年 6月 26日) 배포자료 2-1「指定廢棄物等の處理の實施狀況について」10쪽.

41) 치바현에서는 2014년 1월 7일, 테가누마(手賀沼)종말처리장(아비코시<我孫子市>·인자이시<印西市>)의 일시보관시설에 반입된 지정폐기물 등의 철거를 구하여, 시민이 치바현을 상대로 하여 제소했다. 다만, 이들 폐기물은 마츠도시(松戸市)·나가레야마시(流山市)·가시와시(柏市)의 청소공장에서 나온 소각재로 2015년 3월말까지의 기한부로 2012년 12월부터 동 처리장에서 일시보관되었던 바, 최종처분장으로 옮기는 계획이 진행되지 않기 때문에, 상기 기한까지에 3 시(市)로 이송되었다. 産經뉴스(2015년 3월 25일)「汚染燒却灰の持ち歸り完了　千葉縣手賀沼終末處理場、3市に計526トン」(http://www.sankei.com/region/news/150325/rgn1503250040-n1.html(2015年 8月 25日 최종확인)).

42) 국가는 2012년 4월 9일, 최종처분장 설치의 후보지 5현(기금조성자치체: 도도부현 또는 시정촌)에 대해, 지역진흥책·풍문피해대책으로서 총액 50억 엔(각 현 10억 엔)의 교부금을 지급할 것을 표명했다.

보지는 국유지/현유지 중에서 취락과의 거리·수원지와의 거리·자연의 풍요로움·시정(市町)내의 지정폐기물의 보관량을 점수화하여 선정되었다. 후보지에서 명수백선(名水百選) '尙仁澤湧水(쇼진자와유수이)' 일대까지의 직선거리는 약 4km이다. 시오야마치(塩谷町)는 같은 해 9월 19일에 '塩谷町(시오야마치)高原山(타카하라산)·尙仁澤湧水(쇼진자와유수이)保全條例'를 제정하는 등으로 국가의 후보지 제시에 반발하고 있다. 다른 한편, 현유식자회의는 2015년 7월 8일에 국가에 의한 후보지 선정이 정해진 방법에 의거해 적절하게 이루어졌다고 하는 검증결과의 최종 보고서를 발표했다[43].

(나) 미야기현(宮城縣) : 미야기현은 후보지에 대한 상세조사를 받아들였지만, 구리하라시(栗原市)·다이와쵸(大和町)·가미마치(加美町)의 3 후보지는 건설에 반대하고 있다. 가미마치는 후보지인 다시로다케(田代岳)가 수원지이며, 산사태의 가능성도 있다고 하여 상세조사를 거부했다. 가미마치는 2014년 9월 19일에 '자연환경을 방사능에 의한 오염으로부터 지키는 조례', 같은 해 12월 12일 수원(水源)보전조례를 제정했다.

(다) 이바라키현(茨城縣) : 시정촌장회의에서 의견이 결정되지 않아서, 환경성은 2014년 10월말 마감으로 총 44 시정촌을 대상으로 앙케이트를 실시하고, 현내 1개소에 최종처분장을 신설하거나 분산보관(임시보관소에서의 보관)을 계속할 것인지를 물었다. 그 결과, 절반인 22 자치체가 분산보관의 계속을 지지했기 때문에, 환경성은 2015년 1월에 분산보관의 가능성을 시사했다.

43) 栃木縣指定廢棄物處分等有識者會議「指定廢棄物長期管理施設の詳細候補地選定プロセスの檢証結果(最終報告書)」참조(한편, 상세조사의 내용에 대해 4개의 부대의견이 첨부되어 있다).

(라) 치바현(千葉縣) : 환경성은 2015년 4월 24일에 도쿄전력 치바화력발전소(치바시)의 부지를 처분장 건설예정지(상세조사 후보지)로 선정했다. 그러나, 치바시는 강하게 반발하고 있다. 이에 대해, 환경성은 가능한 한 조기에 더 안전한 방법으로 처리하는 것이 필요하다는 입장을 보이고, 관계자와 국민의 이해를 요청하고 있다[44]. 환경성에 따르면, 지정폐기물 발생 현장에서의 일시보관은 어디까지나 응급적인 조치인 바, 현재 보관의 장기화(볏짚 등의 가연성 폐기물은 일시보관이 장기화하면 부패 등 의 우려가 있다), 보관의 핍박(지정폐기물은 생활에 불가결한 쓰레기소각시설이나 하수처리시설 등에서 발생하고, 보관공간이 부족하게 되고 있다), 분산관리로 인한 관리위험의 증가(현재는 쓰레기 소각시설·수도시설·하수처리시설·농지 등의 각 처에 분산되어 있지만, 보다 적정한 관리를 하기 위해서는 가능한 한 집약해서 처리하는 것이 필요하다) 등의 문제가 발생하고 있다. 또한, 환경성은 2015년 4월에 최종처분장의 명칭을 '장기관리시설'로 변경한다고 발표하고, 폐기물의 방사능농도 저하 후 부지를 원상회복하는 방안도 제시했다[45].

〔3〕 특정일반폐기물·특정산업폐기물의 처리

특정일반폐기물·특정산업폐기물의 처리에 관하여 특기해야 할 것은 2012년 11월 9일 특조법 시행규칙이 개정되어, 동 폐기물의 요건이 개정된 것이다(**표 4** 참조)[46]. 즉, (가) 시행규칙 제정 후에 얻은 추가적

44) 환경성 홈페이지(http://shiteihaiki.env.go.jp/radiological_contaminated_waste/designated_waste/subject.html(2015년 9월 11일 최종확인)).

45) 望月大臣記者會見錄(2015년 4월 14일(화) 9:30~9:49) 참조.

46) 이 개정은 재해폐기물안전평가검토회의 2012년 8월 20일의 검토에 근거한다.

표 4 특정일반폐기물·특정산업폐기물의 요건 개정 개요

시설의 종류	폐기물의 종류	이와테현	미야기현	야마가타현	후쿠시마현	이바라기현	도치기현	군마현	사이다마현	치바현	도쿄도	가나가와현	니이가타현	기타
(1) 수도시설	건조오니(자연건조)		○		○	○	○	○	○	○	○		○	
	탈수오니, 건조오니 (자연건조 이외)		○		○	○	○	○	○	○	○		○	
(2) ①공공하수도 및 유역하수도(소각설비를 이용하여 소각한 것을 배출하는 시설)	소각한 것(매진은 유동상로로부터 생긴 것에 한함)				○	○	○	○	○	○	○	○		
	유동상로(流動床爐) 이외로부터 생긴 매진				○	○	○	○	○	○	○	○		
(2) ②공공하수도 및 유역하수도(탈수오니를 배출하는 시설)	탈수오니				○									
(3) 공업용 수도시설	탈수오니, 건조오니		○		○	○	○	○	○	○	○		○	
(4) 폐기물처리시설인 소각시설	소각재 기타의 신더(cinder)	○	○	○	○	○	○	○	○	○	○			
	매진	○	○	○	○	○	○	○	○	○	○			
(5) 집락배수시설	탈수오니, 건조오니													
	폐 볏짚	○	○	○	○	○	○	○	○	○	○	○	○	○
	폐 퇴비	○	○	○	○	○	○	○	○	○	○	○	○	○
	오염제거 폐기물	(오염제거실시구역 내)												
	특정일반폐기물·특정산업폐기물의 처리물	(지역 한정 없음)												

인 정보를 토대로 하여, 방사능농도 6,400 Bq/kg 초과의 폐기물이 배출되지 않고 일정 정도로 오염된 폐기물(8,000 Bq/kg에 가까운 방사능농도의 폐기물)의 다량 배출이 향후 예상되지 않는다고 생각되는 도도부현은 대상지역에서 제외하는 것을 기본으로 한다. (나) 또한 (가)와 같은 조건을 충족한다고 생각되는 특정 구조의 시설·폐기물의 종류에 대해서도 당해 시설·폐기물의 종류를 요건에서 제외한다. (다) 그러나, 공공하수도·유역하수도의 유동층 반응기(流動床爐) 이외의 소각시설에서 발생하는 분진에 대해서는 방사성세슘의 용출에 관한 정보가 부족하고, 일반폐기물·산업폐기물의 소각시설에서 배출되는 분진에 대해서는 방사성세슘의 용출량이 높다는 정보가 있기 때문에 신중한 대응이 필요하며, 계속 현행 요건을 유지하고 앞으로 더욱 정보를 얻은 경우에 재차 요건의 개정을 검토하겠다고 되었다[47].

5 평가 - 성과와 과제 -

이상과 같이 후쿠시마 제1원전사고 이후 사고유래 방사성물질 오염폐기물 처리가 진행되어왔다. 그 대처를 어떻게 평가해야 할 것인가.

먼저, 이번에 발생한 사고유래 방사성물질 오염폐기물의 특성에 주목하면 그 처리는 본래적으로 큰 어려움을 수반하는 것으로 생각된다. 첫째로, 처리해야 할 폐기물이 광범위하고 다량으로 발생했기 때문에 광역적으로 체계적인 대응이 요구된다. 둘째로, 사고유래 방사성물질 오염폐기물은 방사성물질 특유의 건강·환경리스크(低線量으로도 리스크가 있다고 생각되며, 그 영향도 장기간에 미친다)가 염려되기 때문에, 그 처

47) 放射性物質汚染對處特措法施行狀況檢討會(第3回 2015年 6月 26日) 배포자료 2-2「汚染廢棄物の處理に係る技術的知見について」8쪽.

리에 있어서는 장기적인 관리를 염두에 두면서 신속한 실시가 요구된다. 특히, 사고유래 방사성물질 오염폐기물의 처리는 이미 방사성물질이 환경 중으로 확산되고 있다는 점에서 통상의 폐기물과 고준위 방사성폐기물의 처리와 다르다[48]. 따라서, 사고유래 방사성물질 오염폐기물의 처리에 있어서는 최종처분장의 확보를 포함하여 더욱 신속성이 요구될 것이다. 또한, 신속한 대응이 요구되는 가운데에서도 방사성물질을 포함하는 폐기물의 처리방침을 결정하는 데는 적절하고 고도의 전문적 식견을 얻을 것이 요구된다. 나아가, 처리를 원활히 진행함에 관계자와 국민의 이해가 필수적이지만, 그것을 단기간에 얻는 것은 매우 어렵다[49].

이러한 상황에서, 사고유래 방사성물질 오염폐기물의 처리는 특조법과 그 기본방침에 근거하여, 체계적으로 진행되어 왔다[50]. 이들 법

48) 大塚·전게주 4)『震災·原發事故と環境法』주33을 참조.

49) 예컨대, 지정폐기물의 최종처분장 설치에 대해서는 재해로 발생한 지정폐기물을 처리한 전례가 없다, 이미 발생하고 있는 폐기물의 신속한 처리가 요구되고, 리스크평가와 리스크 커뮤니케이션의 기간이 단기화하지 않을 수 없다는 등의 요인에 의해, 국민의 리스크수용이 곤란하다고 지적된다. 中村=倪·전게주 39)『宇都宮大學國際學部硏究論集』39号 87쪽.

50) IAEA「最終報告書 福島第一原子力發電所外の廣範囲に汚染された地域の環境回復に關するIAEA國際フォローアップミッション 東京都及び福島縣、日本 2013年10月 14～21日(2014년 1월 23일 임시번역)」(http://www.env.go.jp/press/press.php?serial=17656(2015년 8월 31일 최종확인))은, (가)일본은 환경회복활동에서 충분한 진척을 달성하고 있다, (나)정부에 의한 중간저장시설의 설치에 향한 대응이 진전하고 있다, (다)공중의 피폭을 제한하기 위한 배출기준을 충족하는 대책을 채용하면서 오염물을 감용화하는 효과적인 기술로서 소각이 이용되고 있다고 평가하고 있다(번역은 환경성의 것). 한편, 특조법의 시행체제(정원)는 2011년도의 40명에서 2015년도(예정)의 약 650명까지 증강되어, 환경성 본성에도 각종 심의관·참사관 등이 순차 설치되고 있다. 放射性物質汚染對處特措法施行狀況檢討會(第1回 2015年 3月 31日) 배포자료 6「放射性物質汚染對處特措法施行狀況檢討會の施行狀況の概要」42쪽.

제도는 비교적 조기에 정비되어, 실제 폐기물 처리도 당초의 기본방침에 따라 진행되고 있다. 이러한 신속성과 일관성은 그 자체 긍정적인 평가가 주어질 것이다. 또한, 전문가의 의견청취 및 정보공개가 처리의 각 단계에서 이루어지고 있으며, 이에 대해서도 시책의 합리성과 투명성이라는 관점에서 일정한 평가가 주어져야 할 것이다. 한편, 처리공정의 지연 등 몇 가지 문제가 발생하고 있는 것도 부정 수 없다. 이하에서 지금까지의 대처에 대해 약간의 검토를 더해 그 성과와 과제를 말한다.

(1) 방사능농도에 따른 리스크 관리

국가는 사고유래 방사성물질 오염폐기물에 대하여 그 방사능농도에 따른 대응을 강구하고 있다. 환경성에 의하면, 특조법에서 처리되는 폐기물의 방사능농도는 최대 수십 만 Bq 정도이다[51]. 또한, 현재 발생하는 지정폐기물의 대부분이 8,000 Bq/kg～10만 Bq/kg 이하이며, 이 방사능농도는 원자력시설에서 발생하는 폐기물의 것과 비교하여 훨씬 작다[52]. 즉, 원자력시설에서 발생하는 폐기물을 얕은 땅속에 콘크리트 구조의 시설로 처리(콘크리트피트처분)하는 경우에는 방사성세슘 약 1,000억 Bq/kg까지 처리가 가능하게 되고 있고, 이 상한치와 지정폐기물의 방사능농도(8,000 Bq/kg～10만 Bq/kg 정도)를 비교하면, 후자는 약 100만분 1로 된다고 한다. 이러한 이해에 근거하여, 국가는 일시보관 및 중간처리의 단계에서 다양한 안전대책(환경영향평가와 안전성평가의 실시를 포함)을 강구하면서, (가) 10만 Bq/kg 초과의 것은 차단형

51) 소각처리로 농축된 결과, 10만Bq를 초과하는 경우도 있다. 예컨대, 환경성은 2015년 7월 8일 도치기현내의 지정폐기물에 대해 최대 35만 Bq/kg에 이르는 것을 공표했다.

52) 환경성 홈페이지(http://shiteihaiki.env.go.jp/faq(2015년 9월 11일 최종확인)).

최종처분장에서 처분한다. (나) 8,000 Bq/kg 초과 10만 Bq/kg 이하의 것은 방사성세슘 대책을 세워 관리형 처분장에서 처분한다. (다) 8,000 Bq/kg 이하의 것은 처리기준을 추가하고, 통상의 폐기물과 같이 처분한다. (라) 클리어런스 레벨(3,000 Bq/kg) 이하의 콘크리트 폐기물 등은 하층노반재 등(표면 30cm 이하)으로 리사이클한다[53]는 방침을 취한다.

이 방사능농도에 따른 대응은 방사성 폐기물 관리의 일반적인 생각에 적합한 것일 것이다. 국제원자력기구(IAEA)의 임무최종보고서는 (가) 방사성 세슘 8,000 Bq/kg 이하의 폐기물을 추가적 조치 없이 관리형 처분장에 매립하는 것은 기존의 국제적인 방법론과 완전히 정합성을 이루고 있으며, (나) 10만 Bq/kg 이하의 폐기물 처리방법도 기존의 방법론에 부합하는 것으로 평가하고 있다[54]. 또한 저선량 노출의 건강 위험에 관한 과학적 지식이나 안전대책의 효과에 대한 불확실성이 남아있는 부분도 있는 것이나, 주민의 불안에 따른 소송 제기가 상정될 수 있음[55]을 고려한다면, 국가의 대책이 기본적으로 안전측에 서서 이루어지는 것은 적절할 것이다.

한편, 안전대책을 가중한 대응이 대책비용의 증대나 처분장 부족 등 다른 리스크를 낳을 것을 생각하면[56], 현장관리의 안전성과 방사능의 물리적 감쇠를 고려하면서 과학적 식견의 충실도에 따라 일정한 규제완화를 검토하는 것도 필요할 것이다. 이러한 대응은 비례원칙의 견지

53) 環境省「管理された狀態での災害廢棄物(コンクリートくず等)の再生利用について」(2011년 12월 27일).

54) IAEA「福島第一原子力發電所外の廣範囲に汚染された地域の除染に關するIAEA國際ミッションの最終報告書」(2011년 11월 15일 원문) 66-67쪽 참조 (http://www.mofa.go.jp/mofaj/saigai/pdfs/iaea_mission_1110_en.pdf(2015년 9월 4일 최종확인)).

55) 전게주 41) 참조.

56) IAEA·전게주 50) 9쪽 포인트 3는 "피폭의 감소와 폐기물량의 증가의 트레이드오프"에 언급한다.

에서도 정당화된다. 지금까지에서도 예를 들어, 특정일반폐기물·특정 산업폐기물의 지정요건이 개정되고 있으며, 이러한 대처의 일환으로 지지될 것이다. 사이타마현(埼玉縣)의 지정폐기물 지정신청의 회피, 이바라키현(茨城縣)의 분산관리의 시시비비에 대해서는 신중하고 합리적인 평가·대응이 요구됨과 동시에, 그러한 예외적인 대응이 허용된다면 국민의 이해를 촉진하기 위해, 그 이유를 설명하여야 할 것이다. 그 이외에, 안전성에 충분한 배려를 하면서, 리사이클도 꾸준히 추진하는 것이 바람직하다.

(2) 리스크 분담의 바람직한 방식

국가는 복수의 현에서 지정폐기물의 최종처분장 설치를 목표로 하고 있으며, 그 후보가 된 지방공공단체나 주민은 2011년기본방침 자체를 비판한다[57]. 이것은 리스크 분담의 방식을 묻는 것이리라.

리스크 관리에 대해 이론상 몇 가지 입장이 있을 수 있다[58]. 첫째는, 리스크를 최소화할 수 있는 장소에서 관리해야 한다고 하는 입장으로, 예를 들어, 사람이 살지 않는 지역에 모아서 매립해야 한다는 생각이다. 둘째의 입장은 부담은 일부에 편중할 것이 아니라 평등하게 분담해야 한다는 것이다. "후쿠시마현에 더 이상 부담을 줄 수는 없다"고 하는 정부의 설명은 이러한 생각에서 유래하는 것으로 해석할 수 있다. 셋째는 본래 리스크를 부담해야 할 오염자나 수익자에게 부담을 집중해야 한다는 생각이다. 후쿠시마제1원자력발전소에 의한 혜택(전

57) 예컨대, 2015년 6월 25일 環廢對發 1506251号(環境省通知)「放射性物質汚染對策特措法施行狀況檢討會への要望と環境大臣等の發言に對する抗議について(回答)」 참조.

58) 「原發事故の"指定廢棄物"行き場はどこへ(2014年5月29日NHK放送)」(植田化弘發言) 참조(http://www.nhk.or.jp/gendai/kiroku/detail_3505.html(2015년 7월 30일 최종확인)).

력 및 교부금 등)을 받았던 지역이나 사고를 일으킨 도쿄전력의 부지에 집약해야 한다고 하는 주장의 일부는 이러한 생각에 의거하고 있는 것으로 정리할 수 있을 것이다. 이상의 생각은 반드시 상호 배타적이 아니라 실제로는 각 요소를 고려하여 결정되게 된다고 해석되지만, 현행 방침의 이념을 분석하는 데 도움이 될 것이다.

현행 방침은 (가) 후쿠시마현에 부담을 집중시키지 않는다는 방침을 설정한 후, (나) 각 현에서 최종처분장을 건설할 때 리스크를 최소화시키는 방침을 세워서 후보지를 선정하고 있다(또한, 시정촌장회의를 통해 지역적 사정과 민주적 결정에 어느 정도 배려하고 있다). 이것은 제2의 생각을 큰 방침으로 하고, 그 범위 내에서 제1의 생각에 따라서 판단한 것으로 해석된다.

환경리스크의 분담은 어려운 문제이다. 2011년기본방침이 채택하는 공평성의 관점은 환경법 정책에서의 하나의 관점일 것이다. 그러나, 공평성의 기준은 여러 가지가 있고, 공평성이라는 명목으로 순수한 정치적 판단도 이루어 질 수 있다. 그러한 사정을 고려하면, 어디까지나 부담의 공평성에 환경성의 설명이 시종한다면, 신속성이 요구되는 가운데의 결정임을 감안하였다고 하더라도 다소 설득력이 떨어진다. 그것은 다양한 선택지에 따른 리스크 평가와 비용·편익에 대한 설명이 부족하기 때문일 것이다. 예를 들어, 후쿠시마제1원전 부지에서 집중적으로 처리한다고 하는 생각을 채용하지 않는 이유에 대해, 각 현에서 방사성물질 오염폐기물을 운반함으로써 건강·환경 리스크가 보다 증가하지 않을까, 또한 별개의 문제가 발생하지는 않을까라고 하는 관점에서의 설명도 필요할 것이다[59]. 이상적으로는 이러한 점에 관한 정

59) 杉本裕明『環境省の大罪』(2012년, PHP연구소) 129쪽은 기본방침안을 둘러싼 성청 절충에서 국토교통성이 "처리가 각 도도부현내에서 양적으로 가능한 근거가 나타나 있지 않기 때문에, 광역적인 처리를 포함하여, 효율적으로 행해야 한다"고 한 것에 대해, 환경성은 "방사성물질에 고농도로 오염되어 있고,

량적인 설명이 있으면, 2011년기본방침의 시시비비에 대해 보다 심도 있는 논의가 가능해질 것이다[60].

〔3〕 리스크 관리의 의사결정주체 - 특조법과 지자체조례의 관계

특조법은 특정폐기물의 처리를 국가의 책임으로 하고, 국가는 후쿠시마현 밖에서 최종처분장의 확보를 목표로 하고 있다. 그러나 앞서 말한 대로, 후보지를 안고 있는 토치기현(栃木縣) 시오야마치(塩谷町)나 미야기현(宮城縣) 가미마치(加美町)는 국가가 후보지로 한 장소에서의 처분장 등 건설을 허가제로 하는 수원보호조례(水源保護條例)를 제정하여, 이러한 국가의 움직임에 대항하고 있다. 본건에서 법률과 조례의 관계를 어떻게 정리해야 할 것인가[61]. 이하에서 시오야마치(塩谷町) 다카하라산(高原山)·쇼진자와용수(尙仁澤湧水)보전조례(이하 '본 조례'라고 한다)를 소재로 검토한다[62].

우선, 본 조례의 목적은 "모든 정민(町民)은 쇼진자와용수(尙仁澤湧水)를 비롯한 다카하라산계(高原山系)의 용수의 혜택을 장래에 걸쳐서 향수하기 위하여 용수의 수질의 보전, 용수의 고갈의 방지, 용수를 중심

각 도도부현외로 반출해, 처리를 행하는 것은 바람직하다고는 할 수 없다"고 응하였다고 하고 있다.

60) 또한, 설령 최종처분장을 각 현에 설치하는 것 자체가 부득이 하다고 하더라도, 그에 의해 입는 리스크부담분을 금전으로 보전하는 것도 검토되어야 할 것이다. 국가는 5 현에 총액 50억 엔(각 현 10억 엔)의 자금교부를 하지만, 그것으로 충분할 것인지 여부라는 문제도 있다. 中村=倪『宇都宮大學國際學部研究論集』39号 88쪽은 시오야마치(塩谷町)를 소재로 리스크부담비용을 계산하고, 계 35억 엔이라는 시산을 제시하고 있다.

61) 이 이외로 소송유형의 문제도 있지만, 여기에서는 검토를 생략한다.

62) 원자력안전규제에 관한 국가와 지자체의 역할분담에 대해서는 淸水知佳·本書 제3편 제3장을 참조. 한편 본장은 특조법이 규정하는 폐기물처리제도와 지자체조례의 관계만을 검토하는 것이며, 안전규제분야에서는 다른 이해에 이를 수 있다.

으로 하는 생물다양성의 보전 및 용수의 품질에 대한 사회적 평가의 유지·증진을 도모함과 함께 그것들을 통하여 용수와 일체로 된 마치(町)의 산업진흥 등에 기여함으로써 현재 및 장래에 걸친 정민의 건강하고 문화적인 생활을 확보하는 것"이다(1조). 본 조례는 "사업자(국가, 지방자치단체를 포함한다. 이하 같음.)는 마치(町)가 본 조례에 근거하여 실시하는 시책에 협력하여야 한다"고 하는 사업자의 책무규정을 둔 다음(4조), 다음과 같은 용수 등 규제제도를 설정하고 있다. 즉, 정장(町長)은 심의회의 의견을 청취한 다음 '용수등 보전지역'을 지정하고(5조), 동 지역내에서 별표에서 기재하는 10유형의 사업활동(특조법 '제17조 제1항의 규정에 의한 지정에 관련한 폐기물의 처분장의 설치'를 포함한다)을 행하는 자는 정장의 허가를 얻어야 한다(7조 1항·4항)[63]. 용수등 보전지역으로서는 2014년 11월에 처분장후보지를 포함한 아라가와(荒川) 상류의 북부지역 5,235 m^2(닛꼬(日光)국립공원을 제외)가 지정되었다. 정장은 심의회의 의견을 청취하여(동 조 4항), 이하의 기준을 충족하는 사업활동을 "허가할 수 있다"(동 조 5항). 즉, 정민의 건강 및 생활환경상의 지장을 초래할 우려가 없을 것(동조 동항 1호), 규칙으로 규정하는 수질의 확보를 저해할 우려가 없을 것(2호), 용수의 고갈의 우려가 없을 것(3호), 용수를 중심으로 하는 생물 다양성에 현저한 영향을 미칠 우려가 없을 것(4호), 쇼진자와용수(尙仁澤湧水)를 비롯한 다카하라산계(高原山系)의 용수의 품질에 대한 사회적 평가를 저하시킬 우려가 없을 것(5호), 정민과의 협의를 거칠 것(6호), 기타 규칙으로 규정하는 것(7호)이

63) 별표가 규정하는 10유형의 사업활동은 (1)폐기물 등(순환형사회기본법 2조 2항에서 규정하는「폐기물등」및 방사성물질에 오염된 폐기물 등을 말한다)의 처리사업, (2)채석업, (3)일정규모 이상의 돈사시설·우사시설·양계시설, (4)식료·음료수제조업, (5)생 콘크리트제조업, (6)자갈채석업, (7)골프장, (8)일정규모 이상의 분뇨처리시설, (9)지정폐기물의 처분장 설치, (10)상기 이외로 정장(町長)이 심의회의 의견을 듣고, 특히 필요하다고 인정한 것이다.

라는 기준을 제시하고 있다. 무허가로 사업활동을 하는 자는 필요한 조치의 권고(16조 1호), 중지명령(17조 1항), 원상회복·대체조치명령(동조 2항)의 대상으로 되고, 무허가사업활동과 각종 명령 위반에 대한 제재로서 위반사실의 공표제도가 설정되어 있다(21조 1호·4호).

다음으로, 법률과 조례의 관계에 관련된 일반론을 말해보자. 지방공공단체는 지역의 사무에 관해 법령에 위반하지 않는 한 조례를 제정할 수 있다(헌법 94조, 지방자치법 2조 2항, 14조 1항). 도쿠시마시공안조례사건·최대판 1975년 9월 10일 형집(刑集) 29권 8호 489쪽은 본 조례와 같은 병행조례에 대해[64] "특정사항에 대해 이를 규율하는 국가의 법령과 조례가 병존하는 경우라도 후자가 전자와는 별개의 목적에 근거하는 규율을 의도하는 것이며, 그 적용에 의해 전자의 규정의 의도하는 목적과 효과를 하등 저해하지 않을 때와 양자가 동일한 목적에 나온 것이라도 국가의 법령이 반드시는 그 규정에 의해 전국적으로 일률하여 동일 내용의 규제를 시행할 취지가 아니라 각각의 보통지방공공단체에서 그 지방의 실정에 따라서 별단의 규제를 시행할 것을 용인하는 취지라고 해석될 때는 국가의 법령과 조례의 사이에는 하등의 모순저촉이 없고, 조례가 법령에 위반하는 문제는 발생할 수 없다"고 말한다.

이 정식(定式)은 학설상 "거의 여하한 구체적인 귀결도 도출할 수 있을 정도로 대단히 유연한 것이다"라고 평가되는 바[65], 전기 최대판 자체는 그 적용에 있어서 조례제정의 여지를 널리 인정하고 있다[66]. 또

64) 법률상의 규제제도(요건·효과)와 별개로 규제제도(요건·효과)를 규정하는 조례를 「병행조례」라고 한다.

65) 岩橋健定 「條例制定權の限界─領域先占論から規範抵触論へ─」小早川光郎＝宇賀克也『行政法の發展と変革 下巻』(2001년, 有斐閣) 365쪽.

66) 특히 (가)조례의 중복규제가 특별한 의의와 효과를 가지며, 합리성을 가지는 경우에는 조례제정을 인정하고 있는 점, (나)조례가 존재하는 경우에 법률상의 규제의 측이 그것을 감안하여 집행되어야 하는 것까지도 인정하고 있는 점이 지적된다. 岩橋·『行政法の發展と変革 下巻』(2001년, 有斐閣) 365쪽.

한 학설상 조례의 적용에 의해 법령이 의도하는 "목적과 효과를 하등 저해할 수 없을 때"는 조례는 법령에 위반하지 않는다고 하는 전기 최대판의 설시에 대해 조금이라도 목적·효과를 저해한다면, 조례가 위법하게 된다고 반대해석해서는 안된다는 것[67], 조례의 규제를 받는 상대방의 권리보호는 기본적으로는 조례 자체가 아니라 조례에 근거하는 처분의 당부를 구체적으로 검토해서 행해야 한다는 것[68] 등이 유력하게 주장되고 있다. 더구나 1999년의 지방분권개혁 후에는 조례가 법령 위반으로 될 수 있는 전제로서 원래 법령측이 지방자치에 적정하게 배려하여야 한다(그렇지 않으면 법령 자체가 헌법 위반이다)고 하는 지적도 있다[69].

또한, 폐기물처리법과 수원보호조례의 관계가 다투어진 사례로는 후쿠오카지판(福岡地判) 1994년 3월 18일 판례지방자치 122호 29쪽, 도쿠시마지판(德島地判) 2002년 9월 13일 판례지방자치 240호 64쪽처럼 조례의 위법성을 인정한 판례가 있다. 특히 상기 후쿠오카지판의 사안에서는 다투어진 시조례가 시 전역을 규제대상으로 하고, 시장의 규제권한 행사요건도 포괄적인 규정방식을 하고, 자의적인 운용이 문제로 될 수 있었던 것이 조례의 위법성을 가져온 중요한 요소였다고 생각된다.

이상을 종합하면, 법령과 조례의 관계는 다음의 관점에 입각하여 판단될 것이다. 즉, (가) 일반론으로서 적법한 법령에 위반하는 조례는 위법한 것, (나) 그러나, 그 판단에 따른 상기 최대판의 정식은 조례제정권을 널리 인정하는 방향으로 유연하게 해석되어야 하며, 위법

---

67) 阿部泰隆『政策法學講座』(2003년, 第一法規) 272쪽 이하.

68) 阿部泰隆「市町村の産廢處理監督條例」『ジュリスト』1055호(1994년) 17쪽 이하.

69) 齋藤誠「條例制定權の限界」『行政法の爭点』(2014年、有斐閣) 206쪽, 207쪽, 北村喜宣『分權改革と條例』(2004년, 弘文堂) 65쪽.

성의 문제가 발생할 사안이라도 원칙적으로 조례 자체의 위법이 아니라 적용의 위법을 물어야 하는 것, (다) 수원보호조례의 위법성을 인정한 판례는 (i) 보호지역 지정에 합리성이 없는 점, (ii) 조례가 규제권한 행사요건을 매우 애매한 문언으로 규정하고 있는 점을 중시하고 있는 것이다[70].

이상의 관점에서 본 조례의 적법성을 시론적으로 분석한다. 우선, 본 조례는 마치(町) 전역을 지역 지정하는 것이 아니라 심사회의 의견을 들은 다음 지역을 한정하여 지정하고 있다. 또한, 조례 위반행위를 형벌로 금지하는 것이 아니라 그 제재수단을 공표에 그치고 있다. 이것들은 폐기물처리법에 반한다고 하여 위법성이 인정된 종래의 상수원보호조례와 다른 점이다. 또한, 원칙적으로 조례의 적법성을 인정하는 방향으로 해석해야 한다고 하면, 입법목적의 차이와 독자 규제의 필요성에 충분한 배려가 요구될 것이다.

그러나 한편으로, 본건에서는 법률과 조례에 저촉이 우려되는 사정도 있다. 첫째로, 특조법은 앞서 언급한 대로 사고유래 방사성물질 오염폐기물의 처리에 대해 국가의 책임을 강조하고(3조), 국가의 시책에의 협력을 지방공공단체의 책무라고 하고 있다(4조. 52조도 참조). 그 위

70) 본건조례는 별표에서 지정폐기물의 최종처분 이외에도 규제대상으로 하지만, 실질적으로 보면, 금회의 후보지 선정을 저지하기 위한 표적조례(끼어들기조례)로 인정할 여지도 있을 것이다. 그러나, 끼어들기조례의 위법성에 대해서는 학설상 (가)"업자의 진출이 없으면 조례를 제정할 동기도 없다"는 것, (나) "조례가 할 수 있는 직전에 착공해버리면, 업자의 승리로 끼어들기공사라도 허용되는" 것으로부터 균형상 "업자가 착공하기 직전이라도 조례를 발효시키면 끼어들기조례이지만 허용되어야 한다"고 하여, 착공전이라면 조례적용에 문제는 없다고 유력하게 주장되고 있다. 阿部·전게주 68) 『ジュリスト』 1055호 24쪽. 또한, 이 점이 쟁점으로 된 紀伊長島町水道水源保護條例事件(最二小判 2004년 12월 24일 民集 58권 9호 2536쪽)도 규제대상의 사업자에 대해 적절한 지도를 하여 그 지위를 부당하게 해하는 일이 없도록 배려해야 할 의무를 진다고 하였지만, 조례 자체는 위법이라고 하지 않는다.

에, “국가는 …지정 폐기물…의 수집, 운반, 보관 … 및 처분을 하여야 한다”고 규정하고(19조), 국가가 지정폐기물의 처리책임을 부담할 것을 명기하고, 특정폐기물의 처리가 환경성령으로 규정하는 기준으로 행하여질 것도 규정한다(20조). 이것들을 중시한다면, 법률상의 역할분담이 명확하다(전기 도쿠시마지판(德島地判)) 든가, ‘신속한’ 오염대처를 목표로 하는 법령의 목적과 효과가 저해된다고 하는 평가도 있을 수 있을 것이다. 둘째로, 국가가 설치를 예정하는 최종처분장은 차단형 처분장이다. 수원보호조례는 처분장에서 유출된 유해물질로 지하수가 오염되는 것 등을 방지할 목적으로 제정되는 바, 종래의 조례가 규제대상으로서 주로 염두에 둔 것은 전국에서 지하수 오염 등의 문제가 현재화되었던 안정형과 관리형의 최종처분장이다. 이것들과 비교하여, 차단형 처분장이 지하수 오염을 일으킬 가능성은 상당히 낮을 것으로 예상된다. 셋째로, 폐기물처리법은 입지규제의 구조를 가지지 않고, 이 점이 수원보호조례의 합리성을 인정하는 중요한 논거로 되었다. 이에 대해, 특조법은 명문의 규정은 없지만 실제의 후보지 선정프로세스에서는 안심확보의 관점에서 수원지에서의 거리가 어느 정도 고려되고 있다. 넷째로, 이에 대해서도 동법은 명시하지 않지만 이번 후보지 선정프로세스에서 시정촌장회의에 의해 선정기준의 일부를 결정할 수 있다[71]. 폐기물처리법도 최종처분장 설치허가의 생활환경영향조사절차에 관하여 시정촌장 및 이해관계자가 처분권자인 현지사에 대해 생

71) 도치기현(栃木縣)에서는 국유지·현유지 중에서 필요한 면적을 확보할 수 있는 완만한 토지를 추출한 다음, 有職者회의·시정촌장회의를 거쳐 확정한, (가)생활공간과의 근접상황, (나)수원(水源)과의 근접상황, (다)자연도, (마)지정폐기물의 보관상황이라고 하는 4가지의 항목으로 평가하여, 좁혀나갔다. 한편, 동 현에서는 이용가능한 국유지에 더하여 현유지도 대상으로 할 것, 종합평가에서 지정폐기물의 보관상황은 가중치를 1/2로 하는 것이 시정촌장회의에서의 논의와 앙케이트조사결과를 토대로 하여 결정되었다.

활환경보전의 견지에서 의견을 제출할 수 있다고 하는 절차를 두고 있지만(8조 5항·6항, 15조 5항·6항), 특조법은 보다 충실한 자치보장의 절차를 갖추고 있다는 평가도 불가능하지 않다. 다섯째로, 종래의 판례는 조례의 위법성을 근거지우는 사정으로서 조례가 규정하는 규제권한 행사요건이 애매한 것을 중시하는 바, 본 조례도 상당히 애매한 조문을 두고 있다. 즉, 본 조례가 규정하는 허가요건 중 "쇼닌자와 용수(尙仁澤湧水)를 비롯한 다카하라산계(高原山系)의 용수의 품질에 대한 사회적 평가를 저하시킬 우려가 없을 것"(7조 5항 5호)은 '사회적 평가'와 '우려'라는 애매한 문언을 사용하고 있다. 이것들은 해석·적용의 방법에 따라서는 규제대상자의 권리를 크게 손상할 수 있기 때문에, 종래의 판례에 비추어 보면, 이 점은 문제가 될 수 있다. 또한 국가는 최종처분장 설치에 의해 생기는 풍문피해에 대해서도 대응할 방침을 나타내고 있다[72].

이상의 분석을 바탕으로, 특조법 및 본 조례의 관계를 어떻게 생각하여야 할까. 조례제정권의 여지를 넓게 해석해야 한다고 하면, 동법이 국가의 책임을 전면에 내세우는 점은 그것만으로는 반드시 결정적 요소로 되지 않을지도 모른다. 하지만, (가) 건강·환경 리스크의 관점에서 하면, 본 조례에 의한 독자규제의 필요성(입법사실의 유무)은 폐기물처리법에 관련한 사례와 비교하여 다소 낮다고 평가될 수 있다. 또한, (나) 자치보장절차의 충실도라는 관점에서도 폐기물처리법의 사안과 구별할 수 있다. 나아가, (다) 만일 용수의 사회적 평가를 지키기 위한 규제에 합리성이 인정된다고 하더라도 조례상의 요건규정이 애매하기 때문에 그 운용 여하에 따라서는 적용의 위법이 인정될 여지도 있을 것이다.

72) 전게주 42) 참조.

〔4〕 전문성·중립성의 확보

사고유래 방사성물질 오염폐기물의 처리에 있어서 행정조직의 전문성·중립성 확보는 앞으로도 중요한 논점이 될 것이다. IAEA는 후쿠시마제1원전사고에 따른 환경회복에 대해 분석한 2013년 12월 보고서에서 주민의 신뢰회복을 도모하기 위한 조언 8로서 "책임을 지는 조직이 특히 장기간에 걸친 활동에서 오염물을 관리하기 위한 시설 및 활동의 안전성에 대해 적절하게 표시하고, 독립된 평가를 고려에 넣을 것"을 들었다[73]. 이 점에 대해, 환경성은 "특조법에 근거하는 처리기준 등은 원자력안전위원회나 방사선심의회 등 전문가에 의한 평가를 받은 것으로 되어있다. 또한, 오염제거와 중간저장시설의 설치, 폐기물 처리의 시책 실시에 있어서는 유식자에 의한 검토회를 설치하여, 검토를 진행해왔습니다. 계속하여, 투명성, 객관성을 확보하면서 대처하겠습니다」라고 하고 있다[74].

지금까지의 처리에 관해 환경성이 적절히 전문적 식견과 중립성 확보에 노력해 온 것은 틀림없다. 그러나, (가) 사고유래 방사성물질 오염폐기물의 처리가 향후 수십 년 이상의 장기간에 미칠 것, 또한, (나) 환경성 자체가 반드시는 방사성물질 관리의 전문성을 갖고 있지 않은 점에 비추어보면, 미래의 과학적 식견의 충실도 시야에 넣으면서, 원자력규제위원회의 지속적인 또는 정기적인 관여(독립된 평가를 포함)를 명확하게 제도화한다고 하는 대응도 검토의 여지가 있을 것이다. 이것은 신뢰확보의 전제가 되는 중립성 확보라는 점에서도 중요하다[75]. 국

---

73) 環境省 「環境回復に關するIAEA國際フォローアップミッション概要報告書ポイントと政府の当面の方針等について」(2013년 12월 제1판).

74) 전게주 73) 참조.

75) 中山眞一 「福島の環境回復一事故後3年の除染」『エネルギー·資源』 35권 2호 (2014년) 33쪽, 37쪽 참조("원자력안전·보안원 및 문부과학성의 기능을 승계한 현재의 원자력규제위원회는 역시 규제대상으로 하는 방사성폐기물은 시설

민의 신뢰를 회복하는 방법으로는 주민참여절차의 정비와 리스크 커뮤니케이션의 개선도 있고, 이미 환경성도 설명회의 실시와 홈페이지의 충실화 등 국민의 이해 증진에 전력을 쏟고 있다. 그 자체 불가결한 대처이지만, 그와 함께 적정처리의 실적을 쌓지 않으면 국민의 신뢰를 얻을 수 없다. 이러한 견지에서 보면, 장기적인 방사성물질 오염폐기물 관리를 지탱하는 전문성과 중립성의 확보는 앞으로도 중요한 문제이다.

〔5〕 일반법 정비의 필요성

특조법은 후쿠시마제1원전사고에서 발생한 방사성물질 오염폐기물의 처리를 대상으로 하는 특별법이다. 동법을 서둘러 제정할 필요가 생긴 것은 후쿠시마제1원전사고 이전에는 사고유래 방사성물질 오염폐기물의 처리에 관한 법제가 정비되어있지 않았기 때문, 이후 일본에서 원자력관계시설이 존재·가동하는 이상, 사고 발생에 대비한 일반법의 정비가 필요할 것이다[76]. 향후 예상되는 사고의 내용과 정도는 다양하며, 만일 사고가 발생한 경우에도 이번과 같은 임기응변적인 대응이 필요할 것은 부정할 수 없지만, 특조법의 운용에서 얻은 식견과 경

내에서 발생한 것으로 한정하고 있다. 오염제거 및 오염제거폐기물의 관리는 환경성이 사업주체이며, 그 사업에 대한 규제당국은 지금 존재하지 않는다. 이것은 국제적으로는 기이한 것이며, 특히 IAEA로서는 지적해두고 싶을 것이다".

76) 高橋·전게주 9) 『震災·原發事故と環境法』은 후쿠시마제1원전사고 이전의 원자력법체계에 대해 "시설 외부로의 방사성물질의 방출등에 대처하는 법적 틀의 정비를 소홀히 했다"고 지적하고(15쪽), 사고유래 방사성물질 오염폐기물이 현재 대량으로 발생하여, 금후로도 발생할 가능성이 있는 이상, "순환형사회형성기본법의 개정을 통하여, 환경부하의 증가의 종합적인 회피·감소를 도모할 필요성이 있는 것에는 다툼이 없다"고 말한다(17쪽). 田中·전게주 4) 『一橋法學』 13권 1호 290쪽 이하도 일반법의 필요성을 상세히 논한다.

험을 가능한 한 일반법의 제도설계에 활용해야 할 것이다[77]. 예를 들어, 이번은 특조법상에 명문규정은 없지만, 가설소각시설, 중간저장시설이나 최종처분장의 설치에 즈음하여, 환경영향평가를 실시할 방침이 채택되었다. 일반법의 제정에 있어서는, 환경영향평가 실시의 원칙과 평가항목 등을 명기하는 것을 검토해야 할 것이다[78].

6 끝으로

본장은 사고유래 방사성물질 오염폐기물의 처리에 대해, 현황과 과제를 중심으로 검토했다. 그 요지는 다음과 같다.

(1) 2011년 8월에 제정된 특조법의 큰 특징은 방사능농도가 비교적 높은 폐기물에 대한 국가의 처리책임을 규정한 것, 사고원인사업자인 도쿄전력에 처리비용을 구상하는 구조를 채용한 것이다.

(2) 국가는 특조법과 기본방침에 따른 대응을 추진해 왔다. 또한, 처리의 각 단계에서 유식자의 자문, 관련정보의 공개, 시정촌장의 의견청취를 실시하고 있다. 이들 대응은 체계성과 일관성, 전문성과 투명성이라는 관점에서 일정한 긍정적 평가가 주어질 것이다. 그러

77) 한편, 특조법 부칙 5조는 "정부는 이 법률의 시행후 3년을 경과한 경우에 이 법률의 시행상황에 대하여 검토를 가하여, 그 결과에 근거하여 소요의 조치를 강구하는 것으로 한다"고 규정하고 있으며, 환경성은 2015년 3월 31일부터 방사성물질오염대처특조법시행상황검토회에서 검토를 개시하였다.

78) 大塚·전게주 4) 『震災·原發事故と環境法』 126쪽은 일찍부터 중간저장시설의 환경영향평가의 바람직한 방안에 대해, "특히 이러한 종류의 시설의 환경영향평가에 대해서는 대체안이나 환경보전조치의 검토에서 사고시를 포함한 worst case analysis의 생각을 도입해야하는 것으로 생각하고 있다"고 주장하였다. 일반법의 정비시에는 이러한 점도 포함하여 검토해야 할 것이다. 동 132쪽도 참조.

나, 각지에서 최종처분장의 설치가 지연되고 있음으로써, 보관의 장기화, 보관의 핍박, 분산관리를 통한 관리 리스크의 증가라고 하는 문제가 발생하고 있다.

(3) 특조법은 방사능농도에 따른 대책을 채용한 점에서 합리적일 것이다. 또한, 동법 아래에서 행해지는 최종처분장 후보지 선정에 즈음하여 수원과의 거리 등 지역사정을 고려하는 체계가 채용된 것은 폐기물처리법의 규제와 다른 점으로써 주목된다. 이 점은 수원보호조례의 필요성에 대한 평가에 영향을 미칠 수 있다. 또한, 향후 사고유래 방사성물질 오염폐기물 처리에 있어서도 처리를 실시하는 환경성의 전문성·중립성을 지속적으로 확보하는 것이 사업의 적정한 실시, 국민의 신뢰 획득이라는 점에서 중요하다. 마지막으로, 특조법은 후쿠시마제1원전사고에 특화된 법률이기 때문에, 향후 일반법의 제정이 검토되어야 한다. 그 때 특조법의 운용에서 얻은 경험을 반영시켜야 하며, 예를 들면, 각종 시설의 설치에 관한 환경영향평가에 대한 명문규정을 두는 것이 생각될 수 있을 것이다.

[추기(追記)]

탈고 후, 방사성물질오염대처특조법시행상황검토회 「방사성물질오염대처특조법의시행상황에관한정리」(2015년 9월)에 접하였다.

| **치쿠시 게이이치(筑紫圭一)** 죠치대학(上智大学) 법학부 지구환경법학과 준교수 |

제2장 오염제거의 현황과 오염제거법제의 바람직한 방안

— 오염제거비용에 관한 법적 체계를 중심으로 —

1 처음에

후쿠시마제1원전 사고로 방출된 대량의 방사성물질이 후쿠시마현을 중심으로 비산하여, 광범위한 토양 등에 침착했다. 방사성물질에서 방출되는 방사선은 생체에 중대한 장해를 야기하기 때문에 방사성물질에 의해 오염된 토양 등의 오염제거를 실시하고 방사선에 의한 건강피해를 줄이는 것은 지진·원전 사고에서의 부흥을 위해 최우선적으로 해결해야 할 과제의 하나로 되고 있다. 후쿠시마제1원전 사고에 기인하는 방사성물질에 의한 오염은 개인과 기업, 지방공공단체에 의해 처리 가능한 규모를 훨씬 초과하는 것이며, 이러한 경우에는 국가의 주도로 신속한 오염제거를 실현할 것이 요구된다. 한편, 도쿄전력은 원자력손해의배상에관한법률(1961년 법률 147호. 이하, '원자력손해배상법'이라고 한다) 3조 1항에 따라, '원자력손해'(관계 원자력사업자가 배상책임을 부담하여야 할 손해)에 대해 배상의무를 부담하고 있으며[1], 또한 오염자부담의 원칙의 관점에서도 후쿠시마제1원전 사고로 방출된 방사성물질의 오염제거에 소요되는 비용은 원인자인 도쿄전력이 부담해야 할 것으로 생각된다[2]. 따라서, 오염제거에 관한 법적 체계를 검토함에 있

---

1) 원자력사업자의 면책규정(원자력손해배상법 3조 1항 단서)의 요건 해당성에 대해서는 다툼이 있지만, 도쿄전력은 면책규정의 적용을 주장하고 있지 않다.

2) 安部慶三「放射性物質による環境汚染防止に關する法制度の現狀と課題」『立法

어서는 국가의 책무와 최종적인 비용부담의 양면에서 검토가 요구될 것이다.

본장에서는 상기의 관점에서 일반환경에서의 방사성물질의 오염제거에 대하여[3] 오염제거비용에 관한 법적 체계를 중심으로[4] 그 현황과 법제도의 바람직한 형태에 대해 논하는 것이다[5].

2 방사성물질의 오염제거 현황

(1) 방사성물질오염대처특조법[6]의 개요

후쿠시마제1원전 사고로 인해 방출된 방사성물질의 오염제거(이하, 본장에서 단지 '방사성물질의 오염제거'라고 한다)의 현황에 대해 언급하기 전에, 먼저 그 근거법률인 방사성물질오염대처특조법에 대해 개관하기로 한다[7]. 동법은 후쿠시마제1원전 사고에서 유래하는 방사성물질

と調査』 360호(2015년) 151쪽.

3) 본장에서는 원자력발전소내 등의 특수환경 하에서의 오염제거에 대해서는 다루지 않는다.

4) 강제피난을 포함한 방사성물질에 의한 환경오염대책 전체의 법적 구조를 다룬 것으로서 淸水昌紀「放射性汚染對策行政の法的構造とその課題」『行政社會論集』 27권 1호(2014년) 53쪽.

5) 본장에서 사용되는 자료 등은 2015년 6월말 시점에서 공표되고 있는 것으로 한다.

6) 2011년3월11일에발생한도호쿠(東北)지방태평양먼바다지진에따른원자력발전소의사고에의해방출된방사성물질에의한환경의오염에대한대처에관한특별조치법(2011년 법률 110호).

7) 방사성물질오염대처특조법의 제정경위 등에 대해서, 田中良弘「放射性物質汚染對處特措法の立法経緯と環境法上の問題点」『一橋法學』 13권 1호(2014년) 263쪽 참조. 한편, 동법은 주로 방사성물질오염폐기물의 처리(11조 내지 24조)와 오염제거 등의 조치(25조 내지 42조)에 대해 규정하고 있지만, 전자에 관해서는 筑紫圭一· 본서 제2편 제1장을 참조하기 바란다.

에 의한 환경의 오염이 사람의 건강 또는 생활환경에 미치는 영향을 신속하게 감소하는 것을 목적으로 한다(1조). 국가는 지금까지 원자력 정책을 추진해온 데 따른 사회적 책임을 지고 있는 점을 감안하여, 방사성물질에 의한 환경오염에의 대처에 관하여 필요한 조치를 강구할 의무를 진다(3조). 그리고, 환경대신은 방사성물질에 의한 환경오염이 현저하다고 인정되는 지역을 오염제거특별지역으로 지정하고(25조), 해당 지역에 대해서는 환경대신이 오염제거실시계획을 정하여(28조), 국가가 오염제거 등의 조치를 실시한다(30조). 또한, 환경대신은 오염제거특별지역으로 지정되어 있지 않지만, 방사성물질에 의한 환경오염상태가 환경성령으로 정하는 요건에 적합하지 않다고 인정되거나 그 우려가 현저하다고 인정되는 경우에, 그 지역을 오염상황중점조사지역으로 지정하고(32조), 도도부현지사 등은 방사성물질에 의한 환경오염의 상황에 대해 조사측정을 한 후(34조), 방사성물질에 의한 환경오염상태가 환경성령으로 정하는 요건에 부합하지 않다고 인정하는 구역에 대해 오염제거실시계획을 정한다(36조). 오염상황중점조사지역에 대해서는 원칙적으로 국가, 도도부현, 시정촌 또는 환경성령으로 정하는 자가 관리하는 토지에 대해서는 각각의 관리자가, 그 이외의 토지에 대해서는 그 소재하는 시정촌이 오염제거실시자로 되어(35조), 환경성령으로 정하는 기준에 따라 오염제거 등의 조치를 실시한다(40조).

동법에 근거하여 강구되는 조치는 원자력손해배상법 3조 1항의 규정에 의하여 '원자력손해'에 관련되는 것으로서 당해 관계원자력사업자의 부담하에서 실시된다(44조 1항). 방사성물질오염대처특조법에 의해 오염제거비용은 모두 도쿄전력이 부담한다고 하는 설명이 이루어지는 경우도 있지만, 원자력손해배상법 3조 1항은 원자력재해와 상당인과관계의 범위 내에서 손해를 '원자력손해'로서 배상의 대상으로 하고 있다고 해석되기 때문에[8] 오염제거비용에 대해서도 후쿠시마제1원전 사고와 상당인과관계가 인정되는 한도에서 도쿄전력의 부담이 된다고 해석하여야 할 것이다[9]. 한편, 국가는 스스로가 주체로 되어 오염제거특별지역의 오염제거를 실시하는 것 외에(30조 1항), 지방공공단체가 오염상황중점조사지역의 오염제거를 실시하는 데 필요한 비용에 대해 재정상의 조치 등을 강구할 의무를 진다(43조).

이처럼 방사성물질오염대처특조법은 동법에 근거한 오염제거에 대해 국가에게 실시의무 및 재정조치의무를 부과하는 한편, 그 비용에 대해서는 불법행위법의 특칙인 원자력손해배상법상의 배상책임[10]에 근거하여 도쿄전력이 부담하는 것으로 규정하고 있다[11].

〔2〕 방사성물질오염대처특조법에 근거하는 오염제거 현황

(1) 오염제거계획에 근거하는 오염제거작업의 실시상황

환경성에 따르면[12], 2015년 4월말 시점에서의 방사성물질오염대처특조법에 근거하는 오염제거계획의 진척상황은 다음과 같다.

우선, 국가 직할로 오염제거를 행하는 오염제거특별지역에 대해서는 전 11 시정촌 가운데, 다무라시(田村市), 가와우치시(川内市), 나라하

---

8) 田中良弘「原子力損害賠償の法政策的檢討」一橋大學環境法政策講座編『原子力損害賠償の現狀と課題』(別冊NBL150号、商事法務、2015年) 119쪽 이하.

9) 田中·전게주 7)『一橋法學』13권 1호 294쪽.

10) 후쿠시마제1원전사고에 의한 원자력손해배상의 현황과 과제에 대해서는 高橋滋·본서 제1편 제1장을 참조하기 바란다.

11) 長谷浩之(본서 제1편 제2장 73쪽)는 방사성물질오염대처특조법의 오염제거비용에 관한 법적 체계에 대해 배상범위의 확정이 곤란한 손해에 대해서 제도적으로 대응한 것으로서 국제적인 선례로서의 의의를 지적한다.

12) 環境省「除染の實施狀況について」放射性物質汚染對處特措法施行狀況檢討會(第2回) 資料1-1(http://www.env.go.jp/jishin/rmp/conf/law-jokyo02/mat01_1.pdf(2015년 6월 30일 최종확인)) 참조.

마치(楢葉町) 및 오쿠마마치(大熊町)의 4 시정촌에서는 대략 오염제거계회에 근거하는 오염제거가 종료하고 있다. 다른 시정촌에 대해서도 가츠라오무라(葛尾村), 가와마타마치(川俣町) 및 이다테무라(飯舘村)의 3 시정촌은 금년도중에, 나머지 미나미소마시(南相馬市), 나미에마치(浪江町), 도미오카마치(富岡町) 및 후타바마치(双葉町)의 4 시정촌은 2016년중에 각각 오염제거계획에 근거하는 오염제거작업이 종료할 예정이다.

다음으로, 지방공공단체에 의해 오염제거가 행해지는 오염상황중점조사지역에 대해서는 오염제거실시계획을 정한 94 시정촌 중에서 48 시정촌에서 계획에 근거하는 오염제거가 완료 또는 대체로 완료하고 있다. 다른 시정촌에 대해서도 28 시정촌은 금년도 중에 나머지 18 시정촌은 2016년도 중에 각각 오염제거계획에 근거하는 오염제거작업이 종료할 예정이다.

(2) 오염제거 실시를 위한 재정조치 상황

방사성물질오염대처특조법에 근거하여, 국가는 후쿠시마제1원전사고 후 오염제거이용으로서 환경성이 2014년도까지에 계상한 예산 합계 1조 4,081억 엔과 내각부가 2011년도에 계상한 예산 2,179억 엔을 합한 총액 약 1.6조 엔의 예산을 계상하고 있다[13]. 부흥청에 의하면, 2012년도에서의 예산(2011년도부터의 이월금을 포함한다)의 집행률은 약 50%이며[14], 부흥관련 예산 전체의 집행률(약 65%)과 비교하더라도 낮

13) 環境省「放射性物質汚染對處特措法の施行狀況の概要」放射性物質汚染對處特措法施行狀況檢討會 (第1回) 資料6 (http://www.env.go,jp/jishin/rmp/conf/law-jokyo01/mat06.pdf(2015년 6월 30일 최종확인)) 41쪽. 한편, 2013년 10월의 會計檢査院 「東日本大震災に伴う原子力發電所の事故により放出された放射性物質による環境汚染に對する除染について」(http://www.jbaudit.go.jp/pr/kensa/result/25/pdf/251016_zenbun_3.pdf (2015년 6월 30일 최종확인)) 10쪽은 2011년도부터 2013년도까지의 오염제거에 관한 예산을 합계 약 13조 엔으로 하지만, 이것은 중간저장시설의 조사·검토에 관한 예산 등을 포함하는 금액이다.

은 집행률에 머무르고 있다. 오염제거에 관한 예산집행률이 낮은 이유로서는 오염제거 실시에 필요한 동의와 임시저장소의 확보 등에 관한 지역주민과의 협의에 시간을 요한 것이 들어진다[15]. 다만, 전술한 바와 같이, 오염제거계획에 근거하는 오염제거작업은 2016년도까지에 종료할 예정으로 되어 있고, 예산집행의 지연에 대해서도 향후 해소되어 갈 것으로 생각된다.

〔3〕 도쿄전력에 대한 구상(求償) 상황

앞서 언급했듯이, 방사성물질오염대처특조법은 동법에 근거하는 오염제거비용에 대해, 국가가 재정상의 조치를 강구한 다음, 도쿄전력에 청구 또는 구상한다는 체계를 설정하고 있다. 환경성에 의하면[16], 2015년 3월 말까지 환경성으로부터 도쿄전력에 대해 동법에 근거하는 조치에 요한 비용으로서 약 2,155억 엔의 구상이 이루어지고, 그 가운데 약 1,115억 엔이 응락되고 있다. 응락액의 내역은 국가직할 오염제거에 대해 899억 엔(구상액 925억 엔), 시정촌 오염제거에 대해서 17억 엔(동 761억 엔), 기술 실증·보급계발활동 등에 대해 52억 엔(동 103억 엔), 오염폐기물 처리에 대해 132억 엔(동 342억 엔), 중간저장시설에 대해 15억 엔(동 24억 엔)이다. 오염제거에 직접 필요한 비용의 구상에 관한

---

14) 復興廳 「2013年度復興關連予算の執行状況」 (http://www.reconstruction.go.jp/topics/main-cat8/sub-cat8-3/20140731_kesankouhyou.pdf (2015년 6월 30일 최종확인)) 1쪽. 한편, 環境省·전게주 13) 41쪽에 의하면, 환경성의 오염제거 예산 합계 1조 4,081억 엔 가운데, 2013년도까지 7,164억 엔을 지출하고, 2014년도에 4,000억 엔 정도가 지출될 예정이라고 한다. 다만, 이 금액은 방사성물질오염대처특조법에 근거하여 시정촌이 실시하는 오염제거대책사업 등에 대해 교부하기 위한 후쿠시마현민건강관리기금(후술)에 대해 지출된 것을 포함하기 때문에, 실제로 오염제거비용으로서 거출된 금액과는 일치하지 않는다.

15) 復興廳·전게주 14) 2쪽.

16) 環境省·전게주 13) 41쪽.

전체의 응락률은 약 54%이지만, 이 가운데 국가 직할의 오염제거비용에 대해서는 구상액의 약 97%가 응락되어 있는 것에 대해, 시정촌 오염제거에 대해서는 구상액의 약 2%가 응락되고 있는데 불과하다.

오염제거비용의 구상에 응하지 않는 이유로서 도쿄전력은 증빙의 정사(精査)가 완료되지 않고, 배상의 가부가 판단할 수 없는 것을 든다. 그 때문에, 환경성은 도쿄전력에 대해 모든 오염제거작업에 대해서 증빙의 확인을 할 것이 아니라, 전체의 1할 정도에 대해 중점적으로 내용을 확인한 다음, 나머지 사업에 대해서는 그 결과를 토대로 하여 증빙의 확인작업을 간소화하도록 요구하고 있다[17].

〔4〕 오염제거비용의 전망과 후속 오염제거

2013년 12월의 각의결정에 따르면, 일본의 오염제거비용은 환경성의 시산(試算)에 의해 총액 2.5조 엔으로 전망되고 있으며, 2015년 3월의 회계검사원의 보고서에서도 이 시산이 이용되고 있다[18]. 그러나, 이 가운데 오염제거 자체에 소요되는 비용은 약 13조 엔이며, 그 나머지는 임시보관소 등의 설치운영비용(5,600억 엔), 기술개발 기타(1,100억 엔) 및 오염폐기물처리 관련비용(5,200억 엔)으로 된다[19].

17) 제189회 참의원환경위원회(2015년 4월 7일) 望月義夫 환경대신 발언, 環境省除染情報프라자 홈페이지(http://josen-plaza.env.go.jp/decontamination/qa_04.html (2015년 6월 30일 최종확인)) 등 참조. 한편, 2015년 6월 30일 현재, 도쿄전력이 상기의 요청에 근거하여, 시정촌 오염제거의 비용에 대한 확인작업을 간소화하고, 대체로 구성에 응할 방침을 나타낸 것이 보도되고 있다(2015년 6월 30일자 일본경제신문, 아사히신문, 산께이신문 각 조간).

18) 閣議決定 「原子力災害からの福島復興の加速に向けて」(http://www.meti.go.jp/earthquake/nuclear/pdf/131220_kakugi.pdf(2015년 6월 30일 최종확인)), 會計檢査院 「東京電力株式會社に係る原子力損害の賠償に關する國の支援等の實施狀況に關する會計檢査の結果について」(http://www.jbaudit.go.jp/pr/kensa/result/27/pdf/270323_zenbun_01.pdf(2015년 6월 30일 최종확인)).

위의 환경성에 의한 시산은 방사성물질오염대처특조법에 근거하는 오염제거계획의 실시에 소요되는 비용이며[20], 오염제거계획 실시 후의 재오염제거에 대해서는 고려되고 있지 않다. 따라서, 적어도 현재의 예산상황에서는 대규모의 재오염제거는 예정되어 있지 않다고 할 수 있다. 이 점에 대해, 환경성은 사후 모니터링의 결과, 오염제거효과가 유지되지 않는 곳이 확인된 경우에는 개별 현장의 상황에 따라 원인을 가능한 한 파악하여, 합리성과 실시가능성을 판단한 후, '후속 오염제거'를 실시한다고 하고 있다[21]. 이 후속 오염제거에 관하여 일부에서 국가가 재오염제거를 실시할 방침을 나타냈다고 하는 보도도 이루어졌지만[22], 환경성은 기본적으로는 면적인 재오염제거는 실시하지 않는다고 하고 있다[23].

3 자주적 오염제거·재오염제거 문제

〔1〕 자주적 오염제거

방사성물질의 오염제거 내용은 주로 방사성물질오염대처특조법에 근거하여 국가 또는 시정촌에 의해 실시되고 있다. 일부에서는 개인에 의한 오염제거나 지방자치단체 자체의 오염제거도 이루어지고 있지

---

19) 大島堅一＝除本理史「福島原發事故のコストと國民·電力消費者への負担轉嫁の擴大」『経營研究』65권 2호(2014년) 4쪽.

20) 閣議決定·전게주 18) 12쪽.

21) 環境省「除染のフォローアップについて」環境回復檢討會(제11회) 자료 2-1(http://www.env.go.jp/jishin/rmp/conf/11/mat02-1.pdf(2015년 6월 30일 최종확인)).

22)『福島民報』2013년 12월 27일 자.

23) 環境省·전게주 21) 1쪽. 한편, 環境省除染情報사이트(http://josen.env.go.jp/about/efforts/follow_up.html(2015년 6월 30일 최종확인)) 참조.

만, 그 비용에 대해서는 동법상 국가에 의한 재정조치의 대상이 아니라 다른 손해와 마찬가지로 다루어진다[24]. 이 점에 대해 원자력손해배상분쟁심사회는 중간지침 제2차 부록[25]에서 ①필요하고 합리적인 범위의 오염제거 등을 실시함에 따라 필연적으로 발생한 추가적 비용 등과 ②주민의 불안 등을 해소하기 위해 지방공공단체와 교육기관이 행하는 필요적이고 합리적인 검사 등에 관련한 비용은 배상해야 할 손해로 인정된다고 하는 지침을 제시하였다. 이에 따라, 도쿄전력은 2014년 9월 18일에 자발적 오염제거에 관련한 비용의 배상에 대해 보도자료를 내고[26], 후쿠시마현 내의 35 시정촌을 제외하고 자주적 오염제거를 실시한 합리성을 확인한 다음, 필요하고 합리적이라고 인정되는 비용에 대해 배상을 한다는 방침을 나타내고 있다.

이처럼, 자주적 오염제거에 대해서는 일정한 범위에서 배상의 대상이 된다고 되어 있지만, 그 '필요하고 합리적인 범위'에 대해서는 반드시는 명확하지 않다. 그러나, 중간지침도 후쿠시마원전 사고와 상당인과관계가 인정되는 범위의 손해를 배상의 대상으로 하는 것을 전제로 하고 있다는 것[27], 상기 ②에서 불안 등을 완화하기 위한 조치에 대해서는 검사비용만이 언급되고, 오염제거비용은 언급되지 않은 것으로

---

24) 다만, 지방공공단체가 독자로 실시하는 오염제거비용에 대해서는 부흥특별교부세 내지 특별교부세에 의한 조치의 대상으로 되었다(高橋滋·전게주 10) 본서 13쪽 이하 참조).

25) 原子力損害賠償紛爭審査會「東京電力株式會社福島第一、第二原子力發電所事故による原子力損害の範囲の判定等に關する中間指針第2次追補(政府による避難區域等の見直し等に係る損害について)」(2012년 3월 16일) 15쪽 이하.

26) 東京電力「自主的除染に係る費用の賠償について」(2014년 9월 18일, http://www.tepco. co.jp/cc/press/2014/1242022_5851.html(2015년 6월 30일 최종확인)).

27) 原子力損害賠償紛爭審査會(제26회)에서의 오염제거비용에 관한 能見善久 原子力損害賠償紛爭審査會 회장 발언 참조(http://www.mext.go.jp/b_menu/shingi/chousa/kaihatu/016/gijiroku/1319438.html(2015년 6월 30일 최종확인)).

부터 하면, 주민의 불안 등의 제거를 위해 하는 오염제거비용에 대해서는 중간지침이 말하는 '필요하고 합리적인 범위'에는 포함되지 않는다고 생각되고 있다고 할 수 있다.

(2) 재오염제거

방사성물질오염대처특조법에 근거하는 오염제거가 실시된 후에도 많은 지역에서 공간선량(空間線量)이 1mSv/년까지 감소되지 않기 때문에[28] 오염제거계획 실시 후의 재오염제거를 요구하는 목소리가 높아지고 있다[29]. 또한, 재오염제거에 대해 후속 오염제거를 포함시키는 견해도 있지만, 앞서 언급했듯이, 환경성이 후속 오염제거와 면적인 재오염제거를 구분한 다음, 전자에 대해서는 동법의 틀 안에서 실시할 방침을 나타내고 있기 때문에 본장에서도 양자를 구별해서 논하기로 한다.

재오염제거에 관해서는 기본방침에서 제시된 오염제거 목표와의 관계가 문제로 된다. 기본방침은 '추가 피폭선량이 연간 20 밀리시벨트 미만인 지역'에 대해 "장기적인 목표로서 추가 피폭선량이 연간 1 밀리시벨트 이하가 되는 것"을 목표로 한다고 한 후, 오염상황중점조사지역을 "그 지역의 추가피폭선량이 연간 1 밀리시버트 이상이 되는 지역"으로 지정했다[30]. 이 때문에 기본방침은 오염상황중점조사지역마다

---

28) 오염제거 후의 공간선량에 대해 復興廳＝環境省＝福島市＝郡山市＝相馬市＝伊達市「除染·復興の加速化に向けた國と4市の取組 中間報告」(2014년 8월, http://www.env.go.jp/press/files/jp/24939.pdf(2015년 6월 30일 최종확인)) 7쪽 이하 참조.

29) 부흥청 외·전게주 28) 2쪽. 한편, 재오염문제에 대해, 礒野弥生「除染の問題点と課題」 淡路剛久＝吉村良一＝除本理史編『福島原發事故賠償の研究』(2015년 日本評論社) 233쪽 이하 참조.

30) 「2011년3월11일에발생한도호쿠(東北)지방태평양먼바다지진에따른원자력발

공간선량을 lmSv/년으로 할 것을 오염제거의 실시기준으로 했다고도 생각되어지지만[31], 국가는 2014년 8월 위의 장기목표에 대해, lmSv/년이라는 수치목표는 오염제거 직후에 공간선량률이 1mSv/년(≒ 0.23 μSv/h) 이하로 되는 것을 의미하는 것이 아니라, 오염제거 이외의 대책을 포함하여 장기적으로 개인이 받는 추가 피폭선량이 1 mSv/년 이하로 되는 것을 목표로 하는 것이라는 견해를 나타내고 있다[32].

사견에 의하면, 장기적으로 개인의 추가 피폭선량의 목표치를 l mSv/년 이하로 하는 것은 예방원칙의 관점에서 바람직한 것이라고 할 수 있지만[33], 오염제거 실시기준에 대해 공간선량을 이용하여 일률적으로 l mSv/년으로 설정하는 것에 대해서는 합리적 달성가능성의 관점에서 의문이 남는다[34]. 또한, 방사성물질오염대처특조법은 오염제거 등의 조치에 대해 틀을 정하는 데 그치고, 오염제거의 목표와 수법, 실시시기 등의 구체적인 내용에 대해서는 행정기관의 재량에 맡겨져 있기 때문에[35] 동법에 따라 국가 및 지방공공단체가 단기적으로 공간선량을 1 mSv/년 이하로 오염제거의무를 지고 있다고 해석하는 것은 곤란할 것이다.

전소의사고에의해방출된방사성물질에의한환경의오염에대한대처에관한특별조치법 기본방침」(http://www.kantei.go.jp/jp/kakugikettei/2011/111HOUSHIN_houshasei.pdf(2015년 6월 30일 최종확인)) 5쪽 이하.

31) 礒野·전게주 29) 234쪽 참조.

32) 부흥청 외·전게주 28) 2쪽, 제189회 국회참의원환경위원회(2015년 4월 7일) 望月義夫환경대신 발언 및 三好信俊 정부참고인(환경성)의 각 발언 참조.

33) 淸水·전게주 4)『行政社會論集』27권 1호 77쪽.

34) 田中·전게주 7)『一橋法學』13권 1호 293쪽. 예방원칙에 의하더라도, 대책의 실시에 있어서 그 비용 대 효과에 대하여 검토할 필요가 없다고는 해석되지 않는다(北村善喜『環境法(제3판)』(2015년, 弘文堂) 74쪽). 한편, UN환경개발회의「환경과 개발에 관한 리오선언」(1992년) 제15원칙 참조.

35) 淸水·전게주 4)『行政社會論集』27권 1호 75쪽.

〔3〕 방사성물질오염대처특조법과 재오염제거

방사성물질오염대처특조법상은 단기적으로 공간선량을 1 mSv/년 이하로 할 오염제거의무까지는 지지 않는다고 하더라도, 주민의 건강에 대한 불안을 해소하기 위해, 국가 또는 지방공공단체가 정책적으로 재오염제거를 행할 것을 생각할 수 있다. 그래서, 이하 동법에 근거하여 정책적으로 재오염제거를 실시할 것의 가부에 대해 검토한다.

동법 44조 1항은 동법에 근거하여 실시되는 오염제거 등의 조치에 소요된 비용에 대해 '원자력손해'에 관련한 것으로서 도쿄전력이 부담하는 취지를 규정하고 있다. 그리고, 앞서 언급했듯이 오염제거비용에 대해서는 후쿠시마제1원전 사고와 상당인과관계를 가지는 한도에서 도쿄전력의 부담이 되는 데 그친다고 해석되기 때문에, 동법에 근거하는 오염제거 등의 조치에도 일정한 한계가 있다고 생각된다. 적어도 동법 44조 1항의 규정으로는 동법에 근거하는 오염제거 등의 조치는 그 실시에 소요되는 비용이 후쿠시마제1원전 사고와 상당인과관계를 가지는 범위에 포함되는 것을 전제로 하고 있고, 그것을 초과하여 정책적으로 구체적인 대책을 취하는 것까지는 예정되어 있지 않다고 해석하여야 할 것이다[36].

상기의 관점에서 본다면, 재오염제거의 비용이 모두 원자력손해배상의 대상이 되는지는 의문의 여지가 있고[37], 동법 44조 1항에 저촉할 가능성이 있기 때문에 정책적으로 재오염제거를 행한다고 하더라도, 동법에 근거하여 실시되는 한 그 범위는 원자력손해배상법에서 도쿄전력이 부담하는 불법행위책임의 한도에 그친다고 해석해야 될 것이

---

36) 방사성물질오염대처특조법시행상황검토회(제1회)에서의 淺野直人좌장 발언(동 검토회(제1회) 의사록(2015년 3월 31일) 14쪽, http://www.env.go.jp/jishin/rmp/conf/law-gijiroku01.pdf(2015년 6월 30일 최종확인)) 참조.

37) 渡辺智之 「原子力損害賠償と経済學一法と経済學の観点から」一橋大學環境法政策講座編·전게주 8)『原子力損害賠償の現状と課題』 42쪽 참조.

다. 예방원칙의 관점과 주민의 불안 경감의 관점에서 재오염제거를 행하는 경우에는 동법 44조 1항의 규정의 개정을 행하거나, 또는 동법과는 다른 별도의 법적 근거에 따라 행해져야 할 것으로 생각된다[38].

4 오염제거비용에 관한 법적 체계와 그 문제점

(1) 오염제거비용의 지불에 관한 법적 체계

방사성물질오염대처특조법에 근거하는 오염제거 가운데, 국가 직할 오염제거의 비용에 대해서는 국가에서 직접 지출되지만, 시정촌 오염제거비용에 대해서는 동법 45조에 근거하여, '방사선량 감소대책 특별긴급사업비보조금'으로 오염제거 실시주체인 시정촌에 교부된다[39]. 시정촌 오염제거의 대상인 오염상황중점조사지역 가운데 후쿠시마현 이외의 지방공공단체에 대해서는 오염제거의 실시주체인 시정촌(시정촌이 수립한 오염제거실시계획에 근거하여 현이 관리하는 시설의 오염제거를 실시한 경우에는 현)에 대해서, 국가로부터 직접 보조금이 교부되지만[40], 후쿠시마현 내의 지방공공단체에 대해서는 일괄적으로 후쿠시마현이 설치한 후쿠시마현민 건강관리기금[41]에 대해 지불되고, 그 후, 동 기금에서 오염제거 실시주체인 시정촌에 대해서 교부된다고 하는 체계로 되어 있다[42].**(그림 1)**

---

38) 이 점에 대해서는 방사성물질오염대처특조법 부칙 5조를 근거로 설치된 방사성물질오염대처특조법시행상황검토회에서도 논의되고 있다. 동 검토회(제1회)에서의 新美育文위원의 문제제기에 의한 일련의 논의를 참조하기 바란다(의사록·전게주 36) 13쪽 이하).

39) 會計檢査院·전게주 13) 10쪽 이하.

40) 會計檢査院·전게주 13) 34쪽.

41) 후쿠시마현민건강관리기금조례(2011년 후쿠시마현조례 83호) 참조.

42) 會計檢査院·전게주 13) 28쪽 이하.

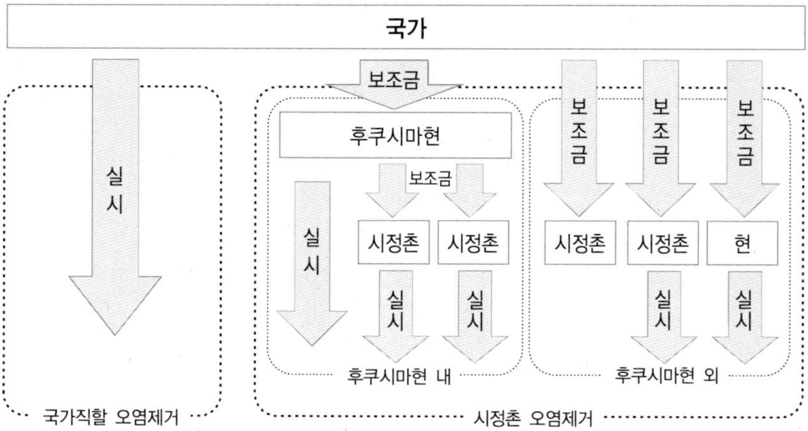

그림 1 오염제거비용의 지불에 관한 법적 체계

〔2〕 오염제거비용의 부담에 관한 법적 체계

전술한 바와 같이, 방사성물질오염대처특조법에 근거하는 조치는 도쿄전력의 부담 아래 실시되는 것으로 되어 있고, 상기의 체계에 근거하여 국가가 거출한 오염제거비용은 원자력손해배상법에 근거하여 국가로부터 도쿄전력에게 구상된다. 후쿠시마제1원전 사고로 인해 발생한 원자력손해는 2011년 8월에 제정된 원자력손해배상·폐로등지원기구법[43](이하 '기구법'이라 한다)에 의한 배상제도에 의해 지불되기 때문에, 이하에서 오염제거비용의 부담에 관련하는 한도에서 기구법에 대해 개관한다.

(1) 기구법에 의한 도쿄전력에 대한 배상지원의 법적 체계

원자력손해배상·폐로등지원기구와 도쿄전력에 따르면, 2015년 4월

43) 2011년 법률 94호. 한편, 제정 당시의 명칭은 「원자력손해배상지원기구법」이었지만, 2014년 8월의 개정에 의해 「원자력손해배상·폐로등지원기구법」으로 명칭변경되었다.

시점에서 후쿠시마제1원전 사고에 의한 예상배상액은 약 6.1조 엔으로 전망되고 있다[44]. 그러나, 이 금액에는 오염제거비용의 예상액 2.5조 엔의 대부분이 계상되어 있지 않고, 중간저장시설의 비용으로서 시산되고 있는 1.1조 엔과 합하여 최종적인 소요배상액은 10조 엔을 초과할 것이 예상된다. 이러한 거액의 손해배상은 일 기업인 도쿄전력의 지불능력을 훨씬 초과하는 것이며, 후쿠시마제1원전 사고 직후부터 도쿄전력에게 회사갱생법을 적용하여, 국가에 의해 배상되어야 한다는 주장이 이루어졌었다[45]. 이에 대해, 정부는 2011년 6월 14일, 국가로부터 원자력손해배상에 관한 지원을 행하는 것으로 도쿄전력의 파탄을 회피하는 체계를 채용할 것을 각의결정하였다[46]. 이에 의하면, 도쿄전력을 지원하는 이유로서, ①신속하고 적절한 손해배상을 위한 만전의 조치, ②도쿄전력 후쿠시마원자력발전소의 상태의 안정화 및 사고처리에 관계하는 사업자 등에의 악영향의 회피, ③국민생활에 불가결한 전력의 안정공급의 3점을 확보하는 것이 들어진다. 이 각의결정에 근거하여, 2011년 8월 10일에 기구법이 제정되고, 원자력손해배상기구

44) 原子力損害賠償·廢爐等支援機構＝東京電力株式會社 「新·總合特別事業計畫」(2015년 4월 15일) 31쪽 이하. 한편, 2015년 6월 30일 현재, 도쿄전력이 예상배상액을 7조 엔으로 하는 동 계획의 개정을 검토하고 있다는 것이 보도되고 있다(『日本經濟新聞』 2015년 6월 29일자 석간, 『産經新聞』 동 월 30일자 조간).(【追記】 동 년 7월 28일에 변경인정된 동 계획 46항에서 예상배상액은 약 7조 엔으로 변경되었다.)

45) 福井秀夫 「原發賠償支援法の課題―被害者救濟には會社更生法で」 『エコノミスト』 2011년 8월 9일호(2011년) 44쪽 이하 등. 근년의 것으로서 大島＝除本·전게주 19) 『経營研究』 65권 2호 18쪽. 한편, 원자력손해배상법 16조 1항은 원자력사업자의 법적 정리라는 선택지를 부정하는 것이 아니라고 해석해야 한다는 것에 대해, 田中·전게주 8) 『原子力損害賠償と課題』 134쪽 참조.

46) 閣議決定 「東京電力福島原子力發電所事故に係る原子力損害の賠償に關する政府の支援の枠組みについて」 (http://www.meti.go.jp/earthquake/nuclear/pdf/songaibaisho_110513_01.pdf(2015년 6월 30일 최종확인)).

(2014년 8월에 원자력손해배상·폐로등지원기구로 개칭. 이하 '기구'라 한다)를 설치하고, 원자력손해배상을 위한 자금조달을 행하여, 도쿄전력에게 자금원조를 행한다고 하는 체계가 법정되었다[47].

기구법에 근거하는 도쿄전력의 원조를 위한 자금조달은 정부로부터 기구에 대해 교부되는 국채(48조)의 상환(49조) 이외에, 상환이 예정되어 있지 않은 정부로부터서의 '자금의 교부'(51조, 68조), 정부보증 하에서의 금융기관으로부터서의 차입 또는 기구채의 발행(60조) 등에 의해

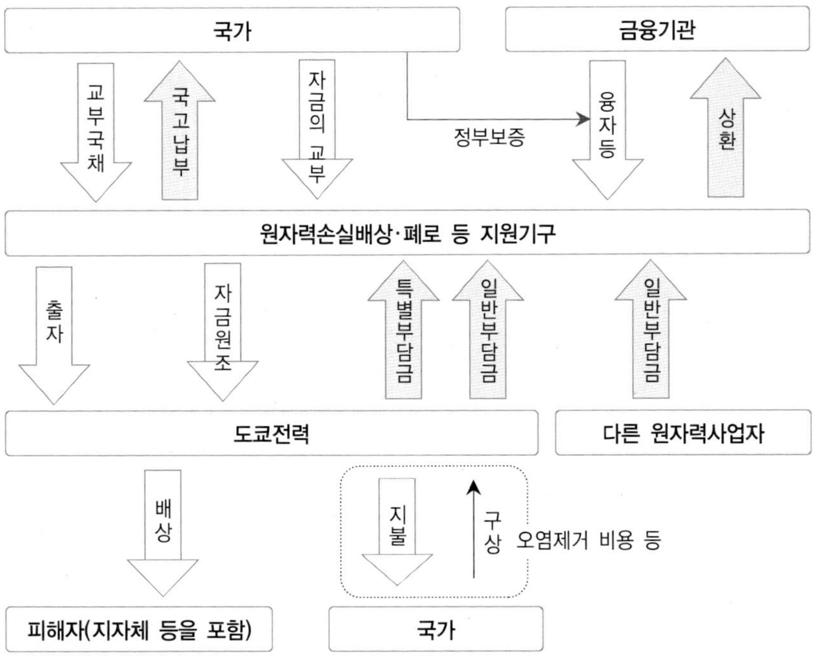

그림 2 기구법에 의한 배상지원의 법적 체계

47) 이외에, 원자력손해배상에 관한 배상금의 가불에 대해 규정한 「2011년원자력사고로인한피해에관한긴급조치에관한법률」(2011년 법률 91호)이 존재하지만, 본장에서는 다루지 않는다. 동법을 포함한 후쿠시마제1원전사고후의 배상체계의 개략에 대해서는 田中·전게주 8)『原子力損害賠償と課題』 142쪽 이하를 참조하기 바란다.

이루어진다. 기구는 교부국채의 상환액에 의한 특별부담금(52조)을 수입원으로 하는 매년도의 이익을 국고에 납부한다(59조 4항). 그리고, 도쿄전력은 기구로부터 원조를 받은 자금[48]으로부터 원자력손해에 대해서 배상을 하고, 오염제거비용에 대해서는 방사성물질오염대처특조법 44조 1항에 근거하여, 내각부 및 환경성으로부터서의 구상에 응락한다고 하는 형태로 지불되는 체계로 되어 있다(**그림 2**).

(2) 기구법에 근거하는 재정조치의 현황

상기의 체계에 근거하여, 기구는 2011년도에 5조 엔의 교부국채, 2012년도에 1조 엔의 정부보증부 차입, 2014년도에 4조 엔의 교부국채 등 합계 10조 엔을 조달하고 있다[49]. 한편, 정부보증부 차입인 1조 엔은 2013년도 및 2014년도에서 각각 3,000억엔이 정부보증부 기구채로 교체된 이외에, 1년 마다 차환이 이루어지고 있고, 2014년도 말 시점에서 정부보증부 차입 4,000억 엔, 정부보증부 기구채 6,000억 엔이라는 내역으로 되어 있다. 그 외에, 정부에 의한 70억 엔의 출자금 및 원자력사업자 12사에 의한 동 금액의 출자금 합계 140억 엔과, 2013년까지 계상된 일반부담금 합계 약 3,450억 엔 및 특별부담금 500억 엔의 수입이 있었지만, 한편으로 기구는 2013년도 분까지 국고납부금으로서 합계 약 3,860억 엔을 계상하여, 모두 익년도에 지불하고 있다[50].

---

48) 齋藤誠編『震災と経済 大震災に學ぶ社會科學 第4巻』(2015년, 東洋經濟新聞社) 9쪽[齋藤]은 교부국채를 원자(原資)로서 교부되는 자금에 대해 상환조건이 명확하게 규정되지 않고, 도쿄전력의 손익계산서상은 특별이익으로서 계상되어, 대차대조표에 채무로서 계상되지 않기 때문에, 자금대부라고 하기 보다도 자본주입에 가깝다고 지적한다.

49) 原子力損害賠償·廢爐等支援機構 「說明資料」(2015년 6월, www.ndf.go.jp/capital/ir/kiko_ir.pdf(2015년 6월 30일 최종확인)) 참조.

50) 原子力損害賠償·廢爐等支援機構의 2011년도 내지 2013년도의 각 결산보고서(http://www.ndf.go.jp/soshiki/zai_index.html(2015년 6월 30일 최종확인)) 및 會計檢査院·전게주 18) 43쪽 이하 참조.

기구가 2014년도까지 조달한 약 10조 엔 가운데, 교부국채 9조 엔에 대해서는 2011년도에 약 0.6조 엔, 2012년도에 약 1.6조 엔, 2013년도에 약 1.5조 엔, 2014년도 12월 말까지에 약 0.8조 엔 등 합계 약 4.5조 엔이 순차로 상환되고, 도쿄전력에게 자금교부되고 있다[51]. 또한, 금융기관으로부터의 차입 등에 의해 조달한 1조 엔은 2012년도에 발행된 우선주 합계 19억 4,00만 주를 인수하는 형태로 도쿄전력에 출자되었다. 이에 의해, 기구는 의결권부 우선주식(A종) 16억 주와 의결권이 없는 우선주식(B종) 3.4억 주를 보유하게 되고, 이 시점에서 도쿄전력의 의결권의 50.11%를 보유하는 과반수주주로 되었다. 한편, 모든 우선주식에 대해서도 다른 우선주식 또는 보통주식으로 전환하는 것이 가능하며, 기구의 의결권 비율은 B종 우선주식이 모두 A종 우선주식으로 전환된 경우에 75.84%, 양 우선주식이 모두 보통주식으로 전환된 경우에 88.69%까지 팽창하게 된다.

(3) 기구법에 의한 배상제도의 평가와 과제

기구법에 대해서는 실질적으로 도쿄전력을 구제하는 것이고, 본래 완수되어야 할 주주 등의 책임이 완수되지 않는다는 비판이 제기되고 있다[52]. 사견에 의하면, 정부의 지원 하에 도쿄전력에게 배상을 하게 하거나 또는 법적 정리한 후 다른 제도에 의해 피해회복을 도모할 것인지에 대해서는 모두가 피해자구제에 이바지할 것인가라는 관점에서 판단되어야 할 정책상의 문제이며[53], 기구법에 의한 배상지원의 법적 체계 그 자체에 대해서는 신속한 손해배상이라는 관점에서 적극적인 평가가 가능하다고 생각한다. 그러나, 본장의 주제인 오염제거에

---

51) 會計檢查院·전게주 18) 43쪽 및 동 보고서 별표 1 참조.

52) 福井·전게주 45)『エコノミスト』2011년 8월 9일호 44쪽 이하, 大島＝除本·전게주 19)『經營研究』65권 2호 1쪽 이하 등.

53) 田中·전게주 8)『原子力損害賠償と課題』134쪽 참조.

관해서 말하자면, 후술하는 각의결정의 문제와 함께 과제가 남아있다. 그래서, 다음에 오염제거비용에 관한 법적 체계의 문제점에 대해 검토한다.

〔3〕 오염제거비용에 관한 법적 체계의 문제점

(1) 비용부담자에 대하여

기구로부터 도쿄전력에 교부된 자금에 대해서는 원칙적으로 일반부담금 및 특별부담에 의해 회수된다. 이 가운데, 2013년도 말 시점에서 부담금의 대부분을 차지하고 있는 일반부담금에 대해서는 도쿄전력 이외의 전력회사에도 부과되는 것인 이상, 원자력발전사업에 수반하는 비용으로서 요금원가에 포함된다고 생각되고 있고[54], 최종적으로 전기요금을 통해 국민에게 부담을 전가하는 것이 가능하다[55]. 이 기구법에 의한 배상제도는 후쿠시마제1원전 사고로 인해 발생한 막대한 원자력손해를 배상하기 위해 구축된 것이며, 그 자체는 법적으로 문제없다고 된다[56]. 그러나, 오염제거비용에 관한 한, 일반부담금을 통해 도쿄전력 이외의 전력회사 내지 그 이용자가 부담하는 것은 오염제거비용에 대해 도쿄전력이 부담한다고 규정하는 방사성물질오염대처특조법 44조 1항과 저촉할 가능성이 부정될 수 없다고 생각된다.

이 점에 대해, 정부는 2013년 12월 20일의 각의결정(이하 '2013년 각의결정'이라 한다)에 의해 동법에 근거하는 오염제거비용 2.5조 엔은 "후쿠시마 재생을 위해 오염제거·중간저장시설사업을 가속시킴과 함께, 국민부담의 증대를 억제하고, 전력의 안정공급에 지장을 발생하게 하지 않도록 하는 관점에서" 기구가 보유하는 도쿄전력 주식의 매각익을 충

54) 第177회 국회중의원 본회의(2011년 7월 8일) 海江田万里 경제산업대신 발언.

55) 大島＝除本·전게주 19)『経營研究』65권 2호 11쪽.

56) 高橋康文『解說原子力損害賠償支援機構法』(2012년, 商事法務) 139쪽.

당하는 내용의 방침을 제시하고 있다[57]. 이에 의해, 오염제거비용이 일반부담금을 통해 다른 전력회사나 그 이용자의 부담으로 되는 것은 회피될 수 있다고도 생각되지만[58], 기구가 가지는 도쿄전력 주식의 매각익을 도쿄전력의 부담이라고 할 수 없는 이상, 동법 44조 1항과 저촉될 가능성은 남아있다[59]. 실질적으로 생각하더라도, 도쿄전력은 후쿠시마제1원전 사고에 의해 채무초과에 빠져있고, 기구로부터의 원조가 없으면 파탄은 피할 수 없는 상황인 이상, 설령 장래에 기구가 보유하는 도쿄전력의 매각에 의해 오염제거비용의 예상액인 2.5조 엔의 매각익이 얻어졌다고 하더라도[60], 그 매각익은 국가로부터의 원조에 의해 도쿄전력이 경영을 재건한 결과로서 발생하는 것이기 때문에, 결국 세금 등을 통한 국민의 부담에 의한 것이 아닌가라고 하는 의문이 남을 것이다[61]. 방사성물질의 오염제거에 소요되는 비용에 대해서는 최종적으로 국민 전체로 부담시키지 않을 수 없다고 하는 생각도 충분히

---

57) 閣議決定·전게주 18) 13쪽. 다만, 2015년 6월 12일에 개정된「원자력재해로부터후쿠시마부흥의가속에향하여(개정)」에서는 배상체계에 관한 기술은 삭제되어 있다(http://www.meti.go.jp/earthquake/nuclear/kimkyu/pdf/2015/0612_02.pdf(2015년 6월 30일 최종확인)).

58) 제189회 국회참의원예산위원회(2015년 4월 8일) 宮澤洋一 내각부특명담당대신(原子力損害賠償·廢爐等支援機構 담당) 발언 참조.

59) 회계검사원·전게주 18) 54쪽은 주식매각익 25조 엔을 기구로부터의 교부자금의 회수에 충당한 경우, 교부자금의 회수액 중의 도쿄전력의 부담비율 31.0%로 시산하고 있다.

60) 大島=除本·전게주 19)『経營研究』65권 2호 13쪽은 2.5조 엔에 이르는 매각익의 실현가능성에 의문을 나타낸다. 회계검사원·전게주 18) 15쪽도 도쿄전력주의 높은 가격으로의 매각은 확실한 것이 아니라고 지적한다.

61) 적어도 재정조치에 필요한 이자 등의 비용은 도쿄전력에는 구성되지 않는다(제189회 국회참의원환경위원회(2015년 4월 7일) 三好信俊 정부참고인(환경성) 발언 참조). 또한, 향후 중간저장시설의 건설비용 등에 대해 행해질 예정의「자금의 교부」에 대해서는 법률상 상환이 예정되어 있지 않고, 최종적으로 국민의 부담으로 될 것이 예상된다.

성립할 수 있지만, 그것과 동법 44조 1항의 문언과 저촉할 가능성과는 별개의 문제이다. 일본의 오염법제의 바람직한 형태를 논할 때에는 법문상의 비용부담자와 현실의 제도와의 저촉을 회피하기 위하여 오염제거비용의 부담에 대해서 현실에 즉응한 유연한 대응을 가능하게 하는 법적 체계가 검토되어야 할 것이다.

(2) 이중의 재정조치에 대하여

방사성물질오염대처특조법에 의한 오염제거는 그 비용에 대해 원자력손해배상법 3조 1항에 근거하여 도쿄전력이 부담하는 것을 전제로 하고 있기 때문에, 방사성물질오염대처특조법에 의한 재정조치와 기구법에 의한 배상지원이 일체가 되어, 오염제거비용에 관한 법적 체계를 구성하고 있다. 따라서, 오염제거비용에 관한 법적 체계의 전체상은 ①국가가 부흥채를 주된 재원으로 하는 부흥예산으로부터 오염제거비용을 지불하고(**그림 1** 참조), ②국가는 지불한 오염제거비용을 도쿄전력에게 구상하고, ③도쿄전력은 기구로부터 교부국채를 원자(原資)로 하는 자금교부를 받아서 국가에게 구상된 오염제거비용을 지불한다(**그림 2** 참조)라고 하는 구조로 되어 있다. 그 때문에, 오염제거비용에 대해서는 기구법에 근거하는 재정조치와 방사성물질오염대처특조법에 근거하는 재정조치의 2중의 재정조치가 행하여지고 있고, 결과적으로 국가가 국채(부흥채)를 주된 원자로 하여[62] 지불된 오염제거비용에 대해 국가가 교부한 국채(교부국채)를 원자로 하여 구상에 응한다고 하는 상황이 발생하고 있다. 또한, 2013년 각의결정에 의해 기구가 가지는 도쿄전력 주식의 매각익을 오염제거비용에 충당하는 것으로 되었

62) 小池拓自 「東日本大震災への政策對応と諸問題」(2012년) 144쪽 참조. 한편, 2014년도 당초 예산까지의 震災관련 재정조치의 총액은 약 30조 엔이며, 그 가운데 계 약 16조 엔이 부흥채에 의한다(奥山裕之「東日本大震災に伴う財政措置」『レファレンス』2014년 12월호(2014년) 192쪽 참조).

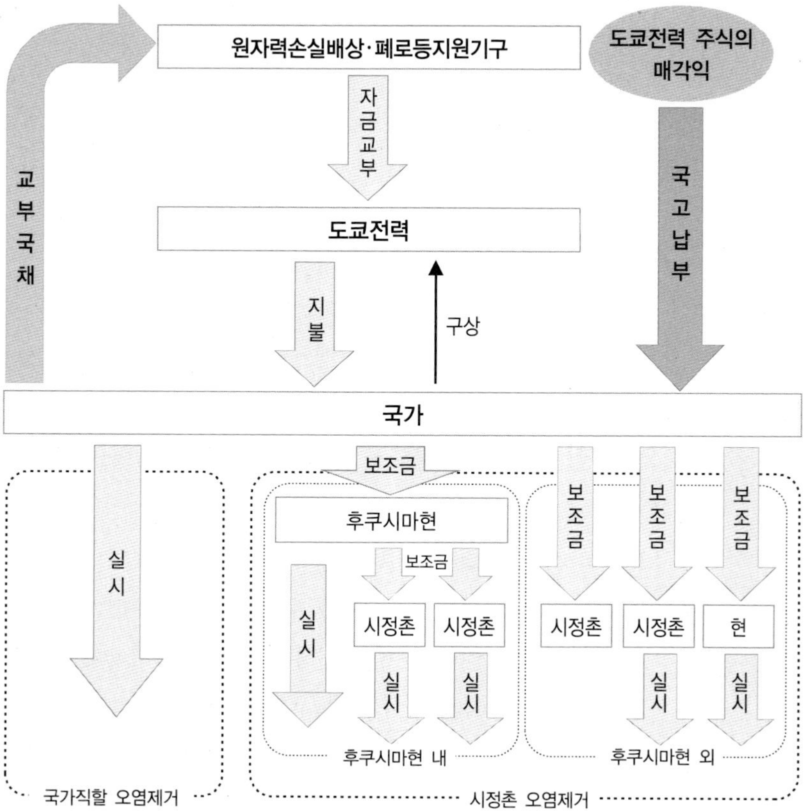

그림 3 2013년 각의결정 후의 오염제거비용의 부담에 관한 법적 체계(전체상)

기 때문에, 오염제거비용에 대해서는 기구법에 의한 배상제도 가운데 교부국채의 상환분을 일반부담금 및 특별부담금에 의해 회수한다고 하는 구조가 상실되었다. 이에 의해, 오염제거비용에 관한 법적 체계에서는 도쿄전력은 단지 국가의 자금의 중계점으로서만 자리매김되게 되었다(**그림 3**).

기구법에 의한 배상제도는 원자력사업자가 '원자력손해'에 대하여 배상책임을 지고(원자력손해배상법 3조 1항), 국가는 원자력사업자가 손해를 배상하기 위하여 '필요한 원조'를 행한다(동법 16조 1항)고 하는 원자력손해배상법의 틀을 전제로 하는 것이다[63]. 그러나, 피해자구제를 위하여 신속한 배상이 필요로 되는 다른 원자력손해와 달리, 국가가 재정조치를 강구하는 오염제거비용에 대해서는 기구법에 의한 배상제도를 이용하여 신속한 지불을 실현할 필요성은 부족하다. 오히려, 도쿄전력의 파탄을 피하면서 배상지원을 행하기 위한 기교적인 측면[64]을 가지고 있는 기구법에 의한 배상제도를 이용함으로써 오염제거비용에 관한 법적 체계에 대해서는 전술한 바와 같은 2중의 재정조치라는 결과가 발생하고 있다. 원래, 오염제거비용이 원자력손해배상의 대상으로 되기 때문이라고 하여 그 부담에 관한 법적 틀에 대해서도 동법의 틀을 전제로 하여야 한다는 논리적 필연성이 있는 것은 아니다. 결과론이지만, 오염제거비용에 대해 도쿄전력 주식의 매각익을 충당하는 것이라면, 당초부터 국가가 직접 오염제거비용을 부담하면 되고, 절차적으로 번잡한 도쿄전력을 매개로 하는 배상제도를 이용할 필요는 없다. 이 의미에서도 일본 오염제거법제의 형태를 논함에 있어서는 원자력손해배상의 틀에 구애됨이 없이, 국가가 직접 오염제거비용을 부담하는 것이 가능한 것과 같은 유연한 법적 체계를 검토할 것이 요구될 것이다.

(3) 시정촌 오염제거에 관한 재정조치의 다층구조에 대하여

앞서 언급했듯이, 2015년 4월 시점에서 오염제거비용의 구상에 대한 도쿄전력의 낮은 응낙률이 지적되고 있다. 도쿄전력의 대응을 비판하는 목소리도 높아지고 있지만, 국가직할 오염제거에 대한 응낙률(약 97%)과 시정촌 오염제거에 대한 응낙률(약 2%)의 차를 감안하면, 오염제거비용의 지불에 관한 법적 체계에도 그 원인이 있다고 생각된다.

---

63) 高橋康文·전게주 56)『解說原子力損害賠償支援機構法』 84쪽.

64) 齋藤·전게주 48)『震災と経濟 大震災に學ぶ社會科學 第4卷』 9쪽.

즉, **그림 3**에서 나타낸 바와 같이 국가직할 오염제거에 대해서는 오염제거의 실시주체와 구상의 주체가 일치하고 있는데 대해, 시정촌 오염제거에 대해서는 오염제거의 실시주체와 구상의 주체가 일치하고 있지 않고, 국가와 시정촌 등의 2층구조(후쿠시마현 내의 시정촌에 대해서는 후쿠시마현을 넣은 3층구조)로 되어 있기 때문에, 후자에서는 국가를 통하여(후쿠시마현 내의 시정촌에 대해서는 국가와 후쿠시마현을 통하여) 증빙의 제출을 요구하는 등 증빙의 확인작업을 행할 필요가 있고, 따라서 시간을 소요하게 된다. 또한, 방사선량감소대책특별긴급사업보조금교부요강 18조는 보조금의 교부를 받은 시정촌 등에 대해 오염제거사업에 대해 지출내용을 증명하는 서류의 보존 등을 의무부과하고 있지만, 오염제거에 소요된 비용에 대해 스스로 구상을 행하는 국가와 보조금으로서 교부받는 시정촌 등에서는 증빙의 중요성에 대한 의식의 정도에 차가 생겼다고 하더라도 어쩔 수 없는 것으로 생각된다.

이 점에 관해 법적으로는 증빙의 확인을 불필요하다고 하는 것은 곤란한 이상, 법적 체계로서 도쿄전력에 의한 오염제거비용의 지불을 확실하고 신속한 것으로 하기 위해서는 시정촌 등에 대해 보조금이 아니라 반환의무가 있는 대부금 등으로서 오염제거비용을 제공하고, 시정촌 등이 직접 도쿄전력에 대해 구상하거나 또는 국가가 시정촌 등을 대리하여 구상한다고 하는 체계로 하는 것으로서 증빙의 보존의무의 철저와 구상절차의 간이화를 도모하는 것도 생각할 수 있다. 그러나, 오염제거에 관한 법적 체계에 대해서는 신속한 오염제거의 실시에 의한 피해자구제가 우선되어야 하고, 그 밖의 관점은 피해자구제에 영향을 미치지 않는 한도에서 고려되어야 한다. 이러한 생각으로부터서는 시정촌 등이 스스로의 부담 증가를 두려워하여 오염제거의 실시를 지체시키는 리스크를 회피하기 위하여 시정촌 오염제거의 비용은 보조금에 의해 제공되는 것이 바람직하다고 할 것이다. 마찬가지로, 증빙의 보존의무에 대해서도 필요 이상으로 철저히 하는 것은 피해야 한다. 그 경우, 일정한 비율로 도쿄전력에 부담시킬 수 없는 오염제거비용이 발생할 가능성은 부정할 수 없지만, 이에 대해서는 교부국채의 이자가 국가의 부담으로 되어 있는 것과 마찬가지로[65], 신속한 피해자구제의 실현에 소요되는 비용으로서 국가가 부담하여야 하는 것이라고 생각할 수 있다. 이러한 관점으로부터서도 방사성물질오염대처특조법 44조의 1항의 규정은 개정되어야 한다고 생각된다.

5 방사성물질의 오염제거에 관한 법제도의 바람직한 방안

(1) 어린이이재민지원법 및 후쿠시마부흥재생특조법

종래 일본의 법제도상 방사성물질이 원자력사업자 등의 관리를 벗어나서 확산하는 것은 상정되지 않았고, 후쿠시마제1원전 사고 직후에는 일반환경 중에 방출된 방사성물질에 의한 환경오염에 대처하기 위한 근거법령이 없는 상태에 있었다[66]. 방사성물질오염대처특조법은 그러한 상황에서 조속한 입법에 의한 대응을 가능하게 한 점에서 일정한 평가가 이루어져야 할 것이다. 한편, 이미 언급한 바와 같이, 동법의 규정에서는 동법에 따라 더욱 방사선량의 감소를 향한 재오염제거를 실시하는 것은 어렵다고 생각된다. 일본의 오염제거법제의 바람직한 형태를 논함에 있어서는, 재오염제거를 포함하여 피해자구제를 위한 유연한 대응을 가능하게 하는 것과 같은 법적 체계를 검토하여야

65) 교부국채의 이자가 국가의 부담으로 되고 있는 것에 대해, 제189회 국회참의원환경위원회(2015년 4월 7일) 三好信俊 정부참고인(환경성) 발언 참조.

66) 田中·전게주 7) 『一橋法學』 13권 1호 264쪽 이하.

할 것이다. 그래서 우선, 일본에서 오염제거에 대한 규정을 가지는 어린이이재민지원법 및 후쿠시마부흥재생특조법에 대해 비용부담에 관한 규정을 중심으로 방사성물질오염대처특조법과의 비교를 행하기로 한다.

(1) 어린이이재민지원법[67)]

어린이이재민지원법은 2012년 6월 21일에 성립하고, 같은 달 27일에 공포·시행된 법률이다. 오염제거에 관한 동법의 규정의 개요는 다음과 같다[68)]. 동법은 어린이에게 특히 배려해서 실시하는 이재민의 생활지원 등에 관한 시책의 기본이 되는 사항을 정함으로써, 이재민의 생활을 지키고 지원하기 위한 이재민생활지원등 시책을 추진함으로써 이재민의 불안의 해소 및 안정된 생활의 실현에 기여하는 것을 목적으로 한다(1조). 국가는 원자력재해로부터 국민의 생명, 신체 및 재산을 보호해야 할 책임을 부담하고 있는 것을 감안하여, 이재민생활지원등 시책을 종합적으로 책정하고, 실시할 책무를 가지며(3조), 정부는 이재민생활지원등 시책을 실시하기 위하여 필요한 법제상 또는 재정상의 조치 기타 조치를 강구하여야 한다(4조). 그리고, 국가는 후쿠시마제1원전 사고에 의한 방사성물질에 의한 오염상황에 대해 조사를 하며(6조), 그 결과를 토대로 하여 오염제거 등의 조치를 계속적이며 신속하

67) 「도쿄전력원자력사고에의해피재한어린이를비롯한주민등의생활을지키고지탱하기위한피재자의생활지원등에관한시책의추진에관한법률」(2012년 법률 48호).

68) 본장에서는 오염제거에 관련하지 않는 규정은 다루지않는 것으로 한다. 어린이피재자지원법의 제정경위나 개요에 대해서는 信谷彰「法律解説」『法令解説資料總覽』 374호(2013년) 15쪽을, 동법에 근거하는 기본방침이나 구체적인 시책의 내용에 대해서는 泉水健宏「東京電力原子力事故に係る被災者生活支援等施策の推進に關する基本的な方針の策定と今後の課題」『立法と調査』 348호(2014년) 132쪽을 각각 참조하기 바란다.

게 실시하기 위하여 필요한 조치를 강구할 의무를 진다(7조). 한편, 동법에 근거하여 행하여진 시책의 실시에 소요된 비용에 대해서는 도쿄전력에 대하여 "구상하여야 하는 것에 대하여 적절하게 구상하는 것으로 한다"고 규정되어 있다(19조).

방사성물질오염대처특조법과 비교하면, 어린이이재민지원법의 특징으로서 다음의 점을 지적할 수 있다. 우선, 전자는 "사람의 건강 또는 생활환경에 미치는 영향을 신속하게 줄이는 것"을 목적으로 한다. 다음으로, 국가의 책무에 관하여, 전자는 그 근거로서 사회적 책임만을 들고 있는 것에 대해, 후자는 사회적 책임 이외에 "원자력재해로부터 국민의 생명, 신체 및 재산을 보호하여야 할 책임"을 명시한다. 나아가, 조치의 실시에 소요된 비용에 대해 전자는 원자력손해배상법 3조 1항이 규정하는 원자력손해에 관련된 것으로서 도쿄전력이 부담한다고 규정하는 것에 대해, 후자는 일의적으로 도쿄전력의 부담으로 한다고는 하지 않고, 적절한 구상을 행하는 취지를 규정하는데 그치고 있다.

이처럼, 어린이이재민지원법의 법문상의 틀은 ①불안의 해소와 안정된 생활의 실현이라는 점을 목표로서 내세우고 있는 점, ②국가의 책무의 근거로서 국민의 생명·신체를 보호한다고 하는 책임을 명시하고 있는 점, ③비용부담에 대해 일의적인 규정을 설정하고 있지 않은 점에서 방사성물질오염대처특조법과 비교하여, 보다 유연한 조치를 가능하게 하는 규정으로 되어 있다. 한편, 어린이이재민지원법의 공포로부터 1년 이상을 경과한 2013년 10월에 책정된 동법의 기본방침[69]에서는 "오염상황의 조사결과를 토대로 하여, 오염제거특별지역 및 오염제거실시구역에서 토양 등의 오염제거 등의 조치를 실시한다.

69) 「被災者生活支援等施策の推進に關する基本的な方針」(http://www.reconstruction.go.jp/topics/main-cat2/20131011honbun.pdf (2015년 6월 30일 최종확인))。

그 때, 어린이등의 생활환경에 대해서는 우선적으로 오염제거를 행하도록 배려한다"고 하여, 방사성물질오염대처특조법 및 동법의 기본방침을 답습한 내용이 제시되는데 그치고[70], "이재민의 불안의 해소 및 안정된 생활의 실현"을 위한 구체적인 오염제거조치는 제시되지 않았다[71].

(2) 후쿠시마부흥재생특조법[72]

후쿠시마부흥재생특조법은 2012년 3월 30일에 성립해, 다음 날인 31일에 공포·시행된 동일본대진재 및 후쿠시마제1원전 사고로부터의 후쿠시마의 부흥·재생을 위한 조치에 대해 규정한 법률이다[73]. 동법 54

---

70) 어린이피재자지원법의 기본방침과 같은 날에 공표된 「『被災者生活支援等施策の推進に關する基本的な方針』に關する施策とりまとめ」(http://www.reconstruction.go.jp/topics/main-cat2/20131011chiran.pdf (2015년 6월 30일 최종확인)) 2쪽에서는 방사성물질에 오염된 토양 등의 오염제거의 실시에 관한 시책으로서 "방사성물질오염대처특조법에 근거하여 오염제거실시계획을 수립하여 순차로 오염제거를 실시"할 것을 내걸고 있다. 또한, 주거 등의 생활환경에서의 우선적인 오염제거의 실시에 관한 시책으로서 "어린이가 안심하고 생활할 수 있는 환경을 회복하기 위해 학교, 공원 등 어린이의 생활환경을 우선적으로 오염제거하도록 배려"할 것을 내걸고 있지만, 이러한 시책은 방사성물질오염대처특조법의 기본방침에서 이미 제시되었다.

71) 이 점에 관해, 福田健太郎「子ども·被災者支援法の現狀ー『避難する權利』と基本方針の課題ー」『青森法政論集』15호(2014년) 22쪽은 어린이피재자지원법의 기본방침은 종래부터 실시되고 있는 지원책을 확인적으로 나열한 것에 지나지 않는다고 비판한다.

72) 福島復興再生特別措置法(2012년 법률 25호). 한편, 동법은 2013년 법률 12호 및 2015년 법률 20호에 의해 일부개정되었다.

73) 전게주 68)에서도 말한 바와 같이, 본장에서는 오염제거에 관련하지 않는 규정은 다루지 않는다. 福島復興再生特別措置法의 제정경위와 개요에 대해서는 續橋亮「法律解說」『法令解說資料總覽』370호(2012년) 4쪽을, 2013년 개정 및 2015년 개정의 개요 등에 대해서는 西尾友弘「法律解說」『法令解說資料總覽』385호(2014년) 13쪽 및 谷口善嗣「法律解說」『法令解說資料總覽』403호(2015년) 4쪽을 각각 참조하기 바란다.

조(2015년 개정 후의 조문을 표시한다. 이하 같음)는 오염제거에 관한 국가의 의무를 규정하고 있지만, 오염제거 자체에 대해서는 방사성물질오염대처특조법에서 규정하는 오염제거 등의 조치를 신속하게 실시하는 취지를 규정하는데 그치고 있으며, 전술한 어린이이재민지원법과 달리 법문상 방사성물질오염대처특조법과 다른 오염제거조치가 가능한 규정으로는 되어 있지 않다.

후쿠시마부흥재생특조법은 다음의 점에서 방사성물질오염대처특조법과 다른 특징을 가지고 있다. 첫째로, 후쿠시마부흥재생특조법의 목적은 원자력재해로부터의 후쿠시마의 부흥 및 재생의 추진을 도모하고, 동일본대진재로부터의 부흥의 원활하고 신속한 추진과 활력있는 일본의 재생에 이바지하는 것을 목표로 하면서(1조), 상기의 목적을 달성하기 위해 해결해야 할 중요한 과제로서 "방사성물질에 의한 오염의 우려에 기인하여 주민의 건강상의 불안이 발생하는 것"을 내걸고(2조), 오염제거에 관한 동법 54조를 4장의 "방사선에 의한 건강상의 불안의 해소 기타의 안심하고 생활할 수 있는 생활환경의 실현을 위한 조치" 중에 자리매김하고 있다. 둘째로, 동법은 비용부담에 대해 동법에 근거하여 행하여지는 국가의 조치 가운데, 원자력손해배상법 3조 1항에 의해 도쿄전력이 배상책임을 지는 손해에 관련된 것에 대해서는 국가가 도쿄전력에 대해 "당해 조치에 소요되는 비용의 금액에 상당하는 금액의 한도에서 구상하는 것을 방해하지 않는다"고 규정한다(96조). 한편, 후쿠시마부흥재생특조법은 방사성물질오염대처특조법과 마찬가지로 국가의 책임에 대해 "원자력정책을 추진해온 것에 수반하는 국가의 사회적 책임"으로 규정하고(1조), 국가는 후쿠시마의 지방공공단체가 행하는 주민의 건강의 증진 및 건강상의 불안의 해소를 도모하기 위한 대처를 지원하기 위하여 필요한 재정상의 조치를 강구할 의무를 진다고 되었다(52조).

표 1 오염제거에 관한 3법의 비교

	방사성물질오염 대처특조법	어린이이재민지원법	후쿠시마부흥재생특조법
오염 제거의 내용	방사성물질오염대처특조법에 근거하는 오염제거 등의 조치 등.	조문상은 방사성물질오염대처특조법과의 관련성은 없다. ※기본방침에 근거하는 오염제거와 동일내용으로 되었다.	후쿠시마현내에서의 방사성물질오염대처특조법에 근거하는 오염제거 등의 조치 등을 '신속하게 실시한다'.
목적	방사성물질에 의한 환경의 오염이 사람의 건강 또는 생활환경에 미치는 영향을 신속하게 줄인다.	이재민의 불안의 해소 및 안정된 생활의 실현에 기여한다.	동일본대진재로부터의 부흥의 원활하고 신속한 추진과 활력있는 일본의 재생에 이바지한다. ※ 오염제거에 대해서는 "방사선에 의한 건강상의 불안의 해소 기타의 안심하고 생활할 수 있는 생활환경의 실현을 위한 조치"로 자리매김한다.
국가의 책임	지금까지 원자력정책을 추진해온 것에 수반하는 사회적인 책임	원자력재해로부터 국민의 생명, 신체 및 재산을 보호해야 할 책임 그리고 지금까지 원자력정책을 추진해온 것에 수반하는 사회적 책임.	지금까지 원자력정책을 추진해온 것에 수반하는 국가의 사회적인 책임.
국가의 재정 조치 의무	지방공공단체가 방사성물질에 의한 환경의 오염에의 대처에 관한 시책을 추진하기 위해 필요한 비용에 대한 재정상의 조치.	이재민생활지원 시책을 실현하기 위해 필요한 재정상의 조치.	후쿠시마의 지방공공단체가 행하는 주민의 건강의 증진 및 건강상의 불안의 해소를 도모하기 위한 방사선량의 측정을 위한 기기를 사용한 주민의 피폭방사선량의 평가 기타의 대처를 지원하기 위해 필요한 재정상의 조치.
비용 부담	원자력손해배상법 3조 1항의 규정에 의해 도쿄전력이 부담한다.	국가는 이재민생활지원등의 시책의 실시에 소요된 비용 가운데 도쿄전력에 대해서 구상해야 할 것에 대해서 적절하게 구상한다.	원자력손해배상법 3조 1항의 규정에 의해 도쿄전력이 배상책임을 지는 손해에 관련한 것에 대해 도쿄전력에 대해 비용 상당액의 한도에서 구상하는 것을 방해하지 않는다.

〔2〕 방사성물질 오염제거에 관한 법제도의 바람직한 방안

표 1에서 나타난 바와 같이, 일본에서 오염제거에 관한 규정을 가지는 3 법은 그 목적이나 국가의 책임, 비용부담에 대해 서로 다른 규정을 두고 있다. 이하에서 이들을 비교하면서 방사성물질의 오염제거에 관한 법제도의 바람직한 방안에 대해 검토한다.

(1) 비용부담에 관한 규정의 바람직한 방안

지금까지 논의해온 바와 같이, 방사성물질의 오염제거의 법적 체계에 관한 문제점의 다수는 방사성물질오염대처특조법 44조 1항이 동법에 근거한 오염제거비용에 대해 일의적으로 도쿄전력의 부담으로 정하고 있는 것에 의하는 것으로 생각된다. 특히 현재 큰 문제가 되고 있는 재오염제거의 실시에 대해 문제가 되는 것은 그 비용이 후쿠시마 제1원전 사고와 상당인과관계를 가진다고 말할 수 있을까가 반드시는 명확하지 않은 점이다. 예방원칙의 관점에서는 상당인과관계가 반드시는 명확하지 않은 경우라도 그것으로부터 곧바로 재오염제거를 부정할 수는 없지만, 일본 불법행위법체계를 전제로 하는 이상, 재오염제거비용을 일의적으로 도쿄전력의 부담으로 하는 것은 곤란할 것이다. 필자는 동법에 근거하는 오염제거의 실시기준을 1 mSv/년으로 설정하는 것에 대해 합리적 달성가능성의 관점에서 의문을 표시하였지만, 이것은 재오염제거의 실시 자체를 부정하는 것은 아니다. 오염제거법제의 바람직한 형태를 검토함에 있어서는 재오염제거의 가능성을 배제하지 않도록 오염제거비용의 부담자를 일의적으로 정하지 않고 상황에 따라서 유연하게 대응할 수 있는 법적 체계가 요구될 것이다. 이 점에 대해, 오염제거에 소요된 비용 중 "구상해야 하는 것에 대하여 적절하게 구상한다"고 하는 어린이이재민지원법 19조의 기저에 있는 생각이 참고로 된다고 생각된다.

(2) 목적규정 및 국가책임에 관한 규정의 바람직한 형태

어린이이재민지원법은 "이재민의 불안의 해소 및 안정된 생활의 실현에 기여하는 것"을 목적으로 내걸고 있고, "방사성물질에 의한 환경오염이 사람의 건강 또는 생활환경에 미치는 영향을 신속하게 감소시키는 것"을 목적으로 하는 방사성물질오염대처특조법의 목적규정과 비교하여, 보다 구체적인 내용으로 되어 있다[74]. 후쿠시마제1원전 사고 후, 피해지역에서 방사성물질 오염에 대한 주민의 불안이 커다란 문제로 되어 있고[75], 조기의 귀환이나 부흥의 장해로 되고 있다. 주민의 불안의 해소는 본질적으로는 리스크 커뮤니케이션의 문제라고 생각할 수 있지만[76], 조기의 귀환이나 부흥을 실현하기 위해서 유효한 것이라면 비용 대 효과가 인정되어지는 한에서 주민의 불안 해소를 위한 수단으로서 재오염제거를 실시하는 것도 검토되어 좋을 것이다. 적어도, 오염제거법제에서 재오염제거라는 선택지를 배제하여서는 안된다. 오염제거법제의 개정에 있어서는 목적규정에 대해서도 이것들을 토대로 한 내용으로 하는 것이 바람직하다고 할 수 있을 것이다.

또한, 어린이이재민지원법은 국가의 책임으로서 사회적인 책임에

---

74) 清水奈名子「危機に瀕する人間の安全保障とグローバルな問題構造ー東京電力福島原發事故後における健康を享受する權利の侵害(後編)」『宇都宮大學國際學部硏究論集』39호(2015년) 54쪽 이하는 이 점을 높이 평가하는 한편, 동법의 기본방침에 대해 이재민들의 수요에 충분히 대응하지 않는 내용이라고 비판한다.

75) 泉水健宏 「福島の被災者·避難者に對する支援策の現狀と課題ー子ども·被災者支援法及び被災者支援施策パッケージを中心とした狀況ー」『立法と調査』341호(2013년) 63쪽, 高木龍輔「福島第一原發事故に關わるアンケート調査結果からみる被害の實態」 淡路 = 吉村 = 除本編·전게주 29) 『福島原發事故賠償の硏究』 291쪽 이하 등 참조.

76) 基本方針·전게주 30) 12쪽 및 부흥청 외·전게주 28) 17쪽 이하는 주민의 불안 해소수단으로서 리스크 커뮤니케이션을 중시한다. 한편, 리스크 커뮤니케이션의 의의 등에 대해 織朱實·본서 제3편 제4장 235쪽 이하 참조.

더하여 "원자력재해로부터 국민의 생명, 신체 및 재산을 보호하여야 할 책임"을 명시하고 있는 점에도 특징이 있다. 방사성물질에 의한 오염이 국민의 생명, 신체 및 재산에 미치는 악영향을 감안하면, 방사성물질의 오염제거에 관한 국가의 책임은 사회적 책임에 머물지 않고, 국민을 보호한다고 하는 국가의 역할 그 자체에 유래하는 것이라고 생각할 수 있다. 오염제거법제의 바람직한 방안을 검토함에 있어서는 이러한 국가의 책임을 명시함으로써 보다 적극적인 국가의 관여를 촉구하여야 한다고 생각된다.

6 재해시의 피해경감조치로서의 오염제거법제

〔1〕 재해시의 피해경감조치로서의 오염제거에 대하여

(1) 오염제거에 관한 일반적인 법적 구조의 필요성

방사성물질오염대처특조법 제정 이전에 일반환경에서의 방사성물질의 오염제거에 대한 근거법령이 존재하지 않았던 것은 전술한 대로이다. 동법과 어린이이재민지원법의 제정으로 후쿠시마제1원전 사고에서 유래하는 방사성물질의 오염제거에 대해서는 근거법령의 결여라고 하는 상태는 해소했지만, 다시 원전사고가 발생하면 후쿠시마제1원전 사고 직후와 마찬가지로 오염제거에 관한 근거법령은 존재하지 않는 것으로 된다. 만일에 다시 원전사고를 초래해서는 안되는 것은 당연하지만, 그것과 만일의 사고에 대비한 법제도를 정비하는 것은 별개의 문제이다. 후쿠시마제1원전 사고에 한정되지 않는 방사성물질의 오염제거에 관한 일반적인 법적 체계를 구축하는 것이 요구될 것이다[77].

77) 만일의 원전사고에 대비하여, 환경오염에 신속하게 대처하기 위한 일반적인 조치 등을 규정한 법률을 정비할 필요성을 지적하는 것으로서, 安部·전계주

또한, 오염제거의 필요성은 방사성물질뿐만 아니라 다른 유해물질에 의한 오염에 대해서도 동일하다. 방사성물질에 한정되지 않는 재해시의 피해경감조치로서의 오염제거에 관한 일반적인 법적 구조를 설정하는 것도 검토되어 좋을 것이다[78].

이 점에 관해, 행정에 의해 일반환경하의 오염제거가 행하여진 사례로서 2001년 9월 11일에 발생한 동시다발 테러 후, 뉴욕시내에서 실시된 오염제거(이하 '뉴욕의 오염제거'라고 한다)를 들 수 있다. 뉴욕시의 오염제거는 방사성물질에 관한 사례는 아니지만[79], 재해시의 피해를 경감하는 목적으로부터 행정에 의해 오염제거가 실시된 것이며, 재해시의 피해경감조치로서의 오염제거에 관한 법적 체계를 검토함에 있어서 참고로 되는 것으로 생각된다. 그래서, 이하에서 지면 사정상 대단히 간결하지만 뉴욕시의 오염제거의 개요와 그 법적 체계에 대해서 소개한다.

(2) 뉴욕시의 오염제거 개요

2001년 9월 11일 테러에 의한 2대의 항공기 충돌에 의해 월드트레이드센터(WTC)가 붕괴하고, 맨하탄 남부를 중심으로 대량의 분진이 비산하였다. 이후 미국 환경보호청(EPA)의 조사에 의해 비산된 먼지에서 석면 등 유해물질이 검출되고, 건강에 대한 영향이 우려되었기 때문에, 뉴욕시내, 특히 남부 맨하탄지역에서 유해물질의 제거가 과제가 되었다. 당초 EPA와 미국 산업안전위생국(OSHA)은 뉴욕시와 인근지

2) 『立法と調査』 360호 152쪽.

78) 田中·전게주 7) 『一橋法學』 13권 1호 290쪽 이하.

79) 후술하는 바와 같이, 뉴욕시에서의 오염제거의 근거로 된 스타포드법은 원인물질과 원인자에 관계없는 규정으로 되어 있고, 방사성물질에 의한 오염에 대해서도 동법에 의한 대처가 가능하다고 해석되고 있다(Cf. FEMA.National Response Framework, Ed.2, May 2013).

역에서 중대한 공중위생상의 위험성은 인정되지 않는다고 발표하고, 오염제거에 대해서는 주민들에게 스스로 분진을 제거하기 위해 권장 절차를 제공하는데 그쳤다[80].

그러나, 부흥작업에 종사하는 작업원과 주변주민들로부터 건강악화의 보고가 잇따랐기 때문에 상기 발표에 대한 의문이 표시되고, 뉴욕시장도 행정에 의한 오염제거의 실시가 요청되었기 때문에, EPA는 WTC의 부지인 그라운드·제로의 외부에 대해서도 희망하는 주민에게 행정에 의한 오염제거를 실시하기로 결정하고, 2002년부터 2003년까지, 그리고 2007년 두 차례에 걸쳐 오염제거프로그램이 실시되었다[81]. EPA는 오염제거대상지역을 맨하탄의 캐널 스트리트 이남으로 설정하고, 해당 지역에 소재하는 주택이나 상업용 건물에 대해 그 소유자가 희망하는 경우 오염상황의 조사를 실시해, 그 결과가 기준치를 넘는 경우에만 오염제거를 실시하기로 하였다. 한편, 모든 오염제거는 뉴욕시를 실시주체로 하여 이루어졌다.

(3) 뉴욕시의 오염제거의 비용부담에 관한 법적 체계

뉴욕시의 오염제거의 비용은 모두 스태포드법[82]에 근거하여 미국연방긴급사태관리청(FEMA)[83]이 부담하였다[84]. 뉴욕시의 오염제거의 근

---

80) http://www.osha.gov/pls/oshaweb/owadisp.show_document?p_table=NEWS_RELEASES&p_id=137(2015년 6월 30일 최종확인).

81) Cf. EPA, WORLD TRADE CENTER RESIDENTIAL DUST CLEANUP PROGRAM Final Report, December 2005: Cf. EPA, LOWER MANHATTAN TEST AND CLEAN PROGRAM Final Report, November 2008.

82) Robert T. Stafford Disaster Relief and Emergency Assistance Act, Public Law 100−707, as amended, 42 U.S.C. 5121−5207.

83) FEMA에 대해, 末次俊之 「『米國連邦緊急事態管理廳(FEMA)』の概要と活動」『海外事情』 2013년 7·8월호(2013년) 96쪽 참조.

84) EPA(2005)·전게주 81) 4쪽, EPA(2008)·전게주 81) 5쪽.

거가 된 동법의 체계는 다음과 같다[85]. 즉, 동법은 재해에 의한 피해 등을 경감시키기 위하여 주정부 및 지방정부가 행하는 조치를 원조하는 것을 목적으로 한다(U.S.C. 5121). 대규모 재해[86]가 발생한 경우, FEMA는 대통령의 지시에 따라 대규모 재해에 의한 절박한 위험에 대응하기 위해 필요한 원조를 할 수 있다(5170b (1)). 그 가운데, 건물잔해(Debris) 등의 제거에 대해서는 대통령은 연방의 부처 등을 통해 실시하거나 또는 주정부와 지방정부 등에게 실시를 위한 보조금을 교부할 수 있고(5173(a) (2)), 그 경우의 비용에서 차지하는 연방의 부담비율은 건물잔해 등의 철거비용의 75%를 미달하여서는 안된다(5173 (d)). 그리고, 동법에 근거하는 연방의 원조가 제공되는 상태를 의도적으로 일으킨 자는 미국이 소요한 비용 중 그 자의 작위 또는 부작위와 상당인과관계가 인정되는 금액을 부담한다(5160 (a)).

이와 같이, 스태포드법은 ①재해시의 피해경감을 목적으로 내걸고, ②건물잔해의 철거에 대해서는 연방의 부처 등을 통하여 실시하거나 또는 보조금의 교부에 의해 주정부나 지방정부 등에게 실시하게 하는 것을 포함하여, 상황에 응한 유연한 대응이 가능한 규정으로 되고 있다. 또한, ③비용에 대해서는 연방이 최저 75%를 부담한다고 규정하고, 고의로 재해를 일으킨 자에게 상당인과관계의 범위내에서 청구 또는 구상할 수 있도록 규정되어 있다.

(4) 일본에의 시사

만일의 사고에 대비한 입법조치의 필요성은 방사성물질과 기타 유해물질이 본질적으로 다른 것이라고는 생각하기 어렵다. 따라서, 신속

85) 스태포드법의 내용에 대해서는 井樋三枝子=植月獻二＝廣瀨淳子「アメリカの連邦における災害對策法制」『外國の事情』 251호(2012년) 4쪽을 참조하기 바란다.

86) 9.11의 테러공격에 의해 발생한 재해는 여기에 해당한다(Cf. U.S.C.5121(2)).

한 피해 경감의 관점에서 오염물질에 국한되지 않는 재해시의 피해경감조치로서의 오염제거에 관한 일반적인 법적 틀을 설정하는 것이 검토되어 좋다. 또한, 뉴욕시의 오염제거는 타국의 조직에 의한 테러행위라고 하는, 아마도 원인자에게 부담을 요구하는 것이 곤란한 원인에 의한 오염에 대해 행해진 것이지만, 스태포드법은 재해시에 원인물질이나 원인자에 관계없이 국가가 오염제거를 포함한 일정한 조치의 비용을 거출하는 것을 가능하게 하고 있다. 일본에서도 원인물질이나 원인자에 관계없이, 긴급조치로서 오염제거를 실시하는 것이 가능하도록 법적 체계를 검토해야 한다고 생각된다. 또한, 뉴욕시의 오염제거는 주민의 요구에 따라 실시된 것이며, 오염제거의 실시 자체에 대한 법적 근거는 불필요하다고 할 수 있는 사례였다. 그 때문에, 공권적인 관점에서 오염제거를 실시하는 경우의 법적 체계에 대해서는 별도 검토가 필요하지만, 이에 대해서는 향후의 과제로 하고 싶다[87].

7 끝으로

본장에서는 후쿠시마제1원전 사고 후의 방사성물질의 오염제거의 상황에 대해 확인한 후, 일본의 오염제거에 관한 법제도에 대해 분석을 실시하여, ①방사성물질오염대처특조법 44조 1항이 오염제거비용을 일의적으로 도쿄전력의 부담으로 정하고 있음으로써, 자발적인 오염제거나 재오염제거를 포함하여 피해자구제를 위한 유연한 대응이 곤란하게 되어 있다고 생각되는 것, ②오염제거비용에 관한 법적 체계

87) 高橋滋·본서 제1편 제1장 54쪽은 환경정비를 위한 재오염 등에 대해 공해방지사업비사업자부담법에서 규정하는 공해방지사업에 준한 새로운 공공적 사업을 법정할 것을 제언한다.

에 몇 가지 문제점이 발생하고 있는 것을 지적하고, ③동법 44조 1항의 개정을 포함하여, 일본의 오염제거법제에 대해 개정할 것을 제언하였다. 또한, 2001년 9월 11일의 동시다발 테러 후에 뉴욕시에서 실시된 오염제거프로그램과 그 실시를 위하여 거출된 비용의 근거로 된 스탠포드법에 대해 소개하고, ④일본에서도 신속한 피해경감의 관점에서 재해시의 환경오염에 의한 건강피해를 감소시키기 위해 원인물질이나 원인자에 관계없이 오염제거를 실시하는 것을 가능하게 하는 일반적인 법적 체계를 설정하는 것의 필요성을 지적하였다.

재해시와 같은 긴급사태에서는 무엇보다도 신속한 피해자구제가 요구된다. 후쿠시마제1원전 사고는 법제도의 바람직한 방안으로서도 상정 외의 사태에 대비할 필요성을 강하게 인식시키는 것이었다. 후쿠시마제1원전 사고와 같은 심대한 재해의 경우에 최종적으로는 개별입법에 의해 대처하지 않을 수 없다고 하더라도 만일의 사태에 신속한 피해자구제가 법의 흠결에 의해 방해되는 것과 같은 상황은 가능한 한 회피되어야 한다. 그를 위해서는 긴급적인 조치에 한한다고 하더라도, 적용범위가 재해의 원인이나 그 책임의 소재에 좌우되지 않는 유연한 법제도 설계가 요구될 것이다. 특히, 비용부담의 바람직한 형태에 대해서는 재해의 원인은 다종다양한 이상 그 재해의 규모와 상황에 응한 유연한 대응이 가능하게 되는 법적 체계가 검토되어야 한다고 생각된다.

| **다나카 요시히로(田中 良弘)** 히토츠바시대학 대학원 법학연구과 특임준교수 |

제3편

안전규제와 주민합의

제1장 원전 '재가동'에 관한 전문적 식견의 반영

— 신규제기준을 둘러싼 법적 과제 —

1 처음에

2011년 3월 11일에 발생한 동일본대진재에 따라 도쿄전력 후쿠시마 제1원자력발전소에서 이른바 '중대사고(시비어 액시던트[1]))가 발생하였다(이하, 당해 사고에 대해서는 '후쿠시마제1원전사고'라고 한다). 이 사고레벨은 국제원자력기구(International Atomic Energy Association) (이하 'IAEA '라고 한다)가 설정한 기준에 의하면, 레벨 7에 달하는 것으로 해석되고, 시설 외부로의 광범위한 방사능 누출을 일으킨 것으로부터, 체르노빌 원자력발전소 사고에 필적할 정도의 큰 사고로서 일본의 원자력정책·에너지정책 자체를 뒤흔드는 커다란 과제를 제기하여 현재에 이르고 있다[2].

특히, '중대사고'의 발생이 다양한 구조를 통해 방어되는 것을 목적으로 한 안전규제가 존재하는 가운데 발생해버린 현실, 그 현실에 대해 법제도뿐만 아니라 사법판단을 통해 분명하게 된 다양한 과제에 대해 다시 점검할 필요가 있다. 그와 동시에, 무엇이 그 중에서 부족했는

---

1) 달리 「과혹사고」라고도 칭하여지지만, 조문의 규정에 따라서 「중대사고」라고 칭하도록 한다.

2) 사고 이후, 원전정책 자체에 대해서는 「탈원전정책」을 의식한 것을 비롯하여, 향후의 과학기술의 진전의 바람직한 방안의 일환으로서 파악하는 것 등, 다수의 논고 등이 발표되어 있다. 지면 관계상, 그들 논고에 대해서는 특히 언급하지 않도록 한다.

지, 무엇이 현실적 과제로서, 혹은 미래에 해결할 수 있는(또는 미해결의) 과제로서 존재하는지에 대해 검토하는 것도 함께 필요하게 될 것이다.

이상과 같은 필요성에서, 본장에서는 특히 원자력규제위원회설치법(2012년 법률 47호. 이하 '설치법'이라 한다)에 근거하여 설치된 신 규제조직인 원자력규제위원회가 핵원료물질,핵연료물질및원자로의규제에관한법률(1957년 법률 166호. 이하 '원자로등규제법'이라 한다)에 근거하여 허가 등의 기준으로 제정한 제 규칙(이하 '신규제기준'이라고 한다)에 주목하고 싶다. 이들 제 규범으로 구성된 규제구조는 원래 후쿠시마제1원전사고를 통해 얻은 경험칙에 입각하여 규제당국에 의해 개정된 일련의 안전심사기준으로 되어있지만, 그와 동시에 현재 정지중인 원자로에 관한 '재가동'의 여부를 판단하는데 있어서 법적 근거로도 된다(상세는 2 〔1〕 (2)에서 언급). 이것은 신규제기준 자체의 문제점에 대한 비판과 더불어, 당해 기준에 의거해서 판단된 현존하는 원자로의 '재가동'을 중지시키기 위한 일련의 재판에서처럼 신규제기준(및 그것을 근거로 한 각 원자로시설에 대한 적용결과)을 법적 판단의 근거로 하는 것과도 관계하고 있다. 이 때문에, 본장에서는 사법판단에서 보이는 당해 기준의 적용을 소재하는 것으로 '재가동'에 관한 법률문제의 일단에 언급할 수 있는 것으로 생각한다[3].

---

3) 외국법제에서도 관련과제가 존재하지만, 본장에서는 언급하지 않도록 한다. 다만, 관련문헌으로서 영국원자력법제에 대하여 필자가 연구할 기회를 얻은 다음의 문헌을 참조하면 좋겠다. 友岡史仁「イギリスにおける原子力行政と放射性廢棄物處分」『季刊環境研究』170호(2013년) 107쪽 이하, 同「イギリスにおける原子力安全規制」『比較法研究』76호(2014년) 27쪽 이하.

2 안전심사에 관한 규제구조 - 설치법과 원자로등규제법 -

후쿠시마제1원전사고를 토대로 변경된 일본의 원자력법제의 골격을 개관하고, 사고 후 4년이 경과한 단계에서 존재하는 제 과제의 일단을 다루기로 한다. 여기에서는 규제구조의 골격으로서 설치법과 원자로등규제법의 각각의 시점에서 다룬다.

(1) 설치법에 대하여

본장 시작 부분에서 언급했듯이, 현재의 원자력법제를 담당하는 규제조직은 원자력규제위원회이며, 동 위원회는 설치법에 근거하는 환경성의 외국(外局)으로서 국가행정조직법(1948년 법률 120호)의 이른바 '3조 위원회'로서 설립되었다(2조). 이하에서 설치법이 규정하는 안전규제의 구조에 관한 개요이다

첫째로, 원자로등규제법에 근거하는 상업용 원자로를 비롯한 원자력시설에 관한 일련의 허가등의 권한주체를 원자로의 설치의 경우는 독임제기관인 '주무대신'(다만, 제련·가공, 저장, 재처리, 폐기의 각 사업을 행하는 자에 대해서는 경제산업대신)으로부터 합의제기관인 원자력규제위원회로 일괄 변경하였다. 이것은 원자력규제위원회로의 원자력 이용에 관한 규제의 일원화를 도모함으로써 안전심사에 관한 판단과정에 대한 책임을 전문가집단인 당해 위원회에 대해 부여하고, 규제권한자로서 안전심사를 전문적 식견에 의해 실시하고 최종적인 판단을 합의에 의해 내리는 구조를 만든 것이다. 그리고, 이 개정의 배후에는 원자력 안전의 신뢰성 향상으로 연결된다고 하는 정책적 동기가 존재하였다고 할 수 있다.

둘째로, 이상의 조직론과 맞물려, 법률학(특히 행정법학)의 관점에서는 전문적 식견을 공정중립의 견지로부터 어떻게 안전심사라고 하는

행정과정에 반영할 수 있는가라고 하는 중요한 점이 포함되게 되었다. 즉, 설치법에서는 위원의 임명요건에서 원자력에 관한 사업을 행하는 법인 등의 임원, 사용인, 종업원 등을 제외하는 한편(7조 7항 3·4호), 복무규정으로서 위원장·위원의 재임중에는 달리 영리사업 등을 운영하는 것은 인정되지 않는 것(11조 3항), 직권행사의 독립성(5조)을 규정한 것이 있다[4)][5)].

셋째로, 설치법은 상기 가운데에서 둘째의 과제에 대해 원자력사업으로부터의 기부의 제한 등의 '내부규범'을 원자력규제위원회에 제정하도록 요구하고 있다(11조 4항). 이 점은 실정법을 근거로 한 법적 구속력에는 이르지 않더라도 전문가집단의 판단에 의해 공정중립성을 담보하기 위한 구체적 제도이다. 다만, 역으로 말하자면, 이 내부규범에서 정보 개시(開示), 원자력사업자와의 접촉의 제한이 요구되고 있지만, 어디까지나 조직내의 규범이기 때문에 근거로서 실효성이 담보되어 있는 것은 아닌 불철저함을 남기고 있다[6)].

〔2〕 원자로등규제법에 대하여

이상에 다룬 원자력규제위원회의 설치는 종전의 비판에 대해 있어야 할 조직으로서의 과제를 해결하려고 한 점을 엿볼 수 있다. 그래서, 다음으로 원자로의 재가동을 문제시하는 입장에서의 비판으로서 후쿠시마제1원전 사고는 경험칙을 정말로 살리는 형태로 실체적 측면

4) 본장 필자의 견해에 대해서는 友岡史仁「原子力政策と行政手續―行政法の視点から」鈴木庸夫編『大規模震災と行政活動』(2015년, 日本評論社) 240쪽 이하.

5) 이른바「원자력촌(原子力ムラ)」이라고도 칭하여지는 과제에 대해서는 규제당국 이외에도 전문가 자신에 대해서 존재하지만, 이러한 시각에서 논한 것으로서 友岡史仁「統治と專門性―行政法の視点から」『公法研究』76호(2014년) 125쪽 이하 참조.

6) 友岡·전게주 4)『大規模震災と行政活動』241-242쪽 참조.

에서도 안전심사를 가능하게 하고 있는가라는 의구심이 있지만, 이에 대답하기 전에 원자로등규제법에 관한 다음의 여러 가지 점을 지적해 둔다.

첫째로, 원자력규제위원회에의 제 권한의 일원화에 따라, 동 위원회 규칙이 안전심사의 명시적인 판단근거로서의 위치를 차지하는 점이다[7]. 또한 이 규칙은 동법이 해당 위원회의 지정 및 허가에 관한 모든 사업 및 시설 설치에 있어서의 '재해의 방지에 지장이 없을 것'인지 여부를 판단하는데 있어서의 기준을 정하는 유일한 법형식이다.

둘째로, 원자로등규제법은 '재가동'이라는 문언이 직접적으로 이용되고 있는 것은 아니지만[8], 이미 원자로의 설치허가를 받고 있는 자로서도 원자력규제위원회에 의해 설치단계에서 받은 허가사항의 변경에 관한 허가를 받을 것을 요하는 형태로 동 위원회규칙은 '재가동'의 판단에 적용된다. 따라서, 설치허가단계와 마찬가지로 기준의 적합성이 요구되기 때문에(43조의3의8 제1·2항, 43조의3의6), '재해의 방지에 지장이 없는 것'인지 여부에 관한 신규제기준에의 적합성을 필수로 한다. 다만, '재가동'에 있어서, 설치변경허가에 더하여 공사계획변경인가(43조의3의9) 및 보안규정인가(43조의3의24)도 필요하게 된다[9].

---

7) 제련사업에 관한 지정(4조 2항), 가공사업에 관한 허가(14조 3호), 발전용원자로 이외의 설치허가(24조 1항 3호), 발전용원자로의 설치허가(43조의3의6 제1항 4호), 저장사업에 관한 허가(43조의5 제1항 3호), 재처리사업에 관한 지정(44조의2 제1항 4호), 폐기사업에 관한 허가(51조의3 제2호).

8) 원자력규제위원회는 「적합성심사」라는 표현을 사용하고 있다. 본장에서는 일반용어로서 「재가동」을 사용한다. 한편, 실용발전용원자로에 대해서는 일반전기사업자(오키나와를 제외) 및 일본원자력발전의 각 사가 보유하는 14기, 핵연료시설 등(재처리, 가공, 저장, 폐기물관리시설)에 대해서는 7 사업자로부터서의 신청을 받고 있다. 電氣新聞『原子力ポケットブック2014年度版』(2014년, 日本電氣協會新聞部) 50−51쪽 참조.

9) 종전에 설치변경허가부터 시작하는 단계적인 실시에 대신하여, 이들 인가와 아울러 일괄적인 심사절차로의 변경은 원자로등규제법의 개정에 수반하는 것

셋째로, 이른바 '백피트'로 불리는 기존시설의 '기술상의 기준'의 유지에 관한 규정이 설정되었다(43조의3의14). 구체적으로는 "원자력규제위원회규칙으로 정하는 기술상의 기준에 적합하도록 유지하여야 한다"고 규정하고[10], 최신기술의 유지·적용을 한번 설치허가가 나온 기존시설에 대해 요구할 것을 기도하였다.

넷째로, 원자력규제위원회규칙에의 적합성을 담보하여야 하고, 기준에 적합하지 않는 경우에는 동 위원회가 시설의 사용 등의 정지를 명하는 것(43조의3의23 제1항), 둘째에서 언급한 '재가동'에 있어서 허가사항에 관하여 허가를 받지 않고 운전이 이루어진 경우 및 사용등정지명령에 위반하는 경우는 허가의 취소와 운전정지를 명령하는 것(43조의3의20 제2항 2·4항)으로 하고 있다.

〔3〕 검증

(1) 전체평가 및 메리트로서 - 본래의 기대 -

이상의 여러 가지 점을 총괄하면, 설치법은 후쿠시마제1원전 사고에 입각한 결과, 위원장·위원의 직에 있는 자에 대하여 과도적 의미에서 공정중립적인 판단을 담보하기 위한 조직으로서의 제도설계를 실현하고 있다고 해석할 수 있을 것이다. 물론, 이러한 사태에 있어서도 해외의 규제와의 비교에서 실기하였다고 하는 비판이 있는 것은 말할 필요도 없지만[11], 엄격한 안전심사를 행한 다음에 '규제주체'에게 요구

이 아니다. 한편, 원자력규제위원회는 「__금회의 심사에서는__ 설비의 설계와 운전관리체제 등, 하드·소프트의 양면의 실효성을 일체적으로 심사하는 것」(밑줄 필자)으로 하고 있으며(제13회 원자력규제위원회(2013년 7월 3일 개최) 참고자료 22쪽), 본래의 운용방법이 아닌 자세라고도 할 수 있다.

10) 이미 다수가 말하고 있는 것처럼, 국회사고조사보고서는 이 규정이 법적으로 명문화되어 있지 않은 것에 의한 폐해를 지적했었다. 東京電力福島原子力發電所事故調調査委員會『國會事故調査報告書』(2012年, 德間書店) 533쪽 참조.

되는 공정중립성에 관한 형식적 측면에서의 제 과제를 제도상은 해소하고 있다고 하는 견해가 가능하다.

한편, 원자로등규제법상의 안전심사에 대하여 (구)원자력안전·보안원 및 원자력안전위원회의 양자에 의해 '더블 체크[12]'가 이루어졌지만, 이것을 동법 개정 후는 원자력규제위원회로 일원화하는 한편, 법형식의 관점에서는 동 위원회가 제정하는 규칙을 근거로 안전심사가 실시된다. 이는 종전처럼 원자력안전위원회가 의거하여 온 각종 지침에 대하여 그것들이 모두 심사기준으로서 법적 구속력을 가지는지에 대한 논의를 요하지 않게 되었다고 하는 장점은 지적할 수 있는 것은 아닐까.[13] 설령 규칙을 법적 근거로 함으로써 안전심사를 경직화한다고 하는 비판이 있었다고 하더라도 그 것에의 대응은 규칙의 운용면에 의해 해소될 것이다.

그러나, 이것은 원자력규제위원회가 스스로 규칙의 내용을 정기적으로 정밀심사하고, 필요하다면 개정작업을 전제로 한 이야기이다. 그

11) 이 점에 대해, 규제의 독립성을 미국에서의 원자력규제위원회(Nuclear Regulatory Commission : NRC)와의 대비에서 지적하는 것으로서 首藤重幸「原子力規制の特殊性と問題」『環境法研究』1호(2014년) 45쪽 이하 등 참조.

12) 종래, 안전심사의 중심을 담당하였던 경제산업성의 외국인 자원에너지청의 「특별기관」(국가행정조직법 8조의3)이었던 원자력안전·보안원과 내각부의 원자력안전위원회의 2기관에 의한 안전심사를 가리킨다. 한편, 이러한 체크체제가 안전심사과정에서 원자력사업자(메이커, 설치주체로 되는 전기사업자)에게 자주성을 중시하는 방향성에 의한 결과, 역으로 애매한 형태에서의 안전심사를 가능하게 했다고 하는 평가에 대해서, 友岡史仁「原子力政策と行政組織」『公共政策研究』14호(2014년) 79-80쪽 참조.

13) 예전에 "안전설계심사지침, 원자로입지심사지침, 전상지도(電象手引)는 모두 법규범성을 갖지 않는 것이라는 것은 그 각 형식에 비추어 명백하며, 이들 지침, 지도는 원자로설치허가처분에서의 안전심사시에 그 판단으로 가능한 한 안정성과 확실성을 갖게 하고자 하는 것에 지나지 않고, 그 법규범성이 존재하지 않는 것"이 헌법 31조, 41조, 73조 1호에 반하지 않는다고 한 이카타(伊方)원전 제1심판결(松山地判 1978년 4월 25일 民集 46권 7호 1572쪽)이 있다.

렇다면, 항상 규칙제정시에 최고수준에 있는 식견에 근거하여 최대한의 안전성을 어느 정도 담보하고 있는지를 문제로 하여야 하며, 예를 들어, 그 변경을 어쩔 수 없이 하는 일이 있어서는 안된다고 하는 보수적인 발상이 있다면, 그것은 과학기술의 진전을 전제로 하는 일반론의 관점에서 문제가 된다. 따라서, 안전성에 관한 실체심사 그 자체에 대한 신뢰를 확보한 다음, 경험칙을 필요 충분하게 고려한 규칙의 변화가 있고, 그 결과를 항상 심사단계에 투영할 수 있다고 하는 '백피트'제도의 활용이 현행 원자로등규제법의 이상적인 형태로 된다. 그러나, '백피트'제도가 진정으로 원자로 등의 안전심사절차에 활용되기 위해서는 최신기술이 원자력규제위원회규칙에 내장되어 비로소 법적 구속력을 가지기 때문에, 만일 세상에서 신기술로 되는 것이라도 심사단계에서 반영된다고는 할 수 없다.

이 때문에, 해당 기술이 심사단계의 대상이 되도록 신뢰성을 획득하기에 이르기 위해서는 일정한 기간을 필요로 하기 때문에, 경험칙에 근거하는 '백피트'제도가 신속하게 활용되지 않는다고 하는 비판도 수긍될 것이다[14]. 그러나, 적어도 경험칙에 따른 신기술의 규칙화과정의 공정성 담보가 핵심이라고 할 수 있다. 한편, 동 제도에 관한 자세한 내용은 다음 장을 참조하기를 바란다.

(2) '재가동' 과의 관계

현재 진행되고 있는 각 원자로시설에 관한 '재가동'을 위해 원자로설치사업자의 신청을 받은 원자력규제위원회에 의한 심사(설치변경허가에 관한 심사)는 이상과 같은 설치법 및 원자로등규제법의 이상형을 실현하는지는 의문 없다고 할 수 없다. 그것은 후술하는 바와 같이 심사의

14) 이러한 의미에서 본 제도에 대해 부정적 견해에 서는 최근의 논고로서, 伴英幸「新規制基準は『世界で一番嚴しい』のか」『アジェンダ』48호(2014년) 20쪽 참조.

근거가 되는 신규제기준의 내용, 나아가서는 그 적용에 대한 비판 등, 원자력규제위원회가 허가 등의 처분을 행하기 이전의 심사절차상의 문제로서 전문가집단 끼리의 의견이 팽팽하게 대립하고 있는 점에서 나타나고 있다. 즉, 원자력규제위원회에서 전문적 식견을 누락없이 흡수하고, 각각을 안전규제의 장에서 유감없이 발휘할 수 있는 규제구조로 되어있는 가운데 안전심사(실체 판단)에 관한 제반 절차가 요구되는 것이 본래의 모습이라고 한다면, 본장 집필 시점에서 진행되고 있는 여러 심사절차를 보는 한, 식견집약의 장이 충분히 정비되어 있지 않거나 또는 그 집약방법이 반드시 충분하지는 않다고 생각할 수 있는 점에 문제를 남기고 있다. 이에 대해서는 3 〔2〕에서 자세히 고찰하고자 한다.

3 신규제기준의 내용과 과제

〔1〕 신규제기준의 구조

(1) 실용 발전용원자로에 관한 규칙의 종류

신규제기준은 본장의 모두(冒頭) 및 2 〔1〕에서 언급한 바와 같이 원자력규제위원회가 각종 시설에 대해 허가 등을 할 때 의거하는 각종 규칙의 총칭이다. 이 가운데, ①특히 '재가동'에 관한 신규제기준을 다룬 경우, 설치변경허가, 공사계획인가 및 보안규정인가에 공통되는 것이 '실용발전용원자로의설치,운전등에관한규칙'(구 1978년 통상산업성령 77호, 현 2014년 원자력규제위원회규칙 1호. 이하 '실용로규칙'이라 한다)이며[15], 이외에도, ②설치변경허가(43조의3의8 제2항에 의한 43조의3의6 제1항 4호의 준용)에 관한 '실용발전용원자로및그부속시설의위치,구조및설비기

15) 특히 보안규정인가에 대해서는 실용로규칙 92조 이하.

준에관한규칙'(2013년 원자력규제위원회규칙 5호. 이하 '설치허가기준규칙'이라 한다)이 있다[16].

한편, 원자력규제위원회는 설치허가기준규칙의 해석인 '실용발전용원자로및그부속시설의위치,구조및설비의기준에관한규칙의해석'(2013년 6월 19일 원규기 1306193호. 이하 '설치허가기준규칙해석'이라 한다) 및 각종 심사가이드를 별도로 동 위원회의 결정에 따라 정하였다[17].

(2) 구 지침 등과의 차이

이상에서, 신규제기준과 함께 규칙의 해석과 각종 심사가이드를 통해 문제현상에 대한 상세한 심사사항을 명문화하고 있는 점은 종전에 실용로규칙을 정한 원자력안전·보안연구원과 원자력안전위원회가 정하는 기준과 지침에 따라 문제현상의 상세한 심사기준을 정했다는 점과 규제의 계층으로서는 공통점이 있다[18]. 그러나, 신규제기준이 기본지침을 정하고, 그 구체화를 별도 원자력규제위원회의 결정에 근거하여 공표되는 해석에 맡기는 구조를 감안하면, 해당 규칙에서 원자로등규제법이 기대하는 심사기준을 충실히 망라적으로 규정하고 있는가라는 의미에서 법적 구속력을 가지는 규칙에 무엇을 써넣을 것인가라고 하는 관점이 중요할 것이다[19].

---

16) 「バックフィット」제도에 관한 규칙으로서 「실용발전용원자로및그부속시설의기술기준에관한규칙」(2013년 원자력규제위원회규칙 6호)이 규정되어 있다.

17) 예컨대, 설치허가기준규칙 6조에 있는 "상정되는 자연현상"은 동 규칙에 별도 규정된 지진 및 쓰나미를 제외하고, "부지의 자연현상을 기초로 홍수, 바람(태풍), 회오리바람, 동결(凍結), 홍수, 적설, 낙뢰, 산사태, 화산의 영향, 생물학적 사상(事象) 또는 삼림화재 등으로부터 적용되는 것을 말한다"고 한다. 설치허가기준규칙해석 13쪽.

18) 신구의 기준비교에 대해서 정리한 것으로서 大嶋健志「原子力發電所の新規制基準の策定経緯と課題」『立法と調査』344호(2013년) 137쪽 이하 참조.

19) 무엇을 규칙에 써넣을 것인가라고 하는 시점으로부터 원자력안전위원회에 의해 제정된 입지심사지침이 폐지된 것에 대한 비판과의 관계가 문제로 된다.

한편, 신규제기준이 의거하여야 할 원자로등규제법상의 판단기준인 "재해방지상 지장이 생기지 않는지" 여부라는 문언은 개정 전의 동법에서 변화는 없지만[20], 신규제기준의 적합성을 구속조건으로 하여, 이 기준에 후술하는 바와 같은 "중대사고대처설비"를 포함한 다음, 당해 문언의 해당성에 관한 판단을 가능하게 하고 있다(원자력규제위원회가 심사의 범위를 규칙의 제정내용에 따라 신축가능하다는 것도 있다).

그래서, 이하에서는 그들 규칙 중에서 후쿠시마제1원전 사고의 경험칙을 토대로 하고, '실용 발전용원자로'에 관한 신규제기준에 규정된

원자력규제위원회 기자회견록(2013년 4월 24일)(http://www.nsr.go.jp/data/000068608.pdf(2015년 10월 26일 확인)) 1쪽 이하에서의 기자와의 문답 참조. 원자력규제위원회에서는 입지지침은 중대사고·가상사고를 상정해서 중대사고시에 방사선장해를 주민에게 미치지 않도록 하는 것 등을 이유로 하였지만, 신규제기준은 그러한 생각을 취하지 않은 점을 근거로 한다(田中俊一위원장의 발언). 이에 대해, 비판하는 논자는 원자력규제위원회의 생각으로는 구 지침이 과혹사고(원자로등규제법상의 「중대사고」를 가리킨다고 생각된다)를 상정하지 않고, 후쿠시마제1원전사고에서 비현실적인 것으로 되어, 그 비현실적이란 "지침을 살려놓으면 원전의 주변 수 킬로의 비거주구역을 만들지 않으면 안되게 되지만, 이제와서 주민을 퇴거시킬 수 없다"고 주장한다(伴·전게주 14) 『アジェンダ』 48호 21쪽). 사전에 중대사고를 상정해버리면 오염확대지역이 확장됨으로써 입지 자체를 행할 수 없게 되는 것, 나아가서는 「백피트」 단계에서의 설치변경허가기준이 저촉하는 원자로가 속출한다고 하는 비판을 근거로 하는 것 같다. 이것에 관련된 「백피트」와의 관계는 瀧谷紘一 「被爆から守らない新規制 立地適合性外す」 『エコノミスト』 91권 29호(2013년) 92-93쪽, 이러한 비판에 동참한다고 생각되는 것으로서, 植田和弘 「氣候変動政策とエネルギー政策―福島原發過酷事故を受けて」 『環境法政策學會誌』 16호(2013년) 44쪽 참조. 한편, 신규제기준이 원래 재해대책(=주변주민의 피난)이라는 발상에 서있는지에 대해서도 논의의 여지가 있으며, 원자력규제위원회는 이것에 대해 소극적 입장에 있다고 해석할 수 있기 때문에, 그렇게 되면 원래 제도의 수립방법 자체에 문제가 있는 것이 될 것이다. 방재계획과 원자력등규제법과의 관계는 〔3〕에서 언급한다.

20) 개정전의 원자로등규제법에서의 이러한 설치허가등에 관한 기준의 문언에 대한 비판으로서 高橋滋 「原子力規制法制の現狀と課題」 高橋滋＝大塚直編 『震災·原發事故と環境法』(2013년, 민사법연구회) 31쪽 참조.

내용에 대해 그 생각을 둘러싼 제 과제를 다루고자 한다.

〔2〕 기존의 신규제기준의 과제

(1) '다중방호'의 의의와 신규제기준

'다중방호(Defense in Depth)[21]'란 "원자력시설의 안전확보의 수단으로서 단일의 수단에 의하지 않고, 복수의 수단을 다중으로 준비함으로써 원자력시설의 안전성을 확보하고자 하는 입장"이라고 하지만, 그것에도 몇 가지 종류가 있다고 한다[22]. 이 점은 예컨대 원자력안전위원회(당시)가 규정하였던 '발전용경수로원자로시설에관한안전설계심사지침'(1990년 8월 30일 원자력안전위원회 결정)을 전제로 '이상발생방지대책'(제1 레벨), '이상확대방지대책'(제2 레벨), 그리고 '사고영향의 완화대책'(제3 레벨)로 나누는 입장이 보인다[23][24].

한편, 이러한 지침의 내용은 국회에서의 도쿄전력 후쿠시마원자력

---

21) 일본어역으로서 「심층방호」라고도 칭하여지지만, 「다중방호」도 동의이며, 본장은 후자의 용어를 사용한다.

22) 原子力ハンドブック編集委員會『原子力ハンドブック』(2007年, オーム社) 1033쪽(藤本春生). 동서에서는 IAEA의 제4레벨(액시덴트 매니지먼트) 및 제5의 레벨(방재대책)은 "넓은 의미에서는 제3의 레벨에 포함되고 있다고 생각할 수도 있다"고 하였다. 다만, 이러한 지적은 후쿠시마제1원전사고 이전의 것이다.

23) 이들 레벨은 지침에서 명시되었던 것은 아니다. 자리매김으로서 原子力ハンドブック編集委員會·전게주 22) 『原子力ハンドブック』 1033쪽(藤本) 참조.

24) 이것과 유사한 파악방식으로서, 후쿠시마제1원전사고 이전의 민사금지소송에서의 판례인 오나가와(女川)원전 민사금지소송(센다이(仙台)지판 1994년 1월 31일 判時 1482호 3쪽)이나 토마리(泊)원전 민사금지소송(삿포로지판 1999년 2월 22일 判時 1676호 3쪽)에서는 「이상상태발생방지대책」 「이상상태확대방지대책」 「방사성물질이상방출방지대책」의 3개로 나누어 고찰하였다. 문제점의 지적으로서 友剛·전게주 4) 『大規模震災と行政活動』 259쪽 이하 참조. 동서 중에서는 이것을 「협의의 다중방호」와 「광의의 다중방호」로 나누어 고찰하였다.

발전소사고조사위원회에 의한 보고서(이하 '국회사고보고서'라고 한다)에서 IAEA가 나타내는 '다중방호'개념에 비하여 협의라는 지적이 이루어지고, 이에 대응하는 형태로 현재의 신규제기준에서는 '중대사고' 발생을 염두에 둔 제 규정이 명시적으로 두어지게 되었다. 그러나, 종전의 지침이 '중대사고'에 대한 대책에서 느슨했다는 것을 문제시하는 것으로서 '중대사고'의 발생을 의식하고서 추가적인 제 종류의 '다중방호' 책에도 법적 구속력이 미치는 것을 기대했다는 지적이 취하여진다[25]. 그것은 구 지침을 근거로 한 '다중방호'의 개념과는 간격이 있다고 하더라도 신규제기준에서의 '중대사고'를 종전 이상으로 항상 의식한 원자로설계에 대한 기대에 유래하는 것이라고 할 수 있을 것이다.

이상을 받아서, 신규제기준(이 가운데에서 설계허가기준규칙, 기술기준규칙)에서는 '설계기준대상시설'과 '중대사고대상시설'로 구분되고 있고, 이것은 상기에서 언급한 국회사고보고서를 토대로 한 '다중방호' 개념의 엄격화라고 하는 발상 아래 규정한 것이다. 따라서, 설계기준사상으로는 대처할 수 없을 정도의 중대사고인 경우라도 시설 외부로의 방사성 누출은 방지할 수 있을까라는 사고에 의거하고 있다고 해석할 수 있다.

(2) 신규제기준과 과학적 식견의 충돌 – 활단층에 관한 안전심사 사례

상술한 신규제기준의 구조에 대한 비판적 논의를 정리하면, 다음과 같을 것이다. 첫째로, '중대사고대상 편중'이라는 인상을 가진다고 하는 견해[26]이지만, 이 연장선으로서 '설계기준대상시설'의 불충분성에 한층 주목해야 한다고 하는 견해가 가능하다. 둘째로, 시설설계단계에

25) 原子力規制委員會 「實用發電用原子爐及び核燃料施設等に係る新規制基準について―概要―」(http://www.nsr.go.jp/data/000070101.pdf(2015년 10월 26일 확인)).

26) 下山憲治「原子力利用リスクの順応的管理と法的制御」『環境法研究』1호(2014년) 77쪽 참조.

서 예측을 가능하게 하는 '설계기준사상'이 아닌 경우는 설령 중대사고 대책을 세우더라도 그 불충분성을 불식할 수 없다고 비판하는 견해이며[27], 첫째로와 병렬할 수 있는 견해라고 할 수 있다. 이러한 비판의 배경으로서 '재가동'에 관한 안전심사절차에서의 지진이나 활단층의 존부라고 하는 자연현상에 관해 연구자 마다의 생각의 현저한 차이를 수반하는 전문적 식견끼리의 충돌이 일례로서 존재하는 것이라고 생각된다[28].

활단층에 관련된 안전심사의 예(쓰루가(敦賀)원전 등[29])를 든다면, 설치허가기준규칙 3조 1항이 정의하는 '내진중요시설'("설계기준대상시설 중 지진의 발생에 의해 발생할 우려가 있는 그 안전기능의 상실에 기인하는 방사능에 의한 공중에 대한 영향의 정도가 특히 큰 것")에 대해 동 조 3항이 "변위가 발생할 우려가 없는 지반에 설치하여야 한다"고 규정하고 있는 바, 설치허가기준규칙해석 121쪽에 의하면, "내진중요시설이 장래 활동할 가능성이 있는 단층 등의 노두(露頭)가 있는 지반에 설치된 경우, ……당해 시설을 장래 활동할 가능성이 있는 단층등의 노두가 없는 것을 확인한 지반에 설치하는 것"으로 정의하고, "장래 활동할 가능

27) 이러한 취지로 생각되는 논고로서, 海渡雄一「3.11後の原發裁判の課題と展望」齋藤浩編『原發の安全と行政·司法·學界の責任』(2013年, 法律文化社) 72쪽 참조.

28) 이 이외에, 원자로의 설계사상에 원래 잘못이 있다고 하는 견해도 있을 수 있다. 이러한 경우, 어느 정도 문제시하여야 할 설계사상인지라는 논의가 있을 것이다. 한편, 후술의 오이(大飯)3·4호기 운전금지판결(4〔1〕 참조)이 외부전원의 취약성을 지적한 것에 획기적인 점을 찾아내고, 기존의 원전설계사상을 의문시하는 논고로서, 井野博滿「原發の設計思想を問う」『科學』85권 4호(2015년) 414쪽 이하 참조.

29) 실제, 스루가(敦賀)원전의 직하에 있는 파쇄대(破碎帶)를 활단층으로서 인정해야 할것인지 여부에 관한 연구자간의 의견 차이 등이 지적되고 있다. 스루가 이외에, 히가시도오리(東通), 오이(大飯), 시카(志賀), 미하마(美浜)를 둘러싼 활단층의 유무에 관한 심리의 경위에 대해서는 天野健作『原子力規制委員會の孤獨―原發再稼働の眞相』(2015年, エネルギーフォーラム) 130쪽 이하 참조.

성이 있는 단층 등"을 후기갱신세(後期更新世) 이후(약 12~13만년 전 이후)의 활동성이 명확히 판단할 수 없는 경우에는 "중기갱신세 이후(약 40만년 전 이후)까지 소급하여 지형, 지질·지질구조 및 응력장(応力場) 등을 종합적으로 검토한 후에 활동성을 평가하는 것"으로 하였다.

그래서, 신규제기준과 그 해석에 관한 내용에 대하여, 학문적 관점에서 보면, 지진학·지질학과 변동지형학과의 사이에서는 중기갱신세 이후의 연대(약 40만 년 전 이후까지 소급하는 것)에 대한 역점을 두는 방식이 전혀 다르다. 따라서, 원자력규제위원회의 심의과정에서 변동지형학에 치우친 판단이 내려져 있다는 비판적인 지적이 있는 한편[30], 변동지형학의 입장에서는 심사절차의 조사 등에서는 전문성에의 편중은 없다는 등의 비판이 있다[31]. 이 이외에, 변동지형학의 사고방식은 "과학의 한계를 고려한 안전측 판단"에 의거한 것으로서, 이를 과학=진리 탐구로 자리매김하고 있는 점에 비추어 보면[32], 이 식견은 '다중방호'론을 염두에 둔 지금까지 원자로등규제법이 의거해온 공학적인 사고방법에 준거한 식견과의 사이에서 논의의 평행선을 이룰 소지를 가지고 있는 것으로도 보인다[33].

30) 원자력규제위원회에서의 유식자회합에서의 심의는 변동지형학에 편중된 심사라고 비판적으로 논하는 것으로서 青柳榮『活断層と原子力』(2013年, エネルギーフォーラム) 195쪽 이하 참조.

31) 鈴木康弘『原發と活斷層ー「想定外」は許されない』(2013년, 岩波書店) 67-68쪽 참조.

32) 鈴木·전게주 31) 同 68쪽에서는「원래『과학』이란『진리를 추급하는 것』으로서, 계측기로 재서 무언가의 숫자를 내는 것이나 복잡한 계산식을 푸는 것이 아니다」고 하고 있다.

33) 유사의 현상은 지진학과 지진공학과의 관계에 대해서도 볼 수 있다. 양 분야의 차이를 포함하여, 交告尚史「原子力安全をめぐる專門知と法思考」『環境法研究』 1호(2014년) 18쪽 이하 참조. 한편, 지진학의 입장에서 신규제기준을 비판적으로 기술하는 것으로서, 石橋克彦「地震列島における原發の新規制基準と再稼働問題」『都市問題』106권 3호(2015년) 69쪽 이하 참조.

그러나, 원자력규제위원회가 공표한 심사가이드(원자력규제위원회 '부지내및부지주변의지질·지질구조조사에관한심사가이드'〔2013년 6월〕, 10쪽)에 따르면, 원래 단층조사의 수법으로서 "기존문헌의 조사, 변동지형학적 조사, 지질조사 및 지구물리학적 조사"로 규정되어 있음을 감안하면, 동 위원회 자체가 공학적 수법뿐만 아니라 이학(理學)적인 사고를 심사 절차에 편입시킴에 따라 종전에는 명확히 되지 않았던 학문체계를 안전심사에 편입해야 할 "최신의 과학기술적 식견"으로 간주하고 있는 것으로 될 것이다[34].

(3) 과제 극복을 위해

이상에 대하여, 설치허가기준에서 리스크평가를 더한 확률론적 안전성평가(Probability Security Assessment : PSA) 또는 확률론적 리스크평가(Probability Risk Assessment : PRA)로 불리는 안전평가수법의 확산이 하나의 타개책으로 생각될 수 있다. 그러나, 현시점에서는 '중대사고 등 처리시설'에 관한 설치허가기준규칙 37조의 해석에 의해 '중대사고 등 확대의 방지'에 관한 '개별 플랜트 평가에 의해 추출한 사고 시퀀스그룹'에 대해 도입되어 있지만[35], 위에서 특별히 언급한 활단층의 평가(설치허가기준규칙 3조 3항) 등의 '설계기준대상시설'과는 관계되지 않기 때문에[36], 이것도 원자력규제위원회에 의한 리스크평가의 한 방법에

---

34) 다음에 보는 활단층에 관한 유식자회합에서의 심의를 예로 들면서, 이 문제를 지적하는 것으로서, 青柳·전게주 30)『活断層と原子力』198쪽. 규제당국자의 발언으로서, 「パネルディスカッション 多角的な視点からみる原子力規制行政」(佐々木宣彦 發言) 21世紀政策研究所新書『シンポジウム 原子力安全規制の最適化に向けて一爐規制法改正を視野に一』(2014년, 21世紀政策研究所) 55쪽 이하 참조.

35) 설치허가기준규칙해석 72쪽에 의하면, 「개별 플랜트의 내부사상(事象)에 관한 확률론적인 리스크평가(PRA) 및 외부사상에 관한 PRA(적용가능한 것) 또는 그에 대신하는 방법으로 평가를 실시할 것」으로 되어 있다.

36) 한편, PSA 또는 PRA도 「오차의 평가」가 문제로 된다. 물리학자에 의한 논고

가미되어야 하는 것으로서 문제제기되어야 할 여지가 있을 것이다.

다음으로, 원자로등규제법의 입장으로서 안전심사기준에서 최소한 공학·이학적 발상 어느 것에 있어서도 가령 사고가 발생하여 그에 의해 시설내의 방사능의 누출을 막고, 방사능의 시설 밖으로의 확산을 수반하는 경우에는 그 영향을 최소화하는 '다중방호'의 출발점으로서 시설에서 방사능 누출을 일으키지 않도록 어느 정도 여유를 가지고 설계가 이뤄졌다는 것을 증명되는 것이 필요하다고 생각된다[37]. 따라서, 후쿠시마제1원전 사고에 의해 설계사상(設計事象)을 망라적으로 예측하는 것은 곤란하다고 하는 경험칙에서 원래 누설이 없는 '다중방호'를 전제로 한 원자로설계 자체를 엄격하게 파악하고자 하는 방향은 두 학문분야에서 다름이 없는 것은 아닐까.

오히려 (2)에서 취급한 케이스에서는 원자로등규제법상의 안전심사와 그 근거가 되는 신규제기준을 설치방법에서 불일치를 해소하기 위한 구체적인 절차에 문제가 있었다고 생각한다. 즉, 활단층에 관한 인

로서 水野義之「原發安全基準の考え方ー物理學の立場から」齋藤浩編『原發の安全と行政·司法·學界の責任』112쪽 참조.

37) 예컨대, 후쿠시마제1원전사고에서 격납용기내의 방사성물질의 일부를 방출시킴으로써 압력을 저하시키는 장치로서의 벤트에 의한 수소폭발에 대한 사전대응에 실패한 것이 교훈으로서 다루어지는 경우가 있다. 신규제기준에서는 이것에 여과장치를 설치함으로써 방출되는 방사성물질의 방사능농도를 감소시키기 위한 필터부착 벤트에 대해 「중대사고등 대처시설」로서 설치허가기준규칙 50조(벤트는 「격납용기압력빼기장치」로서 설치허가기준규칙해석 101−102쪽)에 근거를 가지고서 설치를 의무부과하는 것으로 했다. 이것은 사고등의 최대한의 사전예측을 전제로 한 원자로의 설계사상을 반영한 것이 신규제기준이라고 본다면, 그것은 「다중방호」개념을 근거로 하고 있는 일례라고 해도 좋을 것이다. 다만, 기술론으로서 필터부착 벤트의 계통설계와 운용방법의 검토가 「다중방호」의 시점에서 불충분하다고 하는 논고도 볼 수 있는 바이다. 佐藤曉「深層防護の考え方とフィルター·ベントの設計」『科學』85권 5호(2015년) 505쪽 참조. 이것은 오히려 공학적 발상이라 하더라도 불충분하다는 견해라고 할 수 있을 것이다.

정과정에서 보인 것과 같은 '검증회합(피어리뷰)'의 존재의의, 나아가서는 실제의 트렌치조사의 결과에 대한 구속력, 논점의 정리와 찬반 양론 속에서의 위원장 대리에 의한 의사진행의 바람직한 방안이라고 한 것이 구체적 문제로 나올 것이다[38].

확실히 어떤 형식의 절차이든 논의를 다하는 것이 안전심사절차의 이상형으로 하는 생각은 성립할 수 있다. 그러나, 여기서 요구되는 것은 기준책정의 단계에서 사전에 전문적 식견을 충돌시켜 무엇이 문제가 되는지에 대해 면밀히 검토한 후 그것을 공식적인 룰·기준으로 '재가동'에 관한 심사절차로서 반영하는 것이 중요하게 되는 바, 설치법의 취지인 "위원장 및 위원이 전문적 식견에 근거하여 중립공정한 입장에서 독립적으로 직권을 행사한다"고 할 수 없는 것이 아닐까, 그런 의미에서는 (아마도 원자력기술을 모두 부정하는 경우는 제외) 후쿠시마제1원전 사고의 경험칙을 바탕으로 한 안전심사의 바람직한 형태가 구축되어야 하는 바, 새로운 식견의 도입이라는 실체면에만 주목하고, 그 심사 단계에서의 실제의 반영에서 세심한 배려와 규칙화까지는 생각이 미치지 못하는 것이 아닌가라고 하는 비판이 생각될 수 있을 것이다. 이 때문에 심사기준이 되기 위한 과정에 아무런 규칙없이 전문적 식견만의 충돌을 통해 답을 얻으려고 한 것에 대한 문제로서 여전히 극복되어야 과제가 남아있는 것으로 생각된다[39][40].

---

38) 이 점을 문제시하는 입장으로부터 天野·전게주 29) 『原子力規制委員會の孤獨—原發再稼働の眞相』 133쪽 이하 참조.

39) 한편, 「①규제위원회에 준사법적 기능을 갖게 한다(=규제위원회의 사실인정 등이 일정한 범위에서 법원의 판단을 구속하는 시스템으로 한다), 또는 ②법원내에 전문법원을 설치한다라는 방법을 생각할 수 있다」고 한 정책제언도 보인다. 澤昭裕[『續·原子力安全規制の最適化に向けて—原子力安全への信頼回復の道とは—』(2015년, 21世紀政策硏究所) 43쪽 참조. 아이디어로서 일고의 가치가 있다고 생각되지만, 가령 준사법기능을 전문적 지식을 가지는 원자력규제위원회의 판단에의 불복신청절차로서 자리매김하는 것은 실질적 증거법칙을

〔3〕 남겨진 별도의 과제 - 재해대책과 원자로등규제법 -

신규제기준에서 IAEA가 정의하는 '다중방호' 개념 중 제5층으로 자리매김되고, 실제로 방사성물질이 시설 밖으로 방출된 경우의 영향을 감안하여, 긴급시 대응으로서의 방재·피난계획이 정해져 있지 않은 점이 지적되는 것이 있다[41]. 국회사고보고서에서도 "IAEA의 제5층의 방재대책을 실효성있는 것으로 하기 위해서는 방재대책과 안전규제의 연계가 필요하다고 생각된다"고 되었다[42]. 이에 대해, 신규제기준이 이와 같은 방재·피난계획을 포함하지 않는 것이 '재가동'에 필요로 되는 원자로등규제법상의 설치변경허가의 기준으로 되지 않은 것에 대한 비판으로 볼 수 있는 바이다.

채용하는 것으로 되어, 그 경우, 쟁점정리로서 법원에의 임팩트가 있다고 생각되고, 유효하게 기능할 수 있을 것이다. 다만, 원자력규제위원회에서 충분한 심의를 경과한 다음에 설치허가등이 이루어지는 것을 전제로 한 현행 설치법의 체계로부터 한다면, 여전히 위원회내에서의 준사법적인 심사절차가 행하여지는 것을 생각하면, 과연 이러한 절차가 분쟁해결에 도움이 될 수 있을 것인지는 다소 의문이다. 한편, 법원내에서의 전문법원을 설치하는 것은 심리를 일원화하고자 하는 것이지만, 후술하는 바와 같이 민사금지소송을 가능하게 하는 현행제도의 체계로부터 한다면, 이것도 역시 기능에 있어서의 유효성의 각도로부터 의문의 여지가 있다.

40) 따라서, 심사절차의 투명성을 높이기 위해서는 단지 심사절차의 공개에 의하는 것을 과학기술의 신뢰성 성취의 유일한 수단으로 할 뿐만 아니라, 책임주체를 명확히 해둔다고 하는 의미에서 자문기관의 활용이 충분히 이루어지고 있을까라는 것도 시야에 넣을 필요가 있는 것은 아닌가. 설치법상 법정되어 있는 심의회를 활용하지 않고, 「유식자회합」에 의한 판단에 위임하는 방법은 책임의 소재를 애매하게 하지 않는다고 할 수 없는 우려가 있다. 이 점은 경위도 포함하여, 友剛·전게주 4) 『大規模震災と行政活動』 246쪽 이하에서 언급하였다.

41) 지적으로서 天野·전게주 29) 『原子力規制委員會の孤獨一原發再稼働の眞相』 81쪽 참조. 비판적 견지에서 최근의 것으로서, 件·전게주 14) 『アジェンダ』 48호 19쪽 등 참조.

42) 東京電力福島原子力發電所事故調査委員會·전게주 10) 536쪽 참조.

이 점에 대해, 일본의 경우 원자력재해대책특별조치법(1999년 법률 156호)이 재해대책에 관한 책무를 원자력사업자, 국가, 지방공공단체에 대해 부과하고 있지만, 원자로등규제법의 사정범위를 어디까지나 "재해의 방지상 지장이 생기는" 경우 여부의 관점에서 안전심사에 대해 적용되어야 한다는 관점에 선다면, 동법에서의 설치변경허가의 기준이 아니라는 견해가 가능하다. 그러나, 지금까지의 경험칙에 비추어, 동시다발적으로 일어날 수 있는 '중대사고'의 영향을 막는 것이 '다중방호'라는 관점에 선 경우, 타국과의 비교를 감안하더라도 '재가동'의 법정요건화로서 어느 정도 원자력재해대책이 취해지고 있는가라고 하는 관점을 검토하는 것이 입법론적 과제로 남게 될 것이다[43]. 한편, 이러한 경우라도 방재대책이 지방공공단체를 주체로 형성되는 것을 명분으로 하는 현행법제가 과연 충분한 것인가라는 논의가 별도로 있고[44], 그것을 전제로 하면, 행정주체의 방재대책을 포함하여 충분한 대책이 취해져 있음으로써 설치변경허가 등에 있어서의 기준의 충족을 요구한다고 하는 것은 여전히 문제가 남는다.

---

43) 국회사고조사보고서도 이러한 취지에서 기술하고 있다고 생각된다. 東京電力福島原子力發電所事故調査委員會·전게주 10) 536쪽 참조. 한편, 미국에서의 원자력규제위원회에 의해, 지자체에 의한 긴급피난계획의 수립을 원자로설치허가요건에 가중하는 규칙 개정이 행하여진 점에 대해, 清水晶紀「米國原子力安全規制の基本構造と法的特徵」『比較法研究』76호(2014년) 20쪽 참조. 이 이외에, 영국에서도 원자력입지허가(Nuclear Site Licence)의 요건으로서 허가사업자에 대해서 "시설상 발생하는 모든 사고 또는 긴급사태 및 그들 영향을 다루기 위한 충분한 결정을 책정하여 실시하지 않으면 안된다"고 규정되어 있다. See Office for Nuclear Regulation *Licence Condition handbook* (October 2014), pp. 9-10.

44) 예컨대, 21世紀政策研究所新書·전게주 34)『シンポジウム 原子力安全規制の最適化に向けて—爐規制法改正を視野に—』52-53쪽(櫻井敬子 발언) 참조.

4 신규제기준 이후의 원자력소송
- '재가동' 문제에 대한 시사 -

(1) 소송의 경위(개요)

후쿠시마제1원전 사고 이후, 사고의 피해를 전제로 한 몇 가지의 각도에서 소송이 제기되고 있다. 이 경우 사건의 종류로서는 다음과 같이 되어 있다.

첫째로, 행정사건으로서, (i)후쿠시마제1 및 후쿠시마제2에 관련한 원자로등규제법(개정 전)의 설치허가에 관한 무효등확인소송에 대한 원고적격이 인정되지 않았던 사례(도쿄지판 2014년 1월 14일 訟月 61권 1호 62쪽〔후쿠시마제1〕, 도쿄지판 2014년 1월 14일 訟月 61권 1호 133쪽〔후쿠시마제2〕), (ii)오이(大飯)원전에 대한 정기검사 수료증 교부의 임시금지(오사카고결 2012년 7월 3일 訟月 58권 10호 3596쪽)를 들 수 있다. 그러나, 이들은 모두 신규제기준을 염두에 둔 것은 아니다[45].

둘째로, 민사금지사건이며 소송으로서는 (iii)오이원전 3·4호기 운전금지소송(후쿠이(福井)지판 2014년 5월 21일 判時 2228호 72쪽) (이하 '오이금지판결'이라 한다), (iv)겐카이(玄海)원전 3호기 MOX연료사용 금지소송(사가(佐賀)지판 2015년 3월 20일 LEX/DB25506222(판례체계 판례 ID28231432)), 가처분으로서는 (v)오이(大飯)원전 3·4호기 재가동금지

---

45) 한편, 오마(大間)원전에 대한 원자로설치허가의 무효확인소송 및 건설금지의 의무이행소송(平成26〔行ウ〕152号)이 하코다테시(函館市)에 의해 도쿄지법에 제기되고 있다(이 경우의 의무이행의 대상은 원자로등규제법 43조의3의23 제1항에 근거하는 원자력규제위원회에 의한 원자로의 건설·운전의 정지명령. 이들 일련의 소송에 대해 하코다테시(函館市)에 의한 소장(http://www.city.hakodate.hokkaido.jp/docs/2014031100330/files/260403sojo.pdf(2015년 10월 26일 확인)) 참조). 이 때문에, 당해 소송에서 하코다테시가 원고적격을 가지는지, 원래 「법률상의 쟁송」에 해당하는지 라는 문제가 클리어되어, 본안심리가 이루어지는 경우에는 신규제기준의 적합성이 문제로 된다.

가처분신청(오츠(大津)지결 2014년 11월 27일 LEX/DB2550531), (vi) 오이(大飯)원전 3·4호기와 다카하마(高浜) 3·4호기 운전금지가처분신청(후쿠이(福井)지결 2015년 4월 14일 LEX/DB25447198 (판례체계 판례 ID28231426)) (이하 '다카하마(高浜)가처분결정'이라 한다), (vii) 센다이(川内)원전 1·2호기 운전금지가처분신청(가고시마(鹿児島)지결 2015년 4월 22일 판례체계 판례 ID28231706)(이하 '센다이(川内)가처분결정'이라 한다)을 들 수 있다. 또한, (iv)는 사용금지청구의 대상인 MOX연료에 대해 신규제기준 가운데 설치허가기준규칙 15조 5항의 적합성이 쟁점이 되었다.

이상에서, 이른바 '재가동'에 관한 직접적인 판단을 내리고 있는 것이 제2유형에 포함되는 여러 사건이며, ((iv)사건을 제외하고) 모두 해당 원전이 '재가동'되는 데 따른 원고의 '인격권'의 침해를 염두에 두고서 구성되어 있는 것에는 변함이 없지만, 이 가운데, 오이금지판결 및 다카하마가처분결정은 다른 것과는 다르며, 원고 또는 신청인의 청구를 인용하는 한편, 센다이가처분결정은 신청에 대한 신규제기준의 합리성을 전제로 상세한 판단을 내리고 있으며, (v)와 같이 신청인이 해당 원전에 대해 신청 관련심사가 상당 정도 진행되고 있음으로써 재가동금지신청에 대한 "재가동을 금지할 필요성을 기초지을만한 사정이라고는 할 수 없다"고 하여 각하한 것과는 상당히 다르다.

〔2〕 신규제기준과의 관계성

(1) 신규제기준과의 거리의 파악방식 - 오이(大飯)금지판결에 비추어 -

신규제기준의 존재를 기축으로 제2유형의 민사금지사건을 파악한 경우, 오이금지판결에서는 "신규제기준의 대상이 되고 있는 사항에 관해서도 신규제기준에 대한 적합성이나 원자력규제위원회에 의한 신규제기준에 대한 적합성심사의 적부(適否)라는 관점에서가 아니라" 심리하기로 하는 한편(마찬가지로 히구치(樋口)·미야케(三宅) 두 재판관에 의한 판단이 이루어진 다카하마가처분결정도 방향성으로서는 동일하다고 생각된다), 센다이(川內)가처분결정의 경우 "원자력규제위원회가 제정·책정한 신규제기준의 내용 및 원자력규제위원회가 제시한 당해 원자로시설에 관한 신규제기준에 대한 적합성을 토대로 하여"라고 판시하고, 이러한 전제에 따라 원고의 청구를 판단하고 있다.

이상과 같은 차이에 대해, 민사금지청구에서 법원은 원자력규제위원회의 판단이나 신규제기준이라고 하는 ('재가동'에 관한) 설치변경허가의 근거가 되는 기준에 대한 배려를 필요로 하는가라는 문제가 생긴다. 이 점은 일찍부터 오나가와(女川)원전 민사금지소송(센다이(仙台)지판 1994년 1월 31일 判時 1482호 3쪽) 및 시가(志賀)원전1호기소송(가나자와(金澤)지판 1994년 8월 25일 判時 1515호 3쪽)에 대하여 "민사금지소송에서도 행정의 안전규제와 분리된 '있는 그대로의 안전성 판단'이 이루어지고 있는 것은 아니다"라는 평가도 보였던 바이며[46], 일정한 전문적 식견을 전제로 규제기관의 판단을 심사하는 방법이 옳다고 될 여지가 있을 것이다.

이에 대해, 오이금지판결은 원자력규제위원회라는 새로운 행정조직이 후쿠시마제1원전 사고라는 경험칙에 입각한 새로운 기준인 신규제기준을 근거로 하여 안전심사를 하고 있다고 하는 판단틀을 채용했다고 할 수 있지만, 이에 대한 평가로서 "법원의 과학기술에 관한 능력의 한계를 감안하면, 행정에 대한 일정한 경양(敬讓)이 필요한 부분은 있다고 하지 않을 수 없다[47]"고 하는 점, 보다 진행된 비판적인 표현으로

---

46) 高橋滋『先端技術の行政法理』(1998年, 岩波書店) 213쪽.

47) 大塚直「大飯原發運轉差止訴訟第1審判決の意義と課題」『法學敎室』410호(2014년) 92쪽, 이에 앞서 출간된 同「大飯原發3号基、4号基差止訴訟判決」『環境と公害』44권 2호(2014년) 55쪽도 같은 취지. 다만, 이들 논고도 민사금지소송에서 행정기준으로부터 떨어져 법원이 판단할 수 있는 것은 인정한다.

서 "'아마추어 대표'인 재판관의 '양식'에 맡기면 충분한 것이라고 한다면, 행정규제의 존재의의는 없다고 하는 것으로 될 수도 있다[48]"라는 지적을 들 수 있다. 이에 대해, 동 판결에 찬동하는 입장의 논자는 동 판결이 원자로등규제법에 근거하는 심사와의 관계에 대해 말하는 "인격권의 일본법제에서의 지위와 조리 등에 의해 도출되는 것"이라고 하는 것을 전제로 구체적인 위험성이 만일 있는가라는 논리의 전개를 높이 평가하고 있으며[49], 이것은 행정상의 안전성 판단을 소극적으로 파악했다고 할 여지가 없는 것은 아니다. 그러나, 오이금지판결의 경우, 일정한 심사가 이루어진 후의 판결이 아니라 신규제기준을 당해 원전에 적용하는 경우의 심사과정의 단계에서 법원이 스스로의 판단에서 기준의 합리성을 묻고자 한 것이 종전과는 다른 바이다.

(2) 신규제기준의 합리성

이상에서 오이금지판결, 다카하마가처분결정, 센다이가처분결정 어느 것에 있어서도, 신규제기준과의 관계성을 판단근거로 언급하고 있다는 점에서는 기준의 합리성 유무를 결론에 이르는 판단재료로 하고 있는 것에 차이는 없지만, 역시 그 스탠스도 크게 다르다[50]. 즉, 오이금지판결의 경우, 설치변경허가가 나오기 전단계의 판단이라는 것, 후쿠시마제1원전 사고 후의 경험칙을 토대로 할 필요가 있다고 하는 견해에 선 경우, 동 사건 이전의 금지소송과 어느 정도 동렬로 논해서

---

48) 高木光「原子力技術に基づく判斷を『素人の代表』に委ねていいのか」『エネルギーフォーラム』715호(2014년) 71쪽.

49) 海渡雄一「動かしようのない事實と確實な法的価値判斷一大飯原發判決を手に全國の法廷で脫原發を進めよう」『法と民主主義』491호(2014년) 53쪽.

50) 기술론의 시점으로서「기술적 리스크에 대한 기술에는 부정확한 점이 다수 보인다」고 하는 평가로서, 諸葛宗男「原子力發電所安全對策の可視化一國民の不安解消に總力を擧げて取り組むべし」『日本原子力學會誌』56권 11호(2014년) 715쪽.

좋은가라고 하는 문제는 생각될 수 있다. 즉, 후술하는 바와 같이, 동 판결에서는 신규제기준의 합리성을 스스로 부정하는 논리를 세우는 방법을 하는 이상, 원자력규제위원회의 판단에 대한 경양(敬讓) 등을 판단틀로 할 필요는 없었던 것이다[51]. 이 때문에, 법원이 신규제기준의 합리성 자체를 심사하는 것을 가능한 것으로 이해하고 있는 것이지만, 그 사고방식은 원래 누설이 없는 '다중방호'를 전제로 한 원자로설계 자체에 한계가 있다고 하는 논리적 귀결로 결합되기 쉽게 되는 하나의 시사적 경향으로 생각된다.

다음으로, 신규제기준의 합리성 및 그 기준의 적용이라고 하는 2단계의 절차적 심사를 중심으로 이카타(伊方)원전 최고재판결(最一小判 1992년 10월 29일 民集 46권 7호 1174쪽)에서의 행정청의 설치허가기준에 관한 재량심사의 판단틀과의 관계가 역시 문제로 된다. 센다이가처분결정은 직접적으로 이 판단틀을 사용하고 있으며, 그러한 의미에서는 이카타판결의 사정이 설치허가의 위법성이라는 관점 이외로 사용되는 곳에 특징이 나타나고 있다. 이러한 현상은 본래적으로는 행정사건과의 관계에서 파악해야 할 것이라는 발상도 생각할 수 있지만, 당해 결정이 얼마나 이카타판결을 의식하는지는 불명확하지만, 같은 인격권을 근거로 하여 청구를 인용한 오이금지판결이 신규제기준의 불합리성을 전제로 한 것과는 대조적인 자세였다고 파악하는 것은 불가능할 것인가.

(3) 행정사건과의 관계성

일반론으로서 원전소송에서의 민사사건과 비교한 행정사건과의 차이는 순전히 쟁점이 되는 것이 '인격권'의 구체적 침해를 쟁점으로 할

51) 井戸謙一「福一最大飯原發3、4号基運轉差止判決に寄せて」『法律時報』86권 9호(2014년) 2쪽. 같은 취지, 笠原一浩「大飯原發運轉差止訴訟一司法は生きていた」『法學セミナー』719호(2014년) 39쪽.

수 있는지 여부라는 것으로 되지만, 항고소송의 경우에 초점이 되는 원자로등규제법상의 행정청(현재라면 원자력규제위원회)에 의한 안전심사의 타당성이라는 본질론에 육박할 수 있기 때문에, 오히려 전문기술적인 판단을 재판의 도마 위에 올려놓는 것은 행정사건이라는 것으로 될 것이다. 그러나, 종전에는 원고적격을 포함하는 소송요건단계에서 구제의 문을 좁혔던 것이 원고들에게 민사금지소송을 적극적으로 제기 시켰다고 하는 실태는 부정할 수 없다[52].

만일, 행정사건에서 제삼자에게 문호를 개방한다고 하는 방향성을 전제로 한 경우, 오이금지판결과 같은 원고와의 사이에서 구체적 위험성에 비춘 판단이라고 하기 보다는 오히려 곧장 신규제기준의 합리성을 부정하는 방법으로서 행정청에 의한 판단 자체를 사법심사의 대상으로 하는 행정사건이 본래적으로는 수비범위로 하여야 하는 것이라는 견해가 가능한 것으로 생각된다[53].

5 끝으로

본장에서는 원자로등규제법에서 말하는 실용발전용원자로에 관한 안전규제를 둘러싸고, 현재 원자력규제위원회에서 진행중인 설치변경허가에 관한 심사(적합성심사)를 둘러싼 문제를 동 위원회가 제정한

52) 이러한 평가로서, 21世紀政策研究所新書·전게주 34)『シンポジウム 原子力安全規制の最適化に向けて―爐規制法改正を視野に―』 49쪽(櫻井 발언) 참조.

53) 高橋滋「原子力關連施設をめぐる紛爭と行政訴訟の役割―『もんじゅ』訴訟第2次上告審判決の檢討―」礒野弥生ほか編 『宮崎良夫先生古希記念論文集 現代行政訴訟の到達点と展望』(2014년, 日本評論社) 76쪽은 근래의 민사금지소송을 이용한 분쟁해결의 지향에 대해 "민사소송과의 적절한 역할분담 아래에서 행정소송의 가능성이 향후 담겨져가는 것을 바라고 싶다"고 하고 있다.

신규제기준을 단서로 하여 논의하였다. 본장을 마무리 하는 데 있어서, 본론에서 언급한 내용을 팔로우하는 형태로 다음과 같은 점을 지적해 두고 싶다.

첫째로, 신규제기준에서 요구되는 최신 식견의 반영방법이 반드시는 확립되어 있지 않은 가운데, 그것을 효율적으로 포괄하는 구체적 방법을 앞으로도 추급해 나갈 필요가 있다. 국회사고보고서가 문제로 한 조간(貞觀)지진(869년)에 의한 쓰나미 상정의 느슨함을 교훈으로 하는 것의 중요성이 있는 한편[54], 학술적으로 어느 정도 확립된 최신 식견이 기준에 포함되어 가는 것이 바람직할 것인가가 큰 과제가 될 것이다.

둘째로, 학문적 사고방식(이학과 공학)에 기인하여 전문적 식견이 서로 대치할 수 있는 경우가 있는 한편, 보다 객관적인 견지에 서서, 이러한 대립을 극복할 필요성이 있음을 새삼 자각하고, 과학기술의 객관적인 평가, 공정중립적 평가로 연결할 수 있는 것은 지향되어 좋다. 이 점, 국민의 과학기술에 대한 신뢰성을 향상시키기 위한 '대화'라는 수법이 중시되는 가운데[55], 본론에서도 지적했듯이, 그 전제가 되어야 할 전문적 식견이 성취되기 위한 구체적인 심사절차가 신규제기준의 제정, 그 적용단계에서 여전히 개정을 필요로 하고 있는 것은 아닐까.

셋째로, 이상의 제 과제와도 관계하지만, 적어도 본론에서 다룬 원전소송에 관한 원고의 소송을 수리하고 심리하는 법관의 사고방식에서 신규제기준의 내용에 들어간 실체심리를 하는 것이 가능한가라고 하는 문제가 남게 될 것이다. 이 경우, 후쿠시마제1원전 사고의 경험칙

54) 사업자가 자주적으로 행했던 「백체크」와 쓰나미 상정과의 관계성을 포함하여, 友剛·전게주 4) 『大規模震災と行政活動』 243-244쪽 참조.

55) 오이(大飯)금지판결을 전제로 한 佐田務 「大飯判決が問いかけるもの」 『日本原子力學會誌』 57권 2호(2015년) 119쪽 이하 참조. 이 논고 중에서는 "사법이 과학기술을 둘러싼 전문성을 향상시키는 것"등의 지적도 보인다(122쪽).

의 활용방법이 중요한 쟁점으로 될 수 있는 것은 말할 나위도 없다.

이상과 같이, 원자력규제위원회의 설립 및 신규제기준 제정 후에 '재가동'을 둘러싼 법적 과제는 여전히 산적하다. 이어서, 검토를 계속하고 싶다.

[추기(追記)]

본장 집필 후, 본장의 테마에 관련한 논문으로서 다카하시 시게루(高橋滋) "원자력관련시설을 둘러싼 분쟁과 행정소송의 역할–보론", 히토츠바시법학 14권 2호(2015년) 25쪽 이하, 및 다카기 히카루(高木光) "원전소송에서의 민사법의 역할–오이3·4호기금지판결을 염두에 두고서", 자치연구 91권 10호(2015년) 17쪽 이하에 각각 접하였다. 그 중에서 다카기 논문에서는 본장 4〔2〕(2)와도 서로 관련이 있는 이카타원전 최고재판결과 민사금지소송의 관계성에 대해 "행정소송과의 밸런스의 관점에서 민사의 금지소송에서도 종래의 다수의 판례가 채용해온 '이카타형'의 행정기준을 존중한 형태에서의 판단을 유지하는 것이 온당하다고도 생각할 수 있다"(33쪽)고 하고 있다.

| **도모오카 후미토(友岡 史仁)** 일본대학 법학부 교수 |

제2장 기존 원전에 대한 안전규제를 둘러싼 법적 문제

1 처음에

2014년 4월, 정부는 에너지정책기본법(2002년 법률 71호) 12조에 근거하여 에너지기본계획의 새로운 책정(변경)을 행하였다. 동 계획에 따르면, 원전은 '중요한 기저부하(base load)전원'의 하나로 자리매김하고 있으며, 전체 발전량 중 원전이 차지하는 비율을 가능한 한 적게 해가고자 하는 한편, "향후 에너지 제약을 감안하여, 안정공급, 비용절감, 온난화대책, 안전확보를 위해 필요한 기술·인재의 유지의 관점에서 확보해 갈 규모를 파악한다"고 되어 있다[1].

일본의 원자력발전소(이하에서는 '원전'으로 약기한다)의 설치 및 운전현황을 살펴보면, 2011년 3월 11일 도호쿠(東北)지방태평양먼바다지진으로 인한 후쿠시마제1원자력발전소 사고(이하 '후쿠시마원전사고'라고 한다) 전후부터 운전정지조치가 취해지고 있으며, 2015년 7월 시점까지에서 운전되고 있는 원전은 하나도 없었다[2]. 한편, 전체 원전에서 비교적 최근에 운전이 개시되어 상대적으로 운전기간이 짧은 기존 원전에 대해서는 운전의 재개('재가동')를 목표로 이른바 신규제기준에

---

1) 「에너지기본계획」(2014년 4월) 21-22쪽. 또한, 동 계획에서는 원전의 신·증설을 완전히 부정하는 것도 아님을 엿볼 수 있다.

2) 특히 동일본대진재, 후쿠시마제1원전사고의 발생 이후, 기존의 원전의 운전을 정지하고 있는 상황의 위법성을 말하는 논고로서, 安念潤司「原發はなぜ停まっているのか (1)~(3·完)」『中央·ジャーナル』10권 4호(2014년) 97쪽 이하, 11권 1호(2014년) 35쪽 이하, 11권 2호(2014년) 23쪽 이하.

대한 적합성심사가 순차적으로 이루어지고 있다[3]. 그리고, 신청내용의 미비의 발각 등에 의해 당초의 운전재개 예정시기는 늦어졌지만, 절차가 가장 진척되고 있는 큐슈(九州)전력·센다이(川內)원전 1호기에 대해 큐슈전력은 2015년 9월 10일 통상운전을 재개했다고 발표했다[4]. 신규제기준의 적합성심사를 실시하고 있는 다른 원전에 대해서도 센다이원전과 같은 절차가 취해지고, 순차로 운전재개될 것이다. 또한, 후쿠시마제1원전 사고의 발생 전에 원자로설치허가 등을 받았던 원전 건설절차도 진행되고 있다[5].

멀지 않은 장래에 탈원전을 실시한다고 하더라도, (원전의 신·증설은 차치하더라도) 기존 원전의 운전재개를 맞이한(또는 직전에 앞둔) 상황에서는 원자력규제위원회가 운전을 재개한 원전을 탈원전(운전정지) 시점까지 일관성있게 규제하고, 어떻게 해서 안전성을 확보할 것인지, 또한 사업자도 운전재개 후의 원전의 안전성을 어떻게 하여 항상적으로 확보해 갈 것인가라는 점의 검토는 매우 중요한 과제이다[6].

---

3) 기존 원전의 향후의 운전재개를 위한 심사에 대해서는 원자력규제위원회는 "신규제기준 적합성에 관한 심사" 등으로 표현하고, 이 심사를 패스한 운전재개를 신문이나 뉴스 등에서는 "재가동"으로 표현하고 있다. 신규제기준에 대해서는 나중에 3 및 4에서 언급한다.

4) 큐슈전력(九州電力)에 의한 보도자료「川內原子力發電所1号機の通常運轉復歸について」(http://www.kyuden.co.jp/var/rev0/0048/3584/ctfcle1n8c8ygqzx.pdf (2015년 11월 4일 최종확인).

5) 예컨대, 츄고쿠전력(中國電力)·시마네(島根)원전 3호기는 2005년에, 또한 전원개발·오마(大間)원전은 2008년에 각각 원자로설치허가를 받아서 건설중이지만, 쌍방의 허가처분에 대해서 소송이 제기되어 있다. 또한, 도쿄전력·히가시도리(東通)원전 1호기에 대해서는 2010년에 원자로설치허가를 받았지만, 현재는 그 건설공사가 휴지중이다. 한편, 전원개발·오마원전에 대해서는 원자로설치허가에 대한 무효확인소송((1962년 법률 139호) 3조 4항)을 제기한 것이 하코다테시(函館市)이며, 동 시에 원고적격(동법 36조, 9조)이 인정될 것인지 여부가 커다란 쟁점으로 되어있으며, 주목된다.

6) 한편, 원전의 운전이 종료하였다고 하더라도, 당연하지만 원전에서 사용된 핵

물론, 이러한 과제의 중요성은 근래 들어 처음 인식된 것은 아니지만, 동일본대진재 이후의 원전의 안전규제분야에서는 특히 현저하다고 말해도 좋다. 만일 원전 부근에서 대지진과 이에 기인하는 재해가 발생하거나, 원전에서 어떤 사건·사고가 발생했을 경우, 막대한 피해의 발생이 예상되기 때문에 과학기술의 발전에 입각한 대응과 원전의 경년열화(經年劣化)에 대한 대응을 포함하여, 이러한 재해·사고 등에 대한 대처가 특히 강하게 요구된다. 동일본대진재의 후쿠시마제1원전사고는 바로 그러한 사태의 전형적인 예였다고도 말할 수 있는 것으로, 그렇기 때문에, 현재 정지중인 원전을 재가동할 때에는 신규제기준에의 적합성이 심사되어야 한다는 법적인 요청이 부과되게 되었다[7].

따라서, 본장에서는 기존 원전의 운전재개('재가동')를 시야에 넣고, 또한 미래의 탈원전(기존 원전의 운전정지)를 노리면서, 이들 기존 원전에 대한 안전규제를 둘러싼 법적 문제, 특히 안전규제와 인허가(주로 원자로설치허가)법제와의 관계를 둘러싼 문제와 백피트를 둘러싼 문제를 들어서, 검토를 가하는 것을 목적으로 하고 있다.

본장의 구성은 이하와 같다. 우선, 다음 절에서는 본장에서의 검토에 필요한 범위 내에서 원전(발전용원자로)의 설치·운전을 위해 원자로등규제법[8]이 규정하고 있는 인허가제도에 대해 개관하고, 아울러 약

연료를 비롯한 방사성폐기물의 처분의 방식(최대의 현안사항인 입지선정의 문제, 시설의 설치·조업에서의 안전성 확보의 문제, 처분방법 자체의 문제 등)도 또한 시급히 대처·해결해야 할 중요한 과제이다(원래 방사성폐기물의 적절한 처분을 원자로설치허가의 요건으로 하여야 하는지(하였는지) 여부라고 하는 문제도 있다). 織朱實·본서 제3편 제4장에서는 특히 리스크 커뮤니케이션의 관점에서 이들 문제에 대해 검토를 가하고 있다.

7) 이 신규제기준에의 적합성심사(이 용어에 대해서는 전계주 3)을 참조)에 관한 법적 문제에 대해서는 후술 3을 참조.

8) 정식명칭은 「핵원료물질,핵연료물질및원자로의규제에관한법률」(1957년 법률 166호).

간의 문제점을 지적·검토한다(2). 이어서, 2012년의 원자로등규제법의 개정에 의해 도입된 원자로의 40년 운전기간 제한에 대해(3), 또한 동 개정에 의해 도입된 기존 원전의 백피트의무에 대하여(4), 각각 검토한다. 또한, 본장은 비교법 연구를 주된 목적으로 하는 것은 아니지만, 독일에서의 기존 원전의 안전규제에 관한 근래의 법제화와 이를 둘러싼 논의의 검토는 본장에도 유용하다고 생각되기 때문에, 간단하지만 소개·검토를 한 다음(5), 본장을 맺기로 한다(6).

2 원전의 설치·운전에 관한 인허가제도의 개요

주지하는 바와 같이, 원자로등규제법상 원전의 설치·운전에 대해서는 이른바 단계적 안전규제방식이 취해지고 있다. 관련규정을 확인해 두면, 다음과 같다. 발전용원자로(2조 5항)의 설치·운전에 있어서는 원자로설치허가의 신청(43조의3의5), 설계·공사방법인가의 신청(43조의3의9), 사용전 검사의 신청(43조의3의11), 연료체·용접검사의 신청(43조의3의12·13), 보안규정인가의 신청(43조의3의24) 등, 각종 인허가를 단계적으로 신청하여, 이를 취득해가도록 제도설계되어 있다. 원자로등규제법이 이러한 단계적 안전규제방식을 채용하고 있는 것은 판례상으로도 확인되고 있다[9]. 그리고, 제도설계상 공사계획·방법의 인가 후 당해 인가의 내용에 대하여 원자력규제위원회규칙에 대한 적합성심사가 이루어지고(사용전 검사), 이와 병행하여 연료체·용접의 검사와 보안규정의 심사가 이루어져, 이것을 패스하면 운전이 이루어진다[10].

---

9) 이카타(伊方)원전소송 최고재판결(最一小判 1992년 10월 29일 民集 46권 7호 1174쪽). 후쿠시마제2원전소송 최고재판결(最一小判 1992년 10월 29일 判時 1441호 50쪽) 등도 같은 취지. 그러나, 원자로설치허가의 취소소송에서의 사법심사의 대상에 대해서는 별도 문제가 남는다.

이상과 같이, 원자로설치허가의 취득은 그 명칭에도 불구하고, 그 자체로 원자로를(말할 필요도 없이 원전 전체도) 설치 가능하게 하는 것이 아니라, 원자로 및 원전의 설치·운전를 위한 가장 기본적이고 중요한 한 단계를 이루는 것으로 되어 있다[11].

3 40년 운전기간 제한에 대하여

(1) 40년이라는 운전기간 제한을 설정한 것

상기와 같은 인허가제도와 관련된 문제로서 이른바 '40년 운전기간 제한'을 들 수 있다. 즉, 원자로등규제법 43조의3의32 제1항은 "발전용원자로 설치자가 그 설치한 발전용원자로를 운전할 수 있는 기간은 당해 발전용원자로의 설치공사에 대해 최초로 제43조의3의11 제1항의 검사에 합격한 날로부터 기산하여 40년으로 한다"고 규정한다.

이와 같이, 원자로의 운전가능한 기간이 40년으로 법정된 이유와 배경에 대해서는 여전히 불투명함을 남기고 있다. 확실히 이러한 법정화 전에도 원자로 내지 원전 '수명'은 40년을 기준으로 하고 있다든가 50년~60년으로 상정되어있는 바였다[12]. 그러나, 원자로등규제법 43조

10) 다만, 전기사업자로서 발전을 행하기 위한 영업상의 운전의 개시 전의 단계에서도 보안규정의 인가를 취득한 후에 운전행위 자체는 개시되고 있다. 사업자가 최종적인 사용전검사의 합격증을 취득하기 위해서는 종합적인 부하시험을 실시하고, 정상상태(定常狀態)의 확인 등이 필요하게 되기 때문이다.

11) 한편, 이러한 원자로설치허가의 자리매김은 판례에서의 건축기준법상의 건축확인 및 도시계획법상의 개발허가의 판시를 상기시키는 바가 있다(最二小判 1984년 10월 26일 民集 38권 10호 1169쪽, 最二小判 1993년 9월 10일 民集 47권 7호 4955쪽).

12) 예컨대, 전기사업법(1964년 법률 170호) 55조에서는 원자로의 운전개시 30년에 이르기 전의 단계에서부터의 고경년화(高經年化)대책으로서 정기사업자검사가 제도화되고 있으며, 그 후 10년간의 장기보전계획의 수립을 비롯해 유

의3의32 제1항이 원자로의 '수명'으로서 내거는 '40년'이라는 숫자는 국회심의에서 순수하게 과학적·기술적인 관점에서만 결정된 것이 아니라 정치적 관점에서도 결정되었으며, 원자력규제위원회 자신도 모호한 태도를 보이고 있는 점이 지적되고 있다[13]. 물론, 운전개시부터 40년을 맞이한 원자로 내지 원전의 운전에 갑자기 문제가 발생할 것도 아니다[14]. 운전가능기간을 40년으로 규정하고 있는 미국에서도 기술적인 이유로 이런 운전가능기간이 결정되어 있는 것은 아니라고 하는 취지가 NRC(미국원자력규제위원회)에 의해 언명되어 있다[15]. 또한, 후술 5에서 언급하는 것처럼, 운전가능기간을 32년으로 상정한 규정을 법정한 독일에서도 32년이라는 운전가능기간의 결정이 기술적인 이유에 근거한 것이 아니라, 주로 사업자에 의한 당해 원전에 대한 투자금액의 회수가능성에 근거하는 것이라는 것을 입법이유서로부터 간취할 수 있다.

〔2〕 운전기간 제한의 법적 의미

종전의 실무에서 원자로설치허가의 부여에 있어서는 그 운전가능한 기간을 40년 등으로 하는 것과 같은 규정이나 부관은 부가되어 있지 않았다[16]. 그러한 가운데, 2012년 원자로등규제법 개정(2012년 6월 27일

지기준의 준수가 도모되었다.

13) 이 점에 대해서는 西脇由弘박사의 교시에 의한다.

14) 이러한 점에서 高橋滋「原子力規制法制の現状と課題」高橋滋＝大塚直『震災·原發事故と環境法』(2013년, 民事法研究會) 30-31쪽은 원자로등규제법 43조의3의32 제5항에서 규정하는 "연장하고자 하는 기간에서 안전성을 확보하기 위한 기준"(이 기준에 대해서는 후게주 18)에서 언급하고 있다)의 중요성을 말하고 있다.

15) NRC 홈페이지를 참조(http://www.nrc.gov/reactors/operating/licencing/renewal/overview.html(2015년 8월 10일 최종확인)). 이 점에 대해서는 西脇박사의 교시에 의한다.

법률 47호)에 의해 원자로의 운전을 40년으로 한정한다고 하는 제한이 원자로등규제법 43조의3의32 제1항에 담겨진 것이다. 사업자에게는 원자로 내지 원전의 '수명'의 하나로서 40년이라는 상정이 있었다고 해도, 원자로설치허가의 부여시점은 물론 이후에 운전을 하고 있던 단계에서도 원자로의 운전가능한 기간이 (특히 과학적·기술적 관점에서는 불투명함을 남기면서도) 법정되었다는 것은 예측 외의 것으로서 본래적으로는 어떠한 보상적 조치 내지 경과조치를 필요로 하는 것이 아닐까라는 의문이 생길 수 있다.

또한, 본장의 관심에서 보다 중요하다고 생각되는 것은 이 원자로의 40년 운전기간 제한의 신설이 어떤 법적 자리매김을 하고 있는지, 특히 이미 발효 중인 원자로설치허가에 대해 어떤 법적 의미를 갖는 것인가라고 하는 점이다. 보다 구체적으로 문제가 되는 것은 다음과 같은 국면이다. 즉, 어떤 원자로가 운전가능한 40년이라는 기간은 "그 만료에 즈음하여, 원자력규제위원회의 인가를 받고, 1 회에 한하여 연장할 수 있다"(43조의3의32 제2항)[17]고 하지만, 이 연장인가 신청[18]에 대

16) 그 때문에 전게주 12) 이외에, 경년열화(經年劣化)상황의 체크에 대해서는 보안규정을 매개로 하여 행하여졌다.

17) 그러므로, 원자로등규제법상 이처럼 원자로의 40년 운전주기 제한과 1회 한정의 연장인가가 제도화된 것으로 사업자는 원자로의 운전계속의 가부나 기간에 관한 경영상의 판단을 하지 않을 수 없게 되기도 한다.

18) 연장인가신청이 사업자로부터 이루어진 경우, 원자력규제위원회는 당해 원자로가 "장기간의 운전에 따라 발생하는 원자로 기타의 설비의 열화(劣化)상황을 토대로 하여, 그 제2항의 규정에 따라 연장하고자 하는 기간에서 안전성을 확보하기 위한 기준으로서 원자력규제위원회규칙으로 정하는 기준에 적합하고 있다고 인정할 때에 한하여, 동 항의 인가를 할 수 있다"(원자로등규제법 43조의3의32 제5항). 동 항에서 말하는 원자력규제위원회규칙으로 정하는 기준은 "연장하고자 하는 기간에서 원자로 기타의 설비가 연장하고자 하는 기간의 운전에 따라서 열화(劣化)를 고려한 다음, 기술기준규칙에서 정하는 기준에 적합한 것으로 한다"고 되어 있다(실용로규칙 114조). 동 조에서 말하는 기술기준규칙이란 "〔원자로등규제법〕 제43조의3의14 제1항의 규정에 근거하

해서는 원자력규제위원회규칙이 정하는 바에 따라 이루어지는 것으로 되어 있으며(동 조 4항), '실용발전용원자로의설치,운전등에관한규칙'(1978년 통상산업성령 77호. 이하 '실용로규칙'이라 한다) 113조 1항에 따라 "당해 기간의 만료 전에 1년 이상 1년 3월 이내에 …… 신청서를 원자력규제위원회에 제출하여야 한다"로 되어있는 것이다. 그리고, '실용발전용원자로의운전기간연장허가신청에관한취급에대하여'(2014년 10월 15일)[19]에서는 운전기간의 만료 전까지에 연장허가를 받지 않으면 운전연장은 인정되지 않는다고 되어 있는 것이다[20][21].

이들 규정하에 40년 운전기간 제한이 원자로설치허가와 어떤 법적 관계에 있는지에 대해, 첫째는 40년 운전기간 제한이라는 사업자에 대한 새로운 의무 부과는 원자로설치허가의 내용을 형성하는 것이 아니

여" 규정된 「실용발전용원자로및그부속시설의기술기준에관한규칙」(2013년 원자력규제위원회규칙 6호)을 말한다. 또한, 운전기간연장인가에 대해서는 「실용발전용원자로의운전기간의연장의심사기준」(운전기간연장심사기준)도 사용된다.

19) 이러한 취급은 2014년 10월 15일의 원자력규제위원회 제32회 회의에서 田中위원장이 발언한 것에서 발단되고 있다("원자력발전소 각각의 노에 대해서는 운전개시로부터 40년을 맞이하는 날까지 연장인가를 얻을 수 있지 않으면, 장래에 운전을 연장할 수 없다고 하는 제도로 되고 있습니다"). 또한 동 회의에서 更田위원장대리도 같은 취지의 발언을 하고 있다("이 제도는 운전개시 40년을 맞은 시점에서 그 시점에서의 규제기준에 적합하고 있는 것이 전제로 되고 있습니다").

20) 또한, 「실용발전용원자로의운전의기간의연장의심사기준」(운전기간연장심사기준)의 1.에서도 "운전기간 연장인가의 시점에서 당해 시점에서 적용되고 있는 법 제43조의3의14의 기술상의 기준에 적합시키기 위하여 필요로 되는 법 제43조의3의9 및 제43조의3의10에 내건 공사의 계획이 모두 동 조의 규정에 근거하는 인가 등의 절차에 의해 확정되고 있는 것"으로 규정되고 있으며, 원자로의 운전기간연장인가의 요건으로서 공사계획인가의 취득이 요구되고 있다.

21) 원자로의 운전의 연장인가신청절차를 이처럼 실시하는 것 자체가 문제이기도 한다. 이 점에 대해서는 후술 〔3〕에서 언급한다.

라, 가령 40년의 운전기간을 만료한 시점에서 원자로의 운전을 할 수 없게 된 경우에도 원자로설치허가의 법효과는 존속한다는 견해가 가능하다[22]. 그러한 상태가 존속하면, 예를 들어, 원자로의 운전기간(40년)의 만료 후라도 사업자측의 상황에 따라서는 재차 연장허가신청을 하는 것도 가능한 것이 될 것이다. 또는 이러한 해석을 취하면 원자로의 연장인가신청이 불가능하다고 해도, 원자로등규제법 43조의3의20 제1항에 근거하여 '정당한 이유가 없음'에도 불구하고, "1년 이상 그 운전을 중단했기" 때문에 원자력규제위원회에 의한 원자로설치허가의 철회를 기다리는 것으로 될 것이다.

그러나, 다른 한편으로는 원자로등규제법 43조의3의32 제1항 및 제2항을 그대로 읽는다면, 원자로를 운전할 수 있는 기간은 40년으로 법정되어 있고, 원자로의 운전기간의 "만료에 있어서"라는 표현은 운전기간의 "만료를 맞이하는"이라는 것을 가리키며, 거기에 운전기한의 경과 후도 커버하는 시간적 확산은 포함되어 있지 않기 때문에, 40년의 운전기간 제한을 맞이함으로써 원자로설치허가(또한 다른 인허가 등)는 실효한다는 견해가 가능하다. 그러나, 이 해석을 취한다고 하더라도 현행법상 이러한 경우에 있어서의 원자로설치허가의 실효에 대해서는 명시적인 규정이 존재하지 않기 때문에 이러한 견해의 지지에는 어려움도 있다.

〔3〕 40년 운전기간 제한과 연장인가신청에 관한 행정절차론

또한, 본장의 관심으로부터 검토가 필요하다고 생각되는 것은 상기

22) 이러한 견해는 원자로등규제법 43조의3의32 제2항에서의 "그(필자주 : 전항 소정의 40년의 운전기간을 말한다) 만료시에"라고 하는 문언의 시간적 폭의 유무나 정도에 관한 해석과도 관계한다. 같은 문언을 가진 광업법(1950년 법률 289호) 20조의 예에 대해서는 〔3〕에서 후술한다.

와 같은 운전연장인가에 있어서의 행정절차상의 문제이다.

전술한 바와 같이, 연장인가는 40년의 운전기간의 만료 전 1년 이상 1년 3개월 이내에 신청되어야 한다고 되어 있지만, 이와 동시에 연장인가를 취득할 수 없이 운전기간의 만료를 맞이한 경우에는 더 이상 운전연장은 인정되지 않는다고 되어 있다.

이러한 연장인가절차의 타당성이 가장 문제가 되는 것은 사업자측이 소정의 절차에 의거하여 연장인가의 신청을 했음에도 불구하고, 이를 심사하는 원자력규제위원회측의 사정에 의해 심사에 지연이 생겨 아직 연장인가를 취득할 수 없지만, 40년의 운전기간 만료를 맞이해버린 경우이다. 이러한 경우와 같은 상황에서도 원자로설치허가의 법효과는 존속하고 있는 것이라고 하면[23], 전기의 원자로등규제법 43조의3의20 제1항에 따르면 "정당한 이유가 없음"에도 불구하고, "1년 이상 그 운전을 휴지했다"고 되어, 원자로설치허가가 철회될 가능성이 생기게 된다. 이러한 경우에도 40년의 운전기간의 만료를 맞이해버림으로써 더 이상 연장인가가 취득될 수 없게 되는 것이라고 한다면, 사업자의 신청권(또는 재산권)을 침해하는 것으로는 되지 않을 것인가.

또한, 이 문제를 검토하는데 있어서 행정절차법(1993년 법률 88호)의 규정의 중요성을 지적할 수도 있을 것이다. 동법 9조 1항에 의하면, 행정청은 신청자의 요구에 따라 해당 신청의 심사에 관한 진행상황과 처분시기의 예상을 제시할 노력의무를 부담하고 있다. 동 조의 규정의 취지[24]로부터도 예를 들어, 원자력규제위원회의 인적 자원의 부족 등

23) 전술 〔2〕를 참조.

24) 행정절차법 9조는 당초 표준처리기간(6조)을 도과한 경우에서의 이유설명의 의무이행의 법정화를 보류한 대신에, 표준처리기간의 도과의 유무에 관계없이 설치되었다고 하는 경위는 있지만, 동 조는 국민의 신청권의 행사를 원활하게 추진하기 위한 규정으로서의 의의를 가진다. 이 점에 대해서 高橋滋『行政手續法』(1996년, ぎょうせい) 221쪽 이하, 行政管理센터『逐條解說 行政手續

에 의한 연장인가신청의 심사의 지연으로 인해 동 인가의 취득을 불가능하게 하는 것은 허용되는 것은 아니다고 생각된다[25].

또한, 이와 같이 인허가 연장의 신청·심사의 과정에서 해당 인허가에 부가된 기한이 도래해버린 것과 같은 경우를 상정하여, 이른바 '간주허가규정'이 법정되는 경우가 있다. 그 전형적인 예가 광업법 20조이다. 즉, 동법에 의하면, 시굴권의 존속기간(18조 1항)은 "그 만료에 있어서 시굴권자의 신청에 의하여 2회에 한하여 연장할 수 있고"(동조 2항), 연장신청에 있어서는 "경제산업성령에서 정하는 절차에 따라, 존속기간의 만료 전 3개월 이상 6개월 이내에 하여야 한다"(동조 4항)고 하지만, "시굴권의 존속기간의 만료 후에도 그 신청이 거부되기까지 또는 연장의 등록이 있기까지는 그 시굴권은 존속하는 것으로 간주한다"(20조). 동 조가 설정되어 있음으로 시굴권의 연장신청에 대해 어떠한 처분이 내려지기까지는 설령 시굴권의 존속기간이 도과하려고 하더라도 당해 시굴권이 실효하게 되지 않는 것이다. 그러나, 원자로의 운전연장인가의 신청·심사절차에 대해서는 광업법이 설정하고 있는 '간주허가'와 같은 규정은 존재하지 않기 때문에 상술한 바와 같은 취급은 행정절차상 허용되는 것이 아니라고 생각된다[26].

法〔2015年 改訂版〕』(2015년, ぎょうせい) 151쪽 이하, 室井力=芝池義一=浜川清『行政手續法·行政不服審査法〔第2版〕』(2008年, 日本評論社) 128쪽 이하.

25) 또한, 행정절차법 11조는 동일 신청자에 의한 복수의 신청에 복수의 행정청이 관할 내지 관여하는 경우의 심사절차의 지연방지에 대해서 규정하고 있다. 물론, 연장인가의 신청·심사절차는 동 조가 상정하는 경우에는 해당하지 않지만, 어떤 신청의 심사절차가 진행 중인 것을 이유로 다른 절차의 진척을 지연시키는 것이 허용되지 않는다고 하는 것은 어느 정도 일반화하여 타당하지 않을까.

26) 이러한 '간주허가'의 규정이 법정되어 있지 않은 경우, 실무상 처분에 부가된(또는 처분의 내용으로 된) 기간의 만료 등을 맞이하더라도 신청을 인용 또는 거부할 새로운 처분이 발하여지기까지는 당해 처분의 법효과는 존속하는 것으로 취급되지 않을까 추찰된다(예컨대, 기간을 붙인 사회보장법상의 금전급

4 기존 원전에 대한 백피트에 대하여

(1) 체계의 개요

현행 원자로등규제법은 이른바 '백피트'에 관한 규정이 설정되어 있다. '백피트'란 기술기준이 새롭게 정립·변경된 경우이거나 이를 규정하는 성령 등이 새롭게 정립·개정된 경우에 기존의 원전(원자로)을 이 기술기준 등에 적합시키는 것을 말한다[27]. 그 가장 규제적·직접적인 수단은 기술기준 등에의 적합명령과 같이 행정청에 의한 규제권한의 발동으로 이를 행하는 것이다. 또한, 그 외에도 권고 등의 행정지도나 변경허가제도(43조의3의8)도 백피트에 이바지하는 수단이라고 할 수 있다. 종전의 실무(특히 원전의 내진안전성의 확보)에서는 새로운 정립·개정 후의 기술기준 등의 내용에 대해서는 사업자 스스로가 평가·확인 등의 작업을 수행하고, 그 결과를 관할행정기관(경제산업성 내지 당시의 원자력안전·보안원)이 체크한다(그리고, 만일 불비 등이 인정된 경우에는 지도에 의해 대처한다)고 하는 백피트 체크가 주로 행하여져온 만큼[28], 백피트에 관한 규정의 정비는 후쿠시마제1원전 사고의 발생후의 동법 개정에서의 '최대의 핵심'이었다고 할 수 있다[29].

부결정, 운전기간을 붙인 산업폐기물처리시설의 갱신허가 등).

27) 「백피트」 및 후술하는 「백체크」의 용어는 원자로등규제법을 비롯하여 법률상의 용어가 아니다.

28) 이 점에 대해서는 川合敏樹 「原子力發電所の安全規制の在り方に關するノート一既存の原子力發電所に對するバックチェックおよびバックフィットの現狀と課題一」『國學院法學』 47권 3호 133쪽 이하.

29) 다만, 2012년의 원자로등규제법의 개정전에서도 백피트가 요구된 사례는 존재한다. 예컨대, 이전의 원자력안전·보안원에 의한 「비상용노심냉각설빋도는격납용기열제거설비에관한로과장치의성능등에대하여(내규)」(2008·02·12 原院5号), 「발전용원자력설비에관한기술기준을정하는성령의해석에대하여」의 개정(2008·02·19 原院1号)는 그 약간의 예이다.

동법에 의하면, "발전용원자로 설치자는 발전용원자로시설을 원자력규제위원회규칙으로 정하는 기술기준에 적합하도록 유지하여야 한다"(43조의3의14)고 하여, 기술기준 적합의무가 명기되게 되었다. 그리고, 동법 43조의3의23에 의하면, "원자력규제위원회는 발전용원자로시설의 위치, 구조 또는 설비가 제43조의3의6 제1항 제4호[30]의 기준에 적합하지 않다고 인정할 때 ……는 그 발전용원자로설치자에 대해 당해 발전용원자로시설의 사용의 정지, 개조, 수리 또는 이전, 발전용원자로의 운전의 방법의 지정 기타 보안을 위하여 필요한 조치를 명할 수 있다"고 되어 있고, 원자력규제위원회의 규제권한 행사에 의한 백피트(백피트명령)의 법적 근거가 명정되어 있다. 그리고, 동 조에 근거하는 백피트명령에 위반한 때는 벌칙이 부과될 수 있는(78조 8호의2) 외에, 원자로설치허가의 철회나 1년 이내의 운전정지명령이 내려질 수 있다(43조의3의20 제2항 4호. 동 항에 근거하는 운전정지명령의 위반에 대한 벌칙으로서 77조 6호의3).

(2) 문제의 검토

상술한 바와 같이, 백피트의무 및 백피트명령이 명정되었기 때문에, 앞으로 보다 중요하게 되는 것은 이것을 어떻게 해서 실효적으로 운용해 갈 것인가 하는 것이다. 이하에서는 백피트의무 및 백피트명령의

30) "발전용원자로시설의 위치, 구조 및 설비가 핵연료물질 혹은 핵연료물질에 의해 오염된 물건 또는 발전용원자로에 의한 재해의 방지상 지장이 없는 것으로서 원자력규제위원회규칙으로 정하는 기준에 적합하는 것일 것". 동 호는 원자로의 설치의 허가의 요건을 정하는 규정이다. 따라서, 동 호 소정의 요건에 적합하지 않을 때에 발하여지는 백피트명령은 43조의3의14 소정의 기술기준에 적합하지 않는 경우에 발하여지는 백피트명령과는 다르고, 본래적으로는 충족하고 있어야 할 요건이 사후적으로 결여되어버린 경우에 사용되는 것으로, 그 의미에서는 당초부터 갖추고 있어야 할 안전성을 회복시키기 위한 백피트명령이라고 생각되어질 것인가.

실효적인 운용에 관한 몇 가지 법적 문제를 다루기로 한다[31].

(1) 원자력규제위원회에 대한 조직적 문제

먼저, 원자력규제위원회에 관한 조직적 문제를 들 수 있다[32]. 원자력규제위원회는 환경성의 외국으로 설치된 국가행정조직법상의 '3조 위원회'이며, 정치적 독립성·중립성을 유지하면서 그 전문성을 발휘할 것이 요구되고 있다. 그러나, 또는 그러므로, 현재 원자력규제위원회와 사업자와의 사이에서는 (경제산업성 내지 이전의 원자력안전·보안원과 사업자와의 사이에서는 (별로) 없었던 것 같은) '긴장관계'를 볼 수 있지만, 원자력규제위원회의 안전규제와 사업자에 의한 안전성 확보를 충분한 것으로 하기 위해 이러한 '긴장관계'가 그 지장이 되어서는 안된다. 물론, 원자력규제위원회에 대하여는 그 전문적인 판단에 따른 안전규제를 관철할 것이 요구되고 있지만, 당연하지만 원자력규제위원회는 다양한 전문분야를 가진 전문위원들로 구성되어 있기 때문에, 그 전문적인 판단의 '독단'에 빠지는 일이 있어서는 안된다. 또한, 어떤 사건에 대해 전문가 사이에서도 평가·견해가 나뉘는 경우도 있기 때문에, 그

---

31) 한편, 본장의 내용과 직접 관련되는 것은 아니지만, 백피트명령과 원자로설치허가 내지 원전설치·운전허가와의 관계에 대해서는 일본과 후술 5에서 보는 독일과는 다소 사정이 다른 점에 대해서도 간단히 부언해 둔다. 원자로등규제법 43조의3의23에 근거하는 백피트명령은 그 때까지 취득되었던 원자로설치허가에 대해 당해 원자로의 "사용의 정지, 개조, 수리 또는 이전, 발전용원자로의 운전의 방법의 지정 기타 보안을 위하여 필요한 조치를 명하는" 것이기 때문에, 백피트명령은 원자로설치허가와 독립된 것이라고 할 수 있다. 그에 대해서 독일원자력법상의 백피트명령은 주로 원전설치·원전허가에 사후적으로 부가된 사후부담이 발하여진 것으로 원전설치·운전허가는 '덧쓰기'되어, 당초부터 사후부담에 의한 요구를 내용으로 하는 허가가 발하여졌다고 구성된다.

32) 원전의 안전규제에 관한 조직법적 문제에 대해서는 首藤重幸「原發規制のためのあるべき行政組織と手續」『法と民主主義』460号 10쪽 이하. 또한, 본서에서도 友岡史仁·제3편 제1장에서 논구되고 있다.

러한 상황에 직면했을 때 원자력규제위원회가 전문성과 중립공정성을 어떻게 담보할 수 있는가라는 과제가 남는다[33].

(2) 백피트명령의 법적 근거에 관한 문제

또한, 백피트명령은 “발전용원자로시설의 위치, 구조 또는 설비가 제43조의3의6 제1항 제4호의 기준에 적합하지 아니하다고 인정한 때” 이외에, “발전용원자로시설이 제43조의3의14의 기술상의 기준에 적합하지 아니하다고 인정한 때”에 발령할 수 있는 것이다(원자로등규제법 43조의3의23). 주로 후자의 기술기준을 정하는 것이 ‘실용발전용원자로및그부속시설의기술기준에관한규칙’(2013년 원자력규제위원회규칙 6호) (이하 ‘기술기준규칙’이라 한다)이다. 백피트명령의 법적 근거로서 정치적 독립성·중립성과 전문성에 근거하여 원자력규제위원회 자신이 정한 규칙(기술기준규칙)이 명문으로 규정된 것은 긍정적으로 평가할 수 있다.

이 점에 대해서는 기술기준규칙이 항상 최신의 과학기술수준을 반영한 것이 아니라는 것은 백피트명령의 실효성이 발휘될 수 없게되어 버리기 때문에, 원자력규제위원회의 신속하고 즉각적인 규칙의 정립·개정이 중요하게 된다[34]. 법규명령·행정규칙에 대해 근거법령의 취지

33) 예컨대, 일본원전·쓰루가(敦賀)발전소의 부지 내의 파쇄대(破砕帯)평가를 둘러싼 문제는 그 전형이라고 할 수 있을 것이다. 또한, 전문성이라는 관점과 관련하는 바에서는 과학적 판단과 정책적 판단과의 구별의 가부나 당부라고 하는 문제도 있을 수 있을 것이다.

34) 일반론으로서 법규명령이나 행정규칙에는 국회의 전문적·기술적 능력이나 시간적 제약의 보완가능성, 정립·개정의 신속성, 문제에 대한 즉응성, 전문적 문제에 대한 대응가능성이 인정되어 왔다. 한편, 구체적인 예로서 예전의 원자력안전위원회시대의 것이지만, 1978년에 정립된 내진지침(「발전용원자로에관한내진설계심사지침에대하여」)은 1981년의 개정후 2006년까지 개정되지 않았다(한편, 동 내진지침에 대해서는 당시의 원자력안전위원회나 현재의 원자력규제위원회가 「改正」이 아니라 「改訂」의 용어를 사용하였기(하고 있기) 때문에, 여기에서도 「改訂」이라는 용어를 사용하고 있다).

와의 적합성 외에 그 실시상황이나 사회경제정세의 변화 등을 감안하여, 필요에 따라 그 내용의 검토 및 적합성 확보에 노력해야 하는 것은 행정절차법(38조)에도 규정되어 있는 것이다[35]. 기술기준규칙의 개정이 회피된 결과, 과학적 식견의 발전을 결국은 백피트에 의해 담보해 가고자 하게 되면, 그것은 본말전도가 될 것이다.

여기서 주의해야 할 것은 기술기준규칙을 비롯해 기술기준을 정하는 성령 등의 각 규정은 시설·설비 등의 사양을 수치 등에 의해 구체적으로 정하는 사양규정으로서가 아니라 달성해야 할 안전성 확보에 필요한 성능을 정하는 성능규정으로서 설정되는 경향이 있다는 것이다. 성능규정은 사양규정에 비하여 과학기술의 발전에 대응적이고 유연하게 대처할 수 있으며, 또한, 사업자에 의한 안전확보조치에 선택의 폭이 생겨나고, 사업자의 창의력도 기대할 수 있다는 메리트가 있다. 기술기준규칙 자체에는 성능규정이 설정되어있기 때문에, 동 규칙의 해석(내규)으로 그 구체적인 내지 상세한 내용을 추가로 규정되거나 그 해석(내규) 중에서 각종 지침과 학협회규격(學協會規格)의 참조가 규정되기도 한다. 따라서, 그들 해석(내규)이나 지침·학협회규격의 신속하고 즉각적인 정립·개정이 중요하게 되고, 그 내용에 대해서는 물론 그 정립·개정절차나 운영절차(보증의 과정, 사양·조치의 성능충족성의 판단의 가부와 과정 등)에도 투명성·공정성이 요구되는 것으로 된다[36].

(3) 백피트명령과 비례원칙

또한, 백피트명령을 발령함에 있어서 비례원칙의 적용이 있을 수 있

---

35) 행정절차법 38조의 요청과 관련되는 판례로서는 치쿠호(築豊)진폐증소송 최고재판결(最三小判 2004년 4월 27일 民集 58권 4호 1032쪽)을 들 수 있다.

36) 성능규정을 둘러싼 문제에 대해, 高橋滋「行政上の規範ー安全基準を中心とした一考察」礒部力·小早川光郎·芝池義一編『行政法の新構想Ⅰ』(2011년, 有斐閣) 특히 255쪽 이하.

는지 여부, 어떻게 적용될 것인가라는 문제도 있다. 이것은 예컨대 운전가능한 기한이 임박하고 있는 원자로에 대해서도 장기간 운전이 가능한 원자로와 마찬가지로 백피트명령을 발령할 수 있을 것인가라는 문제로 되어 나타난다. 원자로등규제법의 취지, 동법에 백피트의무와 백피트명령이 법정된 취지에서 보면, 그러한 운전가능한 기한이 임박한 원자로에 대해서도 백피트명령은 충분히 발령되어야 하지만, 운전가능한 기간이 얼마 남아있지 않다는 점에서는 사고로 인해서는 그 발생의 리스크가 상대적으로 낮다고 할 수 있게 되면, 백피트명령의 내용이 완화되거나 백피트명령이 회피되어 행정지도에 의한 대처가 이루지게 되는 것으로도 될 것이다.

(4) 신규제기준 적합성심사와 백피트와의 이동(異同)

원자력규제위원회에 따르면, 2015년 7월 현재 운전정지중인 기존 원전에 대해 그 '재가동'을 가능하게하기 위해 이루어지고 있는 신규제기준에 대한 적합성심사는 형식적으로는 사업자가 당해 원자로의 설치변경허가를 신청한다고 하는 형태로 이루어지고 있다[37][38]. 원자력규제위원회의 다나카(田中) 위원장에 의한 '원자력발전소의신규제시행을위한기본방침(私案)'(이른바 '다나카위원장사안')에 따르면, 현재 운전정지중인 기존 원자로에 대해서는 사업자가 당해 원자로를 다음에 운

37) 安念·전게주 2) 「原發はなぜ停まっているのか (2)」『中央·ジャーナル』 11권 1호(2014년) 35쪽 이하는 원자력규제위원회에 의한 신규제기준에 대한 적합성심사의 신청은 원자로설치허가의 (재)신청이 아니라고 한다.

38) 한편, 여기에서의 신규제기준에 대한 적합성심사의 장으로서의 변경허가절차를 포함하여, 시설허가법제에서의 변경허가절차 일반에 대해서는 신청대상으로 되고 있는 변경부분에 의한 기존시설 전체에 대한 영향의 유무나 태양·정도, 변경허가절차에서의 심사대상의 범위(당해 변경부분만의 심사, 당해 변경부분 및 동 부분과 관계하는 시설의 일부의 심사, 시설 전체의 심사 등), 주민참가절차의 방식 등의 논점을 들 수 있다.

전을 개시할 때까지 한다고 하고 있으며, 해당 원자로의 운전정지의 계속 중에는 신규제기준을 적용하지 아니한다는 취지를 밝혔다[39].

그렇다면, 여기서 이루어지고 있는 것은 현재 운전정지중인 원자로 내지 원전을 신규제기준에 적합시키는 프로세스이며, 이로써 백피트가 도모되고 있다고도 말할 수 있지만, 이 점에 대해서는 주의를 요한다. 앞에서 언급했듯이, 기존 원자로의 연장인가는 40년의 운전기간의 만료 전 1년 이상 1년 3개월 이내에 신청하여야 한다고 되어 있으며, 또한, 그 표준처리기간은 1년으로 되어 있지만, 현재 진행되고 있는 신규제기준에 대한 적합성심사에 대해, 그러한 규정은 볼 수 없는 것이다[40].

5 독일의 기존 원전의 안전규제를 둘러싼 개황

독일에서는 우여곡절을 보였지만, 2002년부터 현재에 이르기까지 (장래적인) 탈원전이 법제화되어 있고, 그 점에서는 일본법과 상황을 달리 한다. 그러나, 독일의 기존 원전의 안전규제를 둘러싸고는 운전기간 제한이나 백피트를 비롯해 일본의 기존 원전의 안전규제의 법적 문제를 검토하는 데에도 유용한 논점에 대해 논의가 전개되고 있다. 그래서, 본장과 관련된 독일 원자력법상의 근래의 논점에 대해 보론적이고 개략적이기는 하지만, 소개 및 검토를 해두자[41].

---

39) 당연하지만, 원자력규제위원회의 위원장이라고 하는 입장이라 하더라도, 하나의 사안(私案)에 근거하여 이처럼 신규제기준의 적용의 가부를 (위원회의 의사로서) 결정하는 것이 허용될 것인지 여부라는 문제는 별도로 남는다.

40) 이로부터 원래 신규제기준에 대한 적합성심사 중에 40년의 운전가능기간을 도과해서, 이후의 운전이 불가능하게 되는 사태가 발생할 수 있는 점에 대해서는 3 〔3〕에서 전술한 바와 같다.

(1) 기존 원전의 잔여발전량과 운전가능기간의 법정

독일의 탈원전은 2002년의 '상업용 발전을 목적으로 하는 핵에너지 이용의 질서적 종결을 위한 법률[42]'에 의해 법제화되었다. 동법에 의해 개정된 원자력법은 "상업용 발전을 목적으로 하는 핵에너지의 이용을 질서있게 종료하고, 그 종료시까지 질서적인 운전을 확보할 것"을 목적으로 명시함과 동시에(1조 1호), "평화 목적에 의한 핵에너지의 연구, 발전 및 이용"이라는 '촉진목적(Förderzweck)'(구 1조 1호)을 삭제했다. 그리고, 신규로 원전의 설치·운전의 허가를 부여하지 않는다고 규정함과 동시에(7조 1항 2문), 각 기존 원전에 대해 32년의 조업기간을 상정한 잔여발전량(Reststrommengen)을 법정하고, 이 잔여발전량의 범위내에서만 운전가능으로 되기에 이르렀다(7조 1a항 및 동법 별표3)[43]. 그 후, 2010년 원자력법 제 11차 개정[44]에서는 원전의 신규 설치·운전의 금지규정은 유지되었지만(7조 1항 2문), 1980년 이전에 조업개시한 원전과 그 후에 조업개시한 원전에 각각 8년분 또는 14년분의 운전기간 연장을 상정한 잔여발전량이 가산되었다(7조 1a항 및 동법 별표3). 그러나, 동일본대진재 후의 2011년 7월의 원자력법 제13차 개정[45]에서는 이른바 모라

---

41) 독일원자력법상의 안전규제에 대하여, 川合敏樹「ドイツ原子力法における既存の原子力發電所に對するバックフィットの在り方について」『立教法學』 80호(2010년) 280쪽 이하, 同「ドイツにおける原發規制の動向」齋藤浩編『原發の安全と行政·司法·學界の責任』(2013년, 法律文化社) 179쪽 이하. 또한, 이들 후의 것으로서 下山憲治「ドイツ原子力安全規制の展開と課題」『比較法研究』 76호(2014년) 66쪽 이하.

42) Gesetz zur geordneten Beendigung der Kernenergienutzung zur gewerblichen Erzeugung von Elektlizität v, 22.04.2002, BGBl, I S.1351.

43) 후술하는 제13차 원자력법 개정에 의해서도 전 원전이 즉시조업정지로 되지 않았던 배경에는 원전에 의한 전력의 안정공급과 기후보호에의 기여라고 하는 사정도 존재한다고 되어 있다(BT-Drs, 17/6070, S.5).

44) 11, Gesetz zur Anderung des Atomgesetzes v, 08.12.2010, BGBI. I S. 1814.

45) 13, Gesetz zur Anderung des Atomgesetzes v, 31.07.2011, BGBI. I S. 1704.

토리엄명령에 따라 운전정지 중이던 기존 원전 이외의 원전에 대해 2002년 원자력법 개정시의 잔여발전량을 다 쓰거나 최장 2022년을 기한으로 운전정지하는 취지가 규정되었다(7조 1a항 및 동법 별표3).

원래, 상기와 같은 기존 원전의 잔여발전량과 운전가능기간은 정부와 전력 4 사업자[46]와의 사이에서 2000년 6월에 체결했던 협정에 의해 이미 정해져 있던 내용을 법정한 것이다. 따라서, 기존 원전의 잔여발전량과 운전가능기간을 법률에 규정하는 것에 대해 사업자는 사전에 동의를 했던 것이라고 파악할 수 있는 것[47](그런 의미에서 '원 쿠션'이 두어졌다[48])이며, 그 점에서 사업자의 반대를 (어느 정도) 완화할 수 있었다고 말할 수 있다[49].

또한, 왜 32년이라는 조업기간을 상정한 잔여발전량과 운전가능기간이 정해진 것인가. 이 점에 대해 입법이유서[50]에서는 상세하게 서술되어 있지 않지만, 이러한 설정에 따라 사업자는 그 때까지의 투자금액을 회수하는 것이 가능하고, 상응하는 수익창출도 목표로 할 수 있

46) E. ON(에온), RWE(라인·베스트파렌전력), EnBW(에너지·바덴·뷰르텐베르크), HEW(함부르크전력)의 각 주식회사이다.

47) 한편, 연방임미시온방지법(Bundes-Immissionsschutzgesetz, BImSchG)에서는 산업시설의 설치·운전허가에 부관으로서 부가된 기한(Befristung)의 단축은 사업자의 법적 지위를 침해하는 것이기 때문에, 사업자가 동의한 경우에 한하여 가능하며, 변경허가신청 등이 필요하다고 되어 있다(Hans D. Jarass, Bundes-Immissionsschutzgesetz, 11. Aufl., 2015, §12 Rn. 27).

48) 한편, 문제상황은 다르지만, 이러한 문제와 관련되는 바로서, 상술한 모라토리움명령에 대해서는 사업자에 대한 사전의 청문의 불실시 내지 불충분한 실시라고 하는 절차적 하자를 이유로 하여 연방행정재판소는 위법하다고 판시하고 있다(BVerwG, Beschluss vom 20.12.2013-7 B 18.13).

49) 다만, 잔여발전량이나 운전가능기간의 법정에 대해서는 그 수용해당성이나 금전에 의한 보상 내지 조정의 요부에 대해 다툼이 있었다. 이 점에 대해서는 川合·전게주 41)『原發の安全と行政·司法·學界の責任』 183-184쪽.

50) BT-Drucks 14/6980, S. 16.

다고 되어 있다. 또한, 사업자에게는 운전가능기간이 법정됨으로써 해당 기간없이 운전했던 경우의 경년열화프로세스에 대한 안전성 유지나 백피트를 위한 비용이 완화된다고도 지적되고 있다. 그리고, 이러한 이유로 잔여발전량과 운전가능기간의 규정은 비례원칙에 위배되는 것은 아니라고 되어 있다[51]. 따라서, 원전(원자로)의 설치·운전에 관한 기술적 이유에 의한다고 하기 보다는 주로 사업자에 대한 경제적 배려에서 상기와 같은 법정이 이루어지고 있는 것으로 보인다.

한편, 법률에 의한 잔여발전량과 운전가능기간의 결정은 어떤 법적 성질의 것으로 볼 수 있는 것일까. 잔여발전량과 운전가능기간에 대한 언급이 원전의 설치·운전의 허가를 규정하는 7조에 1a항으로 규정되어 있는 점, 또한, 입법이유서에서의 "허가에 대한 사후적인 기한의 설정(Die nachträgliche Befristung von Genehmigungen)"이라는 표현에서는 원전의 설치·운전의 허가의 부여 후에 부관의 일종으로서 기한을 부가했다고 하는 구성이 취해져 있는 것을 알 수 있다. 원전의 설치·운전허가에는 그 내용으로서 부관이 부가되어야 한다고 하는 규정(원자력법시행령[52] 16조 1항 4호)도 이러한 구성을 취한 것의 한 요인이라고 할 수 있을 것일까[53].

---

51) BT-Drucks 14/6980, S. 15.

52) Verordnung űber das Verfahren bei der Genehmigung von Anlagen nach §7 des Atomgesetzes v, 03.02.1995, BGBl. I S. 180 (zuletzt geändert v, 09.12. 2006, BGBI I S. 2819).

53) 한편, 독일에서의 탈원전법제를 보면 알 수 있는 것과 같이, 운전가능기간의 만료후에 변경허가를 얻어서 운전기간을 연장한다고 한 상황은 발생할 수 없지만, 일본에서의 40년운전기간제한과 연장인가신청의 문제의 검토와 관계하는 규정은 존재한다. 예컨대, 원자력법 7조 4항에서는 동 항에서 규정되고 있지 않는 사항에 대해서는 "연방임미시온방지법 8조, 10조 1항 내지 4항, 6항 내지 8항, 10항 2문 및 18조의 제 원칙에 따라서 법규명령에 의해 이를 규정한다"고 되어 있다. 그러나, 표준처리기간(10조 6a항)이나 허가의 실효(18조)에 대해서는 원자력법시행령에는 규정되어 있지 않기 때문에, 그 취급이 어

〔2〕 원자력법 7d조의 신설

2010년 원자력법 제12차 개정[54]에 의해, 7d조가 신설되었다(2011년 1월 1일 시행). 동 조는 사업자가 "7조 2항 3호의 요구뿐만 아니라, 공중에의 리스크에 대한 새로운 사전배려에 약간에 그치지 않고 기여할 수 있도록, 그때마다 발전하여 적절하고 균형적인 안전확보조치가 취해지는 것을 발전한 과학과 기술의 수준에 따라 배려해야 한다"는 것을 요구한다. 동 조의 이해에 대해서는 학설상 엇갈리고 있지만[55], 입법이유서에 의하면, 동 조는 7조 2항 3호에 근거하는 손해사전배려(Schadensvorsorge)의 범위의 양적 확대를 명확하게 기도한 것이지만, 기존의 규제권한의 법구조를 변화시키는 것이 아니라[56], 구체적으로 어

떻게 되어 있는지는 불명확하지만, 가령 상기의 규정을 준용 또는 상기의 규정의 예에 의해 처리한다고 하는 것으로 되면, 관할관청이 표준처리기간내에 처분을 내리지 않는 경우에는 이유서를 붙인 다음에 기간연장결정(행정행위)이 가능하다고 되어 있는 반면, 관할관청 측의 리소스 부족 등에 기인하는 심사기간의 지연이나 신청자의 저해행위 등에 기인하는 신청의 지연을 이유로 한 기간연장결정은 불가능하다고 되어 있다(Jarass, a. a. O., §10 Rn. 117). 또한, 연방행정절차법(Verwaltungsverfahrensgeserz. VwVfG) 42a조는 EU지령의 국내법화를 계기로 하여, 허가의 의제(Genehmigungsfiktion)를 제도화하고 있다.

54) 12, Gesetz zue Änderung des Atomgesetzes v, 08.12.2010. BGBI, I S. 1817. 이 개정은 원전 등의 안전성의 항상적 개선의 체계 구축에 관한 EU지령(Richtlinie 2009/71/Euratom des Rates v, 25. 7. 2009. űber einen Gemeinschaftsrahmen fűr die nukleare Sicherheit kerntechnischer Anlagen, ABl. L 172, S. 18)을 국내법제화함과 동시에, 제11차 법개정에 의해 연장된 기존 원전의 조업기간에서의 안전성 확보를 도모하기 위해 7d조를 새롭게 규정하는 것이었다. 이러한 경위에 대하여, Alexander Roβnagel/Jochin Hentschel, "Weitere Vorsorge" im Atomrecht? Zur Verfassungswidrichkeit des §7d AtG, ZNER 2011, 7(7f.).

55) 이 점에 대해서는 川合·전게주 41) 『原發の安全と行政·司法·學界の責任』 181-183쪽에서 보다 상세히 언급하고 있다.

56) BT-Drs. 17/3052, S.13.

떤 범위의 사항이 7d조 의해 커버되는지는 여전히 불명확하다[57].

이 점에 대해서는 원자력법의 체계상 7조 2항 3호가 손해사전배려(리스크 규제)를 커버하는 것이라고 한다면, "7조 2항 3호의 요구에 추가하여" 신설된 7d조가 커버하는 것은 7조 2항 3호에 근거하는 손해사전배려에 의해 규제대상이 될 리스크가 아니라는 것으로 된다. 이 때문에, 한편에서는 7d조는 잔존리스크에 대해 사업자 스스로 대책을 강구하도록 요구하는 규정이라고 해석하는 견해가 있다[58]. 그러나, 다른 한편으로는 7조 2항 3호가 원전의 설치·운전에 의한 손해에 대하여 "과학기술의 수준에 근거하여 필요로 되는" 리스크규제를 요구하고 있기 때문에, 7d조가 요구하는 것은 7조 2항 3호에 근거하여 '필요'하다고 되지 않았던 리스크에 사업자 자신이 대처하는 것이라고 해석하는 견해가 있다[59].

그러나, 어느 견해로 하더라도 7d조가 신설된 이상, 동 조에 독자적인 의의가 발견되게 될 것이다. 기존의 규제권한의 법구조에는 어떠한 변경도 수반하지 않는 형태로 이러한 사업자의 배려의무를 규정했다는 점에 대해서는 다음과 같이 생각하는 것도 가능할 것이다. 즉, 한편으로는 동태적인 손해사전배려의 가능성과 필요성을 주장하면서, 그러나 다른 한편으로는 리스크와 잔존리스크의 차이의 유동화 등에서 그러한 규제가 실제로는 원해서 행하여져온 것은 아니거나 또는 그러한 규제를 하는 것이 쉽지 않다고 하는 현상이 있는 가운데, 기존 원전

57) 입법이유서는 7d조에 의한 테러행위에 대한 대처의 가능성도 인정하고는 있지만(BT-Drs. 17/3052, S.13.), 테러행위에 대한 대처가 동 조에 의해 제1차적으로(동 조를 중심으로) 커버된다고 파악하는 것은 성급한 것이라고 생각된다.

58) Thomas Fetzer, Anwendungsbereich und Schutzniveau des §7d AtG, in : Christian Raetzke(Hrsg), Nuclear Law in the EU and Beyond, 2014, S. 392ff.

59) Gerhard Roller, Verfassungrechtliche Anforderungen und Grenzen bei der Nachrűstung von Kernkraftwerken, EnWZ 2013. 205(209).

이 법정의 잔여발전량 및 운전가능기간을 완수함에 있어서, 당해 기존 원전사업자 자신에 대해 보다 고도의 안전확보조치를 스스로 취함으로써, 위와 같은 현상의 난점을 피하는 의도가 있었던 것으로 추측할 수 있다. 발전량 및 운전기간에 한정이 있기 때문에 비례원칙을 이유로 강도의 규제권한 행사가 회피되어야 한다고 한다면[60], 사업자 자신에게 배려의무를 요구하는 것으로 관할관청 자신은 강도의 규제권한 행사를 회피하면서, 고도의 안전확보조치를 취하게 할 수 있다는 것으로 된다. 또한, 사업자 자신에게 이러한 고도의 안전확보조치를 요구한다고 하는 것은 기존 원전의 발전량 및 운전기간이 한정되어 있는 상황에서 사업자에게 기존 원전의 존속의 바람직한 방안에 대해 어떤 종류의 경영상의 판단을 요구하는 것으로도 이어진다고 생각할 수 있다.

6 끝으로

이상, 현행 원자로등규제법에 근거한 기존 원전에 대한 안전규제와 인허가법제(주로 원자로설치허가법제)와의 관계를 둘러싼 문제와 기존 원전에 대한 백피트를 둘러싼 문제에 대해 검토를 진행해 왔다.

전술한 바와 같이, 에너지기본계획에서는 탈원전에는 신중한 자세를 취하고 있는 것을 알 수 있는 한편, 본장에서 본 바와 같이, 원자로등규제법은 기존 원자로에 대하여 40년(경우에 따라서는 추가로 20년)이라는 운전기간 제한을 설정하고, 또한 이와 병행하여 백피트의무와 백피트명령을 명정하고 있으며, 기존 원전에 대한 안전규제를 충분히 이루어지도록 하고 있음을 알 수 있다. 그러나, 기존 원자로의 운전가능기간의 법정이든 백피트의무 및 백피트명령의 명시화이든 단순히 그

60) Roller, EnWZ2013. 205 (207f.).

근거규정이 설정된다고 하는 것만으로는 그 실효성이 충분히 발휘될 수 없다는 것은 명백하지만(종전의 행정실무를 보더라도 그것은 알 수 있을 것이다), 본장에서 보았듯이 이러한 법제도와 그 운용에는 많은 이론적 문제점이 포함되어 있는 것으로 밝혀졌다. 장래의 탈원전을 엿보면서도, 원자력규제위원회에 의한 기존 원전에 대한 안전규제와 사업자에 의한 안전성 확보를 관철하기 위해서는 이러한 이론적 문제점의 보다 상세한 검토와 해결이 필요하다.

| **가와이 토시키**(川合 敏樹) 국학원대학 법학부 준교수 |

제3장 원자력안전규제에 있어서의 지방자치단체의 역할

— 일·미 비교 —

1 처음에

일본의 원자력안전규제법제에서는 원자력시설의 구조·기능이나 안전성을 국가(원자력규제위원회)가 심사하는 것으로 되어 있으며, 그 운영에 대해서도 국가(원자력규제위원회)가 감독하는 것으로 되어 있다. 즉, 거기에서는 국가가 중심적인 규제주체가 되어 있으며, 지방자치단체는 규제주체로서의 역할이 부여되어 있지 않다. 그 결과, 지방자치단체가 원자력사업자에게 어프로치하는 수단으로는 사업자와의 사이에 안전협정을 체결하고 그 준수를 요구하는 것, 수도수원보호조례에 의한 입지규제를 하는 것 등, 간접적인 효과를 가지는 것 밖에 인정되지 않는다.

이러한 국가와 지방자치단체의 권한배분의 상황은 미국에서도 마찬가지로 볼 수 있다. 즉, 미국에서는 연방정부가 시설의 설치허가나 운전허가에 의해 원자력의 안전성을 확보하려고 하고 있으며, 주에게는 안전면 이외의 목적에 대해 규제의 여지가 남아있는 것에 지나지 않는다. 그러나, 미국에서는 이러한 권한배분의 바람직한 방안에 대해 원래 그것이 제정법상으로 근거를 갖는지 여부에 다툼이 있고, 또한 명확한 근거에 기한 것이라고 하더라도 주의 권한에 구체적으로 어떤 내용 및 범위가 포함되는지 논란의 여지가 있다고 되어 왔다.

이러한 논점에 대해 근래 연방항소법원이 주목할 만한 판결을 내리고 있다(Entergy Nuclear Vermont Yankee LLC. v. Shumlin, 733 F.3d 393 (2nd Cir. 2013). 이하, 'Shumlin판결'이라고 한다). 동 판결은 연방권한에 근거하여 버몬트주 내에서 원자력시설을 가동하는 사업자(Entergy社)가 그 허가의 갱신을 버몬토주법 하에서 부정되었기 때문에 주지사(Shumlin)를 피고로 하여, 연방원자력에너지법에 의한 당해 주법의 선점을 주장한 것이다. 이 재판은 운전허가의 갱신이 미국에서 제기된 최초의 사례인 것 외에도 후쿠시마제1원전 사고 이후에 제기된 것이었다는 것이나, 동 사고로 인해 원자력안전규제에 관한 권한 확충을 원하는 주가 늘고 있는 것 등에서 국내외의 주목을 끌었다. 연방항소법원은 원자력산업의 변천 등의 역사적 배경을 자세히 말한 다음, 주내에서의 원자력사업의 실태를 분석하고, 그 결과 연방법의 선점을 인정하고 있다. 동 판결의 결론은 안전규제에 관심을 가지는 많은 주를 실망시키게 되었지만, 한편으로 원전의 안전규제를 연방정부에만 맡기는 것에 대해 미국에서 논쟁을 불러일으키는 계기가 되었으며, 근래 동 판결을 소재로 주의 역할에 대해 다시 활발한 논의가 전개되고 있다.

따라서, 본장에서는 Shumlin 판결과 동 판결을 둘러싼 미국의 논의를 소재로 원자력안전규제에 있어서의 지방자치단체의 역할에 대해 검토하기로 한다. 지금까지 일본의 원자력안전규제에서의 국가와 지방자치단체의 관계에 대해서는 선행연구의 축적이 적었다. 즉, 일본에서는 국가가 중심적인 규제주체로 되는 것에 대해 충분한 설명이 이루어지지 않았다. 이 점, 미국에서는 연방과 주의 권한배분을 둘러싸고 Shumlin 판결에 이르는 논의의 축적이 있기 때문에, 본장에서는 미국 원자력안전규제에서의 주의 역할을 검토하고, 거기에서 일본의 지방자치단체의 역할에 대한 시사점을 도출하고자 한다. 구체적으로는 우선, 일본의 원자력안전규제에 있어서 지방자치단체의 역할이 매우 제한적임을 확인한다(2). 그 위에, 미국에서의 ①원자력안전규제의 법제도, ②연방과 주의 권한배분을 둘러싼 종래의 판례이론, ③Shumlin 판결과 동 판결을 둘러싼 논의를 검토한다(3,4). 이상의 검토를 토대로, 마지막으로, 본장에서 얻은 식견의 일본법에 대한 시사에 대해 사견을 제시하고자 한다(5).

2 일본의 현황

(1) 원자력관련법령에서의 국가와 지방자치단체의 역할

일본의 원자력법제는 원자력기본법을 정점으로 그 아래에 원자력안전규제 및 원자력재해대책에 관한 법령을 정비하고 있다. 따라서, 이하에서는 이러한 법령에서의 국가와 지방자치단체의 역할분담에 대해 확인해 두자.

먼저, 원자력기본법(1955년 법률 186호)부터 말하자면, 동법은 원자력이용을 추진하는 목적을 인류사회의 복지와 국민생활의 수준향상으로 하고, 이러한 목적을 달성하는 주체로서 원자력규제위원회를 주로 한 국가의 행정기관을 든다. 즉, 동법은 지방자치단체에 대해 침묵하고 있으며, 이 점은 환경기본법(1993년 법률 91호) 등의 다른 기본법이 국가의 책무와 더불어 지방자치단체의 책임을 언급하고 있는 것과 비교하면 대조적이다. 그럼, 원자력안전규제 및 원자력재해대책에 관한 법령은 지방자치단체의 역할에 대해 언급하고 있는 것일까.

이 점, 원자력안전규제에 관한 주요 법령에서는 지방자치단체의 역할에 대한 언급이 전혀 없다. 즉, 핵원료물질,핵연료물질및원자로의규제에관한법률(1957년 법률 166호. 이하 '원자로등규제법'이라 한다)에서는 원자력위원회가 국가의 시책을 계획적으로 수행하고, 원자력규제위원회가 규제를 관할한다와 같이, 국가의 행정기관이 원자력정책을 담당하는 기본틀이 정해져 있는 한편으로, 지방자치단체의 역할에 대해서는 명확한 언급이 없다. 그러한 것도 있어서, 원자력안전규제권한은 국가가 독점하고 있는 것으로 이해되고 있다. 예를 들어, 원자력안전규제에서 가장 중요한 체계는 원자력발전시설의 건설·운전의 인허가제도이지만, 국가는 이에 관한 권한을 지방자치단체에 부여하지 않고 독점하고 있다. 이 점, 동법은 도카이무라(東海村)의 JCO 임계사고와 후쿠시마제1원전 사고 등을 계기로 지금까지 30회 이상 개정되어, 그 때마다 규제강화가 실현되어 왔지만, 지방자치단체의 참여를 법률의 명문으로 담는 것은 검토되지 않았다.

이에 대해, 원자력재해대책에 관한 주요법령은 국가뿐만 아니라 지방자치단체의 역할에 대해서도 명백히 하고 있다[1]. 그 대표적인 예로서, 재해대책기본법의 특별법으로 제정된 원자력재해대책특별조치법(1999년 법률 156호)을 보자. 동법은 초기 동작의 신속화, 국가·지방자치단체의 연계 강화, 국가의 체제 강화, 사업자 책무의 확보라는 네 가지 목적을 정하고 있으며, 이 단계에서 이미 지방자치단체에 대한 언급이 있다. 그에 더하여, 동법은 구체적인 지방자치단체의 역할에 대해서도 많은 조문에서 언급하고 있다. 지면관계상 특히 지방자치단체가 주체적으로 권한행사하는 점에 대해 하나만 소개하면, 지방자치단체는 사업자에 대하여 업무에 관한 보고를 징수하는 것, 그리고 현장조사·질문·검사를 하는 것이 국가와 마찬가지로 인정되고 있다(31조 1항, 32조 1항). 이러한 보고징수권 및 출입조사권은 지방자치단체가 직접 사업자와 접촉하여, 지역주민의 불안을 해소하기 위해 활동하는 것을 가능하게 하는 것이며, 매우 의미가 있다[2].

---

1) 高橋滋「原子爐等規制法の改正と原子力災害對策特別措置法の制定」『ジュリスト』1186호(2000년) 28쪽 이하, 34쪽.

이처럼 원자력법제에서 지방자치단체가 그 활약이 기대되고 있던 장면은 원자력안전규제가 아니라 원자력재해대책이었다고 할 수 있을 것이다. 그렇다고는 하지만, 원자력안전규제를 국가가 독점하는 것이 왜 정당화되는 것일까. 이 점에 대해, 일반적으로는 '원자력규제의 특수성'이 그 근거로 되어 왔다. 원자력규제에는 고도로 전문적인 식견과 기술을 요하는 것이 국가를 유일한 규제주체로 하는 것의 근거로 들어져온 것이다. 또한, 다른 근거로는 일본이 원폭 피폭국이기 때문에 국민의 원자력 이용에 대한 경계심이 강했던 것을 지적하는 견해도 있다[3]. 국가가 독점하는 규제체제를 펴지 않으면, 국책은 원자력을 추진할 수 없었다는 것이다. 그렇다고는 하지만, 전자의 견해는 국가에 의한 규제독점의 정당화근거로서 추상적으로는 승인할 수 있지만, 지방자치단체의 역할을 일체 배제할 정도로 강력한 근거인지는 분명하지 않다. 오히려 본장의 관심에서 보면, 지방자치단체야말로 주민과 지역의 관점에서 원자력안전규제에 참여해야 할 장면도 있는 것은 아닐까. 또한, 후자의 견해는 국가에 의한 규제독점체제의 필요성을 말하고 있는 것에 지나지 않고 정당화근거가 될 수 없다. 그래서, 다음 절에서는 일본의 현행법제도 아래에서 지방자치단체가 원자력안전규제에 관여할 가능성을 찾아보고, 현행법제도 아래에서 지방자치단체가 어떤 역할을 할 수 있는지를 확인함과 함께 그 한계를 정리하기로 한다.

---

2) 高橋·전게주 1) 『ジュリスト』 1186호 34쪽은 질문검사권에 대해 주민의 불안이나 요청에 응답하는 받침대를 지방자치단체가 얻었다는 의미에서 특기해야 할 사항이라고 한다.

3) 首藤重幸 「原子力規制の特殊性と問題」 『環境法研究』 1호(2014년) 35쪽 이하, 37쪽. 동 논문은 국가가 규제권한을 독점한 것에 더하여, 정책 등의 수립과정에서의 원자력지지자 이외의 배제나 원전입지 지자체에 대한 교부금의 배부를 지적하고, 거기에는 원자력 추진을 위한 "강고한 폐쇄된 체제"가 존재했다고 한다.

〔2〕 현행법제 하에서의 원자력안전규제에 대한 지방자치단체의 관여

현행 원자력안전규제법제가 지방자치단체의 역할에 대해 언급하지 않은 것은 이미 지적한 바이지만, 그럼, 현행법제 하에서 지방자치단체가 원자력안전규제에 관여할 가능성은 제로인 것일까. 이 점, 실제로는 지방자치단체는 원자력사업자와의 사이에서 원자력안전협정을 체결함으로써 지역주민의 안전을 확보해온 것으로 알려졌다. 또한, 수도수원의 보호라는 명목 아래, 수도수원보호조례를 제정하고 원자력시설의 입지를 규제하는 것도 일부 지방자치단체에서 이루어져 왔다. 따라서, 본 절에서는 이 두 개의 틀에 착안하여, 현행법제도 하에서의 지방자치단체의 역할을 정리해두자.

(1) 원자력안전협정

원자력안전협정이란 지역주민의 안전을 담당하는 지방자치단체가 주민의 입장에서 원자력사업소의 안전 확보 및 그 실시상황 등을 확인하기 위한 협정이다. 이것은 원자력사업자가 지역의 현(縣), 발전소 소재 시정촌, 인접 시정촌과 연결하는 것으로, 주된 내용[4]은 주변환경에서의 방사선의 공동감시(통상은 사업자, 지방자치단체, 국가의 3자가 각각 측정), 이상시 등에 있어서의 정보의 신속한 연락·통보의무, 지방자치단체에 의한 출입조사·안전조치요구의 허용, 시설의 신설 또는 증설, 변경에 대한 지역의 사전양해이다.

원자력안전협정은 지역이 독자적으로 내용을 정할 수 있으며, 또한 지방자치단체가 사업자와 협상하면서 책정해 간다고 하는 유연성을 갖기 때문에, 원자력안전규제에 관한 법적 권한이 없는 지방자치단체에게 지역주민의 안전을 확보하기 위한 자위수단으로 침투하여, 현재

---

4) 電氣事業連合會 홈페이지 http://www.fepc.or.jp/nuclear/chiiki/nuclear/kakunenryouzei/ (2015년 8월 20일 최종확인)

는 모든 지방자치단체가 안전협정을 체결하고 있다. 예컨대, 카시와자키카리와(柏崎刈羽)원전이 위치한 니가타현(新潟縣)은 후쿠시마제1원전 사고 후 카시와자키카리와(柏崎刈羽)원전 재가동 신청시에 도쿄전력에 대해 원자력안전협정에 근거하여 필터부착 벤트 설비 신설의 사전양해를 얻도록 요구하고, 그 요구를 실현시키고 있다[5].

이렇게 해서, 원자력안전협정은 지방자치단체가 공권력을 행사한다는 명분을 채용하지 않고, 사업자와의 합의 하에 협정을 체결한다고 하는 형식을 채용함으로써 현행법제 하에서도 지방자치단체가 원자력시설의 안전성 확보에 직접 관여하는 수단으로 기능하고 있다. 한편, 이러한 원자력안전협정의 특징은 원자력안전규제에 대한 지방자치단체의 관여에 대한 한계도 시사하고 있다. 즉, 지방자치단체와 사업자와의 합의를 전제로 하고 있다는 점에서, '규제'로서의 기능을 다하지 못할 리스크가 항상 내재되어 있는 것이다.

구체적으로는 세 가지 문제가 생각된다. 첫째로, 당사자 간의 합의가 전제가 되기 때문에 사업자가 협정체결을 거부하면. 협정은 효력을 가지지 않는다는 문제이다. 현재, 입지 지방자치단체는 모두 원자력안전협정을 체결하고 있는 것으로 되지만[6], 인접 지방자치단체 중에는 원자력안전협정의 체결이 거부된 예도 있다[7]. 사업자에게 협정체결이 거부되어 버리면, 지방자치단체는 원자력시설의 안전성 확보에 관여할 수 없다. 둘째로, 당사자간의 합의가 전제가 되기 때문에, 협정에는 민주적 정통성이 부족하다고 하는 문제이다[8]. 이 점, 원자력안전협정의 넓은 운용실태 및 실익에 비추어 근래에는 그 법적 성질에 대해 단

5) 首藤·전게주 3) 『環境法硏究』 1호 51쪽.

6) 菅原愼悅 「原子力安全協定の現狀と課題ー自治体の役割を中心に」 『ジュリスト』 1399호(2010년) 35쪽 이하, 36쪽.

7) 『朝日新聞』 2012년 9월 12일자.

8) 菅原·전게주 6) 同 42쪽.

순한 신사협정에 머무르지 않는 공법상의 계약으로 간주하는 설이나 보다 강한 법적 구속력을 인정해야 한다는 설이 지지받고 있다[9]. 그 때문에, 사업자의 원자력안전협정 위반에 대해서는 민사소송 등의 방법에 의한 위반 시정도 가능하다고 하는 주장이 유력하다[10]. 그러나, 그러한 법적 효과를 원자력안전협정에 인정한다고 하더라도, 협정은 의회의 동의를 우회할 수 있는 것이며, 협정에 근거하는 지방자치단체의 관여에 민주적 정통성이 부여되어 있는 것은 아니라는 점에서 협정의 내용의 적절성이 확보되지 않을 위험성은 여전히 존재한다

셋째로, 둘째의 점과도 관련하지만, 당사자 간의 합의가 전제되기 때문에, 원자력안전협정을 실제로 운용함에 있어서도 지방자치단체의 의사결정 프로세스가 불투명하게 될 수 있다는 점이다. 예컨대, 원자력발전소의 재가동시에서의 그 절차나 판단기준은 반드시 명확하지는 않고 각각의 안건에 따라 임기응변적으로 결정되고 있다고 지적되고 있다[11]. 그 결과, 협정의 운용이 지역에서의 다양한 정치적 상황에 크게 좌우될 위험성이 존재하고 있다.

이상을 감안하면, 원자력안전협정은 지방자치단체에게 원자력안전규제에의 관여를 가능하게 하는 효과적인 도구이지만, 한편 규제의 유효성의 측면에서도 민주적 정통성의 측면에서도 의사결정프로세스의 측면에서도 문제가 있다. 이러한 점에 대한 대응으로 현재 지방자치단체 중에는 수도수원보호조례에 의한 독자규제의 가능성을 모색하는 움직임이 있다. 그래서, 다음에서 이런 움직임을 다루고자 한다.

(2) 수도수원보호조례

수도수원보호조례란 수도수원보호구역을 지정한 후, 동 구역에 수

---

9) 荒秀「原子力發電所の安全協定」『ジュリスト』580호(1975년) 43쪽.

10) 首藤·전게주 3)『環境法研究』1호 54쪽.

11) 菅原·전게주 6) 同 40쪽.

원의 고갈을 가져올 수 있는 사업장에 대한 입지를 금지하고 그 위반에는 벌칙을 부과하는 것이며, 혐오시설 등의 수원보호구역에의 진출저지를 그 목적으로 하고 있다[12]. 그 기원은 1988년 츠시(津市) 수도수원보호조례이며 오늘날에 이르기까지 다수의 지자체가 유사한 조례를 제정했지만, 그 주된 목적은 폐기물처리법의 규제를 보완하는 것에 있었다[13]. 왜냐하면, 폐기물처리시설의 설치, 운영에는 지하수 오염 및 토양 오염의 우려가 내재함에도 불구하고, 폐기물처리법은 수도수원(水源)을 처분장과의 입지관계에서 보호하는 규정을 두고 있지 않았기 때문이다. 그 때문에, 지방자치단체는 수도수원보호조례를 제정하여 처분장의 입지를 제한하고, 주민의 안전한 식수를 확보해온 셈이다.

근래, 이러한 폐기물처분장의 입지규제를 원자력시설에도 응용하고자하는 움직임이 있다. 즉, 수도수원보호조례의 책정에 의해 원자력시설의 수도수원보호지역에의 진출을 저지하는 운동이다. 구체적으로는 후쿠시마제1원전 사고에 수반하여 발생한 지정폐기물의 최종처분장의 건설후보지인 토치기현(栃木縣) 시오야마치(塩谷町) 및 미야기현(宮城縣) 가미마치(加美町)가 국가에 대항하는 수단으로 수도수원보호조례를 제정하여 최종처분장의 두 마치(町)에의 진출저지를 도모한 것이었다[14]. 토치기현시오야마치다카하라산·쇼진자와용수용수보전조례(2014년 9월 성립) 및 동 조례를 참고로 한 미야기현가미마치수도수원보호조례(2014년 12월 성립)는 정장(町長)이 수자원보전지역을 지정하고, 지역의 상수원을 오염시킬 수 있는 개발행위에 대해 정에 허가신청을 의무화하는

---

12) 內藤悟「水道水源保護條例に關する一考察」『北大法學硏究科ジュニアリサーチジャーナル』3호(1996년) 205쪽 이하.

13) 「市町村眞っ青!?ーある水源保護條例違法判決」北村喜宣=福士明=下井康史『産廢法談』(2004년, 환경신문사) 105쪽 이하.

14) 『河北新報』2014년 12월 13일자.『産經新聞』2014년 12월 13일자.

것을 주요 내용으로 한다. 나아가서는 허가없이 사업을 하는 경우, 정장은 사업의 중지를 명할 수도 있다고 한다[15].

문제는 이러한 조례가 적법한 것으로 용인되는지 여부이다. 이것이 용인되게 되면 현행법제도 하에서도 국가의 원자력안전규제와는 별도로 지방자치단체가 독자의 원자력안전규제를 전개할 수 있는 여지가 생기게 된다. 이 점, 종래의 판례이론은 조례제정권의 한계에 대해 당해 조례의 취지목적이 국가의 법령의 취지목적과 동일한 것인지 여부에 의해 다른 두 개의 판단기준을 제시해왔다. 즉, ①조례와 법령의 취지목적이 동일한 경우에는 법령이 지역별 규제를 허용하는 경우 당해 조례는 허용되고, ②조례와 법령의 취지목적이 다른 경우에는 조례가 법령의 목적효과를 저해하지 않으면 해당 조례는 허용된다는 것이다[16].

이 판단기준을 원자력안전규제에 대해 적용한 경우에 어떤 정리가 될까라고 하면, 조례와 법령의 취지목적이 동일하면 조례에 의한 규제는 우선 인정될 수 없을 것이다. 이미 지적했듯이, 원자로등규제법을 비롯한 원자력안전규제법제는 지방자치단체의 역할에 일체 언급하지 않고 있으며, 법령에서 지역별 규제를 허용하는 취지를 읽어내는 것은 매우 곤란하다. 결과적으로, 원자력의 안전확보를 목적으로 하는 규제를 조례에서 정비하는 것은 어렵다고 할 수 있을 것이다. 한편, 조례와 법령의 취지목적이 다르면, 조례에 의한 규제가 허용될 가능성은 있다. 실제로, 수도수원보호조례는 수원보호에 의한 안전한 물의 확보를 목적으로 하고 있다고 정리할 수 있으며, 이 점에서 원자력안전규제법제와 목적이 다르다고 해서 정당화하는 것이 가능한 것처럼 생각된다.

15) 수도수원보호조례와 방사성물질오염대처특조법의 관계에 대해서는 치쿠시게이이치(筑紫圭一)·본서 제2편 제1장을 참조할 것.

16) 最大判 1975년 9월 10일 刑集 29권 8호 489쪽(도쿠시마시(德島市) 공안조례사건 최고재판결).

그러나, 주의해야 할 것은 국가의 원자력안전규제와는 별도로 조례에 의한 독자규제가 인정될 수 있다고 하더라도, 그것은 지방자치단체에 의한 원자력안전규제를 정면으로 용인하고 있는 것은 아니라는 점이다. 현행법제도와 판례이론 아래에서는 조례에 의한 독자적인 규제가 인정될 수 있는 것은 어디까지나 국가의 법령과는 별개의 관점에서의 규제에 그치는 셈이다. 그런 의미에서 지방자치단체가 원자력안전규제에 사실상의 영향력을 미칠 가능성은 제로는 아니지만, 지방자치단체가 원자력안전규제를 전면에 내세운 조례를 정비하는 것까지는 인정될 수 없다. 또한, 국가의 원자력안전규제와는 별도로 조례에 의한 독자적인 규제가 인정될 수 있다고 하더라도, 구체적으로 어떤 경우에 법령의 목적효과를 저해하는 것인지라는 점에 대해 명확한 판단기준이 있는 것은 아니다. 그 의미에서는 원자력안전규제에 사실상 영향력을 미치는 규제가 어디까지 허용되는지에 대해서는 여전히 불투명하다. 결국, 조례에 의한 독자규제라는 수법에 대해서도 현행법제도 아래에서는 이러한 점에서 한계를 발견하지 않을 수 없다고 할 수 있을 것이다.

(3) 정리

이상과 같은 문제점을 감안하면, 원자력안전규제에 대한 지방자치단체의 관여의 바람직한 방안은 원자력재해대책법제와 마찬가지로 원자력안전규제법제에 지방자치단체의 권한을 명확히 규정하고, 지방자치단체의 관여에 민주적 정통성을 부여함과 함께 공권력의 행사로서의 규제권한을 인정하는 것이 바람직하다. 그러나, 이미 지적했듯이 현행법제도 아래에서는 지방자치단체의 권한은 명확하지 않고, 지방자치단체는 고육지책으로 원자력안전협정의 체결이나 수도수원보호조례의 제정이라는 수법을 이용하고 있는 셈이다.

이 점에 관련하여, 원자력규제위원회설치법안이 시행되었을 때에, 참의원이 부대결의에서 "종래부터의 지방자치단체와 사업자와의 사이의 원자력안전협정을 근거로, 또한 원자력안전규제 및 재해대책에 있어서의 지방자치단체의 역할의 중요성을 감안하여, 본법 시행 후 1년 이내에 지방자치단체와 국가, 사업자와의 밀접한 연계협력체제를 정비함과 동시에 본법 시행 후 3년 이내에 제 외국의 예를 참고로 바람직한 법체계의 방안을 포함하여 검토하고, 필요한 조치를 강구할 것"을 결정했다[17]. 이 부대 결의에서는 원자력안전규제에 대한 지방자치단체의 역할에 대해 국회 내에서도 일정한 긍정적인 평가가 내려지고 있는 것을 간취할 수 있을 것이다. 그렇다고는 하여도, 이 부대결의 이후, 원자력방재협의회가 설치되는 등 지역방재의 관점에서는 국가와 지방자치단체의 연계체제에 대해 일정한 진전을 볼 수 있지만, 안전규제의 면에서는 아직 구체적인 변화는 보이지 않는다.

그렇다고 한다면, 결국 현시점에서는 조례에 의한 독자규제의 여지를 모색하는 움직임이야말로 원자력안전규제에 있어서 지방자치단체가 수행할 수 있는 역할을 정면으로 모색하는 움직임이라고 할 수 있다. 그러나, 이미 설명한 바와 같이, 일본법에서는 원자력의 안전확보와는 다른 목적의 규제라면 조례에 의한 독자규제의 여지가 있다고 하는 이상으로 구체적인 논의는 존재하지 않고, 어떤 규제내용이면 허용되는지라는 점에 대해서도 명확하지 않다. 그래서, 다음 절에서는 원자력안전규제에서의 연방와 주의 관계에 대해 논의의 축적을 갖는 미국법에서 연방과 주의 권한배분이 어떻게 되어있는지, 또한 원자력안전규제에서의 주의 역할이 어떻게 이해되고 있는지를 검토하고, 거기에서 일본의 지방자치단체의 역할에 대한 시사점을 도출하고자 한다. 이 점의 검토를 심화시키는 것은 원자력안전규제에 관한 국가와 지방

17) 參議院「原子力規制委員會設置法案に對する付帶決議」26番(2012년 6월 20일).

자치단체의 본래적 역할분담을 찾아내는 것을 의미하며, 장래에 원자력안전규제법제에 지방자치단체의 권한을 규정하는데 있어서도 참고가 될 것이다.

3 미국의 원자력안전규제

(1) 원자력안전규제에서 보는 연방과 주

미국에서는 연방정부가 원자력안전규제권한을 독점하고 있다[18]. 미국의 원자력규제의 근간으로 되고 있는 법률은 연방원자력에너지법(Atomic Energy Act)이라는 연방법이며, 이는 연방헌법에 열거된 국가의 방위 및 안전보장, 공중위생의 확보, 그리고 주간(州間) 통상이라는 연방정부의 권한에 근거하여 제정되어 있다. 동법은 연방정부에 의한 배타적인 규제틀을 설정하고 있으며[19], 그 배경에는 원자력이라는 복잡한 분야에서는 어떠한 안전기준을 설정할까라고 하는 판단은 주보다도 연방 쪽이 적합하다는 연방의회의 인식이 존재하는 것으로 알려져 있다[20]. 구체적인 규정으로는 §2201(i)(3)이 주된 규제청인 원자력규제

---

18) 미국의 원자력안전규제의 기본적 체계에 대해서는, 淸水晶紀「米國原子力安全規制の基本構造と法的特徵」『比較法硏究』76호(2014년) 4쪽 이하, 8-10쪽.

19) 42 U.S.C. 2012(f), 2012(e), 2013(d), Patrick A. Parenteau, *Regulation of Nuclear Power Plants : A Constitutional Dilemma for the States*, 6 ENTL. L. 675, 681(1976). 동 논문은 1942년의 Enrico Fermi에 의한 핵실험을 비롯한 연방정부와 원자력개발의 깊은 관계를 지적하고, 원자력은 그 탄생에서부터 연방에 의한 압도적인 콘트롤 아래에 놓였었다고 한다. *Id*, at 679, 683.

20) 연방과 주의 관계에 착목한 원자력에너지법의 제정배경에 대하여 말한 것으로서, Todd Garvey, Cong. Research Serv., Rep. No. R41984. State Authority to Regulate Nuclear Power : Federal Preemption under the Atomic Energy Act(2011) at 4, 5.

위원회(Nuclear Regulatory Commission ; 이하 NRC라고 한다)에 대해 "공중의 건강안전에 대한 보호 및 신체나 재산에 대한 위험을 최소화하기 위해 원자력시설의 설계, 배치, 운전에 관한 모든 기준이나 규제를 필요하다고 판단한 경우에 발한다"는 것을 인정한다[21]. 또한, §2201(p)는 NRC가 적절하게 새롭게 규제를 설정하고, 또한 수정할 수 있다고 한다[22]. 이처럼 연방원자력에너지법은 행정목적의 달성방법 등을 제시하지 않고, NRC에 포괄적인 규제권한을 수여하고 있고, 그 권한의 광범함은 본 법에 독특한 것으로 달리 예를 찾아볼 수 없다고 평가될 정도였다[23].

한편, 원자력개발이 국내에 급격히 확산됨에 따라, 각 주는 주민의 생명·신체에 대한 영향을 우려하게 되어, 1970년대에는 일부 주가 각종 원자력규제법을 제정하고 있다[24]. 예컨대, 아이오와주 및 위스콘신주는 주내의 원자력발전시설의 건설에 5년간의 유예기간을 정하는 주법을 제정하고 있다. 또한, 캘리포니아주 및 오레곤주는 Safeguards Act 라는 명칭의 주법을 제정하고, 주내에서의 원자력발전시설의 건설에 사전허가를 요구한다[25]. 또한, 본장에서 검토하는 Shumlin판결의 무대로 된 버몬트주도 주내의 원자력발전시설의 건설에 주의회의 승인을 요구하는 주법을 성립시켰다. 이들 주법에 공통되는 것은 주의 전통적 권한인 폴리스 파워나 토지이용규제권한을 근거로 한 것이다. 그렇다면, 이러한 주법은 연방원자력에너지법과 저촉하지 않는 것일까. 본장

21) 42 U.S.C. §2201(i)(3).

22) 42 U.S.C. §2201(p).

23) Siegel v. Atomic Energy Comm'n, 400 F.2d 778, 783 (D.C.Cir.1968)은 이러한 규제체계를 '특히 유니크'(virtually unique)하다고 지적하고 있다.

24) Parenteau. *supra* note 19, at 675–679.

25) 1974 Oregon Nuclear Safeguards Act : 1976 California Land Use, Nuclear Power Liability and Safeguards Act.

에서는 Shumlin판결을 중심으로 이 논점을 검토해 나갈 것이지만, 그 전제로서 우선은 이 논점에 관한 미국법의 기초지식을 정리하고, 아울러 Shumlin판결에 이르는 판례이론의 동향을 파악해두자.

(2) 연방원자력에너지법과 선점법리

위와 같이, 연방원자력에너지법이 원자력의 안전규제를 연방의 배타적 관할사항으로 규정하는 한편, 일부 주는 원자력시설이나 폐기물 저장시설에 관한 원자력규제법을 제정해 왔다. 이처럼 실제 규제에서 연방법과 주법이 유사한 규정을 정한 경우에, 그 어느 것을 우선하여 적용해야 할 것인가라는 문제가 생긴다. 이른바 '법의 저촉'이다. 이러한 경우에, 적용법령의 우열을 결정하는 판례법상의 법리로 발달해 온 것이 '선점법리'이다. 연방헌법상에는 최고법규조항(Supremacy Clause)이라고 부르며, 연방법 및 조약이 주법에 우위하는 것을 규정하는 제6편 제2항이 있지만[26], 선점법리는 동 조항에서 파생된 개념이라고 이해되고 있고, 특정 분야에서의 주의 일정한 권한을 연방이 선점하는 취지를 가지고 있으면, 연방이 주에 우위한다는 법리이다[27]. 그리고 선점의 유형에는 크게 나누어 명시적 선점(express preemption)과 묵시적 선점(implied preemption)이 있다고 한다[28]. 명시적 선점이란 연방의 선점 취지가 제정법의 문언에 명백하게 기록되어 있는 경우이며, 묵시적 선

---

26) U.S. CONST. art. Ⅵ, cl. 2.

27) Laurence H. TRIBE, American Constitutional Law 1172(3rd ed. 2000).

28) 이것은 Gade v. National Solid Waste Management Ass'n 505 U.S. 88, 98(1992)에서 대법원이 나타낸 선점의 유형이다. 이후, 많은 판례가 동 유형을 사용하고 있다. Paul S. Weiland, *Preemption of Local Efforts to Protect the Environment : Implications for Local Governmental Officials*. 18 VA. ENVT. L.J., 467, 470(1999) ; Christopher H. Schroeder, *Supreme Court Preemption Doctrine*, *in* PREEMPTION CHIUCE 124 (William Buzbee ed. 2008).

점이란 연방의 선점 취지가 제정법의 문언에는 명시되어 있지 않지만, 해석에 의해 선점이 인정되는 경우이다.

이 점, 연방원자력에너지법은 주법을 선점하는 의사를 명확하게 표시하는 규정을 결여하기 때문에(명시적 선점의 부정), 묵시적 선점의 유무를 검토하게 된다[29]. 구체적으로는 먼저, 법원은 당해 분야가 연방법에 의해 전통적으로 지배되어왔는지 여부라고 하는 분야형 선점(field preemption)의 유무에 대해 판단한다. 그 위에, 분야형 선점이 인정되지 않는 경우에는 주에 의한 규제를 허용하는 것이 연방의회의 의사에 반하는지 여부라고 하는 저촉형 선점(conflict preemption)의 유무를 판단하게 된다. 상기 일련의 작업에서 중요한 것은 연방의회에 선점의 의사가 있는지 여부이지만, 그 판단재료의 하나에 선점면제조항이 있다. 연방의회는 주의 규제권한을 존중하고, 선점을 부정하고자하는 경우 제정법상에 선점면제조항(Savings Clause)을 둘 수 있다. 연방원자력에너지법은 다음의 두 개의 선점면제조항을 정하고, 안전성 확보 이외를 목적으로 하는 규제를 주에게 인정하고 있다[30]. 첫 번째의 조항 § 2018는 "본 법의 어떠한 규정도 연방허가 하에 발생한 전력에 대하여서는 그 발전, 매전(賣電), 송전에 관한 ……주의 권한이나 규제에 영향을 준다고 해석되어서는 안된다"고 규정한다[31]. 그리고, 두 번째의 조

29) Northern States Power Co. v. Minnesota, 447 F.2d 1143, 1155(8th Cir. 1971)에서 연방원자력에너지법에는 명시적 선점이 존재하지 않는다고 판시되고 있다. Zachary Mason, *Nuclear Intentions and Implied Preemption : How Entergy Nuclear Vermont Yankee, LLC v. Shumlin gives Indian Point a Fighting Chance to stay in Business*, 3 AM. U. BUS. L. REV. 197, 215–216(2014), Parenteau, *supra* note 19, at 688–689. 연방에너지법의 선점사례를 정리, 분석한 것으로서 이하 참조. James L. Buchwalter, *Preemption Issues under Atomic Energy Act of 1954*, 198 A.L.R. Fed. 147(2009).

30) James W. Moeller, *State Regulation of Nuclear Power and National Energy Policy*, 12 J. Energy Nat. Resources & Envtl. L. 1, 4–7(1992).

항 § 2021도 “본 법의 어떠한 규정도 주 및 지방자치단체가 방사선 리스크(radiation hazard)의 예방 이외의 목적으로 규제를 행하는 것에 대해 영향을 준다고 해석되어서는 안된다”고 규정한다[32]. 이들 조항은 연방과 주의 역할을 명확히 하기 위해 제정된 것이지만, ‘방사선 리스크’라는 애매한 문언을 둘러싸고 해석이 나뉘고, 결과적으로 연방원자력에너지법에서 선점면제조항 자체는 선점의 판단재료로서 충분히 기능하지 않는 상황에 있었다[33].

이러한 상황 하에서 연방원자력에너지법이 정하는 연방과 주의 역할분담을 분명히 하고자 시도한 연방대법원판결이 Pacific Gas and Electric CO. v. State Energy Resources Conservation & Development Commission. 461 U.S. 190 (1983) (이하 ‘Pacific Gas 판결’이라 한다)이다. 동 판결에서는 캘리포니아주법에 대한 연방원자력에너지법의 선점의 유무가 다투어졌다. 이 주법(Warren–Alquist 에너지자원보호·개발법)은 연방이 방사성폐기물의 처리방법을 확립할 때까지 캘리포니아주내에서는 신규의 원자로 건설을 동결하는 것을 내용으로 하고 있으며, 방사성폐기물의 처리방법이 없는 가운데 조업에 의한 폐기물은 계속 늘어나고, 나아가서는 그 처리비용의 증대에 따라 사업자가 도산할 것이라고 하는 주의회의 판단을 배경으로 하고 있었다. 판결은 우선, 연방원자력에너지법이 요구하는 연방 및 주의 역할에 대하여 각각 예를 들면서 설명한다[34]. 연방의 역할은 원자력발전시설의 건설 및 운전에 관한 안전성에 대하여 NRC가 배타적인 규제권한을 가지고 있다고 지적하고, 원자력안전규제에 분야형 선점을 인정했다. 안전기준의 설정 등은

31) 42 U.S.C. §2018.

32) *Id*, §2021(k).

33) Steven B. Bennet, *Note, Environmental Law – Atomic Energy Act*, 23 Nat. Resources J. 917, 920(1983), Garvey, *supra* note 20, at 5.

34) 461 U.S. at 205.

연방의 특권이며, 주가 보다 엄격한 규제기준을 설정할 수 없다는 것이다. 한편, 주의 역할에 대해서는 그 전통적인 권한의 행사로서 허가된 시설의 내용, 토지이용, 전기가격 등에 대해 규제대상으로 할 수 있다고 판시했다[35]. 예컨대, 당해 원자력시설이 경제적 관점에서 건설할 가치가 있는가 등의 판단은 주에 유보되게 되는 것이다. 연방대법원은 이들 역할분담을 제시한 다음, 본건 주법에 대해서는 원자력의 '방사선 리스크'에 주목한 규제가 아니라, '경제성'에 주목한 규제라고 하여, 연방원자력에너지법에 의한 선점을 부정하였다. 처리방법을 확립하지 않은 단계에서는 처리비용을 예측할 수 없고, 원자력발전은 비경제적이며 불안정한 전력 밖에 공급할 수 없다고 하는 캘리포니아주의 주장이 인정되었던 것이다.

Pacific Gas 판결이 제시한 "안전성을 이유로 하는 규제는 연방이 배타적으로 수행하고, 그 이외의 규제는 주에 유보된다"고 하는 판단틀은 이후 많은 판례에서 이용되게 된다[36]. 그러나, 연방항소법원은 주법이 경제성을 이유로 하는 규제를 규정하고 있었음에도 불구하고 연방원자력에너지법의 선점을 인정했다. 그것이 'Shumlin 판결'이다. 그래서, 다음 절에서는 Pacific Gas 판결과의 관계를 중심으로 Shumlin 판결과 동 판결을 둘러싼 논의를 분석하고, 현재 미국법이론의 도달점을 모색하기로 한다.

---

35) *Id*, at 212.

36) Donald N Zillman, *The Role of State Government in Nuclear Power Regulation : Jurisdictional Conflicts in the US*, 16 J. Energy & Nat Resources L. 16, 19−20(1998), Garvey, *supra* note 20, at 8. 예컨대, Pacific Gas 판결 후 2개의 연방대법원판결(Silkwood v. Kerr−Mcgee, 464 U.S. 238(1984) ; English v. General Electric, 496 U.S. 72(1990))이 내려졌지만, 거기에서는 방사능 누출에 벌칙을 과하는 주법, 원자력발전시설 작업자의 정신적 피해를 보호하는 소가 안전성 이외를 이유로 한다고 하여 선점이 부정되고 있다.

4 Shumlin 판결의 비판적 검토

(1) 사안의 개요

버몬트주에서 발전시설을 운전하려면 NRC가 발하는 연방허가뿐만 아니라, 시설소유자는 주내의 공공서비스를 관할하는 버몬트주 공공서비스위원회(Vermont Public Service Board : 이하 '주위원회'라 한다)에 자문하여, 허가증(Certificate of public good ; 이하 'CPG'라 한다)을 얻어야 한다고 되어 있다[37]. 본건 원고 Entergy사도 버몬트양키 원자력시설의 운전에 관한 연방허가와 주허가를 얻어서 전력을 공급해 왔다. 한편, 주의회는 2006년 5월에 2012년 3월 21일 이후에 주내에서 원자력발전시설을 운전하기 위해서는 주의회가 운전을 허가하는 법안을 가결해야 한다고 규정하는 주법 160을 제정했다[38]. 동법에 근거하여, 2010년에 Entergy사는 주의회에 대해 허가 갱신을 신청하였지만, 동 시기에는 Entergy사가 리튬의 누출을 공표한 적도 있어서, 갱신을 허가하는 상원안 S.289는 부결되었다[39]. 그 결과, Entergy사는 2012년 3월 21일 이후에 시설을 운전할 수 없게 되었다. 한편으로, NRC로부터 운전허가의 갱신이 인정되었던 Entergy사는 주의 결정을 불복하여 연방원자력에너지법에 의한 주법 160의 선점을 주장하고, 버몬트주 지방법원에 제소하였다[40]. 주 지방법원에서는 원고가 승소하여, 주 측이 제2순회

---

37) Vt. Stat. Ann. Tit. 30, §248(b).

38) Act 160, §1(a). 본건에서는 주법 160 이외에 주법 74의 선점도 다투어졌다. 주법 74는 2012년 3월 21일까지는 Entergy사는 주 위원회가 발행하는 CPG만으로 방사성폐기물저장시설을 건설, 운영할 수 있지만, 같은 날 이후는 주의회의 승인도 요한다는 것이다. 733 F. 3 at 400.

39) *Id*, at 405.

40) Entergy사는 연방원자력에너지법의 선점, Federal Power Act의 선점, 주제조항의 위반에 대해 주장하였지만, 연방항소법원은 연방원자력에너지법의 선점 이외는 unripe하다고 판시하였다. *Id*, at 433-434.

구 연방항소법원에 항소하였다.

〔2〕 판지 - 항소기각 -

제2순회구 연방항소법원은 연방원자력에너지법에 의한 주법 160의 선점을 인정하고, 주 측의 항소를 기각하였다. 주법 160은 동법이 경제성을 이유로 하는 규제임을 명언하고 있으며, 그것이 주 측에 의한 선점부정 주장의 논거가 되었지만, 본 판결은 주법 160이 안전성을 이유로 하는 규제라고 인정하고, 주 측의 주장을 정면으로 부정하였다. 그 논리 구성은 대체로 다음과 같다.(한편, 판지에서의 인용에 대해 “”로 표시하고 있다.)

(1) 원자력에너지법과 Pacific Gas 판결

“1954년 연방원자력에너지법은 상업로의 건설, 소유, 운영을 허가하는 권한을 AEC(후의 NRC)에 대해서 배타적으로 부여하고, 원자력개발의 안전성에 관한 규제를 주에게 금지하고 있는 것이지만, 그것은 이 복잡한 분야에서는 AEC가 안전기준의 선택을 하는데 보다 적합하다고 의회가 믿었기 때문이다[41]. 즉, 의회는 원자력의 안전성에 대하여 국가의 방위·안전보장상 그것이 연방에 의해 규제되어야 한다고 하고, 주의 규제를 배제한 분야형 선점을 인정한 것이다. 한편, 전력의 수요에 관해서는 주에 제1차적인 판단을 하는 것을 인정하고, 동법에 그것을 나타내는 두 개의 면제조항 2018과 2021(k)를 두었다. 1983년 Pacific Gas 판결은 상기 규제틀 아래에 판시되고, 대법원은 캘리포니아주법의 목적에 대해 순수하게 경제적인 이유가 표시된 주입법위원회의 보고서에 의거하여 연방원자력에너지법에 의한 선점을 부정한 것이다.”

---

41) *Id*, at 409.

(2) 원자력업계의 변화

"Pacific Gas 판결에서 대법원은 원자력비용이 상승하는 것에 대한 국가의 책임에 주목하고 있지만, 이를 이해하기 위해서는 1970년대 및 1980년대의 에너지업계에서의 소매업의 체제를 알 필요가 있다[42]. 당시 발전사업자는 주내의 소매업자에게 전력을 판매하고, 주는 그 전력가격이 합리적인 것처럼 구체적인 가격을 결정했다. 그 결과, 발전·송전·분전은 통상 하나의 시설이 지역 유일의 시설로 시장을 독점하게 되고, 폐기물의 저장을 위해 운전비용이 증가하는 경우 등에는 그것이 직접적으로 요금의 인상으로 소비자를 덮치는 것을 의미하였다[43]. 이러한 사정에서 Pacific Gas 판결은 캘리포니아주의 주장을 인정하고, 사용완료의 방사성폐기물의 문제는 경제상 혹은 계획성의 문제이며 안전성의 문제가 아니라고 한 것이다.

그런데, 1970년대 후반에 전력시장이 탄생하고, 전력산업에 신규로 진입하는 업체가 잇따랐을 뿐만 아니라 오래된 다수의 소매업도 주 경계를 넘어서 전력을 판매하는 '전력상인'(merchant generator)으로 되어, 1990년대 후반까지에는 전력업계가 극적으로 변화했다[44]. 이러한 전력상인의 출현으로, 소비자는 전력의 선택지를 얻는다. 소비자는 주내 유일한 발전사업자에 더 이상 얽매이지 않는다. 현재 버몬트양키도 이러한 전력상인에 해당한다."

(3) 주법 160

"주법 160의 선점을 검토하기 위해 제정법의 분석부터 시작하기로 한다[45]. 주는 주법 160 § 1 (a) 및 § 1 (d)를 근거로 동법이 (1) 재생가

---

42) *Id*, at 411.

43) *Id*, at 405.

44) *Id*, at 412-413.

45) *Id*, at 414.

능 에너지의 이용 확대, (2) 보다 비용 대 효과에서 우수한 에너지의 촉진 이라는 2개의 목적을 내건다고 주장한다[46]. 이러한 목적에 선점은 없지만, 우리의 분석은 법률의 문언의 해석에 그치지 않는다[47]. …… 이 점, Pacific Gas 판결은 원자력에너지법의 선점을 판단함에 있어서 법원이 어느 정도까지 심사해야 하는가에 대해 분명히 하지 않는다. 그러나, 동 판결 대법원은 원자력 개발은 안전하지 않다고 주가 판단한 것을 말리고 있으며, 그로부터 보면 우리는 새로운 심사를 시도할 필요가 있을 것이다.

첫 번째의 목적에 관해, 주는 버몬트양키의 존재가 전력의 다양성을 추진하는 데 방해로 되어, (원자력 이외의) 다른 전원개발을 좌절시키고 있다고 주장한다[48]. …… 그러나, 이러한 주장은 버몬트주내의 소매업자가 전원에 대해 선택지를 가지고 있지 않다고 하는 전제에 선다. 주내의 전력 가운데 버몬트양키가 공급하는 것은 3분의 1밖에 아니라는 것으로부터 하면, 버몬트주의회는 소매업자에 대해 캘리포니아주내의 환경배려형 전력시설이나 오클라호마주내의 열병합발전시설에서 전력을 구입하게 할 수 있는 것이다. 마찬가지로, 원자력에 대해서도 주외의 발전시설로부터 구입하게 하는 것은 가능했다. 따라서, 버몬트양키의 폐쇄는 버몬트의 전력구입처(의 선택)에는 거의 영향을 가지지 않는다.

이어서, 두 번째의 목적 '비용 대 효과의 향상'의 검토로 이동하지만, 주는 버몬트양키를 폐쇄함으로써 보다 비용 대 효과가 높은 다른 전력을 선택하기 쉽게 된다고 한다. 그러나, 이 논의도 버몬트양키가 전력상인인 것에 비추어 보면, 설득력이 부족하다. 버몬트주에서 전기요금

46) *Id*, at 415.

47) *Id*, at 416.

48) *Id*, at 417.

이 상승하더라도 Pacific Gas 판결에서의 캘리포니아주민들과는 달리, 요금이 소비자에게 직접 영향을 미치지는 않는 것이다. 오히려 버몬트 양키는 전력상인으로서 전력을 널리 도매시장에 판매하고 있기 때문에, 지역의 전력사업자는 여러 경쟁업자 중에서 보다 비용 대 효과가 높은 발전사업자를 지정하여 전력을 구입할 수 있다. 따라서, 버몬트 양키를 폐쇄할 것까지도 없이 현재의 상태에서 비용 대 효과가 높은 전력을 구입할 수 있는 것이다. 폐로(廢爐)비용에 대해서도 버몬트주는 Entergy사의 경영이 파탄한 경우에는 주가 부담하게 된다고 주장하지만, NRC는 1988년에 폐로계획의 수립 및 폐로비용을 기금에 풀로 해둘 것을 명하는 규칙을 제정하고 있다.

이어서는 주법의 제정배경을 검토하기로 하지만, 이에 대해 버몬트주는 원자력에너지법의 선점 판단에서 주법의 제정배경을 고려하는 것은 Pacific Gas 판결이 금지하고 있다고 주장한다[49]. 그러나, Pacific Gas 판결에서는 주위원회의 보고서가 참조되고 있다. 또한, Pacific Gas 판결이 안전을 이유로 한 원자력시설의 금지는 선점된다고 판시한 것에 대해 다수의 법원은 동 판단이 "주법의 이면에 있는 동기(motivation)를 참조하여, 선점되는 분야를 명확히 했다"고 평가하고, 각각의 사건에서도 제정배경을 판단자료로 하고 있다[50]. 따라서, 본 법원도 주법이 선점해야 하는 동기에 의해 제정된 것인지 여부를 판단하는데 있어서, 제정배경을 중요한 요소로 자리매김한다. 버몬트주의회가 파트타임으로 참여하는 시민으로 구성되어 있고, 위원회보고서와 회의록도 남기고 있지 않는 등 기록방법이 시스템화하고 있지 않다고 하는 한계에 대해서는 분명히 우리들의 작업을 어렵게는 하지만, 주의회의 의사가 비공식적인 것이나 제정배경을 기록하지 않는다고 결정한 것

49) *Id*, at 418.

50) *Id*, at 419.

에 의해 주법 160이 사법심사에서 면제되는 것으로는 되지 않는다[51].

지방법원은 각종 입법자료를 분석하여, 주의회가 원자력의 안전성 확보를 동기로 하고 있는 것, 주민의 방사능 리스크에 대한 불안에 대응하기 위해 주의회에 각종 권한을 갖게 하고자 한다고 생각하고 있는 것, 그리고, 발전소의 운전이 전혀 안전하지 않다고 믿고 있는 것 등 다 셀 수 없을 정도로 언급되어 있다고 했다. 주의원이나 규제기관이 원자력의 안전성을 우려하여, 또한 연방법의 선점을 피하고 싶다는 의사를 명확히 했었다는 점은 예를 들어 주법 160의 초안 공청회에서의 버몬트주 상원금융위원장의 "OK! 안전에 대신하는 문언을 찾아내자"고 하는 발언에서 볼 수 있다.

이상에서 본 법원은 지방법원과 마찬가지로 주법 160의 제1차적인 의도는 안전규제에 있다고 판시한다."

〔3〕 분석

본 판결에서는 버몬트주법이 적어도 주법의 문언상은 경제성을 이유로 하는 규제를 규정하고 있었음에도 불구하고, 연방원자력에너지법의 선점을 인정하였다. 그 근거로서 본 판결은 ①주법의 입법자료를 이용하여 주법의 입법의도를 탐색하였던 바, 주법이 안전성을 이유로 한 규제인 것은 분명한 것, ②전력산업의 구조가 변화하고 있으며, 주법이 경제성을 이유로 한 규제를 하는 의미는 없어지게 되고 있는 것의 2점을 지적하고 있다.

이러한 판단은 〔2〕에서 소개한 Pacific Gas 판결과는 모순되지 않는 것일까. 또한, 모순되지 않는다고 하더라도, 두 판결의 판단의 분기점은 어디에 있으며, 본 판결은 Pacific Gas 판결과는 어떤 관계에 서는

51) *Id*, at 420.

것일까. 이하에서는 본 판결의 특징적인 판시사항인 ①②의 2점을 중심으로 Pacific Gas 판결과의 비교에서 본 판결을 분석하고자 한다.

(1) 주법의 입법자료를 이용한 선점 판단의 적부

선점의 유무를 판단할 때 가장 중요시되는 것은 연방의회에 선점의 의도가 있는지 여부이다. 그래서, 본 판결이 연방원자력에너지법에 나타난 연방의회의 의도를 어떻게 해석했는지가 문제가 되는 셈이지만, 동 판결은 Pacific Gas 판결과 마찬가지로 안전성 확보를 목적으로 하는 규제에 대해 연방원자력에너지법의 분야형 선점을 인정하고 있다. 한편, 이 또한 Pacific Gas 판결과 마찬가지로 주가 전통적으로 폴리스파워를 행사해 온 분야에 대한 규제는 주법에 유보되어 있다고 하는 추정이나 그것을 명문으로 보강하는 연방원자력에너지법의 선점면제조항에서 언급하고, 경제성을 이유로 하는 규제에 대하여 연방원자력에너지법의 선점을 부정하고 있다. 즉, Pacific Gas 판결도 본 판결도 안전 확보를 목적으로 하는 규제에 대해서만 연방의회의 선점 의도를 인정하고 있다고 할 수 있다. 이러한 의미에서, 본 판결은 Pacific Gas 판결의 판단틀에 의거한 사례판결이라고 정리할 수 있을 것이다.

그렇다면, 본건에서도 Pacific Gas 판결의 경우와 마찬가지로, 버몬트주법 160이 경제성을 이유로 하는 규제인지 여부가 선점의 유무를 결정하는 쟁점이 될 것이지만, 본 판결이 Pacific Gas 판결과 비교하여 특징적인 것은 이 쟁점을 판단할 때의 주법의 입법의도의 탐색방법이다. 즉, 어떤 판결도 주법의 문언이 경제성을 이유로 하는 규제임을 천명하고 있는 가운데, 주법의 입법자료를 활용하여 입법의도를 찾고 있지만, Pacific Gas 판결은 주 규제가 안전규제가 아니라는 스탠스에서 주법의 입법자료를 이용한 것에 대하여, 본 판결은 주 규제가 안전규제인 것은 아닐까라는 스탠스에서 주법의 입법자료를 이용하고 있는 것이다[52]. 그 위에서, 본 판결은 주법이 안전규제라고 하여 연방법의 선점을 인정하고 있다.

이 점, 원래 주법의 입법의도를 판단할 때에 어디까지의 자료를 고려해야 하는가라는 문제가 있다. 주법의 문언만을 판단재료로 할 것인지 그렇지 않으면 주의회나 각종 위원회보고 등의 입법자료까지도 고려할 것인가라는 것이다. 본 판결은 Pacific Gas 판결이 입법자료의 이용의 시시비비를 분명히 하고 있지 않다고 하면서도, 동 판결이 캘리포니아주 입법위원회의 보고서를 참조하고 있음을 지적하고, 본건에서도 그에 따른다고 판시했다. 확실히 Pacific Gas 판결에서는 동 보고서상의 "처리방법을 확립하고 있지 않은 단계에서는 처리비용을 예측할 수 없고, 원자력발전은 비경제적이고 불안정한 전력밖에 공급할 수 없다"고 하는 기술을 근거로 하여 선점이 부정되고 있다[53]. 그런 의미에서, 입법자료를 이용하여 주법의 입법의도를 탐색하는 것 자체는 Pacific Gas 판결에서도 부정되어 있는 것은 아니라고 할 수 있을 것이다.

하지만, Pacific Gas 판결이 본 판결과 같은 입법자료의 활용을 인정하고 있는지 여부에 대해서는 신중한 검토가 필요하다[54]. Pacific Gas 판결은 법원이 주의 진정한 동기를 명백히 하는 것에 대해 지나치게 집착해서는 안된다고 하는 취지의 경고를 발하고 있으며[55], 주법의 명문을 보강하기 위하여 입법자료를 이용했었던 것에 지나지 않는다. 그

---

52) Lora Krsulich, *Diminishing State Power in Regulating Nuclear Energy : Post-Entergy Nuclear Vermont Yankee v. Shumlin*, 41 ECOLOGY L.Q. 629, 633-634(2014).

53) 461 U.S. at 213-216.

54) Garvey, *supra* note 20, at 16. 본 판결은 입법자료의 동기를 고려한 Greater N.Y. Metro Food Council, Inc. v. Giuliani 판결도 들고 있다. 다만, Giuliani판결은 담배의 선점에 관한 사례이다. Mason, *supra* note 29, at 212.

55) "not become embroiled in attempting to ascertain true motive" 461, U.S. at 216.

렇다면, 본 판결처럼, 주법의 명문을 부정하기 위하여 입법자료를 이용하는 것을 Pacific Gas 판결이 인정하고 있다고는 생각하기 어렵다.

원래, 주법이 경제성을 이유로 한 규제임을 천명하고 있는 경우에 주법의 문언에서 빠진 입법자료에 의거하여 연방원자력에너지법의 선점을 인정하는 것은 '선점부인추정의 법리'에 반하는 것이라는 지적도 있다[56]. 선점부인추정의 법리 아래에서는 주가 전통적으로 폴리스 파워를 행사해온 분야에서는 그래도 여전히 선점하고자 한다고 하는 연방의회의 명백하고 명료한 의사가 없는 한 선점을 인정해서는 안된다[57].

또한, 연방원자력에너지법에는 기술한 바와 같이 두 개의 선점면제조항이 있고, 이것보다 명확한 연방의회의 의사는 없다고 하는 것이 일반적인 이해이다[58]. 여기부터서는 버몬트주법 160의 명문이 폴리스 파워의 행사를 의도하고 있다는 것을 명확히 하고 있는 이상,[59] 그 입법의도가 진실이 아니라는 것은 극히 예외적이어야 한다는 것이다. 본 판결에 보충의견을 부가한 Carney 판사도 주법의 입법자료에만 의거하여 쉽게 연방원자력에너지법의 선점을 인정한 것에 대해 기이하다고 표현하고 있다[60].

이상을 감안하면, 본 판결과 같이 주법의 명문을 부정하기 위하여 입법자료를 활용하는 것에 대해서는 부정적으로 평가하지 않을 수 없을 것이다. 이 점, 본 판결은 이러한 비판이 발생할 것을 무릅쓰고, 연방의 선점사항인 원자력안전규제에 주를 관여시키고 싶지 않기 때문

---

56) Krsulich, *supra* note 52, at 633-634.

57) 461 U.S. at 205.

58) Hope Babcock, *Can Vermont Put the Nuclear Genie Back in the Bottle? : A Test of Congressional Preemptive Power*, 39 Eco L. Q. 691, 738(2012).

59) *Id*, at 764.

60) 733 F. 3d at 435.

에 굳이 주법 160의 명문과 어긋나는 입법자료를 활용하고 있는 것으로도 생각된다. 주법 160이 원자력안전규제로서 실질적으로 기능하는 것은 명백하며, 그것을 어떻게 해서든지 저지할 필요가 있다는 것이다. 본 판결은 경제성을 이유로 한 주 규제의 필요성이 없어졌다고 하는 '시대의 변화'를 '주법 160 = 원자력안전규제'라는 스스로의 판단을 보강하는 논거로 제시하고 있다. 그래서, 다음에 이 점을 검토해 보자.

(2) '경제성'을 이유로 하는 주 규제의 '필요성'과 '가능성'

본 판결은 버몬트주법 160의 진정한 목적이 경제성이 아니라 안전성에 있다고 하는 논거로서 원자력업계가 변화한 현재로는 경제성을 이유로 주 규제를 정비할 필요가 없어졌다고 지적하고 있다. 즉, Pacific Gas 판결의 시대와 달리, 발전사업자가 주 경계를 넘어서 전력을 거래할 수 있게 된 현재에는 소매사업자는 전원의 선택지가 대폭적으로 확대되고, 보다 비용 대 효과가 높은 전원의 선택을 목적으로 하여 원자력을 규제하는 주법은 필요없게 되었다는 것이다. 본 판결의 주장에 의하면, 버몬트양키원전은 주내의 3분의 1의 전력밖에 공급하고 있지 않고, 전력시장에서의 전원의 선택지가 증가한 상황 하에서는 원전의 폐쇄를 주법으로 강제하지 않더라도 보다 비용 대 효과가 높은 다른 전원의 개발이용을 권장하면, 원전은 자연 도태되어 갈 것이라는 것이다. 이리하여, 본 판결은 경제성을 이유로 하는 주 규제는 무의미하다고 하는 주장을 지렛대로 주법의 진정한 목적이 안전성인 것이 아닌가라는 논의를 가지고, 주법의 문언에 회의적 스탠스로 입법자료를 정밀히 조사하는 것을 정당화하고자 하는 것이라고 생각된다.

이러한 본 판결의 주장에 대해서는 먼저 애시당초 주장 자체가 성립하지 않는다는 비판이 있다. 발전시설의 경제위기가 주 경제 및 주민에게 주는 영향을 본 판결은 고려하고 있지 않고, 경제성을 이유로 하는 주법의 규제의 필요성은 여전히 상실되지 않는 것이라는 것이다. 버몬트양키가 약 630명의 고용을 창출하고, 또한 상당액의 지방세를 납부했었다는 사실에 비추어보면[61], 그 파탄시의 주 경제에 미치는 영향은 적지 않고 그 영향을 직접적으로 받는 것은 버몬트 주민인 것은 틀림없다[62]. 이 점, 본 판결은 발전사업자가 파탄시의 제 비용을 연방기금에 공탁하고 있다고 반박하지만[63], 발전시설이 주민들의 중요한 고용의 장이 되고 있는 것으로부터 하면, 동 기금에 의한 금전적 해결로는 반드시 충분하다고는 말하기 어렵다. 이 의미에서 이미 본 판결의 주장에는 논리적 취약성이 드러난다.

다음으로, 경제성을 이유로 한 주 규제를 정비할 필요가 없다고 하는 본 판결의 주장을 받아들인다 하더라도, 그것은 경제성을 이유로 한 주 규제를 정비해서는 안된다는 것을 의미하지 않는다는 비판이 있다[64]. 연방원자력에너지법의 선점면제조항은 연방허가 하에서 발생한 전력에 대해서는 주가 그 발전, 매전, 송전에 관한 권한을 행사하고, 방사선 리스크의 예방 이외의 목적으로 규제하는 것을 인정하는 취지를 명확하게 규정하고 있다. 그 때문에, 연방의회에 의한 동법의 개정을 기다리지 않고, 선점면제조항이 인정하는 주의 권한을 전력업계의 변화에 수반하여 축소하는 것은 입법권의 침해가 될 수도 있다는 것이다. 본 판결은 선점면제조항의 존재를 경시하고 있다고 하는 이러한 비판에는 정면으로 대응하고 있지 않다.

이러한 두 개의 비판의 타당성으로부터 하면, 주법 160이 경제성을 이유로 정비되었다고 생각하는 것은 충분히 가능하다. 이러한 의미에

---

61) Krsulich, *supra* note 52, at 630.

62) 733 F. 3d at 437 ; Babcock, *supra* note 58, at 767.

63) 733 F. 3d at 418.

64) *Id*, at 435.

서도, 본 판결은 주법의 명문의 입법의도를 무시하면서까지 주법에 회의적인 스탠스로 입법자료를 찾은 것은 지나친 감을 부정할 수 없다고 할 수 있을 것이다.

(3) 정리

본 판결은 버몬트주법 160의 문언이 경제성을 이유로 하는 규제라는 것을 명언하고 있어도, 주법이 안전규제임을 나타내는 입법자료가 존재하면, 연방원자력에너지법의 선점을 쉽게 인정할 수 있는 것을 밝혔다. 또한, 전력시장에서의 전원의 선택지가 늘어난 상황에서는 원전의 폐쇄를 주법으로 강제하지 않더라도 보다 비용 대 효과가 높은 다른 전원의 개발이용을 권장하면 원전은 자연도태 되어갈 것이며, 경제성을 이유로 하는 주법의 규제는 원래 무의미하다는 견해도 제시하였다. 지금까지 검토해 왔던 것처럼, 본장은 이들 본 판결의 주장을 부정적으로 평가하고 있다. 경제성을 이유로 한 주 규제의 가능성·필요성을 부정할 수 없는 이상, 경제성을 이유로 한 규제를 명시하는 주법의 문언에 회의적인 스탠스로 입법자료를 탐구한다고 하는 본 판결의 자세는 연방대법원 Pacific Gas 판결의 틀에서 벗어나 있다고 말하지 않을 수 없다. 그 의미에서는 본건 사안에서도 폴리스 파워를 행사한다고 하는 주법의 명문의 입법의도를 존중하고, 입법자료에 대해서도 Pacific Gas 판결과 마찬가지로 주법의 명문의 입법의도를 보강한다고 하는 관점에서의 활용에 그쳐야 했던 것은 아닐까라고 생각된다.

하지만, 본 판결은 Pacific Gas 판결의 틀 아래에서의 사례판결이라는 체계를 유지하고 있으며, 그러한 이상, 본 판결이 제시한 규범은 원자력안전규제에 관심을 가지는 미국의 모든 주에 대해 두 가지 점에서 큰 영향을 줄 것이다. 첫째로, 주법의 입법과정에서 각 주는 원자력의 안전성 확보라는 목적이 나타나지 않도록 세심한 주의를 베풀어야 할 것이다. 즉, 입법자료상 '안전성'에 대한 언급을 회피하고, '경제성'만을 논의하고 있다는 모습을 의도적으로 만들어내는 주가 증가하게 될 것이다[65]. 둘째로, 각 주는 경제성을 이유로 하는 원자력규제에 대해서조차 주법 제정에 주저하게 될 것이다. 왜냐하면, 본 판결은 전력업계의 변화를 이유로 경제성을 이유로 한 주 규제의 필요성을 부정하고 있는 셈이지만, 다시 전력업계가 변화하는 것은 생각하기 어렵기 때문이다. 따라서, 적어도 당분간 각 주는 원자력을 전원의 하나로서 수인하지 않을 수 없을 것이다[66].

본 판결의 이러한 영향에 대해서도 부정적인 평가를 하지 않을 수 없다. 첫째에 대해서는 주가 어떤 종류의 연출을 하게 된다는 것이며, 그렇게 되면, 드디어 입법자료의 신뢰성이 손상되게 된다. 입법자료는 입법의도가 법률의 문언상 명확하지 않을 때에 이를 탐색하는데 있어서 중요한 단서이며, 입법자료의 신뢰성을 유지할 수 없게 된다는 것은 입법의도를 탐색하는 수단을 잃게 되는 것에 직결된다. 또한, 둘째에 대해서는 연방원자력에너지법이 원자력발전의 수용을 주에게 강요하는 것이 아니라는 Pacific Gas 판결의 판단에 반하는 결과를 초래한다[67]. 본 판결은 경제성을 이유로 한 주 규제의 역할을 과소평가하고 있으며, 주의 자치에 대한 이 이상의 공격은 없다고도 비판되고 있다[68].

그러나, "주법 160이 안전규제인 것일까"라는 본 판결의 문제 제기는 향후 과제로 검토해야 할 논점이 포함되어있는 것으로 생각된다.

---

65) *Id*, at 437.

66) 한편, 2013년 8월 14일에 내려진 판결은 엔터지사의 승리였지만, 동 월 27일, 버몬트주의 버몬트양키 원자력발전소를 내년 말에 폐쇄할 방침을 명백히 하였다. 값싼 천연가스에 비하여 운전코스트가 높고, 채산이 맞지 않기 때문이라고 한다. 2014년 12월 운전정지.

67) 461 U.S. at 205.

68) Babcock, *supra* note 58, at 765.

그것은 원자력발전시설의 운전의 시시비비를 판단함에 있어서 안전성을 고려하지 않고 경제성에만 착안할 수 있는가라고 하는 점이다. 이 점, Pacific Gas 판결은 '안전성'과 '경제성'의 분리론을 전제로 하고 있으며, 본 판결도 그 전제를 유지하고 있지만, 본 판결이 주법 160을 안전규제라고 인정한 배경에는 '경제성'과 '안전성'을 분리하는 것의 곤란성이 있었다고 정리하는 것도 가능하다[69]. 실제로 버몬트주가 안전성과 경제성의 분리의 어려움에 고심했었던 것은 입법자료 중에서 명백히 되고 있으며, 본 판결의 Carney 판사 보충의견도 "(분리는) 실제로는 무리라고 말하지 않을 수 없다", "표면상은 완전히 경제적인 이유에서 제정된 것처럼 보여도 안전성에 관한 (이유)가 아마 내재되어 있을 것이다"라고 코멘트를 붙이고 있다[70].

연방원자력에너지법에 선점면제조항이 존재하는 이상, 현행법제도가 '안전성'과 '경제성'을 분리할 수 있다는 전제에 서있는 것은 명백하다. 양자의 분리론을 전제로 하는 한, 주 규제에 '경제성'의 요소를 인정할 수 있다면 이를 인정한다는 Pacific Gas 판결의 해석론이 우세하게 될 것이다. 본 판결은 양자의 분리론을 전제로 할 수밖에 없었던 결과로 주 규제에 '경제성'의 요소를 인정할 수 없다고 하는 무리한 해석론을 전개하지 않을 수 없었던 이유이다. 하지만, 양자의 분리론이 현실적이지 않다고 하는 상기 논의를 감안하면 입법론이기는하지만, 선점면제조항을 폐지하고, 주 규제에 안전성 요소가 조금이라도 있으면 이를 인정하지 않는다고 하는 방향성이 향후 내세워질 가능성도 부정할 수 없다. 그런 의미에서는 앞으로의 판례이론과 법제도의 동향을 계속해서 주시할 필요가 있을 것이다.

---

69) Pacific Gas 판결이 내려진 당시부터 그 어려움이 비판되었다. 당시의 논의를 정리한 것으로서, *Id*, at 758.

70) 733 F. 3d at 437.

5 끝으로 - 일본법에의 시사 -

일본의 현행법제도에서는 원자력안전규제에 관한 권한을 국가가 독점하고 있다. 이에 지방자치단체가 관여하는 체계로서는 원자력안전협정과 수도수원보호조례가 활용되고 있지만, 이미 지적했듯이, 원자력안전협정에는 규제의 유효성, 민주적 정통성, 의사결정프로세스라는 점에서 문제가 있다. 또한, 수도수원보호조례에 대해서는 원자력안전규제법제와 다른 목적, 그리고 법효과를 저해하지 않는 조례이면 인정되지만, 원자력안전규제에 사실상 영향을 미치는 조례가 어디까지 허용될 것인지에 대해서는 아직까지 명확하지 않다,

그 때문에, 현행법제 하에서 원자력안전규제에 대해 지방자치단체가 수행할 수 있는 역할을 정면에서 찾으려고 한다면, 수도수원보호조례와 같은 독자조례에 의해 어디까지 원자력안전규제에 관여할 수 있는지가 최대 문제가 된다. 또한, 입법론으로서는 이미 지적한 바이지만, 원자력안전규제법제에 지방자치단체의 권한을 명확히 규정하고, 지방자치단체의 관여에 민주적 정통성을 부여함과 함께 공권력의 행사로서의 규제권한을 인정하는 것이 바람직하다. 하지만, 그 경우에도 지방자치단체의 권한으로 어떤 권한을 규정할 것인가라고 하는 문제가 남는다.

본장에서는 이러한 문제에 대한 시사점을 얻을 수 있도록, 미국법의 식견을 정리분석해 왔다. 미국법에서는 안전성 확보를 목적으로 하는 규제는 연방원자력에너지법이 선점하고 있지만, ‘경제성’ 등의 폴리스 파워 행사를 목적으로 하는 규제는 주법으로 실시가능하다고 하는 기본틀이 취해지고 있다. 이 틀은 일본과 유사하지만, 미국에서는 연방원자력에너지법이 주의 폴리스 파워 행사에 대해 선점면제조항을 정비하고 있으며, 판례이론으로서 주의 폴리스 파워 행사에 대해 ‘선점

부인 추정의 법리'가 존재하고 있다는 점에서, 보다 주법 우위의 제도·이론이 구축되어 있다. 주의 폴리스 파워 행사에 대해서는 원칙적으로 주 규제를 용인한다고 하는 스탠스는 수도수원보호조례에 관한 일본의 논의와 비교해도, 주의 역할을 널리 인정하고 있는 것이라고 말할 수 있을 것이다. 그러나, 근래의 동향으로서는 Shumlin 판결이 폴리스 파워 행사를 천명하는 주법이라도, 그것을 부정하는 입법자료를 찾아내서, 주법은 안전규제를 목적으로 하고 있다고 인정하여 주법을 무효화했다. 그 의미에서는 선점면제조항이나 '선점부인 추정의 법리'가 존재하는 미국에서도 법원의 태도 여하에 따라 폴리스 파워의 행사를 천명하는 주법이 전복될 수 있는 상황으로 되고 있다고 할 수 있을 것이다.

이상과 같은 미국법의 식견을 바탕으로, 마지막으로 일본법에 시사점을 2점 정도 지적해두고 싶다.

첫째로, 미국의 선점면제조항과 같이, 원자력안전규제법제에 지방자치단체의 역할을 명확히 규정하는 것을 일본법에서도 검토해야 한다. 그 내용으로서는 미국법의 선점면제조항과 같이 지방자치단체에 전통적으로 인정되어왔던 권한(미국법에서 말하는 폴리스 파워)과 지방분권개혁 이후에 지방자치단체의 역할로서 명확화된 권한과 같은 것이 생각될 수 있다. 즉, 거기서 규정된 권한은 원자력안전규제에 관한 국가와 지방자치단체의 본래적인 역할분담을 기초로 한 것이 될 것이며, 결국 독자조례로 가능한 규제범위와 동일한 권한을 확인적으로 규정하는 것으로 수렴되어가게 될 것이다. 구체적으로는 수도수원보호조례와 같이 '안전성'과는 다른 지역 고유의 관점에서의 규제는 지방자치단체의 역할로서 용인할 수 있는 것으로 생각된다. 참고로 미국에서는 선점면제조항의 존재에 의해 주가 연방법과의 저촉을 두려워하지 않고 각종 활동을 실시할 수 있는 것으로 평가되고 있으며, 일본에서도 같은 효과를 기대할 수 있을 것이다.

둘째로, 미국법의 '선점부인추정의 법리'와 같이 일본법에서도 지방자치단체의 규제를 존중한 법해석을 하여야 한다. 그렇게 하는 것은 일본의 지방분권개혁의 취지에도 합치한다. 이 점, Shumlin 판결은 연방원자력에너지법에 선점면제조항이 존재하고, 주법의 문언이 폴리스파워의 행사를 천명하고 있었음에도 불구하고, 동 법리를 경시하고 주법을 무효화했다. 이것으로부터 우리가 배울 수 있는 것은 법률상에 지방자치단체의 역할이 명확하게 나타나고 있고, 조례가 해당 역할에 대한 규제임을 천명하고 있는 경우라도 전통적으로 국가의 전권으로 되어온 원자력안전규제의 분야에서는 법원의 자세에 따라 조례가 쉽게 부정될 위험성이 있다는 것이다.(분권개혁의 취지를 근거로 지방자치단체의 규제를 존중한 법해석을 확보하기 위해서는 조례의 문언에 명시된 입법의도가 지방자치단체의 역할로서 용인될 수 있는 것인 한, 그 입법의도를 존중해야 할 것이다.) 또한, 일본의 판례이론에서 종종 문제가 되는 "조례가 법률의 효과를 저해하는가"라는 논의에 대해서도 지방자치단체의 역할에 관한 조례인 한 법률의 효과를 명백하게 저해하지 않으면 조례를 유효하다고 취급해야 할 것이다. 덧붙여서, 이들 제안은 지방자치단체의 역할을 법률에 명확히 규정해야 한다고 하는 첫째의 제안이 실현됨으로써만 보다 커다란 효과를 기대할 수 있다.

| **시미즈 치가**(清水 知佳) 야마나시(山梨)학원대학 법학부 준교수 |

제4장 고준위 방사성폐기물 처리에 관한 사회적 의사결정의 바람직한 방안

1 처음에

일본의 전원 구성에서 원자력발전은 전력의 약 3분의 1을 차지하고, 일본은 오랫동안 원자력발전에 의한 이익을 누려왔다. 그러나, 원자력발전에 수반하여 발생하는 고준위 방사성폐기물의 처분에 대해서는 장기간에 걸친 연구개발과 다양한 시책의 모색이 이루어져 처분제도가 확립되었지만, 10년 이상 경과하고 있는 현재에도 처분장 선정의 전망이 서지 않는다. 또한, 동일본대진재 이후, 원자력발전사고(이하 '원전사고'라 한다)를 계기로 국가나 전력사업자에 대한 불신감과 국민의 불안감이 증대되고 있는 가운데, 그 선정은 더욱 곤란한 것으로 되고 있다. 고준위 방사성폐기물의 처분문제는 지금까지의 원자력정책에 따라 고준위 방사성폐기물이 이미 발생하고 있는 것, 나아가 2015년 4월에 자원에너지청에서 발표된 2030년 시점에서의 원자력이나 화력, 수력 등 각종 방식을 조합한 '바람직한 전원 구성(베스트 믹스)'안에서는 원자력의 비율을 '20～22%'로 동일본대진재 이전의 28.6%보다 낮게 억제하고 있지만, 계속해서 일본의 전원 구성 중에서 일정 비율을 차지하는 것이 나타나 있기 때문에 원자력정책을 담당하는 국가가 반드시 해결하여야 되는 문제이다[1].

기술적인 측면에서 보면, 고준위 방사성폐기물의 처분방법에 대해

1) 종합에너지조사회 장기에너지수급예상소위원회·제8회 회합 자료 3.

서는 1970년대에 걸쳐 원자력발전을 행하는 각국에서 다양한 방법이 검토되고, 수법으로서의 지층처분의 개념은 정착하고 있다고 말할 수 있다. 일본에서도 70년대부터 계속되어 온 연구개발을 기초로 하여 처분체제 확립을 위해 2000년에 '특정방사성폐기물의최종처분에관한법률'(2000년 법률 117호. 이하 '최종처분법'이라 한다)이 제정되어, 처분사업자의 실시주체, 입지선정프로세스가 명확하게 되었다. 그러나, 고준위 방사성폐기물의 적정처분에 대해서는 기술적인 측면뿐만 아니라 그 특징에서 사회적 합의의 바람직한 방안도 검토해가야 한다. 거기에서는 수만 년에서 수십만 년에 걸친 사람과 환경에의 영향에 대해 고려하여야 하며, 어떻게 안전성을 평가하고 안전규제에 영향을 미칠 것인지, 예방원칙과의 관계나 불확실한 사건에 관한 법적 규제의 바람직한 방안 등 다양한 논점이 처분지 선정과정에서 발생한다. 이러한 과제는 기술적 검토만으로 해결 할 수 있는 것이 아니라, 사회 전체가 어떻게 고준위 방사성폐기물 처분의 리스크를 수용해 갈 것인가 하는 관점을 넣은, 사회적 합의형성의 바람직한 방안에 대한 논의를 빼고서는 해결할 수 없다. 특히 동일본대진재 이후, 원전사고에 대한 불안이나 국가와 전력사업자에 대한 불신감이 사회 전체에서 높아지고 있는 가운데, 처분프로세스에서의 합의형성의 바람직한 방안이 고준위 방사성폐기물 처분의 실시를 위해 중요한 포인트가 되어 가고 있는 것이다.

본장에서는 이러한 문제의식에서 고준위 방사성폐기물 처분의 사회적 합의형성에 관한 리스크 커뮤니케이션의 관점에서 과제를 정리하고, 제 외국의 제도도 참고하면서, 절차의 바람직한 방안을 검토할 것이다.

2 일본의 고준위 방사성폐기물 처분을 둘러싼 상황

(1) 고준위 방사성폐기물이란

원자력발전소에서 발전을 마친 연료를 사용후 연료라고 부르지만, 사용후 연료를 폐기물로 볼 것인지, 자원으로 볼 것인지에 따라 그 후의 취급이 다르다. 미국이나 캐나다나 스웨덴 등에서는 이를 폐기물로서 그대로 처분하고 있지만, 이 경우는 사용후 연료가 고준위 방사성폐기물로 된다. 한편, 일본이나 프랑스나 영국에서는 사용후 연료를 폐기물이 아니라 자원으로 보고 있으며, 재사용하기 위해 재처리공장에서 다양한 화학적 처리를 하여 재사용할 수 있는 우라늄이나 플루토늄을 회수하지만, 그 과정에서 방사능 레벨이 높은 폐액이 발생한다. 폐액상태로는 취급이 불편하기 때문에, 이 액체를 유리 원료와 함께 용융하여, 용융한 유리를 스텐레스용기에 부어서 고체화한다. 사용후 연료를 자원으로 보고 있는 국가에서는 이 고화체(固化体)(유리 고화체)가 고준위 방사성폐기물이 된다.

2014년 12월말 현재, 일본에서 저장되고 있는 유리고화체(2,167본)는 아오모리현(青森縣) 롯카쇼무라(六ヶ所村)의 일본원연(日本原燃)의 재처리시설내에 1,920본, 이바라키현(茨城縣) 도카이무라(東海村)의 일본원자력연구개발기구의 재처리시설에 247본으로 되지만, 이것에 각 발전소와 일본원연의 재처리공장에서 저장되고 있는 사용후 연료와 일본원자력연구개발기구의 재처리시설에 저장되어 있는 고준위 폐액을 유리고화한 경우를 상정하여 더하면 약 25,000본으로 된다. 한편, 출력 100만kW의 원자력발전소를 1년간 운전한 경우에 상당하는 유리 고화체의 본수는 30본으로 된다[2].

---

2) 자원에너지청 홈페이지(2015년 5월 1일 최종확인, 이하의 홈페이지에 대해서도 동일함) http://www.enecho.meti.go.jp/category/electricity_and_gas/nuclear/

(2) 일본의 고준위 방사성폐기물 처분정책의 변천[3)]

전술한 바와 같이, 원자력발전을 하면 처분해야 할 고준위 방사성폐기물이 발생하게 된다. 이러한 고준위 방사성폐기물을 어떻게 처리할 것인가의 기술적 관점에서의 검토는 일본에서는 1970년대부터 특수법인 핵연료사이클개발기구(현 일본원자력연구개발기구)를 중심으로 진행되며, 1976년에는 원자력위원회에서 "당분간 지층처분에 중점을 두고 연구개발을 진행한다"는 것이 결정되었다. 또한, 2000년에는 원자력위원회(원자력백엔드대책전문부회)에서 "일본에서도 지층처분이 실현가능하다"는 평가가 이뤄졌다. 이러한 기술적인 검토와 병행하여, 입지선정프로세스나 처분실시주체 등의 바람직한 방안 등의 제도적 검토가 이루어지고, 1998년에 원자력위원회(고준위방사성폐기물처분간담회)에서 처분제도적인 틀에 대한 기본적 입장이 제시되었다. 또한, 종합에너지조사회(원자력부회)에서 제도의 구체화가 검토되고, 2000년에 최종처분법이 제정되기에 이르렀다. 동법에 근거하여, 기본방침 및 최종처분계획이 같은 해에 각의결정되었다.

법률의 틀 아래에서, 처분사업의 실시주체로서 설립된 원자력발전환경정비기구(Nuclear Waste Management Organization of Japan : NUMO)가 2002년부터 전국의 시정촌을 대상으로 최종처분시설의 설치가능성을 조사하는 구역에 대해 공모를 시작하여, 2007년 1월에 전국에서 처음으로 고치현(高知縣) 도요쵸(東洋町)가 문헌조사에 대한 응모를 하였다. 그러나, 조사 수용의 찬반을 둘러싸고 마치(町)를 양분하는 논쟁으로 발전하고, 논쟁은 도요쵸(東陽町)의 논의에만 그치지 않고, 주변 시정촌

---

rw/hlw/hlw01.html.

3) 總合エネルギー調査會電力·ガス事業分科會原子力小委員會放射性廢棄物WG「放射性廢棄物WG中間とりまとめ(案)」(2014년 3월) http://www.meti.go.jp/committee/sougouenergy/denryoku_gas/genshiryoku/houshasei_haikibutsu_wg/pdf/010_01_00.pdf.

이나 현도 끌어들여, 지역사회에 커다란 혼란을 초래하는 결과로 되어, 동년 4월의 정장선거를 거쳐 응모가 취하되는 결말로 되었다[4]. 이러한 경위를 거쳐, 종합자원에너지조사회 전기사업분과회 원자력부회 방사성폐기물소위원회에서 지금까지의 문헌조사에 대한 응모를 받을 뿐만 아니라, 국가로부터 문헌조사를 신청하는 것 등의 대책을 정리한 제언이 이루어졌지만, 그 후 현재에 이르기까지, 문헌조사를 실시하기에 이르고 있지 않다[5]. 한편, 처분지선정프로세스에서 각종 심의회에서 논의된 논점에 대해서는 **표 1**을, 법률에 근거한 처분지선정프로세스에 대해서는 **그림 1**을 참조하기 바란다.

표 1 처분지선정프로세스의 검토

원자력위원회고준위 방사성폐기물처분간담회(1998년)	종합에너지조사회원자력부회중간보고(1999년)	조치상황
프로세스의 명료화 처분지선정의 프로세스와 역할을 법률 등에 의해 명확히 해두는 것으로 한다. • 실시주체는 처분후보지선정에 들어가기 전에 미리 처분사업의 전체구상, 안전확보의 기본적 생각, 지역공생방책 등을 작성하여 공표. • 예비적 조사, 상세한 조사(사이트특성조사)를 거쳐 처분지를 선정. 그 후, 사업신청을 행하여, 국가가 안전심사를 실시.	국가는 이하와 같은 제도를 조치하여야 함. • 기본계획의 수립 • 사업주체의 실시계획의 승인	• 기본방침, 최종처분계획의 수립(법 3조, 4조), 3단계의 입지선정프로세스(법 6～9조) 등에 의해 처분프로세스를 명확화 • NUMO는 처분사업의 구상이나 지역공생방책등에 대해 공모자료로서 정리하여 공표.

4) 西郷貴洋=小松崎俊作=堀井秀之「高知縣東洋町における高レベル放射性廢棄物處分地決定に係る紛爭の對立要因と解決策」『社會技術硏究論文集』Vol.7(2010년) 87-98쪽.

5) 전게주 3) 참조.

원자력위원회고준위 방사성 폐기물처분간담회(1998년)	종합에너지조사회원자력 부회중간보고(1999년)	조치상황
처분후보지 선정(공모/신청) 실시주체는 공모방식과 함께 신청방식도 검토할 필요.		• 국가에 의한 신청제도는 있지만, 실시주체는 공모만.
프로세스의 투명성 확보 국가는 선정의 각 단계에서 사업계획이나 선정과정의 타당성 등에 대해 기술적 관점 및 사회적·경제적 관점에서 확인한다. 그 때, 공정한 제3자에 의한 심사의 체계를 생각해둘 필요.	국가는 이하와 같은 제도를 조치하여야 함. • 기본계획의 수립 • 사업주체의 실시계획의 승인	• 개요조사지구등을 선정하였을 때는 실시계획을 변경하고, 경산대신의 승인을 받을 필요.(법 6~8조) • 최종처분계획의 개정에 있어서 원자력위원회, 원자력규제위원회(구 원자력안전위원회)의 의견을 청취한다.(법 4조)
관계지자체와 관계주민의 의견 반영 선정의 각 단계에서 지역의 의견을 반영하기 위하여 관계지자체와 관계주민의 의견을 청취할 기회를 설정하기로 한다. 실시주체와 관계주민등 당사자가 참가해서 검토할 장을 설치하는 것이 중요.	국가는 사회적 신뢰성의 확보를 위해 이하와 같은 역할을 달성하여야 한다. • 사업추진에 관한 입지지자체와의 긴밀한 연락조정	• 최종처분계획의 개정에 있어서 도도부현지사, 시정촌장의 의견을 청취하고 이를 존중.(법 4조) • 3단계의 조사의 각 결과에 대해서는 보고서의 공고·열람, 설명회의 개최, 주민의견의 청취, 주민의사서의 수장에의 송부 등을 규정.(시행규칙 8~10조)

출전 : 종합에너지조사회전기사업분과회원자력부회방사성폐기물소위원회(2013년도 제1회) 배포자료 : 자원에너지청「참고자료 고준위 방사성폐기물에 대하여」(2013년 5월) http://www.meti.go.jp/committee/sougouenergy/denkijigyou/oushasei_haikibutsu/pdf/25_01_s01_00.pdf

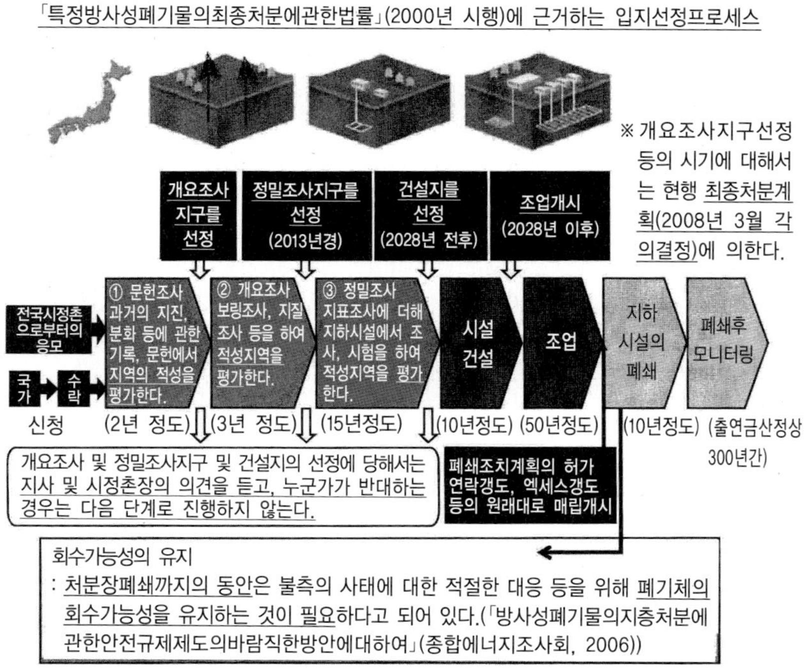

출전 : (전게주 3) 참조)

그림 1 법률에 근거하는 처분지선정프로세스

여기에 이르러, 고준위 방사성폐기물 처분에 대한 보다 큰 사회적 수용에 대한 작용이 필요하다는 인식이 높아지면서, 2010년 원자력위원회는 일본학술회의에 대해 고준위 방사성폐기물 처분의 노력에 관한 국민에 대한 설명이나 정보제공의 바람직한 방안에 대한 제언을 정리할 것을 의뢰했다. 이 의뢰를 받아서, 2012년 9월에는 일본학술회의로부터 '고준위방사성폐기물의처분에관한검토에대하여(회답)'가 제출되었다. 본 학술회의의 회답에서는 원자력정책에 대해 사회적 합의를 얻은 후, 최종처분지 선정을 위한 합의형성에 노력하여야 하며, 그를 위해 고준위 방사성폐기물의 처분에 관한 정책을 근본적으로 재검토해야 하며, 처분지선정에 대해서는 과학적인 식견의 반영을 우선하는 입지선정절차로 개선하고, 다양한 이해관계자가 참여하는 다단계 합의형성절차 등을 실시하여 한다는 내용이 담겼다.

또한, 2012년 12월에 원자력위원회에 의한 '향후고준위방사성폐기물의지층처분에관한대응에대해(견해)'가 정리되어, 그 중에서 입지지방자치단체를 비롯한 이해관계자와 실시주체가 협동하는 체계의 정비 등 국가가 전면에 나서는 자세를 명백히 해야 한다고 하는 제언이 이루어졌다[6].

이처럼 고준위 방사성폐기물 처분을 둘러싼 합의형성의 바람직한 방안의 검토의 필요성, 참여 등의 절차 확보의 중요성이 인식되게 되었지만, 실제로 합의형성프로세스를 실시해 감에 있어서는 리스크 커뮤니케이션의 이해가 필요하다. 이하에서 정리한다.

3 리스크 커뮤니케이션의 기본적 구조

(1) 리스크 커뮤니케이션의 개념

리스크 커뮤니케이션의 정의는 일반적으로 미국 National Research Council(NRC)의 1989년 보고서의 정의가 사용된다[7]. (리스크 커뮤니케이션이란) "개인과 그룹 그리고 조직 사이에서 리스크에 대한 정보와 의견을 교환하는 상호작용적 프로세스이다. (리스크에 대한 정보 및 의견에는) 리스크의 특성에 대한 다종다양한 메시지와 엄밀하게 리스크에 대한 것이 아니라도 관련사건이나 의견 또는 리스크 메시지에 대한 반응이나 리스크 관리를 위한 법적, 제도적 대처에의 반응에 대한 다른 메시지를 필연적으로 수반한다"고 기재되어 있다.

---

6) 전게주 3) 참조.

7) 林裕造=關澤純譯『リスクコミュニケーション―前進への提言』(1997년, 化學工業日報社) 16쪽.

이러한 NRC의 리스크 커뮤니케이션 개념의 큰 특징은 요시카와(吉川)의 분석에 의하면[8], 리스크에 관한 정보가 송신자에서 수신자에게로 단방향으로 전송될 뿐만 아니라, 수신자로부터 송신자에게로 (예를 들어 의견이라고 하는 형태로) 정보가 전송되는 경우도 리스크 커뮤니케이션으로 파악해, 이러한 상호작용을 리스크 커뮤니케이션이라고 하고 있는 점에 있다. 이러한 생각 아래에서는 리스크의 전문가가 정보를 독점하거나 전문가의 요구에서만 정보를 제공한다든지 하는 경우에는 리스크 커뮤니케이션이 이루어지고 있지 않은 것이 된다.

한편, NRC보고서는 리스크에 대한 정보를 전달하는 것이 반드시 올바른 결정과 보다 나은 결정으로 이어지는 것을 보장하고 있지 않는다는 점에 주의를 환기하고 있다[9]. NRC보고서에서는 한계는 있지만 그래도 민주주의적 사고 등으로 리스크에 노출되는 사람들이 정보를 수신하고 발신하는 것이 중요하며, 리스크 커뮤니케이션의 성공은 이해관계자 간의 이해와 신뢰의 수준이 향상되었는지 여부로 판단된다고 하고 있다.

이러한 리스크 커뮤니케이션의 의의는 두 가지 측면에서 설명할 수 있을 것이다. 우선은 민주주의사회에서의 정통화 기능을 가지고 있다는 점이다. 민주주의사회에서 필수적인 시민참가에 의해 절차적 공정성이 확보되어있어야 한다. 또한, 보다 합리적인 리스크 관리를 가능하게 하는 합리적인 선택에 도움이 되는 기능을 가지고 있다는 점이다. 리스크 커뮤니케이션이 실시됨으로써 관심과 문제점이 명확하게 됨과 동시에 많은 식견이 집적되어 가장 적절하고 합리적인 수법이 선택되는 것을 기대할 수 있다.

---

8) 吉川肇子『リスク·コミュニケーション—相互理解とよりよい意思決定をめざして』(1999년, 福村出版) 20쪽.

9) 林=關澤譯·전게주 7)『リスクコミュニケーション—前進への提言』32쪽.

〔2〕 리스크 커뮤니케이션에서 고려해야 할 요소

리스크 커뮤니케이션의 어려움은 다카하시(高橋) 교수가 지적하는 리스크의 요인에 크게 의존하고 있다. 즉, ①리스크의 과학적인 평가에 수반하는 불확실성이 큰 것, ②리스크가 일단 출현한 경우에는 그에 의한 피해가 불가역적인 것, ③리스크를 수반하는 행위를 함으로써 이익을 받는 자의 범위가 일치하지 않는다고 하는 비대칭성이 존재하는 것(다카하시, 1999[10]). 이러한 특성을 가지는 리스크에 대한 커뮤니케이션은 통상의 커뮤니케이션보다도 더 어려운 것은 분명하다. 리스크 관리의 선택에 이르기까지는 먼저 문제가 되는 리스크의 크기에 대해 평가하고, 어느 정도의 리스크라면 허용될 수 있는지, 그를 위해 어떤 관리수법을 선택할 것인가라고 하는 과정을 거친다. 이 각각의 과정에서 리스크 커뮤니케이션이 중요한 역할을 담당하게 되는데, 리스크를 어떻게 파악할 것인가는 사람의 가치관에 따라 크게 다르다[11]. 또한, 해당 리스크에 대한 리스크 메시지의 바람직한 형태도 리스크의 인지에 영향을 미친다. 리스크평가는 과학적인 식견을 바탕으로 추진되지만, 시민들이 인식하고 있는 리스크의 크기와 과학적·객관적으로 행해진 리스크평가의 결과 나타난 리스크의 크기와는 반드시 일치하지는 않는다. 이것이 리스크 인지의 갭이라고 하는 문제이다. 리스크를 인지하고 어디까지의 리스크라면 허용하는가라고 하는 허용범위에 관한 의사결정의 단계에서는 리스크와 이익의 비교형량이라는 요소가 영향을 미치게 된다. 마지막으로, 리스크 관리수법의 선택, 선택된 리스크 관리수법을 수용할 것인지 여부의 의사결정시에는 제공된 리스크 관리에 대

10) 高橋滋「環境リスク規制」『環境問題の行方 新世紀の展望2』(ジュリスト増刊, 1999년) 176−182쪽.

11) 木下富雄「科學技術と人間の共生」『環境としての自然·社會·文化』(1997年, 京都大學學術出版會) 145쪽 이하.

한 신뢰성이라는 요소뿐만 아니라, 참여기회의 유무도 중요한 요소로 되게 된다. 이러한 리스크 커뮤니케이션의 특성을 파악하면서, 합의형성에 이르는 프로세스의 바람직한 형태가 검토될 필요가 있을 것이다.

4 고준위 방사성폐기물 처분과 사회적 합의형성의 바람직한 방안

(1) 고준위 방사성폐기물 처분의 리스크 커뮤니케이션에서 고려해야 할 특성

이와 같이, 리스크 커뮤니케이션은 불특정간의 커뮤니케이션이라고 할뿐만 아니라, 리스크라는 불확실성이 높은 사건을 다루는 커뮤니케이션이기 위하여, 그 실시에 있어서는 고려하여야 할 요소가 많이 있다. 고준위 방사성폐기물 처분을 둘러싼 리스크 커뮤니케이션은 리스크 커뮤니케이션 중에서도, 고준위 방사성폐기물 처분의 특성으로 더욱 고려해야 할 요소가 있기 때문에 주의가 필요하다. 즉, 고준위 방사성폐기물 처분이 장기·여러 세대에 걸친 문제이기 때문에 세대간의 공평성, 1 만년 이상에 걸치는 안전성 확보가 요구되기 때문에 사람의 관리의 한계문제, 기술적 불확실성, 보다 커질 지역간의 불공평성 문제, 정보의 비대칭성, 혐오시설 입지에 공통되는 과제이다. NIMBY의 문제(Not In My Back Yard : 필요성은 인정하지만 자신의 인근에는 설치하고 싶지 않다는 감정적 문제)가 발생한다. 나아가서는 투자규모가 거대하고 시장성이 적기 때문에 시장통제가 작동하지 않는다는 특성도 있다. 이런 가운데에서도 특히 검토가 필요한 것은 안전성 확보에 따른 불확실성과 공평성의 문제이다.

고준위 방사성폐기물의 처분이 안전성을 확보하는 기간은 100년 수준이 아니라 수만 년에서 수십만 년 수준이라는 기간이다. 이 기간 동안의 안전성에 대한 신뢰성을 어떻게 확보하고, 사회적으로 합의형성을 도모해갈 것인가이다. 안전성의 판단은 실시간에 의한 실증(실제로 같은 기간의 매설시험을 실시하여 안전성을 확인하는 것)이 불가능한 이상, 다양한 시나리오에 근거한 판단으로 된다. 다수의 가정이 포함되는 가운데, 그러한 시나리오에 근거한 안전성에 대해서 얼마나 사회가 수용할 수 있을까라고 하는 관점에서 프로세스나 커뮤니케이션의 바람직한 방안이 고려되어야 한다.

여기에서는 불확실성이 높은 기술에 대한 안전성 평가, 규제의 바람직한 형태와 그에 대한 사회의 수용의 형성이 논점으로 된다. 불확실성이 커질수록, 정보의 비대칭성이 더욱 커지기 때문에 사회적 수용은 더욱 어려운 문제가 발생한다.

다음으로, 공평성의 관점에서는 여러 세대에 걸친 처분으로 인한 세대간의 불공평의 문제에 어떻게 대응할 것인가이다[12]. 이 문제에 대해 원자력관련기관에서는 초기단계부터 문제의식을 가지고 논의가 이루어져 왔다. 국제원자력기구(International Atomic Energy Agency : IAEA)는 방사성폐기물의 관리에 대한 기본원칙을 제시하고 있다(IAEA, 1995[13]). 이 가운데에서 방사성폐기물은 인간의 건강보호와 환경보호에 대한 수용가능한 수준을 보장하는 방식으로 관리되어야 한다(원칙 1 및 2)고 하며, '수용가능한 레벨'에 대해서는 윤리적 관점에서 미래세대의 건강에 대해 예상되는 영향은 현재 받아들여지고 있는 영향의 수준보다 커지지 않도록 관리되어야 한다(원칙 4)고 하고 있다. 원칙 4에 관련하여, 또한

---

12) OECD/NEA "Chernobyl Ten Years on Radiological and Health Impact" An appraisal by the NEA Committee on Radiation Protection and Public Health (November, 1995). 세대간의 공평성에서 '장래세대의 선택의 자유'를 명기하고, '세대내의 부담의 공평성'과 그 담보를 위한 시민참여의 필요성에도 언급하고 있다.

13) IAEA Safety Series No.111-F "The Principles of Radioactive Waste Management" (1995)

방사성폐기물의 관리에 있어서는 미래세대에 대해 과도한 부담을 강요하지 않도록 대책을 실시해야 한다(원칙 5)고 하여, 원자력의 혜택을 입고 있는 현세대가 미래의 세대와 환경의 방호를 위해 취해야 할 대책의 기본적 지침을 제공하고 있다. 이러한 고준위 방사성폐기물 처분의 특성을 감안하면서, 적절한 리스크 커뮤니케이션을 실시하고, 안전처분의 제도설계, 실시를 향한 사회적 합의형성이 이루어져갈 필요가 있다.

(2) 고준위 방사성폐기물 처분을 둘러싼 사회적 합의형성 프로세스에 대한 이해의 변천

고준위 방사성폐기물 처분을 둘러싼 리스크 커뮤니케이션 및 사회적 합의 프로세스를 검토하는 전제로서 이들 문제에 대한 국제적 인지도 크게 변화하고, 다양한 제도도 구축되고 있기 때문에, 그 동향에 대해서도 정리해 두고 싶다.

2001년 미국 국가안보국(National Academy of Sciences : NAS) 보고서에서 이미 "고준위 방사성폐기물 처분은 기술적 도전인 동시에 사회적 도전"이기 때문에 기술적인 문제뿐만 아니라 사회의 수용을 어떻게 형성해갈 것인가에 대한 새로운 문제인 것으로 지적되었다. 그리고, 2011년 경제협력개발기구/원자력기구(OECD/NEA) 보고서에서는 "가역성 없는 단계를 피하고 공중참가형 의사결정프로세스를 적극적으로 유지하고자 하는 방향성을 가지고 있을지도 모른다"는 기재가 이루어지고 있다.

한편, 기술우선의 논의가 진행되어온 것으로 생각되는 일본에서도 1998년 '고준위방사성폐기물처분간담회보고서(1998)'에서 시민참여의 필요성이 다음과 같이 지적되고 있다. "종래 기술적인 측면에 논의가 집중되어 왔기 때문에, 전문가·기술자 사이에서만 전문적인 논의가 이루어져 왔던 적이 있다", "원자력발전에 따라 전력공급을 받고 있는 전력소비지역의 주민과 처분장입지지역의 주민과의 사이의 '공평'을 확보하는 것도 필요", "공생관계를 생각함에 있어서, 우선, 입지지역의 주체성을 존중해야 한다. 공생의 방안은 입지지역에 대해 강요하거나 일방적으로 주는 것이어서는 안되며, 지역이 가지고 있는 비전과 요구에 따라, 지역의 특성을 살린 방안을 지역이 주체가 되어 기획·선택하는 체계를 만드는 것이 필요하다"고 기재되어 있다.

2012년 일본학술회의 및 원자력위원회에 의한 국민의 합의형성을 위한 노력과 입지선정프로세스의 개선 등에 대한 제언을 받아[14], 경제산업성자원에너지청에서는 "지금까지 입지선정이 진행되지 않은 현황을 진지하게 반성하고, 최종처분의 노력을 근본적으로 재검토해갈 것이 필요하다"고 하는 생각에 서서, 종합자원에너지조사회 공익사업분과회 원자력소위원회 방사성폐기물워킹그룹(이하 'WG'라 한다)을 2013년 5월부터 개최, 특정방사성폐기물의 최종처분의 대처의 재검토를 위한 검토를 시작했다. 검토에는 가능한 한 폭넓은 국민의 의견을 반영하기 위해, 2013년 7월부터 기한을 설정하지 않고 메일, 우편, FAX로 의견모집을 실시하고 있다[15]. 방사성폐기물WG의 개최예정이나 의사록, 배포자료 등은 Web으로 공표되고 있으며, 보내온 의견에 개별 답변은 하지 않지만, 방사성폐기물WG에도 수시로 보고하고, 논의에 참고하고 있다.

또한, 2014년 3월에는 방사성폐기물WG이 '중간보고(안)'을 공표하고 있으며, 여기에서의 '3. 고준위 방사성폐기물의 최종처분을 위한 현세대의 대처의 바람직한 방안'에서는 '(5) 프로세스를 진행시켜 나가는

---

14) 小澤隆一「高レベル放射性廢棄物の處分をめぐる法と民主主義」廣渡淸吾＝淺倉むつ子＝今村与一編『日本社會と市民法學―淸水誠先生追悼論文集』(2013년, 日本評論社) 211−228쪽.

15) 자원에너지청 홈페이지 http://www.meti.go.jp/committee/sougouenergy/denryoku_gas/genshiryoku/houshasei_haikibutsu_wg/pdf/011_02_02.pdf.

데 있어서의 사회적 합의형성의 필요성'으로, "원자력정책에 대한 사회적 합의는 세대마다 변화하는 것. 또한, 최종처분장의 입지선정은 반입되는 폐기물의 양에 관계없이 어려운 문제", "고준위 방사성폐기물 문제의 해결을 위해 대처해감에 있어서는 단계적인 프로세스 하에서 다양한 입장의 사람들이 각각 진지하게 논의를 다하고, 정치적 판단과 사회적 지지를 얻어가는 것이 필요. 그 때, 최종처분의 문제가 원자력 이용에 있어서의 피해갈 수 없는 과제의 하나임을 제대로 인식하고, 원자력정책의 바람직한 방안과 함께 이해를 얻어가는 것도 필요"하다고 기재되었다. '4. 처분지 선정을 위한 대처의 개선'에서는 '(2) 지역에서의 합의형성을 위한 체계의 정비'로서 "지역에 의한 주체적인 검토와 판단에 의해 선정되어야 한다", "주민 부재로도 처분사업이 진행될 수 있다는 관념을 불식시키고 지역의 신뢰를 얻기 위해 다양한 입장의 주민이 참여하는 지역의 합의형성의 체계가 필요"하다고 하고, 사회 전체 및 지역에서의 합의형성의 중요성과 그를 위한 체계의 정비의 필요성이 언급되어 있다.

이 '중간보고서(안)'에 대해서는 같은 해 3월 20일부터 4월 18일에 걸쳐서 퍼블릭 코멘트가 실시되어, 218건 122명으로부터 의견이 제출되었다[16].

〔3〕 일본의 대처사례

이러한 기술적인 논의로부터 사회적 합의형성의 필요성이 있다는 인식이 국제적으로 확산되고 있는 가운데, 일본에서는 사업실시주체

16) 總合エネルギー調査會電力·ガス事業分科會原子力小委員會放射性廢棄物WG「放射性廢棄物WG中間とりまとめ(案)」에 대한 퍼블릭 코멘트의 결과에 대하여, http://www.meti.go.jp/committee/sougouenergy/denryoku_gas/genshiryoku/houshasei_haikibutsu_wg/pdf/011_02_02.pdf.

인 원자력발전환경정비기구(NUMO)를 중심으로 리스크 커뮤니케이션의 대처가 이루어져 왔다. NUMO는 최종처분사업의 인지도의 향상과 응모의 획득을 목표로 TV, 라디오, 신문, 잡지 등의 미디어를 활용한 홍보활동, 전국 각 지역에서의 유식자를 초청한 강연회와 좌담회의 개최, 최종처분사업에 관심이 있는 지역에서의 설명회 및 견학회 등을 실시해 왔다[17].

또한, 국가도 국민 전반의 최종처분사업에 대한 이해를 얻기 위하여 워크숍과 전국 각지에서의 설명회, 다양한 의견을 가진 자가 참가하여 논의하는 심포지움(양방향 심포지엄) 등을 개최함과 더불어, 관심이 있는 지역의 관계자와의 의견교환을, NUMO와 연계하면서 전개해 왔다. 또한, 지역지원조치로서 문헌조사 및 개요조사를 받아들인 시정촌 등

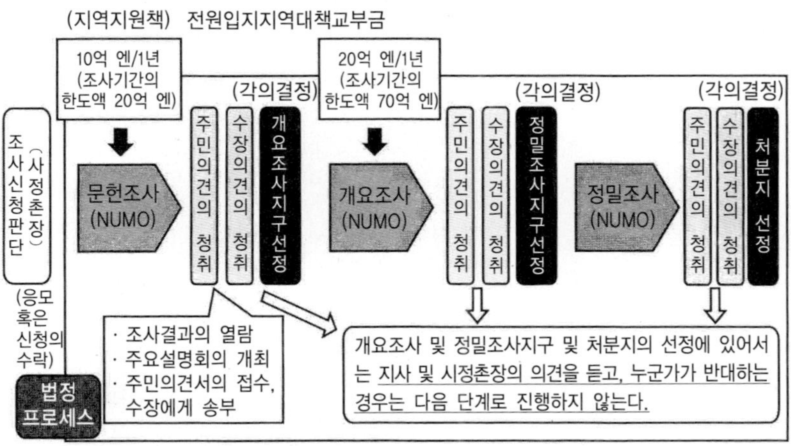

출전 : (전게주 3) 참조)

그림 2 처분지 선정프로세스(지역지원조치)

---

17) 상세한 것은 總合エネルギー調査會電氣事業分科會原子力部會放射性廢棄物小委員會(2013년도 제1회) 배포자료 : NUMO「これまでの取り組みについて」(2013년 5월) http://www.meti.go.jp/committee/sougouenergy/denkijigyou/houshasei_haikibutsu/pdf/25_01_03_00.pdf.

을 대상으로 전원입지지역대책교부금을 교부하는 제도의 정비 등의 대처를 실시하여 왔다(**그림 2**).

〔4〕 사회적 의사결정 프로세스의 법정비의 상황

이와 같이, 각 주체에 의해 리스크 커뮤니케이션에 대한 구체적인 대처가 행하여지는 한편으로, 제도적으로는 사회적 합의형성 프로세스는 최종처분방법과 그 시행규칙에 규정되어, 정비되어왔다.

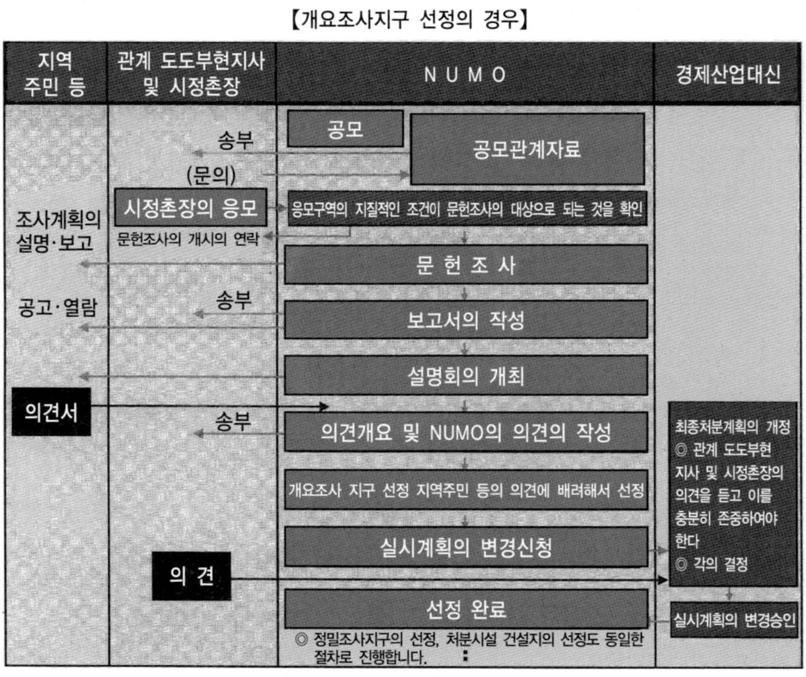

출전 : 종합자원에너지조사회전기사업분과회원자력부회방사성폐기물소위원회(2013년도 제1회) 배포자료 : 자원에너지청 「참고자료 고준위 방사성폐기물처분에 대하여」(2013년 5월) http://www.meti.go.jp/committee/sougouenergy/denkijigyou/houshasei_haikibutsu/pdf/25_01_s01_00.pdf

그림 3 각 조사지구 선정단계에서의 지역의 의견반영의 체계 (시행규칙 5~12조에서 규정)

그리고, 지금까지 명확하지 않았던 선정프로세스를 법적으로 명확히 함과 더불어, 공고·열람·의견서제출이라는 주민참여절차도 명확히 되었다.

개요에 대해서는 **그림 3** 참조.

5 제 외국의 원자력에 관한 사회적 의사형성에의 대처[18]

일본에서는 이러한 변천에 입각하면서, 주민참여형 제도가 최종처분법 및 시행규칙에 포함되게 되었지만, 원자력발전을 가지는 제 외국에서도 고준위 방사성폐기물 처분장 선정을 위해 다양한 대처가 이루어지고 있다. 2014년 5월에 나온 종합자원에너지조사회 공익사업분과회 원자력소위원회 방사성폐기물WG '방사성폐기물WG 중간보고서'에서 해외의 최종처분의 상황에 대해 개요가 소개되어 있다. 다음에 그 개요를 소개한다.

먼저, 최종처분에 선진적으로 대처하고 있다고 하는 핀란드·스웨덴에서도 다양한 경위를 거치면서, 핀란드에서는 2000년에 유라요키 지자체 오루킬오토를 처분지로 결정하고, 지하조사시설 온카로 건설을 위해 안전심사가 실시되고 있는 것, 스웨덴에서도 2009년에 에스토함마르 지자체 포르스마르크를 지층처분지 후보로 선정하고, 안전심사

18) 프랑스의 자료는 이하에 의한다.
(公財)原子力環境整備促進·資金管理センター「諸外國における高レベル放射性廢棄物の處分について 2015年版」(2015년 2월), 總合エネルギー調査會電氣事業分科會原子力部會放射性廢棄物小委員會(2013년도 제1회) 배포자료 : 資源エネルギー廳「參考資料高レベル放射性廢棄物處分について」(2013년 5월) http://www.meti.go.jp/committee/sougouenergy/denkijigyou/houshasei_haikibutsu/pdf/25_01_s01_00.pdf, 전게주 3)의 자료.

를 실시하고 있는 것이 소개되고 있다.

또한, 영국은 캠브리아주가 처분장 수용에 대해 관심을 보였지만, 캠브리아주의회의 반대에 의해 부지선정프로세스로부터 철수한 것이 소개되고 있다. 이와 같이 프로세스가 좌절된 영국이지만, 사회적 합의형성을 위해 다양한 대처가 이루어지고 있는 점은 주목하고 싶다. 영국에서는 주민을 포함하는 다양한 이해관계자와의 의사소통 및 시설운영 등에 관한 의사결정에 대한 이해관계자의 관여를 목적으로 원자력시설의 입지지역에 설치된 회의체가 있어, 사업자 및 원자력폐지조치기관(Nuclear Decommissioning Authority : NDA)에 의해 운영되고 있다. 이것들은 법적인 설치근거없는 회의체이며, Site Stakeholder Group(SSG), Local Community Liaison Council(LCLC), Local Liaison Committee(LLC)의 3 종류가 존재한다. NDA와 EDF에너지는 자신이 소유한 원자력시설의 입지지역에 각각 SSG와 LCLC(또는 LLC)를 설치하고 있으며, SSG의 운영비용은 NDA가, LCLC와 LLC(이하, 구별하지 않고 LCLC라 한다)의 운영비용은 EDF에너지가 부담하고 있다. 또한, 2008년 영국 정부백서에 따르면, 부지선정프로세스로서 자주적 참여원리와 파트너십에 근거하는 어프로치를 실시하는 것이 결정되어 있으며, 지자체가 부지선정프로세스에 참여결정한 경우에는 현지 관계자, 처분실시주체 등 다양한 이해관계자로 구성된 지역입지파트너십(Community Siting Partnership : CSP)이 설립되어, 지역주민으로부터 의견을 받아들일 방침이 제시되어 있다[19].

이와 같이 제 외국에서도 각국 각각의 수법으로 선정프로세스에 주민합의의 프로세스를 도입하고 있지만, 역시 처분지 결정까지는 쉽지

19) 그 이외에 독일에 관하여서는 이하의 高橋논문에 상세히 소개되어 있다. 高橋滋 「放射性廢棄物處分問題の法的檢討：高レベル放射性廢棄物處分をめぐる日獨比較」『一橋法學』2권 2호(2003년) 385-404쪽.

않고 시간이 걸리는 것으로 나타나 있다. 이런 가운데, 프랑스는 1983년부터 처분지 선정을 위한 조사를 시작하고 있으며, 처분지는 아직 결정되지 않았지만, 뷰르 지하연구소 근방을 처분지로 하는 방향으로 거국적인 논의가 이루어지고 있다. 특히, 프랑스의 방식은 일본에서도 참고가 된다고 생각되기 때문에, 다음에 제도의 개요를 소개한다.

〔1〕 프랑스의 대처

(1) CLIS의 설치

프랑스에서는 원자력발전소 등 원자력기본시설(INB)의 지역에는 '지역정보위원회'(Commission Local d'Information : CLI)가 설치되는 것이 법적으로 요구되고 있지만, 고준위 방사성폐기물 처분을 행하는 지하연구소는 이에 해당하지 않기 때문에, CLI는 설치할 수 없다. 그러나, 비슷한 역할을 하는 조직으로서 지역정보팔로우업위원회(CLIS)가 설치되어 있다. CLIS는 지역주민에 대한 정보제공 및 협의를 실시하기 위한 단체이며, 회원은 지방의원, 환경보호단체, 노동조합, 학식경험자 등으로 구성된다. CLIS의 설치는 CLI와 마찬가지로 법률에 근거한 것이며, 1991년 '방사성폐기물관리연구법'에 의해 규정된다. 2006년 '방사성폐기물등관리계획법'에서 CLIS의 설치조항이 일부 개정되어, 2007년 5월에 재차 '뷰르 지하연구소 CLIS'가 발족했다. 운영자금은 국가의 보조금 및 처분실시주체인 방사성폐기물관리기관(ANDRA)의 기금에 의해 지불되고 있다. 회합은 적어도 연 2회 개최되며, 처분에 관한 연구의 목적, 내용과 성과에 대한 정보가 위원에게 제공되고, 거기에서는 지하연구소의 환경과 주변에 영향을 미치는 것과 같은 문제가 토의되고 있다. 또한, 국가평가위원회(CNE)와 원자력안전정보와 투명성에 관한 고등위원회(HCTISN) 등의 외부전문기관을 활용할 수 있게 되어 있다[20]. 이러한 CLIS와 유사한 제도는 미국 또는 기타 국가에서도 채용되어 있지만, CLIS의 특징은 사업자의 보완적이고 제도적인 정보수집조직, 지방자치단체와의 역할분담이 명확하게 되어 있다는 점에 있다. CLIS자금은 국가 및 실시주체인 ANDRA에 의해 제공되고 있다.

(2) 공개토론회의 실시

프랑스에서는 방사성폐기물 처분장을 포함한 원자력기본시설 등 환경에 큰 영향을 미칠 대규모 공공사업이나 정책결정에 대해서는 그 계획단계에서 행정, 사업자, 국민, 전문가 등이 논의를 하는 공개토론회를 실시하고 있다. 지층처분장에 대해서도 설치허가신청 이전의 단계에서 공개토론회를 실시할 것이 2006년방사성폐기물등관리계획법상 법정되어 있다. 방사성폐기물등관리계획법 12조에 근거하여, 처분장의 설치허가 신청의 제출에 앞서, ANDRA에 의해 작성된 문서에 근거하는 공개토론회를 개최할 것이 규정되어 있다. ANDRA는 2012년 10월 9일에 독립행정위원회인 공개토론국가위원회(CNDP)에 지층처분장의 설치에 관한 공개토론회의 개최를 부탁했다. 공개토론회의 실시개요에서는 지층처분장의 설치에 관한 공개토론회를 주도하는 특별위원회(CPDP)가 6명의 위원 구성에 의해 2012년 12월 5일에 설치되어, 구체적인 방법으로서 15회의 공개토론회를 개최함과 함께, 인터넷이나 미디어도 활용할 것이 결정되었다.

실제의 공개토론회는 2013년 5월 15일~7월 31일 및 9월 1일~10월 15일의 기간에 개최되었다. 프랑스의 뷰르에서 개최된 2013년 5월 23일 개최의 제1회 공개토론회는 반대파의 방해 때문에 공개토론회 개시 후 곧 중단되었다. 그 때문에, 의견수집방법을 소규모 지역회의 및 인터넷회의로 대신하고, 공개토론회의 기간도 당초 예정보다 2개월 연

---

20) 菅原愼悅=城山英明「フランス地域情報委員會の原子力がバランス上の役割」日本原子力學會和文論文誌 9권 4호(2010년) 363-381쪽.

장(2013년 5월 23일~12월 15일 7개월간)되었다. 공개토론회의 개최기간 종료 후에, 종합하여, 무작위로 선출된 17명의 시민패널에 의한 시민회의가 2013년 12월~2014년 2월에 개최되었다. 공개토론회의 종료까지 인터넷 등을 통해 1,508건의 질문, 497건의 의견표명이 있었다. 공개토론회의 결과, CNDP는 2014년 2월 12일에 공개토론회에 대한 총괄보고서, 의사록 및 시민패널의 견해서를 공표하였다. 거기에서 제시된 결론은 다음과 같다. ①2006년방사성폐기물등관리계획법에 규정된 현행 스케줄이 시간적으로 촉박하다, ②지층처분프로젝트의 안전성에 관한 추가적인 증명이 이루어져야 한다, ③지층처분장의 파일럿 조업기간을 고려한 새로운 스케쥴에 근거하여 프로젝트를 실시해야 한다.

(3) 프랑스제도의 특징

프랑스제도의 특징은 규제에 관해서 규정하는 법률 중에 그 목적으로서 '투명성 확보'의 명시화가 이뤄지는 동시에, 주민에게 정보를 제공하기 위한 CLI의 설치가 명기되어, 원자력안전기관(ASN)의 독립성 향상, 정보제공의 역할의 명확화 등도 규정되어 있는 점이다. 또한, 사업자 및 규제기관과 지자체와의 쌍방향 커뮤니케이션수단이 확보되어 있다. 즉, 사업자의 CLI에의 정보제공은 의무화되어 있으며, CLI로부터의 질문제출도 법률에서 인정되어 있다.

또한, 이러한 처분장선정지역의 주민에 대한 정보제공뿐만 아니라, 고준위 방사성폐기물 처분에 대한 국민적 논의를 위한 틀도 정비되어 있다. 즉, 다양한 이해관계자에 의해 대화의 장소가 확보되어 있다고 할 수 있다. 이것들은 원자력 이용에 비판적인 사람도 포함하여, 다양한 관계자를 함께 모으는 '공동사실확인'(Joint Fact-Finding : JFF)적 기법의 활용이라고 부르는 것이다.

6 일본의 고준위 방사성폐기물 처분 촉진을 위한 제도적 검토

〔1〕 문제의 소재

고준위 방사성폐기물 처분의 바람직한 방안에 대해서는 지금까지 보아온 것처럼, '장기성', '불확실성', '세대간을 초월한 문제' 등 다양한 문제를 안고 있다. 그 때문에, 리스크 커뮤니케이션의 바람직한 방안에 대해서도 보다 복잡한 문제를 안고 있다. 이런 가운데, 현행 법제도의 바람직한 형태가 리스크 커뮤니케이션의 관점에서 충분한지 검토를 해가고자 한다. 리스크 커뮤니케이션을 촉진하기 위해서는 신뢰관계의 구축이 중요하게 된다. 신뢰관계를 구축하는 요소로서는 발신되는 메시지의 신뢰성, 발신자에 대한 신뢰성, 절차에 대한 신뢰성, 조직에 대한 신뢰성을 들 수 있다. 우선, 리스크 메시지의 신뢰성을 높이기 위해서는 당해 리스크 메시지가 명확하고 편향이 없다고 신뢰할 수 있는 내용일 것, 당해 리스크의 정보원(情報源)의 법적 근거가 표시되어 있는 것, 리스크 메시지를 발신하는 커뮤니케이션 프로세스가 공평한 프로세스에서 공개성이 유지되고 있는 것, 리스크의 영향을 받는 것이 의사결정에 참여할 수 있을 것(참여 기회의 확보), 리스크 발신자가 신뢰할 수 있을 것 등이 필요하다. 리스크 메시지의 발신자의 신뢰성을 확보하기 위해서는 발신자가 성실하고 솔직할 것, 비밀을 감추지 않고 좋은 정보도 나쁜 정보도 함께 조기에 공개하는 자세를 나타내는 것이 효과적이다[21]. 또한, 발신자가 전문가이고 중립적인 입장에 서있다고 볼 때에는 발신자를 신뢰하고, 리스크 메시지의 내용도 신뢰하는 경향이 있지만, 발신자가 수신자의 태

---

21) EPA, Risk Communication about Chemicals in Your Community, A Manual for Local Officials (1989)

도나 행동에 영향을 주고자 하는 의도가 지나치게 노골적인 경우에는 발신자에 대한 불신감이 고조되어 메시지에 대한 신뢰성도 낮아지는 경향이 있다[22].

또한, 정보의 신뢰성, 정보 발신자의 신뢰성 확보에 노력하는 동시에, 상호 의견교환의 장소의 설정, 즉 참여 기회의 확보에 노력할 필요가 있다[23]. 이하에서 개별 요소별로 검토하고자 한다.

(2) 참여 기회의 확보

현행 입지선정프로세스의 사회적 합의형성에 관한 절차는 먼저 개요지구 등의 선정에 있어서 "도도부현지사 및 시정촌장의 의견을 듣고, 이를 충분히 존중해야 한다"로 되고, 수장의 판단에 있어서 보고서의 송부, 조사 결과의 열람, 주민설명회의 개최, 주민으로부터의 의견서 접수라는 프로세스를 거친다(최종처분법시행규칙 7조, 8조, 9조, 10조). 제출된 의견에 대한 NUMO로부터의 피드백시스템도 규정되어 있다(동 규칙 11조). 이와 같이 최종처분법에서는 입지선정프로세스가 명확히 되어, 시민참여를 확보하려고 하는 시도가 이루어지고 있지만, 그래도 "주민 부재로 추진되고 있다", "지역의 의견이 무시되고 있다"고 하는 불신감이 강하게 표명되고 있으며, 이러한 불신감에 어떻게 대응하느냐가 과제이다[24].

우선 첫째로, 프로세스에서 중요한 요소가 되는 것이 수장의 의견청취이지만, 개요지구 등의 선정에 있어서는 "도도부현지사 및 시정촌장

---

22) 廣瀬弘忠 「リスクコミュニケーションのプロセスと送り手の信頼性」 日本リスク研究學會編 『リスク學事典』(2001년, TBSブリタニカ) 281쪽.

23) 織朱實 「わが國の土壌汚染對策とリスクコミュニケーション」 『環境法研究』 34호(2009년) 122-145쪽.

24) 放射性廢棄物WG 論点整理.

의 의견을 듣고, 이를 충분히 존중해야 한다"로 되고, 나아가 "도도부현지사 또는 시정촌장의 의견에 반해서는 개요조사지구 등의 선정은 이루어지지 않는다"는 취지가 각의결정되어 있다. 이러한 수장 판단에 앞서 주민 의견청취도 법정화되어 있지만, 이러한 장기적인 리스크에 관한 문제에서 주민의견을 집약한 것으로 될 수 있기 위해서는 보다 장기적인 또한 다수의 관계자가 참여하는 코뮤니케이션이 필요한 것이 아닌가. 수장 판단의 배경에는 충분히 논의된 시민의 합의형성이 필요하다. 현행제도에서는 수장 판단의 책임이 무거워지고 있어, 이에 대한 불만도 거론되고 있다[25].

확실히 현행제도에서는 주민의 의견제출의 기회도 각각의 조사 프로세스에서 확보되어 있는 것으로 보인다. 하지만, 충분히 합리적인 의사형성을 위해서는 현행의 의견제출방식으로는 한계가 있다. 먼저, 사업실시주체와의 정보격차의 문제가 있다. 만일 정보가 충분히 입수할 수 있었다고 해도, 그것을 이해하고 의견을 형성하기 위해서는 전문지식이 필요하다. 이러한 정보격차, 전문지식의 격차를 메우기 위한 제도적 확보가 필요하게 된다.

민주주의사회에서 리스크의 영향을 받는 이해관계자가 리스크를 어떻게 관리할 것인지의 의사결정에 참여하는 것은 당연한 요청이며, 시민참여가 보장되어 비로소 자립한 시민으로서의 책임도 완수할 수 있는 것이다[26]. 이러한 민주주의적인 요청뿐만 아니라, 리스크 관리의 의사결정에서의 시민참여가 중요한 것은 환경리스크 관리의 의사결정

25) 放射性廢棄物WG에서는 위원으로부터 "공모나 신청 전에 오픈된 논의를 할 수 없는 상황이며, 사전에 지역의 폭넓은 이해관계인들의 충분한 이해를 얻는 것이 곤란하다"는 지적도 있었다.

26) 예컨대, 北村喜宣「自治体環境管理と市民の役割」『都市問題』86권 10호(1995년) 82쪽에서 "환경이익의 향수주체인 시민은 결정에 즈음하여 어떠한 코미트먼트를 할 필요가 있다"고 하고 있다.

의 초기단계부터 시민이 참여함으로써 다양한 가치관과 관심이 표명되고, 문제점이 정리되고, 또한 의사결정을 위해 필요한 이해가 깊어지고, 의사결정의 기초가 되는 식견의 개선으로 이어진다.

또한, 의사결정프로세스에 참여함으로써 선택되는 리스크 관리수법도 시민들에게 받아들여지기 쉬워서 실행가능성이 높은 것으로 될 것이 기대되는 측면이 있다. 그리고, 이러한 두 가지 측면에서 의의를 가지는 리스크 관리의 의사결정에서의 시민참여를 실효있게 하기 위해서는 참여를 위한 제도 구축과 동시에, 정보에 관해서도 리스크 정보의 양의 확보뿐만 아니라 품질의 확보가 필요하다. 예를 들어, 데이터를 이해시키기 위한 설명을 추가할 뿐만 아니라, 데이터가 제공되는 정보 전체의 맥락에서 어떤 의미를 가지고 있는지(콘텍스트, 배경 설명), 정보발신자는 데이터를 이용해서 무엇을 말하고 싶은 것인가라고 하는 것이 시민에게 이해되고 비로소 양질의 환경정보가 제공될 수 있다. 또한, 당사자가 충분히 서로를 이해하면서, 논의하기 위한 장소와 제도가 확보되어야 한다.

이처럼, 시민참여를 실효성있게 하기 위한 참여의 장의 확보 및 환경정보 제공에서의 품질의 확보라는 관점에서 리스크 커뮤니케이션에 관해서 특별한 제도적 검토가 이루어져야 한다는 것이다. 또한, 주민들의 의견은 토론을 거듭해, 지역의 공통의 이해를 확인함으로써 더욱 깊어진다. 충분한 토의를 하고, 자신의 의견이 취합되는 프로세스가 중요해진다. 이러한 관점에서 전술한 프랑스의 CLIS 등의 정보제공제도는 바로 이러한 문제에 대응하는 것이다. 유사한 제도로서는 고준위 방사성폐기물은 아니지만, 미국의 토양오염정화에 관한 슈퍼펀드법(CERCLA)에서는 기술지원조성금(Technical Assistance Grants : TAG)이 도입되고 있다[27]. CERCLA 117조(e) '기술지원에 대한 조성금'에 포함된 제도인 TAG는 "슈퍼펀드에서 사이트 고유의 정화전략에 관한 결정에 대한 시민참여를 촉구하는 것을 목적"으로 하고 있다[28]. 주민이 슈퍼펀드프로그램에 참여하고, 적절한 정화를 실시하기 위한 의사결정을 실시하는데 있어서 장애로 되고 있는 것은 전문지식의 부족과 행정에 대한 불신감이다. 발행된 자료나 데이터가 전문적이어서, 이해하고 그 위에 판단하는 것이 곤란한 것 이외에, 슈퍼펀드프로그램을 실시하는 사업자로서 자기에게 유리한 데이터만을 내는 것은 아닌지, 정말로 주민을 파트너로서 인정하고 있지 않는 것이 아닌가 등의 불신감이 커뮤니케이션을 저해하고 있는 요인으로 생각되었다. 이러한 불신감을 극복하고 커뮤니케이션을 하기 위해서는 기술적인 문제에 대해 행정이나 사업자 대신에 판단을 내려주는 전문가가 시민에게는 필요하며, 이를 위한 자금을 제공하는 것이 TAG이며, 1 사이트 당 50,000 달러까지의 초기 조성금이 지급된다.

이 이외에도, 기술적 지원으로서 기술적 정보제공지원서비스(Technical Outreach Services for Communities : TOSC)가 있다. TOSC는 슈퍼펀드개정·재승인법(SARA) 311조 (d)를 근거로 한 다섯 가지 유해물질연구센터(Hazardous Substances Research Center : HSRC)에 따라 1994년부터 실시되고 있는 프로그램이다[29]. TOSC는 대학의 연구실내에 설치된 교원·연구자로 구성된 전문가팀이 경제연계협정(EPA)과의 계약에 근거하여 보조금을 받고, 슈퍼펀드 사이트의 주민그룹에게 무상으로 기술적 지식 등의 어드바이스를 제공하는 프로그램이다. TAG와 마찬가

27) 織朱實 「汚染土壌のリスクマネジメントとリスクコミュニケーション：米國スーパーファンドプログラムにおけるリスクコミュニケーション促進のための諸制度を題材として」『環境情報科學』 31권 3호(2002년) 33-39쪽.

28) "What is the TAG Program?" http://www.epa.gov/superfund 내에서 검색할 수 있다.

29) RCRA, Superfund & EPCRA Hotline Training Module, Introduction to ; Superdunf Community Involement, EPA540-R-98-027 (1998) p. 97.

지로, 주민에게 기술지원서비스를 제공하는 것을 목적으로 하고 있지만, 중립적인 입장에 서서, 실질적인 권고를 하지는 않는다. 샘플링, 리스크평가 및 복구계획의 검증 등의 기술적 지원뿐만 아니라 워크숍의 개최에 따른 학습기회의 제공, 주민들이 오염지의 재개발(브라운 필드 재개발)에 참여할 수 있도록 하기 위한 트레이닝 기회의 제공도 실시한다.

참여의 기회를 보다 실질적인 것으로 하기 위해서는 프랑스의 공개토론회가 참고가 된다. 공개토론회는 시민참여를 보장하기 위한 제도로 분류할 수 있다. 다양한 주민의 이익의 대표자로 구성되며, 그 대표자들이 그 요구와 관심사를 제시하여 논의하는 공공의 장소를 제공하는 것이다. 또한, 지역주민뿐만 아니라 국민적 토론이 진행됨으로써 지역주민들은 자신들의 의견을 보다 깊게 할 수 있는 프랑스 방식이나 영국의 콘센서스회의방식 등 국가적 논의도 동시에 제도적으로 포함시킬 필요가 있을 것이다.

〔3〕 리스크 메시지에 대한 신뢰성의 확보

고준위 방사성폐기물 처분장의 선정프로세스에 있어서는 자주 제기되는 불만으로 "정보가 적절하지 않다", "실시주체가 제공하는 정보는 신뢰할 수 없다"고 하는 것이 있다. 이 점에 대해, 방사성폐기물 WG의 중간보고서에서는 검증할 제3자기관의 설치가 제안되고 있다. 실제의 커뮤니케이션의 장에서는 주민은 사업시행자에 대해 아무리 해도 씻을 수 없는 불신감을 가지고 있는 것이다. 아무리 "과학적인 설명이다"고 하더라도, 결국은 "입지를 추진하기 위한 설명"이라는 불신감을 씻을 수 없는 것이기 때문에, 중립적인 제3자기관에 의한 검증은 리스크 메시지의 신뢰성을 확보하는 데 유효하다고 생각된다.

WG 중간보고서에 따르면, "일반적인 사업활동과 달리 시장에 의한 평가기능이 작동하지 않는 처분사업에 대해, 사회적 공정성을 어떻게 담보하느냐가 중요하다", "'국가·NUMO는 자기에게 유리한 정보만을 제공하고 있는 것이 아니냐'고 하는 불신이 있는 가운데, 정보공개의 철저와 정보의 객관성을 확보하기 위해, 처분추진체제와는 다른 중립적인 입장의 기관이 중간에서 처분지 선정프로세스나 입지의 적정에 대해 '심판관역'으로서 모니터링하는 동시에, 국민·지역에 대해 중립적인 설명을 하는 것이 필요하다", "국가는 이러한 '심판관적' 관점에선 제3자평가를 실시하는 체계를 정비해야 한다"고 하는 제언이 이루어지고 있다.

또한, 신뢰성의 확보라는 관점에서 국가의 역할이 더욱 명확하게 되고, 사회적 합의형성을 위한 과학적 메시지의 발신 등에서 적극적으로 역할을 완수해야 한다고 생각한다. 발생자책임으로 사업자가 중심적인 역할을 담당하는 것은 전제이지만, 고준위 방사성폐기물은 일본의 에너지정책의 결과로서 발생한 것이며, 국민 전체로 미래세대에 대한 영향, 현재의 리스크 관리의 바람직한 방안을 검토해 나가야 하는 문제이다. 이런 가운데, 사업이 전진하기 위해서는 국가의 사회적 합의형성에 있어서의 책임의 바람직한 형태가 더욱 논의되어야 할 것이다. WG 중간보고서에서도 "지역의 지질환경 특성을 과학적 관점에서 설명하는 등 조사 수용의 과학적 타당성에 대해 국가가 책임을 다하는 것이 필요」하다는 지적이 이루어지고 있다.

참여의 기회 확보를 위한 제도, 다양한 이해관계자에 의한 협의회, 정보격차를 메우기 위한 제도적 보완과 더불어, 정보발신에서의 신뢰성 확보를 위한 제도구축도 검토되어야 할 것이다.

7 끝으로

고준위 방사성폐기물 처분장의 선정에 있어서의 사회적 합의의 중요성이 확인된 바이지만, 리스크 커뮤니케이션을 하는 것이 반드시 적절한 리스크 관리수법의 선택으로 이어지는 것은 아니라는 점에는 주의가 필요하다. 사회적 합의형성을 위해 제도구축을 하고, 다양한 이해관계자에 의한 논의의 장을 확보하고, 합의형성이 이루어지는 방향으로 검토되어가야 하지만, 이러한 합의와 과학적인 식견과의 정합성은 반드시 도모될 수 있는 것은 아니다. 과학과 사회적 합의와의 정합성을 가능한 한 도모해가기 위해서는 더욱 정밀한 제도 검토가 필요하게 된다고 생각한다.

사회적 합의와 과학적 식견과의 정합성은 곧바로 도모될 수 있는 것이 아니라[30], 리스크 관리의 관점에서는 과학적 식견을 기반으로 하면서 사회적 수용성을 모색해 가지 않을 수 없는 것이지만, "분규의 발생이나 폭넓은 사회적 신뢰의 결여는 기술적·전문적으로 합리적인 검토·토의를 저해하고, 합리적인 대처를 방해할 가능성도 높다[31]고 하는 것처럼, 안전기술과 그에 근거하는 규제, 법제도의 설계와 사회적 수용 프로세스가 합리적인 범위에 들어가도록 궁리가 필요하며, 그것은 결코 단기간에 달성할 수 있는 것이 아니다. 다양한 참여수법을 채용해온 영국에서도 주의회의 반대로 프로세스가 좌절했던 것처럼, 고준위 방사성폐기물의 처분지의 선정은 그 장기성, 리스크의 불확실성으로부터 장기간의 리스크 커뮤니케이션이 필요하다고 하는 각오가 필요하게 된다.

---

30) 東京大學公共政策大學院エネルギー·地球環境の持續性確保と公共政策「2007-2008年度原子力法制研究會社會と法制度設計分科會中間報告』 3쪽.

31) 전게주 30) 同 8쪽.

고준위 방사성폐기물 처분장의 입지선정은 시급히 해결해야 할 과제이지만, 사회 전체에서 현 세대의 리스크를 수용하기 위한 토대를 조성하는 데에는 시간이 걸리고, 당초는 과학적 식견과의 정합성이 도모하기 어려운 것을 각오한 다음, 대처해갈 필요가 있는 것이다.

| **오리 아케미(織 朱實)** 죠치대학(上智大学)대학원 지구환경학연구과 교수 |

제4편

동아시아 국가의 원자력법제

제1장 중국의 원자력법제

1 처음에

〔1〕 본장의 배경과 목적

(1) 본장의 배경

2011년 3월 11일에 발생한 동일본대진재로 인해 국제원자력기구(이하 'IAEA'라고 한다)에서 레벨 7에 달한다고 평가된 도쿄전력 후쿠시마 제1원자력발전소 사고(이하 '후쿠시마원전 사고'라고 한다)는 동아시아의 이웃나라인 중국에도 큰 영향을 주었다.

중국에서는 후쿠시마제1원전 사고 발생 직후, 3월 16일 국무원 상무회의(각의에 해당)를 열고, 후쿠시마제1원전 사고로 인한 방사성물질의 배출상황에 관한 보고가 이루어졌다. 보고 중에서는 ①중국내의 원자력시설에 대해 즉시 안전검사를 전면적으로 실시한다, ②가동중인 원자력시설에 대한 안전관리를 강화한다, ③건설 중인 원자력시설에 대해 최신의 안전기준을 사용하여 안전평가를 실시하여 전면적으로 심사한다, ④신규신청의 원자력발전사업에 대해서는 엄격하게 심사할 방침 하에 원자력안전계획의 작성 및 원자력발전중장기발전계획의 수정작업을 촉구하고, 원자력안전계획이 승인될 때까지 전기의 준비작업을 포함한 모든 원자력발전사업의 신규신청시의 심사 등을 중지한다고 하는 네 가지 방침이 결정되어 공표되었다[1]. 2011년 3월 시점에

1) 중화인민공화국 중앙인민정부 홈페이지 참조. 또한, 당해 상무회의에서는 안전성의 확보가 원자력발전의 가장 중요한 문제라고 다시금 강조되었다.

서는 국내에서 가동중인 원자로 및 건설 중인 원자로 총 41기, 신규건설 예정인 원자로 3기에 대해, 안전검사가 실시되며, 그 결과는 다음해 2012년 5월 31일의 상무회의에서 보고되었다.

동 보고에서는 "일부 발전용원자로, 연구용원자로 및 연료순환시설을 제외하고, 가동중 및 건설중인 원자력발전소는 기본적으로는 중국의 원자력안전에 관한 현행법규범 그리고 IAEA의 최신안전기준에 적합하다"고 하는 인식을 보이고, 향후 그 인식을 바탕으로 안전성을 확보한 다음, 원자력발전사업을 신중하게 추진한다고 하는 정부의 입장이 표명되었다. 또한, 같은 해 10월 24일에 열린 상무회의에서는 '원자력발전중장기발전계획(2011－2020년)' 및 '원자력발전안전계획(2011－2020년)'이 결정되고, 이에 대해서는 최신의 안전기준을 확보한 다음, 원자력발전사업을 재개시키는 '청신호'가 나왔다고 하는 평가가 있다. 안전을 확보하는 정부의 자세는 그 다음 주(같은 해 10월 31일)의 상무회의에서 논의되고 승인된 '핵안전 및 방사성오염방지「十二五」規畵 및 2020년 원경(遠景)목표'로부터서도 간취할 수 있다.

이에 따라, 일시정지되어 있던 원자력발전소의 건설 및 신규건설의 신청도 계획의 공표 후에 연이어 허가되고 있다. 또한, 국산 원자로의 개발 및 실용화가 적극적으로 추진되고, 중국정부는 향후 원자력기술을 해외에 적극적으로 수출하는 자세도 전면에 내세우고 있다.

(2) 본장의 목적

중국정부가 '원전 재개' 또는 '원전 확대'의 방향을 확정하는 가운데, 원자력시설의 안전성에 관한 법적 체계는 불명확, 불충분하다는 지적은 국내에서 사고 전부터 있었다. 또한, 후쿠시마제1원전 사고가 발생한 후에는 원자력안전에 관한 입법작업이 시급한 과제라는 의견도 다시 강조되고, 현행법령 등의 개정 등에 관한 논의는 한층 활발해졌다[2]. 그러나, 그러한 논의를 일본에 소개하는 것은 반드시 많지는 않고, 특히 법제도 관련 문헌은 적은 것이 현실이다[3]. 원자력사업이 대규모로 추진되는 중국에서는 원자력에 관한 법규범과 안전기준의 파악은 중국뿐만 아니라 지리적으로 가까이 위치하는 동아시아 여러 국가, 특히 일본에 있어서도 중요한 의미를 가지는 것이다. 그래서, 원자력시설의 사고방지 및 사고로 방출된 방사성물질에 의한 환경오염 등의 방지 및 해결을 도모하기 위해, 동아시아지역에 위치하는 여러 국가가 원자력 안전에 관한 각자의 규제제도를 서로 파악하고 경험을 공유한 후, 안전성에 관한 정보를 교환하는 등 서로 협력하는 것에는 중요한 의의가 있다고 할 수 있을 것이다[4].

---

2) 사고 전의 주요한 논의로서는 司國建「核安全与輻射法規體系的現狀与發展」『核安全』3기(2005년) 29쪽을 들 수 있다. 또한, 사고의 발생 직후에서는 愼先進=王海琴「我國核安全法律保障之完善」『經濟与社會發展』9기(2011년) 46쪽, 趙俐 「核電發展進程中的核安全監管立法問題之反思」『河北法學』 29권 10호(2011년) 46쪽, 彭峰「我國原子能立法之思考」『上海大學學報(社會科學版)』 18권 6기(2011년) 69쪽이 있다. 근년의 논의로서는 郭承站「我國核与輻射安全監管現狀及對策J『核安全』12권 증간 1호(2013년) 1쪽, 胡帮達「核安全獨立監管的路徑選擇」『科技与法律』2기(2014년) 241쪽, 祁藝丹「中國民用核施設管理的立法ㅎ現狀及存在問題」9기(2014년) 294쪽, 胡帮達=汪勁=吳岳雷「中國核安全法律制度的構建与完善 : 初步分析」『中國科學技術科學』44권 3기(2014년) 323쪽 등을 들 수 있다.

3) 원자력발전사업이나 중국의 에너지상황 등에 대해서는 일반사단법인 일본원자력산업협회와 국립연구개발법인 일본원자력연구개발기구, 일반사단법인 해외전력조사회 등의 공식사이트에 관련되는 소개가 게재되어 있다. 또한, 법제도에 관련하는 소개문헌으로서는 富窪高志「中國における原子力の安全性ー原子力發電關連法規を中心に」『外國の立法』No. 244(2010년) 115쪽이 있는 이외에, 법제도의 소개를 포함하는 것으로서, 郭四志『中國 原發大國への道(岩波ブックレットNo.834)』(2012년, 岩波書店)가 있다. 한편, 중국의 원자력사업 전반을 소개하는 것으로서 テピア總合研究所編『中國原子力ハンドブック2015 : 世界市場制覇に動き出した中國』(2015년, 日本テピア株式會社)이 있다(그 가운데의 1장으로서 원자력관련법규가 소개되어 있다).

4) 중국과 대만은「해협 양안에서의 원자력발전 안전성에 관한 협력협의」를 체결하고, 2012년 6월 29일부터 당해 협의가 발효했다. 구체적으로는 안전성에

〔2〕 본장의 구성

이상과 같은 관점에서, 본장은 우선, 중국의 원자력사업의 발전경위 및 정부의 정책방침에 주목하여, 원자력 이용의 상황을 소개한다(2). 그 위에, 원자력안전에 관한 규제의 제 규정이나 관련조직 등을 체계적으로 고찰함(3)과 함께, 방사성폐기물의 처리제도에 대해 개괄적인 고찰을 한다(4). 마지막으로, 일본의 원자력안전규제 및 방사성폐기물의 처리에 관한 제반 논의를 토대로, 중국의 제도의 특징 및 문제점을 제시하고, 비교 고찰을 실시한다(5).

2 중국의 원자력 이용상황의 개관

〔1〕 원자력 이용의 경위 - 군사이용에서 평화적 이용으로 -

중국의 원자력 이용의 경위에는 군사이용에서 평화적 이용으로의 전환이라는 특징이 보인다.

(1) 군사목적의 원자력 개발

원자력의 군사적 개발은 1950년대의 냉전시대와 1960년대 중소 대립의 시기에 정치적 목적으로 적극적으로 이루어졌다. 당시 원폭과 수폭실험 이외에 인공위성의 개발 등이 이루어지고, '兩彈一星'이라고 부르는 개발의 목표가 확립되었다. 원자력의 개발사업을 강력히 추진하

관한 법제도의 정보교환, 안전성 분석 및 심사, 평가에 관한 경험의 교류, 원자력발전소에서의 방사성물질의 배출량 등 정보의 정기적 교환, 사고발생시의 긴급통보 및 대응 등이 규정되어 있다. 한편, 당해 협의는 명목상 정부간의 협의가 아니라, 재단법인 해협교류기금회(대만의 대중교섭창구, 행정원대륙위원회의 소관에 속한다)와 해협양안관계협회(중국의 대대만교류창구, 국무원대만사무판공실의 소관에 속한다)라고 하는 민간의 단체간에서 체결된 것으로 되어 있다.

기 위해, 1962년에 중앙전문위원회가 설치되고, 위원회의 주임(사실상의 최고지휘자)에는 당시 수상인 주은래 씨가 맡게 되었으며, 위원은 부총리 7명과 부장 7명으로 구성되었다[5]. 중국은 1964년에 최초의 원폭실험, 1966년 국내에서 핵미사일 발사실험, 1967년에 수소폭탄실험, 1969년 지하 핵실험을 각각 실시하고, 1971년에는 원자력잠수함의 시운전도 성공시켰다. 이 시기의 원자력 이용은 기본적으로 구 소련의 기술을 바탕으로 하면서 자주적 개발을 추가한 것으로 간주된다[6].

(2) 평화적 이용의 원자력발전으로

상기의 중앙전문위원회는 1970년대 초기에 원자력의 평화적 이용으로의 전환 및 중국 최초의 원자력발전소인 '진산핵발전소(秦山核電站)'(이하 '진산원전'이라 한다)의 설치·건설을 결정한 1972년 당시 주은래 총리는 원자력기술을 전문으로 연구하는 조직으로, 상하이핵공정연구설계원을 설립하여 원자로의 개발을 지시했다. 이어 1980년에 열린 제1회 중국핵학회에서는 원자력발전을 추진하는 전체적 방침이 제출되고, 이듬해 11월에 최초의 원자력발전개발계획(진산 I기의 건설)이 국가의 승인을 받았다. 진산원전의 설치·건설은 중국의 원자력의 평화적 이용의 단서로 인식되었다[7].

그 후, 1982년 전국인민대표대회에서 '에너지장기전략·원자력발전계획'이 발표되고, 2000년까지 원자력에 의한 발전의 총량을 1,000 만 kW로 인상한다고 하는 장기적인 목표가 제시되었다[8]. 진산원전(I 기 1호 원자로) 외에도 대아만(大亞灣)원전(I 기 1 호·2 호) 및 전만(田灣)원전(I

---

5) 王喜元『從核彈到核電 : 核能中國』(2009년, 중국과학기술대학출판사) 65-67쪽.

6) 중국핵공업집단공사『중국핵공업 40년 : 1955년~1995년』(1995년, 원자능출판사)

7) 일본원자력산업회의 편집·발행『원자력연감 2001-2002년』 281-282쪽 참조.

8) 전게주 7) 同 281쪽.

기 1 호) 등 동남 연해부에 위치한 원자력발전소가 각각 착공해 1994년 4월 1일부터 진산원전 I 기 1 호기가 운전을 개시하고, 그 후 연이어 운전을 개시했다.

2011년 6월 28일에는 국가경제무역위원회(2003년 10월에 폐지, 관할 권한은 국유자산감독관리위원회, 발전및개혁위원회와 상무부 등으로 이어졌다)가 제10차 국가경제발전 5개년계획(중국에서는 '15계획'이라고 부른다)을 발표하고, 2005년까지 발전총량을 3억 9,000만 kW로 한다는 목표를 내걸고, 그 중 원자력에 의한 발전은 870만 kW로 하는 목표가 제시되었다[9].

(3) 원자력발전의 '대약진' 으로

十五계획에 이어서, 2006년에는 제11차 국가경제발전 5개년규획(規畫)[10]이 발표되고, 에너지산업에 대해 "원자력발전을 적극적으로 추진한다"고 하는 방침이 내세워졌다.

우선, 2007년 4월에 국가발전및개혁위원회가 '에너지발전 十一五規畫'을 공표하고, 에너지 소비량을 전반적으로 삭감한다고 하는 목표를 내건 가운데, 원자력발전이 차지하는 비율에 대해 2010년의 시점에서 2005년에 비해 0.1% 증가시킬 목표로서 요구되고 있다. 이 시기(2006년~2010년)에서는 원자력발전소의 전만(田灣) I 기, 광동영오(廣東嶺澳) II 기를 완공하고, 절강(浙江) 삼문(三門) 등의 신규건설에 착공한다는 방침이 해당 규획에 제시되어 있다[11].

---

9) 전게주 7) 同 282쪽. 원자력발전소의 건설에 더하여, 구체적인 발전의 총량목표도 내걸고, 15계획의기간 중에는 중국의 원자력발전의 기반이 거의 확립하였다고도 할 수 있을 것이다.

10) 2006년부터 2010년까지의 기간을 의미하며, 115규획으로 불린다. 한편, 계획경제와의 구별이 강조되었는지 용어상도 「계획」에서 「규획」으로의 변화를 볼 수 있다.

11) 중국핵능행업협회 홈페이지 http://www.china-nea.cn/html/2007-10/167.html

다음으로, 2007년 10월에는 국가발전및개혁위원회가 국무원의 승인을 받아, 중국의 원자력발전의 방향성을 제시하는 강령적 문서로 된 '원자력발전중장기발전규획(2005년~2020년)'을 발표했다. 해당 규획(規畫)은 "원자력발전소의 건설을 적극적으로 추진하는 것은 우리나라의 에너지발전의 중요한 정책이다"라고 명기하고, 2020년까지 원자력에 의한 발전량을 4,000만 kW로 하는 것을 목표로 내걸었다.

상기의 '에너지발전十一五規畫' 및 '원자력발전중장기발전규획(2005년~2020년)'에 이어, 2013년 1월 1일에는 국무원이 새로운 '에너지발전十二五規畫'을 발표하고, 2010년의 시점에서는 원자력발전은 이미 1,082만 kW에 달해, 소기의 목표가 달성된 것을 명기했으며, 2015년까지 원자력발전을 4,000만 kW까지 확대한다는 목표를 세웠다(2020년 목표보다 대폭 감축). 또한, 2014년 11월 19일에 국무원은 '에너지발전전략행동계획(2014년~2020년)을 공포하고, 위의 목표를 다시 썼다. 2014년 11월의 해당 계획에 따르면, "동부 연해지역에서는 적절히 신규원자력발전소를 건설하고, 내륙에도 신규건설의 고찰 등을 시작해", 2020년의 시점에서 가동중인 원자력발전소는 5,800만 kW를 예정하고, 건설중인 것은 3,000만 kW 이상으로 한다는 새로운 목표를 내걸었다[12]. 이는 내륙의 원자력발전소의 건설에 대해 재검토를 시사한 것으로도 생각할 수 있다[13].

2015년 11월말 시점에서 중국의 원자력발전소(가동중·건설중을 포함)

(2015년 8월 24일 최종확인). 한편, 광동영오 Ⅰ기(1호, 2호)는 1997년에 착공하여, 2002년 및 2003년에 영업운전을 개시했다.

12) 이 데이터는 「신흥에너지산업발전규획」에 의해 8,600만kW로 대체된다는 정보도 있지만, 현시점에서는 정식의 근거로 되는 것은 아직 발견되지 않는다. 彭·전게주 2) 『上海大學學報(社會科學版)』 71쪽 참조.

13) 실제로는 원자력발전소의 건설후보지로서 내륙에 위치하는 안휘성, 귀주성 등이 건설추진의 의향을 표명하고 있다.

는 가동중 25기, 건설중 27기, 발전총량은 5,000만 kW를 넘는 규모로 되고 있다[14].

(2) 중국의 에너지·전력사정

(1) 에너지 수급 및 전력사정의 개관

중국은 1차에너지로서 이용되는 석유, 천연가스, 석탄의 생산량·소비량이 모두 세계 제1위이며, 석유 및 석탄의 수입량은 세계 최대이다. 또한, 1차에너지 중에서는 석탄의 이용이 가장 많고, 화력발전이 전체 발전량의 80%를 차지하고 있다[15].

십이오규획(十二五規畫)은 비화석연료의 소비량을 2020년에는 1차에너지 소비총량의 15%까지 끌어올리는 한편, 석탄의 소비량을 62% 이내로 억제한다고 명기했다. 따라서, 풍력발전, 태양광발전 및 바이오매스 발전의 비율이 여전히 낮은 상황임을 감안하면, 위의 목표를 달성함에는 원자력발전의 추진이 불가결하다고 생각된다[16].

2015년 11월 말에 공표된 중국전력기업연합회의 통계에 따르면, 2014년도 중국의 총발전설비용량은 약 13억 7,000만 kW(2013년보다 895% 증가, 세계최대규모)로 되었다[17]. 그 가운데, 화력발전의 9억 2,363

14) 일반사단법인 일본원자력산업협회 홈페이지(「중국의 원자력발전개발 : 원자력발전재가속과 원자력수출국가전략화」) http://www.jaif.or.jp/data/data-oversea/china(2015년 8월 22일 최종확인) 및 중국핵능행업협회 홈페이지(「2014년 중국원자력발전운전상황보고서」 그리고 신규건설의 정보) http://www.china-nea.cn/html/2015-02/31955.html(2015년 6월 23일 최종확인), (「2015년 1월～6월전국원자력발전운전상황」 http://www.china-nea.cn/html/2015-07/33403.html (2015년 11월 11일 최종확인) 참조.

15) 彭·전게주 12) 『上海大學學報(社會科學版)』 72쪽.

16) 전게주 14) 참조.

17) 중국전력기업연합회 홈페이지(통계데이터집 2014년도) http://www.cec.org.cn/guihuayutongji/tongjxinxi/niandushuju/2015-11-30/146012.html(2015년 12월

만 kW(2013년보다 6.15% 증가)에 대해, 원자력에 의한 발전은 2,008만 kW(2013년보다 36.97% 증가)이다. 그러나, 전술한 바와 같이, 석탄에 대한 과도한 의존이 문제시되고 있어, 향후 비화석연료에 의한 발전을 추진해 나갈 것으로 예상된다. 따라서, 원자력에 의한 발전은 중국의 에너지 및 전력 이용현황을 바탕으로 한 하나의 해결책으로 선택되고 있다고도 할 수 있다.

(2) 에너지 및 전력관계의 조직체제

① 관련조직의 설치

중국에서는 에너지부는 현시점에서는 설치되어 있지 않다[18]. 에너지 개발을 중심으로 종사하는 조직으로서 제11기 전국인민대표대회 제1차 회의에서 '국무원기구개혁안' 및 '의사협조기구설치에관한국무원의통지(국발 [2008] 13호)'에 근거하여 설립된 국가에너지위원회(NEC)가 있다(2010년 1월 22일). 해당 위원회는 "국가에너지발전전략을 제정하고, 에너지의 안전과 발전에 있어서의 중대한 문제를 심의하고, 국내의 에너지 개발 및 국제협력에 관한 중대한 사항을 협조하는" 업무를 담당한다[19]. 설립 당초, 위원회의 주임(최고책임자)은 원자바오 전 총리, 부

1일 최종확인) 참조.

18) 1988년에 에너지부가 한 차례 설치되었지만, 1993년에 폐지되었다. 2008년에는 국가에너지국이 설치되고, 전력의 감독관리(2003년에 설치된 국가전력감독관리위원회의 소관으로 된다) 이외에, 석탄이나 원자력발전 등의 관련업무를 통괄적으로 행하는 것으로 되었다.

19) 「국가에너지위원회의 성립에 관한 국무원의 통지」(國弁發[2010] 12호), 중화인민공화국 중앙인민정부 홈페이지(2015년 8월 23일 최종확인) 참조. 다만, 국가에너지위원회는 의사협조기구로서의 성격을 가지기 때문에, 상설의 부서가 아닌 점에 유의할 필요가 있다. 2013년 7월 4일에는 국가에너지위원회의 조직개혁이 이루어져, 동 통지는 위원회의 사무를 국가에너지국이 담당한다고 표명했다. 『新華網』 2013년 7월 11일자 기사 http://www.xinhuanet.com/2013-07/11/c_116499600.html(2015년 8월 23일 최종확인) 참조.

주임은 李克强 부총리였던 외에, 위원은 각부·위원회·판공실(사무국 상당) 등의 장(21명)으로 구성되었다.

국가에너지위원회의 설립에 이어, 제12기 전국인민대표대회 제1회 회의에서는 '국무원기구개혁및직능변경안' 및 '부위(部委) 관리에 관한 국가국 설치에 관한 국무원의 통지(국발 [2013] 15호)'에 근거하여, 국가발전및개혁위원회 아래에 전력의 감독관리업무를 이어받아, 새로운 국가에너지국이 설치되었다(국가전력감독관리위원회는 폐지되었다).

국가에너지국은 국가에너지위원회의 사무국으로서 구체적인 업무를 담당하는 것 외에, ①에너지발전에 관한 전략, 방침, 규획, 정책 및 개혁안을 작성하는 것, ②석탄, 석유, 천연가스, 전력, 신에너지 및 재생가능에너지 등의 산업정책 및 관련기준을 정하고, 국무원의 규정에 부여된 권한을 가지고 에너지고정자산 투자프로젝트를 허가하는 것, ③원자력발전소를 관리하고, 원자력발전의 발전규획·허가요건·기술기준 등을 제정하여, 원자력발전소의 소재 등에 대해 의견을 제출하고, 원자력발전소의 사고대응 및 관리에 대처하는 것 등의 업무를 담당하는 것으로 된다[20].

이와 같이, 국가에너지국(국가에너지위원회)은 주로 전력사업, 특히 원자력발전사업의 추진을 담당하는 부서로서 자리매김하고 있다[21].

② 전력사업자의 구성

중국의 전력시장은 소수의 사업자가 다수의 점유율을 차지하고 있다고 할 수 있다. 대규모 그룹회사의 대표로서 화능(華能)집단공사(자본금 200억 위안), 대당(大唐)집단공사(자본금 153.9억 위안), 화전(華電)집단공

20) 국가에너지국 홈페이지(2015년 8월 23일 최종확인).

21) 국가발전 및 개혁위원회가 경제발전관련의 정책·방침을 정할 권한을 가지기 때문에, 에너지사정에 대해서는 국가의 경제발전의 일환으로서 동 위원회가 정책정립 등의 권한을 행사하는 경우가 있다고 생각된다.

사(자본금 120억 위안), 국전(國電)집단공사(자본금 120억 위안) 및 전력투자집단공사(자본금 120억 위안)이 있으며, 화윤(華潤)전력홀딩스유한공사(국유 화윤집단유한공사의 100% 자회사), 국화(國華)전력유한책임공사(국유 신화집단유한공사의 100% 자회사), 국투(國投)전력공사(국가개발투자공사의 100% 자회사) 및 중국광핵(廣核)집단유한공사(자본금 102억 위안)도 많은 시장점유율을 차지하고 있다.

상기의 전력사업자는 모두 국유독자공사 또는 국유독자공사의 100% 자회사이며, 자본의 운영은 국무원직속 특설기구인 국유자산감독관리위원회(국유자산감독관리기구)의 감독 및 관리를 받는 회사법인이다(회사법의 특별규정에 근거하여 설립)[22].

그 중, 중국광핵(廣核)집단유한공사(CGNPC : 이하 '중광핵'이라 한다)는 1994년 9월에 발족하여, 2014년 8월 31일까지의 원자력에 의한 발전량은 1,162만 kW(가동중), 건설중인 원자로는 13 기에서 1,550만 kW를 자랑하는 최대의 원자력발전회사로 자리매김하고 있다[23]. 중광핵 외에도 원자력에 종사하는 전력사업자로서는 핵공업집단공사와 전력투자집단공사, 국가핵전기술공사(주로 제3세대 기술 AP1000을 도입하고, 자체 개발을 한다), 원자력발전소의 건설을 주요한 업무로 하는 핵공업건설집단공사가 꼽힌다.

실제로 중국의 원자력발전사업의 규모(주로 발전소의 소유수, 출자금액 등)를 개관해 보면, 핵공업집단공사, 중광핵 및 전력투자집단공사의 3

---

22) 국유독자공사의 간단한 소개로서는 周倩「中國における國營企業の民營化改革に關する法的研究」『一橋法學』 9권 2호(2010년) 495쪽을 참조하기 바란다. 국유독자공사의 설립 등에 대해서는 중국의 회사법의 64조~70조가 적용되고, 이사회의 멤버가 국유자산감독관리기구에 위임, 파견되고(67조), 회사운영상의 중요사항은 국유자산감독관리기구의 결정에 근거하여 행하여야 한다(66조).

23) 중국광핵집단유한공사 홈페이지(2015년 6월 23일 최종확인).

공사에 의해 출자의 과반수가 점유되고 있다[24].

(3) 원자력발전 감독관리체제의 현황

원자력에 의한 발전을 추진하는 역할을 하는 국가에너지국 등과 함께, 원자력발전의 안전성에 관한 감독·관리 등의 권한은 국가핵안전국(NNSA)에 위임되고 있다.

국가핵안전국은 1984년 10월에 설립되었으며, 민생용 원자력시설의 안전성에 대해 감독권한을 가지고 있었다. 그 후, 몇 차례의 조직개편이 이루어진 결과, 현재는 환경보호부 아래에 놓여 있으며, 원자력 및 방사성물질관계의 안전성에 대해 총괄적인 감독·관리의 권한을 가지는 것으로 되어 있다[25]. 구체적인 업무내용으로는 ①원자력 안전, 방사선 안전, 방사선에 관련한 환경보호, 원자력 및 방사선에 관한 긴급대응 등의 정책·규획·법률·행정법규 및 부문규장(規章)(정령, 성령에 해당한다)·제도·기준 및 규범(행정규칙 등에 해당한다)의 작성 및 실시, ②원자력안전설비의 허가·설계·제조·설치 및 무손상검사의 작업에 대한 감독 및 관리, 수입되는 원자력안전설비의 안전성검사의 실시, ③핵재료의 관리 및 실물 보호에 대한 감독·관리, ④원자력기술을 이용하는 사업, 우라늄·토륨광 및 기타 방사성 광산의 안전성 및 방사성 환경의 보호에 관한 감독·관리, ⑤방사성폐기물의 처리·처치의 안전

---

24) 일반사단법인 일본원자력산업협회 홈페이지 (「중국의 원자력발전개발 : 원자력산업의 구조와 국산로개발」) 및 각 집단공사의 홈페이지(2014년 12월 7일 최종확인).

25) 1984년 당초, 국가과학기술위원회 아래에 설치되었다. 그 후, 1998년 3월의 기구개혁에 의해 국가환경보호총국(환경보호부의 전신)이 설립되고, NNSA는 동 국에 이관되어, 현재에 이른다. 다만, 같은 환경보호부 아래, 부서로서 핵안전관리사 겸 방사선안전관리사가 설치되어 있고, 업무 및 권한이 동일하기 때문에, 구체적인 권한행사 등은 동 사가 행하는 것으로 되지만, 대외적으로는 국가핵안전국의 명목으로 공표하는 것으로 된다. 한편, 본장에서는 국가핵안전국의 용어로 통일하기로 한다.

성과 방사성 환경의 보호에 관한 감독·관리 및 방사성 오염방지의 감독·검사, ⑥방사성물질의 운송안전성에 관한 감독·관리, ⑦전력시설·신호 등 방사성장치 및 방사성환경의 감독·관리, ⑧원자력 및 방사성물질에 관련한 긴급사고에 대한 대응·조사 및 처리·원자력 및 방사성 테러사건의 예방대책의 실시, ⑨원자로 운전에 종사하는 직원·원자력 관련시설의 직원 등의 자격 관리, ⑩환경·원자력시설·중요한 방사선원의 모니터링, ⑪원자력 및 방사선 안전에 관한 국제조약의 이행 등을 들 수 있다[26].

또한, NNSA 외에도 공업정보화부 아래에는 국방과학기술공업국(SASTIND)이 설치되어 있으며, 국방과학기술산업에 관한 계획·정책·기준 및 법규범 등의 작성 및 시행상황의 감독 등이 업무로 된다[27]. SASTIND는 국방 등에 관련한 핵연료의 허가권한이 위임되어 있다[28]. 같은 공업정보화부 아래에는 국가원자능기구(CAEA)도 설치되어 있어, 원자력의 평화적 이용에 관한 정책·산업의 기준 등을 작성하는 것 외에, 중요한 연구개발사항의 검증·허가·감독 및 핵연료의 사용관리 등의 권한을 가진다. CAEA는 원자력의 이용에 관한 정부간 교류, 국제교류의 창구로서 CAEA의 제반 활동에 참여하는 역할도 하고 있다.

또한, 원자력 안전과 관련된 사고나 비상사태가 발생했을 때에 즉시 대응하기 위해, 1995년에 국무원의 비상설기구로서 국가핵사고응급협조위원회가 설치되어, 주로 각 부서간의 권한·업무조정 및 연락을 업

---

26) 국가핵안전국 홈페이지 http://nnsa.mep.gov.cn/jgsz/200910/t20091028_180316.htm(2014년 12월 9일 최종확인) 참조.

27) 전신은 중화인민공화국국방과학기술공업위원회였다. 2008년 3월 11일에 열린 제11기 전국인민대표대회 제1회 회의에서 「국무원기구개혁안」에 근거하여 조직개편이 이루어졌다. 업무내용에 대해서는 국방과학기술공업국 홈페이지(2014년 12월 10일 최종확인) 참조.

28) 「중화인민공화국핵재료관제조례」 8조.

무로 하고 있다. 위원회의 주임에는 공업정보화부의 장이 겸직하고 있다. 위원회의 일상사무는 국가핵사고응급 판공실(사무국 상당)이 전반적으로 총괄하고 있다. 긴급시에는 국무원 아래에 국가핵사고응급지휘부(대책본부에 해당한다)의 설치가 가능하며, 공안부, 민정부 등 27 부문을 포함한 대응체제가 구성되어 있다. 필요한 경우, 군대의 출동이 생각되고, 인민해방군 총작전참모부도 위원회의 구성멤버이며, 위원회 부주임에도 1인이 할당되어 있다.

(4) 소괄

이상에서 개관해온 것처럼, 중국의 원자력발전사업은 정부의 주도하에 국유독자공사(100% 자회사를 포함한다)가 강력하게 추진하고 있는 것이 특징이라고 평가할 수 있을 것이다. 또한, 중국의 경우, 원자력발전의 추진과 감독·관리는 조직적으로 다른 부서(국가에너지국과 국가핵안전국)가 분장하고 있으며, 그 외에도 원자력기술의 연구개발, 원자력 및 방사선에 의한 사고나 긴급사태 발생시의 대응 등에 대해서도 각각 담당부서가 설치되어 있기 때문에, 원자력 안전에 관한 일정한 대응체제를 확립하고 있다고 생각된다.

〔3〕 원자력발전사업의 발전 전망

누차 언급했던 것처럼, 후쿠시마원전사고 이후에 중국의 원자력발전소의 가동 및 건설은 한 시기에는 중지하였지만, 안전성심사의 재평가가 실시된 후에는 재개되어, 급피치로 사업이 확대되어오고 있다. 한편, 중국정부는 사고 후 원자력발전의 안전성을 중요시하는 것을 되풀이하여 강조하고, 앞으로의 발전방향에 대해서도 "안전성을 제1로 한다"고 하는 자세가 보인다.

전술한 바와 같이, 2012년의 '핵안전과 방사성 오염방지「十二五」규획(規畫) 그리고 2020년원경목표'는 위의 정부의 자세를 반영하는 한편, 원자력발전의 안전성에 대해 정부의 대응의 방침 및 방향성도 나타내고 있다. 이 규획은 원자력 이용의 안전성과 방사성 오염방지에 대하여 국무원 상무회의에서 승인된 최초의 종합적인 규획으로 평가되고 있다[29].

3 원자력 안전규제의 법적 체계

(1) 현행법제도 및 그 적용

(1) 현행법체계의 개관

중국에서 원자력에 관련하는 법체계는 전국인민대표대회 상무위원회에 의한 법률, 국무원에 의한 행정법규(시행령에 해당) 외에도, 국가핵안전국 및 기타 행정부문의 부문규장(規章)(부령 등에 해당), 지침적 문서(도칙<導則>), 기술의 기준, 제 보고, 국제조약 및 번역된 제 외국의 자료 등으로 구성되어 있다[30]. 특히 행정에 의한 법규범이 다수에 이르는 것은 중국의 특색이다.

우선, 핵 및 방사선에 의한 오염을 방지하는 상위의 법규범으로서 전국인민대표대회 상무위원회에서 2003년 6월 28일에 가결되어, 같은 해 10월 1일부터 시행된 '중화인민공화국방사성오염방지법'(이하 '방사성오염방지법'이라 한다)이 있다[31].

---

29) 董毅然=曲雲歡=張弛=宋大虎=李小丁=李光輝(환경보호부핵및방사성안전센터)「「핵안전및방사성오염방지『十二五』규획과 2020년 원경목표」에 대한 해설」『중국인구·자원과 환경』 24권 3기(2014년) 256-259쪽.

30) 司·전게주 2)『核安全』 29쪽.

31) 동법 62조 1호에 근거하여「방사성오염」이란「인류의 활동에 의해 형성되고, 물, 인체, 장소, 환경 등 매개의 표면 또는 내부에 나타나는 국가의 기준을

다음으로, 국무원이 정한 행정법규로서 '중화인민공화국민생용핵시설안전감독관리조례(1986년)'(이하 '민생용핵시설안전감독관리조례'라 한다), '중화인민공화국핵재료관제조례(1987년)'(이하 '핵재료관제조례'라고 한다), '핵전창(원자력발전소)핵사고응급관리조례(1993년)', '방사성동위원소및방사선장치안전및방호조례(2005년)', '중화인민공화국핵출구(수출을 가리킨다)관제조례(1997년)' 및 '방사성폐기물안전관리조례(2011년)'이 있다.

또한, 국가핵안전국 등에서 정하는 부문규장(規章), 지침적 문서, 기술의 기준 등을 포함하여 핵안전에 관한 규범적 문서는 ①원자력발전소(품질보증관계, 입지선택관계, 입지주변의 환경보호관련, 지진·홍수 등 설계기준 관련, 방화·방사선에 의한 오염 방호, 연료 장착 및 저장, 안전성 검사 등), ②원자로(가동관리, 임계조치의 실행 및 관리, 폐로 등), ③핵연료순환시설(설계, 가동, 안전성평가 등), ④핵연료 관제(실물보호, 균형계산), ⑤방사성폐기물 관리(폐수배출 및 폐기물관리, 관리시스템의 설계, 방사성폐기물의 분류, 처분장 입지선택), ⑥민생용원자로 압력용기의 감독관리(실시세칙, 직원의 연수·자격교부 등), ⑦방사성물질 운송 및 관리(안전허가의 관리, 이송·출국허가)의 일곱 개의 영역으로 나뉘어 정해져 있다[32].

마지막으로, 국제법상 현재 중국은 원자력사고의 조기통보에 관한 협약(Convention on Early Notification of a Nuclear Accident, 1987년 10월 1일부터 발효), 원자력 안전에 관한 조약(Convention on Nuclear Safety, 1996년 7월 8일부터 발효), 원자력사고 또는 방사선비상사태의 경우에 있어서의 원조에 관한 조약(Convention on Assistance in the case of a Nuclear Accident or Radiological Emergency, 1987년 10월 14일부터 발효, 일부 보류), 핵물질의

초과하는 방사성물질 또는 방사선」을 의미한다. 본장에서는 이하도 마찬가지로 법률이나 법령등의 명칭에 대하여 기본적으로 중국어의 원문을 인용하기로 한다.

32) 국가핵안전국 편『핵안전가이던스 문서집(상)·(하)』(2000년, 중국법제출판사) 및 국가핵안전국 홈페이지에 근거하여 분류하였다.

방호에 관한 조약(Convention on the Physical Protection of Nuclear Materials, 1989년 1월 2일부터 발효, 2008년 10월 28일에 개정, 일부 보류) 및 사용후 핵연료 관리 및 방사성폐기물 관리의 안전에 관한 조약(Joint Convention on the Safety of Spent Fuel Management and on the Safety of Radioactive Waste Management, 2006년 4월 29일부터 발효, 일부 보류)에 가입하고 있다[33]. 또한, 국내에 수입된 원자로에 대해서는 수입원의 안전성 기준 등이 실제로 참고되게 된다.

이하에서 주로 안전규제 및 방사성물질에 의한 오염방지영역에 대해 그 내용을 상세히 고찰한다.

(2) 안전규제의 체계

원자력의 안전성에 대해서는 아직 법률이 제정되어 있지 않기 때문에, 현재의 최상위규범으로서 "민생용 원자력시설의 건설 및 가동중의 안전성의 보증, 직원 및 공중보건의 보장, 환경보호 및 원자력사업의 순조로운 발전을 위하여" 국무원이 제정한 민생용핵시설안전감독관리조례가 있다(1조). 동 조례는 원자력발전소, 원자력발전소 이외의 모든 원자로(연구용, 실험용, 임계장치 등을 포함), 핵연료의 생산·가공·저장 및 사용후 처리시설, 방사성폐기물의 처리 및 처분시설, 기타 감독·관리가 필요한 원자력시설에 적용된다(2조). 또한, 이미 언급한 NNSA는 동 조례 4조의 규정에 근거하여, "전국의 원자력시설의 안전성에 대해 총괄적인 감독권한을 가지며, 그 감독권한을 독립적으로 행사한다".

원자력시설의 건설·가동 및 작업원의 자격은 국가핵안전국이 안전성에 관한 허가제를 실시할 것을 규정하고 있다(8조). 구체적으로는 원자력시설을 건설·운영하고자 하는 사업자는 착공 전에 국가핵안전국

33) 花明=陳潤羊「我國核安全法律體系研究」『核安全』1기(2009년) 42쪽.

에 대해 '원자력시설 건설신청서', '초기안전성분석보고' 기타 필요한 서류를 제출하고, 원자력시설 건설허가를 취득해야 한다(9조). 이어서, 운전개시 전에는 '원자력시설 가동신청서', '최종안전성분석보고서' 등 필요한 서류를 제출하고, 연료 장착 및 조정의 허가를 거쳐 시운전을 실시하여, 원자력시설 가동허가를 취득한 후, 정식가동을 개시하는 것으로 되어 있다(10조).

허가의 요건으로서 ①당해 사업이 관련규정에 근거하여, 주관부서와 국가계획부서 또는 부, 자치구, 직할시정부의 계획부서에 신청하여 허가된 것, ②입지선정에 대해 사전에 국무원 또는 부, 자치구, 직할시정부의 도시건설 환경보호 관련부서, 계획부서 및 국가핵안전국에 신청하여 허가된 것, ③신청하는 원자력시설은 국가의 관련법률 및 법규 등의 규정에 적합할 것, ④신청하는 사업자는 원자력시설을 안전하게 운영할 수 있는 능력을 가지고, 포괄적인 안전책임을 부담할 것을 동의해야 한다고 하는 4개가 규정되어 있다(12조).

국가핵안전국은 조례 25조에서 규정된 권한을 가지고, 부처규장(規章)으로 감독, 관리의 실시세칙을 규정하고 있다. 구체적으로는 원자력발전소에 관한 안전허가의 신청 및 교부(실시세칙 一·HAF001/01), 조종사 자격증의 교부 및 관리(실시세칙 一의 부록 一·HAF001/01/01), 원자력시설의 안전감독(시행세칙 二 : HAF001/02), 원자력발전소 운영사업자의 보고제도(실시세칙 二의 부록 1 : HAF001/02/01), 연구용원자로 운영사업자의 보고제도(실시세칙 二의 부록 二 : HAF001/02/02), 핵연료 순환시설의 보고제도(실시세칙 二의 부록 三·HAF001/02/03)가 있다.

또한, 국가핵안전국은 일반적인 적용사항을 정하는 부처규장(規章) 외에도 개별적인 적용사항에 대해서도 부처규장(規章)을 통해 정한다. 예를 들면, 원자력발전소의 입지선정에 관한 것으로서 '핵공장입지선정안전규정(HAF101)', '핵공장설계안전규정(HAF102)', '핵공장가동안전규정(HAF103)' 및 '핵공장가동안전규정 부록 一 : 연료 교환, 변경 및 사고에 의한 원자로 가동정지의 관리(HAF103 2001)'를 들 수 있다. 구체적 사례로서, 예를 들면 입지선정시에 고려해야 할 외적 사유로서는 홍수(일반 강수 및 기타 원인에 의한 것, 지진에 의한 것, 제방 등의 파괴에 의한 것 등), 지층단열(단층의 조사, 사면의 존부 등), 지진, 지층의 액상화, 토네이도, 태풍, 화산 등 외에, 비행기 추락, 화학물질에 의한 폭발, 기타의 인위적 사고 등이 '핵공장입지선정안전규정(HAF101)'에 열거되어 있다.

또한, 하위규범으로 국가핵안전국은 적용의 대상에 따라 원자력발전소의 입지선정관계(지진, 대기오염, 주변지역의 인구분포, 외부의 인위적 사고발생 등)와 설계의 안전성(내진설계 및 기준, 방어시스템의 설계, 노심의 설계, 냉각재 관련 등), 품질관리(품질기준의 제정, 보증검사, 보증기록의 보존 등) 등 다수의 지침적 문서를 정하고 있다.

국가핵안전국은 상기의 조례 및 세칙 등에 근거하여, 원자력시설을 건설·운영하고자 하는 사업자에 대하여 소정의 감독·관리의 권한을 행사한다. 감독담당의 직원을 시설에 파견하여, 안전성에 관한 서류의 신빙성이나 허가된 건설기준과 공사와의 합치 등을 확인하고, 현장검사 등을 행할 수 있는(조례 16조, 17조) 외에, 필요한 경우 강제조치를 채용하고, 안전조치명령 또는 정지명령을 발할 수 있다(조례 18조). 원자력시설의 사업자가 허가 없이 원자력시설의 건설 등을 하는 것, 관련서류에 위조가 있거나 또는 이유없이 감독을 거절하는 것, 허가없이 원자력시설을 조종하는 것, 강제명령의 집행을 거절하는 것 등, 상기 민생용핵시설안전감독관리조례의 규정에 대한 위반행위를 한 경우에는 경고, 개선, 공사정지 또는 영업정지, 안전허가증의 취소 등 처벌을 받게 된다(조례 21조, 23조).

(3) 방사선 등에 의한 오염 방지

이미 언급한 바와 같이, 핵 및 방사선에 의한 오염을 방지하는 상위의 법규범으로서는 방사성오염방지법이 제정되어 있으며, 이 법률은 원자력의 이용에 관한 현재 유일한 최상위의 것이다.

이 법률은 "원자력시설의 입지선정, 건설, 가동, 폐로 외에, 원자력기술, 우라늄·토륨광 기타 방사성 광산의 개발·이용과정에서 발생하는 방사성 오염을 방지하는 활동"을 적용대상으로 하고 있다(2조). 그러나, "군사용 시설, 장비의 방사성 오염방지에 대해서는 국무원 및 군대의 소관부처가 본 법률에 규정된 원칙에 근거하여, 각각의 권한을 가지고 감독, 관리한다"(60조)고 규정하고 있기 때문에, 기본적으로 민생용 원자력시설에 적용이 한정되어 있는 것으로 생각된다.

방사성물질 또는 방사선에 의한 오염의 방지는 국무원 환경보호행정 소관부처가 총괄적인 감독관리권한을 행사하고, 국무원 위생행정부처와 기타 관련부처가 국무원에 정해진 권한에 근거하여, 오염방지에 대해, 법에 근거하는 감독 및 관리를 실시한다(8조). 여기서 말하는 국무원 환경보호행정 소관부처는 위의 국가핵안전국(환경보호부 핵안전관리사 겸 방사선안전관리사), 국무원 위생행정부처는 위생부(2013년에 이루어진 조직개혁으로 국가위생및계획생육위원회로 개편)의 위생응급판공실(공공위생사건 발생시 긴급대응지휘센터)이 해당하는 것으로 생각된다[34].

---

34) 핵안전국관리사겸방사선안전관리사 아래에서는 분야에 의해 각 내설부서가 설치되어 있고, 각각 해당 업무를 담당한다. 예컨대, 원자력발전소관계의 경우, 핵전(核電)1처(운전허가의 심사, 교부 및 발전소의 안전성의 감독, 관리), 핵전2처(개량형 원자로의 입지선정, 건설, 시운전의 단계에서의 안전성의 감독, 관리) 및 핵전3처(신형원자로의 입지선정, 건설, 시운전에 관한 안전성의 감독, 관리)를 들 수 있다. 또한, 방사성물질에 대해서는 방사성폐기물관리처(처리, 저장, 처분시설 등의 안전성의 감독, 관리)가 통괄적으로 업무를 담당한다. 그밖에, 핵반응퇴처(민생용시설 이외의 원자로 및 임계조치의 감독, 관리), 핵연료와운수처(핵연료순환시설의 감독, 관리, 핵연료의 규제 등), 핵안

방사성오염방지법은 방사성물질 또는 방사선에 의한 오염방지의 감독 및 관리, 원자력시설의 오염방지, 원자력기술에 의한 오염의 방지, 우라늄·토륨광 기타 방사성 광산의 개발 및 이용에 의한 오염의 방지, 방사성폐기물 관리 및 법적 책임의 여섯 부분으로 나누어, 관련규정을 정하고 있다. 그 중에는 위의 민생용핵시설안전감독관리조례 및 시행세칙과 마찬가지로, 원자력시설에 대해서는 각 단계에 걸쳐 허가제를 적용한다는 규정이 있다(18조, 19조). 또한, 동법의 규정에 근거하여, 방사성 오염의 방지는 지방레벨의 환경보호규획(規畫) 중에 정해져야 하며(5조), 원자력시설의 입지 시에도 허가신청에 필요한 절차로서 관련 환경영향보고서를 사업자가 작성하여, 제출할 의무가 법에 정해져 있다(18조, 20조). 또한, 방사성 오염에 대해서는 국가레벨에서 모니터링 제도를 설립하고, 소관부처 및 사업자가 상시적으로 관측을 실시하고, 관측의 결과를 보고하여야 한다(10조, 24조).

방사성오염방지법에 근거하여, 국무원은 전술한 '방사성동위원소및방사선장치안전및방호조례'(이하 '방호조례'라고 한다) 및 '방사성폐기물안전관리조례'의 두 개의 행정법규를 제정했다. 방호조례는 방사성 동위원소 및 방사선 장치를 생산, 판매 및 사용하는 사업자에 대하여 허가의 취득을 요구하고 있으며, 허가권한 등은 방사원 및 방사선 장치의 종류에 따라 각각 국무원환경보호 소관부처, 성·자치구·직할시정부의 환경보호 소관부처 등에 맡겨져 있다(동 조례 5조, 6조).

또한, 환경보호부(전신 : 국가환경보호총국)가 위의 방호조례에 근거하여, '방사성동위원소및방사선장치안전허가관리판법(2006년)'(전술한 부처규장(規掌)의 일종)을 제정하여, 보다 상세하게 허가의 신청, 취득의 조건, 신청절차 등을 규정하고 있다.

전설비처(안전성 설비의 가동에 관한 안전성 허가, 설비의 설계나 제조등의 감독, 수입설비의 안전성평가) 등이 있다.

(4) 긴급사태에 대한 대응

중국은 원자력발전소에서 발생하는 원자력 사고의 긴급대응에 대해, 1993년에 국무원이 '핵공장(원자력발전소)핵사고응급관리조례'를 제정했다. 이 조례는 "방사성물질이 이미 방출되거나 또는 방출될 우려가 있고, 중대한 결과를 가져올 원자력발전소의 사고에 긴급하게 대응하는" 것으로 자리매김하고 있다(2조).

권한배분에 대해서는 국무원의 지정부서가 전국적 긴급대응을 담당하고, 원자력발전소가 소재하는 성·자치구·직할시정부의 지정부서가 해당 지역의 긴급대응을 담당하는 것으로 되어 있다. 또한, 원자력발전소의 사무소 중에 배치된 부서가 발전소 내의 대응을 총괄적으로 행하고, 상급소관부서, 국무원핵안전의 소관부서와 성레벨의 정부소관부서에 사고상황을 보고하여야하며, 그에 응하여 전술한 국무원의 비상설기구인 국가핵사고응급협조위원회 아래, 원자력발전소의 상급소관부서, 국무원핵안전의 소관부서, 환경보호부서 및 위생부서 등, 관련부서가 각각의 권한범위 내에서 필요한 대응을 하여야 한다(4조~7조). 또한, 인민해방군도 긴급사태 발생시에는 "유효적인 지원을 실시하여야 한다"고 규정하고 있다(8조).

동 조례에서는 원자력 사고의 대응 시에, 상기의 관련부서가 사전에 대응계획을 작성할 것을 요구하고 있다(9조). 이에 따라, 국무원(판공청)은 '국가핵응급예안(預案)'을 작성하는 것으로 되고, 2013년 6월 30일에는 최신판의 내용이 공표되고 있다. 중국 국내의 원자력시설 및 관련 원자력 활동에 의해 발생하거나 또는 발생할 우려가 있는 원자력 사고에 대해서는 해당 예안(預案)을 적용하는 것으로 되고, 해외에서 발생하여 중국대륙에 영향을 미치거나 또는 미칠 우려가 있는 원자력 사고에 대해서도 마찬가지이다.

예안(預案) 중에서는 긴급성의 정도에 따라 원자력 사고를 대기, 실내응급, 구내응급 및 전역응급의 네 가지로 분류하고, Ⅳ급에서 I급까지로 대응하는 것으로 하고 있다(I급은 최고긴급사태로 규정하고 있다).

구체적으로는 Ⅳ급의 원자력 사고를 "원자력시설의 안전가동에 위해를 미칠 우려가 있는 상황 또는 사고가 발생하는 상태"로 하고, 그 때 "대기상태에 있는 것으로서 Ⅳ급 대응을 행한다"고 하고 있다. Ⅲ급의 원자력 사고는 "원자력시설에 따라 방사성물질이 방출되거나 또는 방출될 우려가 있지만, 사고의 영향은 원자력시설 부지내의 일부 구역에 한정되어 있는 경우"를 의미하고, 그 때에 "실내응급조치를 취하고, Ⅲ급 대응"을 행한다. 이어서, Ⅱ급의 원자력 사고는 "원자력시설에 따라 방사성 물질이 방출되거나 또는 방출될 우려가 있어, 사고의 영향은 원자력시설 부지 내의 모든 지역을 포함하지만, 부지 외의 공중 및 환경에 중대한 영향을 주지 않는 경우"를 말하며, 이 때 "부지내 응급상태로서 Ⅱ급 대응"을 행한다. 마지막으로, "원자력시설에 따라 방사성물질이 대량으로 방출되거나 또는 방출될 우려가 있고, 사고의 영향은 원자력시설 부지를 넘어 공중의 보건 및 환경의 안전에 엄중한 영향을 미칠 가능성이 있는 경우"는 Ⅰ급 사고로 판단되어, "전역 응급상태에 있는 것으로 하고, Ⅰ급 대응"을 행한다[35].

조례 및 예안(預案) 외에, 원자력 사고의 긴급대응에 대하여 부서규장(規章)으로서 조례실시세칙(핵공장운영사업자의 긴급사태 대비 및 대응·HAF/002/01), 지침적 문서로서 사업자(HAD002/01) 및 지방정부(HAD002/02)의 준비, 공중방호에 관한 원칙·기준(HAD002/03), 의학적 준비 및 대응(HAD002/05) 등이 규정되어 있다.

35) 상기의 사고종류 이외에 연료수송중에 발생하는 사고나 핵장착비행기 등의 추락사고, 대만지역에서 발생하는 사고 등도 언급되어 있다.

4 방사성폐기물 처리제도의 개요

(1) 방사성폐기물에 관련하는 법적 체계

방사성폐기물의 처리에 대해서는 전술의 방사성오염방지법이 최상위규범으로 꼽힌다. 다음에, 행정법규로서 국무원이 정하는 방사성폐기물안전관리조례(이하 4에서는 '조례'라고 한다)가 있다. 그 아래에, 부서규장(規章)으로서 국가환경보호총국(현 환경보호부)에 의한 '도시부방사성폐기물관리판법(1987년)', 국가핵안전국에 의한 '방사성폐기물안전감독관리규정(1997년)' 외에, 환경보호부에 의한 '방사성고체폐기물저장및처리허가관리판법(2013년)'이 제정되어 있다. 또한, 국가핵안전국은 '핵공장방사성배출흐름및폐기물관리(HAD401/01)', '핵공장방사성폐기물관리시스템의설계(HAD401/02)', '방사성폐기물소각시설의설계및가동(HAD401/03)', '방사성폐기물의분류(HAD401/04)', '방사성폐기물천지(淺地)처분장입지선정(HAD401/05)', '방사성폐기물지질처치창고입지선정(HAD401/06)' 등의 지침적 문서를 정하고 있다.

먼저, 방사성오염방지법에서는 방사성폐기물(기체 및 액체를 포함)의 방출에 대하여 국가방사성오염방지기준에 적합할 것(40조)을 규정함과 함께, 환경보호행정 소관부서에게 '방사성핵원소방출량'을 신청하고, 정기적으로 계량보고를 할 것을 요구한다(41조). 또한, 중·저준위 방사성 고체폐기물에 대해서는 "국가의 소정구역 내에 천지(淺地) 매설"을 실시하면서, 고준위 방사성 고체폐기물에 대해서는 '집중적 지층처분'을 실시한다(43조)고 정한다. 처분장의 입지선정은 국무원 원자력시설 소관부서와 환경보호 소관부서가 환경영향평가를 실시하고, 그 결과를 바탕으로 방사성 고체폐기물 처분장 입지선정규획(規劃)을 작성한다. 해당 규획은 국무원의 인가를 얻은 후 실시되며, 지방정부는 이에 따라 처분장으로서의 건설용지를 제공하고, 폐기물의 처리에 유효한 조치를 채택하기 위해 노력하여야 한다(44조). 방사성폐기물의 처리책임은 환경에의 방출 여부에 따라 방출할 수 없는 방사성 폐액에 대해서는 관련사업자(생산 등을 실시하는 사업자를 가리킨다), 방출하는 방사성 고체폐기물에 대해서는 제1차적인 처리를 실시한 후, 방사성 고체폐기물 처리를 실시하는 사업자에게 이송하여, 처리사업자가 허가를 얻은 후, 법에 근거한 처분을 실시한다(42조, 46조).

다음으로, 방사성폐기물안전관리조례는 방사성폐기물의 정의(3조)를 명확히 한 후, 방사선의 정도에 따라 고준위, 중준위 및 저준위 방사성폐기물로 분류하고(6조), 저장 및 처리에 대해서는 허가제가 실시된다(관리조례 10조, 12조, 23조). 방사성폐기물에 대한 감독·관리에 대해서는 국무원 환경소관부서가 전국 범위 내에서 총괄적으로 권한을 행사하는 외에도, 국무원행공업 소관부서와 기타 관련부서, 지방정부 환경소관부서 및 관련부서 등에 대해서 소관범위 내에서 감독·관리의 권한을 행사하는 것으로 된다(5조, 28조~34조)[36].

저장 및 처리의 허가에 대해서는 조례 외에도 전술한 '방사성고체폐기물저장및처치허가관리판법'(이하 4에서는 '판법'이라 한다)이 적용되고 있으며, 그 중 폐기물처리허가의 신청조건으로서 사업자가 "국유 또는 국유지주회사로서의 법인격을 가질 것"이 요구되고 있다(조례 23조 및 판법 9조, 10조).

방사성폐기물의 분류에 대해서는 '방사성폐기물의 분류(HAD401/04)'가 그 기준을 상세히 규정하고 있다.

(2) 폐기물 처리의 현황 및 방사성 오염방지의 방향성

중국에서는 원자력기술의 발전에 따라 원자력 이용에 따라 방출된

36) 명확한 부서는 정하여지지 않았지만, 국무원핵공업소관부문이란 일반적으로 국가핵안전국이나 국방과학기술공업국 등이 생각될 수 있다.

방사성폐기물의 양이 증가하고 있다. 2010년 12월 31일 현재, 원자력 발전소에서 방출되는 방사성 고체폐기물의 양은 9,975 m^3로 되고, 방사성폐기물 저장시설에 보관된 연료봉('폐방사원(廢放射源)'으로 부른다)은 86,137개, 중·저준위 방사성폐기물의 총량은 287,149kg에 달하고 있다[37].

현재, 원자력발전관계에서 누적되어온 고준위 방사성폐기물은 고체화 처리되지 않고, 액체 형태로 원자력발전소 부지 내에 저장·보관되어 있다. 또한, 사용후 연료에 대해, 재처리되는 것이 통례이며, 재처리에 의해 더욱 고준위 방사성폐기물이 대량으로 발생할 것으로 예상되고 있다[38]. 2010년 12월 31일까지 사용후 연료는 2,690t이며, 가령 고체화하는 경우 고준위 방사성고체폐기물(유리화) 673m^3, 중준위 방사성고체폐기물(콘크리트화) 26,900m^3로 된다. 따라서, 원자력발전규획에 근거하여, 2020년까지 발생할 수 있는 방사성폐기물을 모두 고체화한 경우, 매년 고준위 방사성 고체 폐기물은 320m^3, 중준위방사성 고체폐기물은 12,000m^3 정도가 발생할 것으로 예상되고 있다[39].

방사성폐기물의 구체적인 처리에 대해, 중·저준위 방사성고체폐기물은 "천지(淺地) 매설(지표에 가까운 구역 내의 처리)", 고준위 방사성고체폐기물은 "지층처분(집중적 지질처분)"이 채용되고 있다.

중·저준위 방사성폐기물처분장은 1983년부터 입지선정이 시작되어, 당시의 원자력시설의 분포에 따라 주로 화남, 화동, 서북, 서남에 집중했다. 1992년에는 국무원이 '우리나라의 중·저준위 방사성폐기물 처리의 환경정책에 대하여('45호 문건'이라고도 부른다)'를 공표하고, "폐기물

37) 吳浩=徐春艷=劉新華=魏方欣(환경보호부핵및방사성안전센터) 「방사성폐물처치-핵능가지속발전적관건」『核安全』 12권증간 1호(2013년) 155쪽.

38) 馬成輝 「미국선진핵연료순환개술및대아국적계발」『核安全』 7권 1호(2008년) 45-55쪽. 또한, 전게주 33) 참조.

39) 전게주 37) 참조.

이 집중되고 있는 지역에서 순차적으로 중·저준위 방사성고체폐기물 처리장을 설치한다"고 하는 방침을 나타냈다. 이 방침에 따라, 현재 감숙성에 서북처분장(1998년), 광동성에 북룡(北龍)처분장(2000년)이 설치되어 있으며, 전자는 규획 20만 m^3 중 20,000 m^3가 완공하고, 주로 서북구역에서 발생하는 군사용 폐기물 등을 받아들이고 있다. 후자는 규획 24만 m^3 중 8,800 m^3가 완공되고, 대아만 원자력발전소의 방사성폐기물이 처분되는 것으로 예정되어 있다. 양자 모두 2011년 2월에 운영허가를 취득하고 있으며, 2012년 말까지 각각 8,553.62 m^3와 1,267.16 m^3의 폐기물이 처분되었다. 그 이외에, 사천성에는 비봉산처분장이 건설 중이며, 규획 18만 m^3 중 초기건설은 20,000 m^3로 되어, 2012년에 건설허가증이 교부되었다[40].

한편, 고준위 방사성폐기물은 1985년에 중국핵공업총공사에 의해 '중국고준위 방사성폐기물지층처분연구발전계획'이 제출되어, 현재 간쑤성 서북처분장이 고준위 방사성폐기물 처리의 유력한 후보지로 선정되어 있다[41].

이미 설명한 바와 같이, 2012년의 '핵안전과방사성오염방지「十二五」규획및2020년원경목표'는 향후 원자력의 이용에 관한 안전성 및 오염방지에 관한 기본방침을 제시했다.

구체적으로, 정부는 우선 원자력 안전 및 오염방지의 현황에 대해 적극적인 평가를 내리고 있다. 즉, ①"사업자, 산업주관부서와 핵안전감독관리부서를 중심으로 하는 원자력 안전관리체제 외에도 국가, 성 및 사업자로 구성된 원자력발전소사고 비상사태에 관한 삼단계의 관리체제가 확립되어 있다", ②"2011년에 실시된 원자력시설 종합안전검사의 결과는 (중국의) 가동중 및 건설중인 원자로가 현행의 안전성에

40) 吳=徐=劉=魏· 전게주 37) 『核安全』 12권증간 1호 156쪽.

41) 吳=徐=劉=魏· 전게주 37) 『核安全』 12권증간 1호 156-157쪽.

관한 법규범과 국제원자력기구의 최신기준을 충족하고 있다"는 것이 증명된다, ③"핵연료의 생산, 가공, 저장 및 후속처리시설 등도 안전하게 가동하고 있으며, 환경 또는 공중의 건강에 영향을 미칠 우려가 있는 사고(임계사고와 가동중의 안전사고를 포함)는 발생하고 있지 않다"는 것으로부터 안전성의 수준이 상승하고 있다, 또한, ④방사성물질 또는 방사선에 의한 오염방지에 대해서는 "중·저준위방사성폐기물 처리시설이 완공하고, 중·저준위 방사성폐기물 처분장도 가동중인 것은 2 개소, 건설중인 것은 1 개소 있다"는 외에, "국가 폐기물방사원 집중저장시설 및 각 지방 레벨(성·구·시)의 방사성폐기물 임시저장시설이 정비되어 있다".

한편, 앞으로 개선해야 할 문제로서 ①원자로의 종류가 많으며 이용되는 원자력기술도 다양화되고 있는 가운데, 가동중 및 건설중인 원자력발전소는 외부사유에 의한 긴급사고를 방지할 능력이 부족하며, 방사성폐기물의 처리도 진전되고 있지 않은 것, ②긴급사태에 대한 대응체제가 불완전한 것, ③감독·관리제도가 완비되어 있지 않은 것 등이 동 규획(規畫)에서 지적되고 있다.

〔3〕 방사성폐기물 처분장의 입지선정에 대해

방사성폐기물의 입지선정에 대해, 현재 지침적 문서로서의 '방사성폐기물천지(淺地)처분장입지선정(HAD401/05)', '방사성폐기물지질처치창고입지선정(HAD401/06)' 이외에 법규범이 제정되어 있지 않다.

구체적으로는 중·저준위 방사성폐기물의 경우 규획에 따라 입지선정이 이루어지고, 선정된 지역에 대해 구역조사를 실시한다. 그 후, 지역의 특성평가를 실시하여, 최종적으로 확정하는 절차가 결정된다(HAD401/05). 이 때, 국가의 소관부서가 입지후보지를 교시하는 경우, 구역조사를 실시할 필요가 없는 것으로 된다. 한편, 고준위 방사성폐기물의 경우에 대해서도, 입지선정, 구역조사를 거쳐 처분장의 특성 평가를 실시하여, 최종적으로 확정한다고 하는 프로세스가 요구된다(HAD401/06).

한편, 입지선정 시에 중요시되어야 할 주민참여절차 등에 대해서는 특별히 언급되어 있지 않지만, 현행의 '중화인민공화국환경영향평가법'에 근거하여, 환경영향평가 등의 실시를 통해 주민참여를 도모할 것으로 생각된다.

5 끝으로

(1) 현행제도의 특징 및 평가

이상에서 중국의 원자력안전의 관련법체계를 개관해 왔다. 중국 법체계에는 이하의 특징이 있는 것으로 생각된다.

우선, 법률, 행정법규 외에도 다수의 부처규장(規章), 지도적 문서 등이 제정되어 있으며, 원자력시설의 입지선정에서 폐로, 나아가 사고발생시의 긴급대응을 포함하여 원자력발전의 전 단계에 걸쳐 그 업무 및 감독·관리의 법적 체계가 어느 정도까지는 정비되어오고 있다. 또한, 핵연료의 사용, 수출입 등에 대해 법규범이 있는 외에, 방사성폐기물에 대해서도 관련규정이 제정되어 있다. 또한, 원자력관계에 대해 기본적으로 허가제를 통해 감독·관리가 이루어지고, 긴급사태 대응시의 국가 – 성·자치구·직할시 – 사업자라고 하는 3단계의 대응체제도 정비되어 있으며, 각각 관련법규범도 설정되어 있다. 이로부터서는 형식적으로는 정비된 법체계가 존재한다고 평가할 수 있을 것이다[42].

42) 중국 국내에서는「(법규범의 내용으로부터)기본적으로 국제상의 원자력안전제도와 합치한다」고 하는 견해가 많다. 愼先進=王海琴「我國核安全法律保障

다음으로, 중국은 중앙정부의 주도하에 국유독자공사(자회사를 포함)가 주요한 지위를 차지하고 원자력의 이용을 적극적으로 추진하고 있다. 전력사업자의 다수는 국유독자공사 또는 국유독자공사의 100% 자회사이며, 독립의 법인격을 가지고 있지만 상임임원 등은 국유자산감독관리기구의 파견에 의하기 때문에, 자본을 통해 공적 통제가 강력하다. 또한, 중국의 원자력 이용은 군사목적에서 시작된 배경도 있어, 현재에도 원자력기술의 개발, 연구 및 긴급사태에 대한 대응 등에 대해서, 군사부서와의 연계가 강하기 때문에 국가 혹은 행정주도 아래에서 사업추진이 활발하게 이루어지고 있는 점도 하나의 특색이라고 할 수 있을 것이다.

마지막으로, 원자력의 추진은 국가에너지국, 원자력의 안전성에 대한 감독·관리는 국가핵안전국이 권한을 분장하고 있다. 그 이외에, 방사선 등에 의한 환경오염은 환경보호부, 방사선의 의학적 이용 및 대응 등은 위생부라고 하는 분립한 체제가 확립되어 있으며, 성·자치구·직할시의 지방레벨에서도 담당 행정부서가 설치되어 관리체제의 네트워크가 구축되어 있다. 그리고, 지금까지는 단독부서로 설치된 국가핵안전국이 조직개편에 따라 환경보호부의 아래에 놓인 한편, 대외적으로 국가핵안전국으로서 허가 등의 권한을 행사하는 것은 환경법의 체계에 흡수되면서, 독자성을 가진 원자력의 안전규제체제가 확립되어 있다.

그러나, 중국의 원자력법제도에는 개선해야 할 문제점도 다수 존재한다. 많은 논자들은 원자력의 이용에 관한 규제의 법체계에서는 기본법으로 자리매김하는 상위법의 규율이 희박하며, 각 부서간의 권한관

之完善」『經濟与社會發展』9기 9호(2011년) 93쪽, 李于傑=周士榮(국가환경보호총국)「中國核電安全性与核安全監管策略」『現代電力』23권 5기(2006년) 13쪽, 郭承站(環境保護部核与輻射安全監管一司)「我國核与輻射安全監管現狀及對策」『核安全』21권 1기(2013년) 6쪽 및 司·전게주 2)『核安全』3기 29쪽 참조

계는 명확하지 않다고 지적하고 있다[43].

〔2〕 현행제도에 대한 고찰 - 일본법을 염두에 두고 -

일본과 비교했을 때, 중국에서는 우선, 원자력의 규제에 관한 법률 레벨의 규범을 정비하는 작업은 매우 중요한 과제이다. 이 점에 대해서는 전술한 '핵안전및방사성오염방지 「十二五」 규획및2020년원경목표'에서도 그 중요성이 인식되고 있다. 원자력의 안전에 관한 '핵안전법(원자력법을 의미한다)'의 입법작업은 2013년 10월 30일에 열린 제12기 전국인민대표대회 상무위원회에서 "즉시 검토하고 조건의 성숙시에 입법의 초안을 심의하는" 제2류 입법항목에 해당하는 것으로서 입법작업을 진행하기로 합의가 얻어졌다[44]. 그러나, '핵안전법'과 '원자력기본법'의 두 개의 법률에 대해서는 여전히 입법자의 의사는 불명확하며, 입법작업은 난항을 겪고 있다. 덧붙여서, 법률의 정비에 대해서는 중국 국내에서 많은 논의는 안전에 관한 법률 이외에 원자력 전반에 관한 기본법의 정비도 필요하다는 지적이 있다[45].

또한, 다수의 부서규장에 대해, 내용의 현대화 등을 포함하여 법적 정비가 필요하다. 현재 적용되고 있는 법규범의 반수 이상은 1990년대 또는 2000년대 전반에 정해진 것이며, 근래의 사회와 과학기술의 발전

---

43) 愼=王·전게주 42) 『經濟与社會發展』 9기 9호 93쪽, 郭·전게주 42) 『核安全』 21권 1기 7쪽 및 司·전게주 2) 『核安全』 3기 30쪽 외에, 胡=汪=吳·전게주 2) 『中國科學技術科學』 44권 3기 327-328쪽, 胡·전게주 2) 『河北法學』 29권 10호 48-49쪽.

44) 胡=汪=吳·전게주 2) 『中國科學技術科學』 44권 3기 323쪽.

45) 안전성에 대해서는 현행제도상 국무원이 제정한 조례가 적용되게 되어 있다. 따라서, 일반적으로는 입법작업을 통하여 현상에 따라서 내용을 일부수정한 다음, 법률로 승격시킨다고 하는 논의가 보인다. 한편, 안전에 관한 입법작업은 명확하지 않지만, 초안의 초고가 제출되었다고 하는 정보가 있다.

등에 따라 개정이 필요하지만, 새로운 규범의 정립 등은 차치하고, 기존 규범의 개정도 이루어지고 있지 않다.

이어서 현행제도에서 원자력사업의 추진은 국가에너지국이 담당하는 한편, 안전규제에 관한 권한은 환경부 아래의 한 부서로 설치되는 국가핵안전국으로 통일되어 있다. 또한, 원자력기술의 개발 및 연구, 방사선 방호 등도 각각 단독의 부서가 담당하고 있다. 원자력규제위원회에 권한이 집중되어 있는 일본과 비교해서, 중국에서는 제도상으로 분산형의 조직체제가 확립하고 있다. 그리고, 모두 기존의 행정조직이며, 외국에서의 전문가위원회 등의 제3자기관이 설치되어 있지 않다. 일반적으로는 원자력분야에서는 고도의 과학적 식견이 필요하기 때문에 전문가에 의한 의견이 청취되어야 할 것으로 생각된다. 이 점에 대해, 중국은 최초의 1980년대 중반에 원자력사업의 발전에 따라, 의견청취를 위해 원자력환경전문가위원회와 폭사(輻射)안전환경전문가위원회, 핵안전전문가위원회가 설치되어 있으며, 그 후, 조직개편에 따라 2005년 9월부터는 위의 세 위원회가 원자력안전및환경전문가위원회로 통합되어, 국가핵안전국에 의견을 제공하는 한 부서로서 설치되게 되었다. 또한, 당해 위원회는 2008년의 증원을 거쳐 2009년에 60명 규모의 새로운 부회인 원자력및폭사안전법규기준심사전문가위원회가 신설되어, 6부회로 구성되게 되었다(기타, 원자력시설 건설 및 점검, 원자로 및 시스템, 원자력 연료순환, 폐기물 처리 및 처분장, 기계전기제어설비, 폭사안전 및 긴급사태 대응의 각 부회가 설치되어 있다)[46]. 위원회의 멤버는 학자나 원자력사업의 관계자가 많지만, 설치 및 회의의 개최 등에 대해서는 특히 법적 근거가 존재하지 않고, 일반적으로는 내규에 의한 자

46) 환경보호부핵및폭사안전센터 홈페이지「中國核及輻射安全監督管理30年沿革及展望」 http://www.chinansc.cn/web/static/catalogs/catalog_298900/298900.html (2015년 7월 21일 최종확인).

문기관이라고 생각된다.

또한, 중국은 원자력사업의 추진 및 안전성 규제 등의 분야에서 '국책 국영'이라는 방침이 견지되고 있다. 그러나, 원자력발전소의 입지분포를 보면, 기본적으로 동남 연해부에 위치하고 있으며, 방사성폐기물의 저장시설이나 처분장도 각 지방에 설치되어 있다. '국책 국영'의 배경 속에서 중국의 중앙정부와 지방정부의 역할분담도 주목할 만하다고 할 수 있다. 첫째로, 안전규제에 대해 국가핵안전국에 권한이 집중되는 한편, 각 지방에서도 국가의 출장기관뿐만 아니라 독자의 부서도 설치되어 있다[47]. 이와 함께, 각 지방에서는 원자력 및 방사선 등의 안전성에 관한 지방의 입법작업도 신속하게 전개되고 있으며, 환경보호나 오염방지 등을 둘러싼 지방의 법규범이 다수 제정되어 있다[48]. 둘째로, 방사성폐기물 처리에 대해서는 입지선정시에 지방정부에게는 노력의무 외에도 환경보호에 관한 계획서의 작성의무 등도 법적으로 규정되어 있다. 그러나, 지면관계상 중국에서의 국가와 지방의 권한배분 등에 관한 고찰은 별도로 검토하기로 한다.

마지막으로, 긴급사태에의 대응에 대해, 중국에서는 "중앙정부가 주도하고, 지방정부가 협력하는 한편, 필요시에는 군대의 발동도 가능"한 체제가 확립되어 있다. 지진 등 자연재해 외에, 테러에 의한 공격도 예상하여 대응방안이 작성되고 있는 점에 대해서는 평가하고 싶다[49].

---

47) 2013년 말 시점, 대만, 홍콩 및 마카오를 제외하고, 전국 31성(자치구, 직할시를 포함한다)에서 각각 독립한 輻射安全規制부문이 설치되어 있다. 또한, 각 지방의 실정에 응하여, 부서의 격이나 권한상에서 약간의 차이가 보인다.

48) 예컨대, 절강성은 「浙江省核電廠輻射環境保護條例(2002年)」, 길림성은 「吉林省輻射汚染防治條例(2004年)」 등, 성 레벨에서의 입법례가 있는 이외에, 심천시(深圳市)는 「大亞灣核電廠周圍制限區域安全保障与環境管理條例(2012年改正)」을 제정하는 등, 대규모의 시 레벨에서의 입법례도 보인다.

49) 구체적으로는 2008년 四川대지진시에 긴급대응, 동년 북경올림픽시에 테러방지, 2010년 상해만박전람회시에 테러방지 및 긴급사고대응 등을 들 수 있다.

〔3〕 향후의 연구과제

2014년 4월에 열린 중앙국가안전위원회 제1차 회의에서는 현 국가주석인 시진핑 씨가 핵안전을 국가안전체계의 한 종류로서 자림매김하여, 그 중요성이 다시 강조되었다[50].

따라서, 앞으로 '원자력기본법'이나 '핵안전법'의 입법작업이 진행됨과 동시에 안전성에 관한 법규범의 정비 및 기술기준 등의 갱신이 생각된다. 그러나, '국책국영' 아래 전술한 바와 같이, 국가와 지방의 역할분담, 국유기업으로서의 사업자책임, 환경보호와의 관계 등, 다수의 문제점이 여전히 존재한다. 원자력사업의 추진시에 이러한 문제점을 계속하여 고찰해가는 것도 앞으로의 과제로서 필요할 것이다.

| **슈 세이**(周倩) 구루메대학(久留米大学) 법학부 준교수 |

---

50) 전게주 42)의 제 논문을 참고하기 바란다.

제2장 한국의 원자력법제

— 그 법적 체계와 방사성폐기물의 관리를 중심으로 —

1 처음에

2011년 3월 11일에 발생한 동일본대진재와 후쿠시마제1원자력발전소 사고(이하 '후쿠시마원전사고'라 한다)는 각국의 원자력정책에 많은 영향을 미쳤다. 특히 한국은 이웃나라인 만큼 지진의 영상을 통해 국민에게 끼친 영향은 매우 큰 것이었다. 그러나, 2008년에 책정된 '제1차 에너지기본계획[1]'에서는 이산화탄소의 삭감과 경제성의 관점에서 원자력발전소(이하 '원전'이라 한다)를 최대한으로 가동하여, 2030년 시점의 전체 발전설비용량의 41%를 차지하는 것이 목표로 되었던 바와 같이, 원자력발전은 이미 국가에너지원의 중심이 되었기 때문에, 한국정부는 원전사고로 인한 피해의 심각성을 인식하는 한편으로, 국민에게 냉정한 대응을 촉구했다. 당시 한국이 처한 상황은 원자력의 연구와 규제를 관할하였던 교육과학기술부(부는 일본의 성에 해당)의 이주호 장관이 지진 발생 5일 후인 16일에 부산에 있는 신고리원전을 시찰했을 때의 다음의 말에 잘 나타나 있다. 즉, "원자력 선진국인 이웃나라 일

1) 에너지기본계획은 「저탄소 녹색성장기본법」 41조에 근거하여, 정부(산업통상자원부)가 안을 수립하고, 「에너지위원회」 – 「녹색성장위원회」 – 「국무회의」 의 3단계의 심의를 거쳐서 결정하는 것으로 20년을 계획기간으로 5년마다 수립하는 에너지정책의 최상위계획이다. 한편, 2014년 1월에 발표된 「제2차 에너지기본계획」에서는 원자력발전의 비중(전력설비기준)에 대하여 2035년까지 29%로 수치목표를 내렸다.

본에서 자연재해로 인해 사고가 일어난 정도이기 때문에, 우리들도 이를 계기로 자연재해에 대한 대비가 충분한 것인지를 안전전문가가 철저하게 점검해야한다"고 하면서, "국내에 있는 원전 21기는 모두 안전하지만, 방심은 절대 안된다"고 말하였던 것이다[2].

확실히 한국은 일본의 경우와는 달리 지진 등의 자연재해에 대해서는 비교적 안전하다고 하더라도, 원전사고는 천재일 뿐만 아니라 인재로 인해서도 발생될 수 있으며, 후쿠시마원전사고에 의해 피해의 크기와 심각성을 다른 어느 국가의 국민보다도 절실히 알고 있는 한국인들에게는 원전의 안전성에 대한 우려는 쉽게 사라지지 않았다.

본장에서는 일본과 마찬가지로 원자력의 이용 및 개발을 적극적으로 실시해온 한국에서, 후쿠시마원전사고 이후 원자력안전규제에 관한 법제가 어떻게 변화했는지에 초점을 맞추면서 한국의 원자력법제의 현황과 과제에 대해 개관하고자하는 것이다.

여기서 본론으로 들어가기 전에, 불필요한 혼란을 피하기 위해 한국에서 정부조직이 자주 개편되는 이유에 대해 간단히 설명해두고자 한다. 한국은 미국의 정권인수팀을 모델로 하여, '대통령직 인수위원회'를 제도화하고 있다. 즉, 한국에서는 종전부터 대통령선거에서 차기 대통령이 결정되면, 그 사람은 '당선인'이라고 하는 지위가 되고, 그 아래에 '인수위원회'라고 하는 조직을 설립하고, 이를 중심으로 차기정부의 조직과 정책을 결정해가는 것이 관례였지만, 2003년 2월에 '대통령 인수에 관한 법률'이 제정되어, 이 인수위원회는 공식적인 조직으로 제도화되었다. 그리고, 이 인수위원회가 중심이 되어 대통령선거에서의 공약을 실천하기 위해 정부조직법의 개정안을 국회에 제출하고, 거기에서 여야의 심의를 거쳐 정부조직이 개편되게 된다. 그런데, 대통령선거에 승리한 신 정권은 구 정권의 실정을 비판하는 것으로 자기의

---

2) 『동아일보』 2011년 3월 17일자.

독자성을 주장하는 경향이 있기 때문에 정부조직은 대통령이 교체될 때마다 크게 개편되게 되는 것이지만, 원래 한국의 대통령의 임기는 5년으로 연임 금지이기 때문에 결국 5년마다 정부조직의 명칭, 법적 위상, 소관사무가 크게 개편되게 된다[3]. 당연히, 본장에서 언급하는 원자력법제에 관한 행정조직에도 그 영향을 받아서 자주 변경되고 있다. 따라서, 서술의 혼란을 조금이라도 피하기 위해, 관계 행정기관의 변천에 대해서는 각각의 해당 부분의 각주에서 가능한 한 정리해서 나타내기로 했다.

2 원자력안전규제의 법적 체계

〔1〕 원자력안전규제의 법체제

(1) 원자력안전규제법체제의 변천

① 후쿠시마원전사고 이전의 법체제

한국에서는 원자력의 연구·개발·이용 및 관리에 관한 기본사항을 규정하기 위해 1958년 3월에 '원자력법'(법률 483호, 1958년 3월 11일)을 제정했다. 제정 당초에는 원자력의 평화적 이용·개발에 관한 개념적 틀을 정한 단순한 것이었지만, 원전건설 등 원자력산업의 본격적인 추진·성장 및 국내외 환경의 변화나 원자력 이용분야의 다양화에 따라, 그 내용도 점차 다양화하고 방대하게 되어 갔다[4].

---

3) 그러나, 원래 행정기관의 상층부가 정권교체에 의해 바뀌는 미국과는 달리, 한국에서는 업적제를 채용하고 있기 때문에, 이러한「인수위원회」는 본래 기대된 순기능보다도 역기능이 큰 것이 아닌가하는 지적도 있다. 이에 대해서는 大西裕「政權移行チームという惡魔―韓國における制度記憶不活用の政治―」『東洋文化硏究』13호(2011년)가 상세하다.

4) 황해봉,「한국 원자력법제 고찰」『월간 법제』2011년 7월호(법제처) 109쪽.

그러나, 이러한 "원자력법으로 단일화된 법체제는 원자력산업의 초기단계에 적합한 입법형태로서 법령의 통합관리가 용이하다는 장점을 가지고 있었지만, 한국의 원자력이 급속히 발전함에 따라 교육과학기술부[5] 소관의 원자력법 중에 원자력 진흥과 원자력 안전이 함께 규정되어있는 것은 원자력안전의 관리에 적합하지 않다는 지적[6]"이 이루어지게 되었다.

사실, 원자력의 규제업무가 원자력의 연구개발을 하는 교육·과학 관련의 부처에서 담당하였다는 것을 문제시하는 의견은 이미 1990년대 중반부터 IAEA나 한국 학계의 일부에서 제기되었다. IAEA는 원자력안전조약 8조에 근거하여, "원자력을 규제하는 기관과 이용하는 기관을 분리할 것"을 권고하였지만, 한국의 상황은 그 조항에 저촉했던 것이다.

또한, 정치권에서도 원자력규제체제를 강화해야 한다는 논의가 있었다. 2009년 7월에 한나라당의 정두언·정태근 의원이, 같은 해 12월에 민주당의 김춘진 의원이, 2010년에는 민주노동당의 권영길 의원이, 각각 원자력의 안전규제체제에 관한 법안[7]을 국회에 제출했다. 그러나, 이들 법안은 충분한 논의도 이루어지지 않고 국회에서 심의중인 상태로 방치되었다[8].

---

5) 교육과학기술부는 문교부(1948년) → 교육부(1990년) → 교육인적자원부(2001년) → 과학기술부와 통합하여 교육과학기술부(2008년) → 교육부(2013년)로 변천·재편되었다(행정자치부 정부조직 관리시스템(https://org.moi.go.kr/org/guestLogin.do?method=guestLogin(2015년 11월 18일 최종확인)) – 정부조직변천사 – 정부조직변천 – 조직변천연혁「정부조직 변천 연혁」).

6) 이원근『원자력 안전의 현황과 정책 및 입법 과제』(2012년, 국회입법조사처) 16쪽.

7) 자세한 것은 이상윤『원자력 관련법령 체계 개편에 관한 연구』(2011년, 한국법제연구원) 169–188쪽 참조.

8) 후쿠시마원전사고 이전의 법체제에 대하여, 자세한 것은 白井京「韓國におけ

② 후쿠시마원전사고 직후의 법체제의 개편

한국에서 많은 국민이 원자력문제에 관심을 갖게 된 것은 실은 2011년 3월 11일의 후쿠시마원전사고 때부터이다. 이웃나라의 비참한 상황을 알게 된 국민은 국내 원자력규제체제의 문제점에 대해서도 깊이 인식하게 되고, 현황에 대한 비판이 급속히 높아진 것이다. 이 높아지는 비판에 직면하여, 한국정부는 갑자기 상술한 세 가지 법안을 중심으로 하여, 원자력규제체제의 개편에 대한 검토에 들어갔다.

당초 논의되었던 법안은 모두 원자력규제기관을 국무총리소속 하에 설치한다는 것이었지만, 2011년 7월에 IAEA의 심사를 받게 되었던 정부는 IAEA로부터 높은 평가를 얻는 것이 해외에서의 원전사업을 펼치는데 도움이 된다고 생각하여, 원자력규제기관의 독립성을 보다 강하게 하는 것으로 여·야당의 합의를 성립시켰다.

이 결과, 2011년 7월에 기존의 원자력법을 폐지하고, 그것을 '원자력진흥법[9]'과 '원자력안전법'으로 분리한 새로운 원자력관련법이 성립했다(**그림 1** 참조). 그 일환으로 제정된 「원자력안전위원회의설치및운영에관한법률」에 의해 원자력규제기관으로서 지금까지 교육과학기술부 소속의 자문기구로 설치되었던 기존의 '원자력안전위원회'를 폐지하고, 대통령 소속으로 심의·의결권을 가진 독립적 합의제 행정기관인 완전히 새로운 '원자력안전위원회[10]'가 설치되게 되며, 동 위원회는 2011년

る原子力安全規制法制」『外國の立法』244호(2010년)를 참조하기 바란다.

9) 「원자력진흥법」(법률 10909호, 2011년 7월 25일) 3조에 근거하여, 원자력 이용에 관한 중요사항을 심의·의결하기 위하여 국무총리 소속으로 자문기관으로서 「원자력진흥위원회(위원장 : 국무총리)」가 설치되었다.

10) 원자력안전위원회는 1997년 과학기술처 소속으로 신설(자문기관) → 1998년 과학기술부 소속으로재편(자문기관) → 2008년 교육과학기술부 소속으로 재편(자문기관) → 2011년 대통령 소속의 중앙행정기관으로서 신설(심의·의결기관) → 2013년 국무총리 소속으로 재편(심의·의결기관)이라는 경위를 거치고 있다.

법률	→ 원자력의 진흥·안전규제와 관련하는 근거 및 기본원칙을 규정 ·「원자력진흥법」 ·「원자력안전법」 ·「원자력위원회의설치및운영에관한법률」 ·「원자력시설등의방호및방사능방재대책법」 ·「원자력손해배상법」 ·「원자력손해배상보상계약에관한법률」 ·「한국원자력안전기술원법」 ·「생활주변방사선안전관리법」
시행령	→ 법이 위임한 사항 및 집행이 필요한 사항을 규정 상기 각 법률이 대응하는 동명의 시행령(대통령령)이 각각 존재한다.
시행규칙	→ 법령으로 위임한 사항 및 집행이 필요한 사항을 규정 ·「원자력안전법시행규칙」 ·「원자력시설등의방호및방사능방재대책법시행규칙」 ·「생활주변방사선안전관리법시행규칙」
기술기준규칙	→ 법령에서 위임한 기술수준을 원칙수준으로 규정 ·「원자로시설등의기술기준에관한규칙」 ·「방사선안전관리등의기술기준에관한규칙」
고시(기술기준)	→ 기술기준 및 절차·서식 등에 관한 사항을 상세히 규정 ·「원자력안전위원회고시」(원자력 안전법 관련 고시 78건, 원자력 시설 등의 방호 및 방사능 방재 대책법 관련 고시 5건, 원자력 손해배상 보상계약에 관한 법률 관련 고시 1건, 생활주변 방사선 안전관리법 관련고시 1건, 합계 85건)

출전 : 김민훈「한국의 원자력 규제행정의 변화」『한국행정학회 2014년 정기학술대회』(2014년), 9쪽을 토대로 일부 수정하였다.

그림 1 원자력관련 법체제

10월에 발족했다[11].

(2) 현행 원자력안전규제법제

① 원자력안전법

앞서 언급한 바와 같이, 원자력안전법은 원자력의 연구·개발·생산·

---

11) 安善姬 「韓國における原子力規制組織の再編過程ー合理的選擇制度論によるアプローチ」『同志社政策科學研究』 15권 2호(2014년) 28-29쪽 및 37-38쪽.

이용에 따른 안전관리에 관한 사항을 규정하여, 방사선에 의한 재해의 방지와 공공의 안전을 도모하는 것을 목적으로 2011년 7월 25일에 법률 10911호로 제정되었다.

동법은 원자력안전규제에 관한 기본법으로서 '원자력안전종합계획'의 수립·시행, 원자력안전 전문기관의 설치, '한국원자력통제기술원'의 설립, 원자로시설의 건설·운영자 등에 대한 안전규제 등을 규정하고 있다.

② 원자력안전위원회의 설치 및 운영에 관한 법률

이 법률은 원자력안전위원회를 설치하고, 원자력의 생산과 이용에 따른 방사선 재해로부터 국민을 보호하고, 공공의 안전과 환경보전에 이바지하는 것을 목적으로 2011년 7월 25일에 법률 10912호로 제정되었다[12].

동법은 원자력안전위원회의 독립성·공정성의 유지의무, '원자력안전관리대책'의 수립과 시행, 대통령 소속(후술하는 바와 같이 2013년 3월 이후는 국무총리소속으로 변경되었다)의 중앙행정기관으로서 원자력안전위원회의 설치, 동 위원회의 구성·임명·임기 등, 위원회의 소관사무 및 심의·의결사항, 전문위원회와 사무국의 설치 등을 규정하고 있다.

③ 원자력시설 등의 방호 및 방사능방재대책법

미국의 9.11 테러 이후, 한국에서는 핵물질과 원자력시설을 안전하게 관리·운영하기 위해 물리적 방호체제 및 방사능재해 예방체제를 확립함으로써 국민의 생명과 재산을 보호하는 것을 목적으로 2003년 5월 15일 법률 6873호로서 '원자력시설 등의 방호 및 방사능방재대책법'을 제정했다.

---

12) 이 법률의 일본어번역으로서는 菊池勇次譯「原子力安全委員會の設置及び運營に關する法律」『外國の立法』252호(2012년)가 있다.

④ 원자력손해배상법

원자력손해배상법은 원자로의 운전 등으로 인해 발생한 원자력손해의 배상에 관한 사항을 규정함으로써 피해자를 보호하고, 원자력사업의 건전한 발전에 이바지함을 목적으로 1969년 1월 24일 법률 2094호로 제정되었다.

⑤ 원자력손해배상 보상계약에 관한 법률

원자력손해배상 보상계약에 관한 법률은 원자력손해배상법 9조의 규정에 따라 원자력손해배상 보상계약에 관한 사항을 규정함으로써 원자력손해의 피해자를 보호하고 원자력사업의 건전한 발전에 이바지함을 목적으로 1975년 4월 7일에 법률 2764호로 제정되었다.

⑥ 한국원자력안전기술원법

한국원자력안전기술원법은 원자력안전규제의 전문기관인 '한국원자력안전기술원'을 설립하고, 원자력의 생산과 이용에 따른 방사선 재해로부터 국민을 보호하고, 공공의 안전과 환경보전에 이바지할 것을 목적으로 1989년 12월 30일 법률 4195호로 제정되었다.

⑦ 생활주변방사선 안전관리법

생활주변방사선 안전관리법은 생활주변에서 접할 수 있는 방사선의 안전관리에 관한 사항을 규정함으로써 국민의 건강과 환경을 보호하여 삶의 질을 향상시키고 공공의 안전에 이바지함을 목적으로 2011년 7월 25일에 법률 10908호로 제정되었다.

⑧ 전기사업법

전기사업법은 전기사업에 관한 기본제도를 확립하고 전기사업의 건전한 발전을 도모하고 공공복리에 기여하는 것을 목적으로 1961년 12월 31일 법률 953호로 제정되었다. 이 법률은 "발전용 원자로를 건설·운영할 때에 원자력과 관련을 가진다. 발전용 원자로는 방사선의 방호 등을 위해 원자력법이 우선적으로 적용되지만, 원자력발전을 생산하는 측면에서는 전기사업자로서 전기사업법에 의한 규제를 받게 된다"[13].

〔2〕 원자력안전규제에 대한 행정체제

(1) 원자력안전규제에 대한 행정체제의 변천

① 초기의 행정체제

원자력에 관련되는 최초의 정부조직은 1956년 3월 9일에 '문교부' 기술교육국에 설치된 원자력과이다. 1958년 3월 원자력법이 제정된 이후는 1959년 1월에 원자력과의 업무가 대통령 소속으로 신설된 '원자력원'으로 이관되었다. 그리고, 1959년 10월에 원자력원에 '원자력위원회[14]'가 설치됨으로써 한국에서 최초의 원자력에 대한 행정체제는 정비되었다. 그 후, 원자력 관련업무가 1967년에 신설된 '과학기술처[15]'로 이관됨으로써 원자력의 개발과 규제를 동시에 담당하는 일원적인 체제가 되었다.

한편, 한국 최초의 상용원전으로 1978년에 가동한 고리원전의 건설과 운영을 담당한 것이 '한국전력주식회사[16]'였기 때문에, 원전의 산업적 이용에 관한 업무에 대해서는 긴밀한 연계를 가졌던 '상공부[17]'가

13) 황해봉·전게주 4) 123-124쪽.

14) 원자력위원회는 1959년 원자력원 소속으로 신설(위원장 : 원자력원장) → 1967년 과학기술처 소속으로 재편(위원장 : 과학기술처장관) → 1986년 국무총리 소속으로 재편(위원장 : 국무총리) → 1999년 국무총리 소속(위원장 : 국무총리) → 2011년 7월에 원자력법의 폐지와 함께 폐지되었다.

15) 이 당시의 과학기술처는 다음과 같은 변천을 거쳐서 현재의 미래창조과학부로 이어진다. 즉, 과학기술처(1967년) → 과학기술부(1998년) → 교육인적자원부와 통합해서 교육과학기술부(2008년) → 미래창조과학부(2013년)으로 재편되는 것이다(행정자치부 정부조직관리시스템 「정부조직 변천 연혁」).

16) 한국전력주식회사는 그 후 1982년에 발족한 「한국전력공사」에 흡수되었다.

담당하게 되었다. 이후, 한국의 중앙정부가 재편될 때마다 원자력관련 조직에 약간의 변화가 있었지만, 2011년까지는 원자력의 연구개발과 규제는 교육·과학관련 부처가, 원전 등의 산업이용은 경제·산업관련 부처가 담당한다고 하는 이원화된 원자력체제가 유지된 것이다[18].

② 후쿠시마원전사고 직후의 조직개편

앞에서 언급했듯이, 2011년 3월 11일 이후 원자력안전규제체제의 강화를 강하게 요구하는 의견을 받아, 새로운 원자력안전위원회는 대통령 소속의 위원회로 설치된 원자력안전관리에 관한 사항의 종합·조정을 심의·의결하는 기구로서 한국의 원자력에 관련하는 조직 중에서는 가장 강력한 권한을 가진 안전규제기관이 되었다[19].

③ 현 정권에 의한 조직개편

2012년 12월 19일의 대통령선거에서 당선된 박근혜 당선자(당시)는 '제18대 대통령직인수위원회'를 설치하고, 중앙부처의 개편작업에 착수했다. 그 개편작업의 핵심과제는 선거공약으로 내걸었던 사회·기술의 변화예측에 근거한 '미래의 성장엔진'을 키우기 위한 과학정책을 수립하고, '창조경제'를 담당하는 '미래창조과학부'의 신설이었다. 이 새로운 부처의 설립은 교육과학기술부의 해체를 수반하는 것이었기 때문에, 원자력안전규제조직의 개편을 초래하게 되었다. 즉, 인수위원회

---

17) 이 당시의 상공부는 다음과 같은 변천을 거쳐서 현재의 산업통상자원부로 이어진다. 즉, 상공부(1948년) → 동력자원부와 통합하여 상공자원부(1993년) → 통상산업부(1994년) → 산업자원부(1998년) → 지식경제부(2008년) → 산업통사자원부(2013년)으로 재편되는 것이다(행정자치부 정부조직관리시스템 「정부조직 변천 연혁」).

18) 安·전게주 11) 27-28쪽 및 32-33쪽.

19) 2011년에 설치된 원자력안전위원회에 대해서 자세한 것은 藤原夏人「韓國における新しい原子力安全委員會」『外國の立法』252호(2012년)을 참조하기 바란다.

와 여당은 원자력안전위원회를 지금까지의 대통령소속 조직에서 신설되는 미래창조과학부 소속으로 이관하고, 그것을 자문기관화한다고 하는 내용을 담은 정부조직법 개정안'을 제출한 것이다.

그러나, 이 개정안은 많은 반대에 부딪혀 철회되고, 결국 원자력안전위원회를 지금까지 대로 독립적 합의제기관으로 존치하는 한편, 그것을 대통령 소속에서 국무총리 소속으로 전환하기로 하였다. 수정된 정부조직법 개정안은 2013년 3월 국회에서 통과되어, 같은 날 원자력안전위원회의 설치 및 운영에 관한 법률도 통과되었다(**그림 2** 참조).

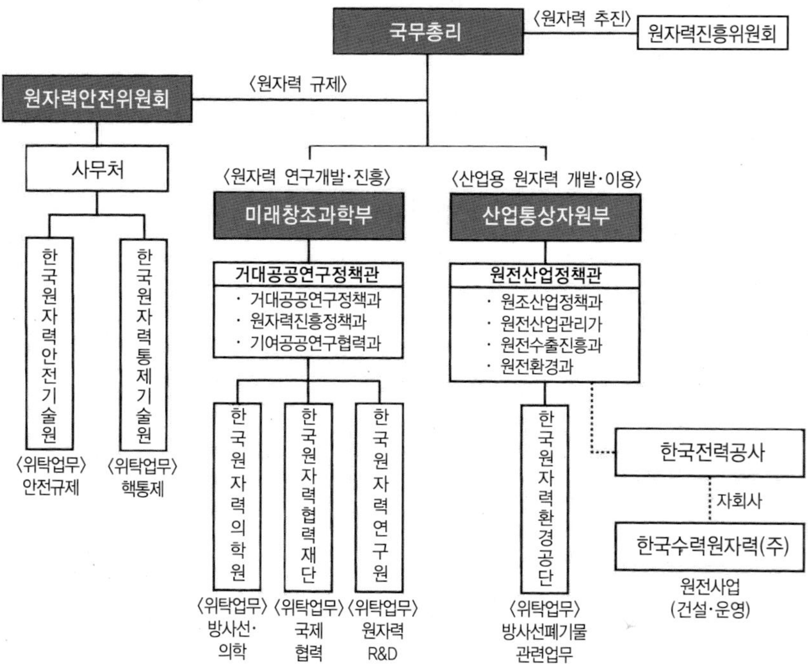

출전 : 안선희「한국의 원자력규제조직의 재편과정-합리적 선택제도론에 의한 어프로치」『도시사정책과학연구』 15권 2호(2014년) 30쪽을 토대로 일부수정했다.

그림 2 원자력관련 행정체제

(2) 현행 원자력안전규제기관

① 원자력안전위원회(Nuclear Safety and Security Commission : NSSC)

후쿠시마원전사고로 인해 생긴 원자력안전에 대한 국민의 우려 해소와 국내 원자력안전 강화대책의 일환으로 대통령소속 중앙행정기관으로 발족한 원자력안전위원회[20]이지만, 박 대통령으로의 정권교체를 계기로 한 "정부조직 개편의 과정에서 원자력안전위원회의 독립성을 확보함과 동시에, 위원회를 보다 효율적으로 운영한다[21]"고 하는 이유로 2013년 3월 23일자로 원자력안전위원회는 대통령 소속에서 국무총리 소속으로 변경되었다(원자력안전위원회의 신구의 비교는 **표 1** 참조).

표 1 원자력안전위원회의 신구 비교(2013년 3월 23일의 개편 전후)

구분	개편 전	개편 후
위원회의 설치 (3조)	• 대통령 소속 • 정부조직법 2조의 규정에 의한 중앙행정기관	• 국무총리 소속 • 좌동
위원회의 구성 등 (4조)	• 위원장 및 부위원장 각 1인을 포함하는 7인 이상 9인 이하의 위원으로 구성(위원장 및 부위원장은 상임위원) • 위원장 및 부위원장은 정무직주1) • 위원장 및 부위원장은 정부위원주2)	• 위원장을 포함한 9인의 위원으로 구성(위원장 및 위원 1인은 상임위원) • 위원장은 정무직 • 상임위원은 정부위원

20) 원자력안전행정체제는 다음과 같이 변천하고 있다. 즉, 원자력원(1959) → 원자력청(1967) → 과학기술처(1973) → 과학기술부(1998) → 교육과학기술부(2008) → 원자력안전위원회(2011 ～)이다.

21) 한국원자력안전위원회 『2013년 원자력안전위원회 연차보고서』(2014년, 한국원자력안전위원회) 29쪽.

구분	개편 전	개편 후
임명 등 (5조)	• 위원에는 원자력, 환경, 보건의료, 과학기술, 공공안전, 법률, 인문사회 등, 원자력의 안전에 이바지하는 관련분야의 인물이 고루 포함되어야 한다. • 위원장 및 부위원장은 국무총리의 추천에 의해 대통령이 임명하고, 기타의 위원은 위원장의 추천에 의해 대통령이 위촉	• 좌동 • 위원장은 국무총리의 추천에 의해 대통령이 임명하고, 상임위원인 위원을 포함하는 4명의 위원은 위원장이 추천하여 대통령이 임명 또는 위촉하며, 나머지 4명의 위원은 국회에서 추천하여 대통령이 임명 또는 위촉
위원의 임기 (7조)	• 3년(1회에 한하여 재임 가능)	• 좌동
결격사유 (10조)	• 국가공무원법 33조 각 호의 어느 하나에 해당하는 자 • 탄핵결정에 따라 파면된 자 • 정당법 22조에 따른 당원 • 최근 3년 이내 원자력이용자, 원자력이용자단체의 장 또는 그 종업원으로서 근무하였거나 근무하고 있는 자 • 최근 3년 이내 원자력이용자 또는 원자력이용자단체로부터 연구개발과제를 수탁하는 등 원자력이용자 또는 원자력이용자단체가 수행하는 사업에 관여하였거나 관여하고 있는 자	• 좌동
사무국 (17조)	• 사무국장은 위원장이 임명	• 사무국장은 상임위원인 위원이 겸임

주1) "선거로 취임하거나 또는 임명시에 국회의 동의가 필요한 공무원"과 "고도의 정책결정업무를 담당하는 공무원 및 동 업무를 보조하는 공무원으로 법률 또는 대통령령의 규정에 의해 정무직으로 지정된 공무원"(국가공무원법 2조)을 말한다.

주2) 행정각부장관을 보좌하여, 국회에 출석해서 발언할 수 있는 정부소속의 공무원을 말한다.

현재 원자력안전위원회의 위원 구성은 위원장을 포함한 9명의 위원으로 구성되며, 위원장과 위원의 1인은 상임위원이다(4조 1항). 위원장은 정무직이며, 상임위원은 정부위원으로 된다(동조 2·3항). 임명은 위원장은 국무총리의 추천으로 대통령이 임명하고, 상임위원인 위원을 포함한 4명은 위원장이 추천하여 대통령이 임명 또는 위촉하고, 나머지 4명은 국회에서 추천하고 대통령이 임명 또는 위촉한다(5조 2항). 위원의 자격요건(5조 1항), 임기(7조), 신분보장(8조), 결격사유(10조) 등은 개정 전과 동일하다.

위원회는 원자력의 안전 및 핵 비확산의 관리에 관한 사항을 종합·조정하는 기관으로서 원자력안전법과 원자력시설 등의 방호 및 방사능 방재 대책법 등의 법률에 근거하여 심의·의결권을 가진다(11조, 12조).

위원회의 산하에 '전문위원회'가 설치되어, 원자력안전위원회에 상정되는 안건을 사전에 검토하고, 실무적인 자문에 답하는 역할을 하고 있다(15조).

② 한국원자력안전기술원(Korea Institute of Nuclear Security : KINS)

한국원자력안전기술원은 원자력안전법 5조 및 한국원자력안전기술원법에 다라 원자력의 생산과 이용에 따른 방사선재해로부터 국민을 보호하고, 공공의 안전과 환경보전에 이바지함을 목적으로 1990년 2월에 설립된 원자력안전규제 전문기관이다.

주요업무는 원자력안전법 111조 1항 및 원자력시설 등의 방호 및 방사능방재대책법 45조 1항에 따라 위탁받은 업무(원전 및 핵주기시설 및 연구용 원자로 등에 대한 심사 및 검사, 방사성동위원소의 이용에 따른 안전성 확인, 방사성폐기물 처리시설의 안전심사 및 검사, 생활주변방사선에 대한 안전 심사 및 검사, 방사선사고 및 테러의 대응과 방재), 원자력안전규제에 관한 연구·개발, 원자력안전규제 및 방사선방호에 관한 기술 지원, 원자력안전규제에 관한 정보 관리, 교육 및 국제협력 지원, 환경방사능에 관한 조사 및 평가, 기타 원자력안전위원회가 필요하다고 인정하는 사업이다(한국원자력안전기술원법 6조).

③ 한국원자력통제기술원
(Korea Institute of Nuclear Nonproliferation and Control : KINAC)

한국원자력통제기술원은 원자력안전법 6조에 따라 원자력 관련 시설 및 핵물질 등에 관한 안전조치와 수출입통제 등의 업무를 효율적으로 추진하기 위해 2006년에 설립되었다. 주요업무는 원자력 관련 시설 및 핵물질에 대한 안전조치와 수출입통제, 원자력시설 등에 대한 물리적 방호, 원자력통제에 관한 연구 및 기술개발, 교육, 국제협력 지원 등이다(원자력안전법 7조)[22].

④ 산업통상자원부(Ministry of Trade, Industry and Energy : MOTIE)

원자력에너지정책 관련업무는 '산업통상자원부'가 관할하고 있다. 산업통상자원부는 전기사업법과 방사성폐기물 관리법에 따라 원자력발전과 방사성폐기물 관리에 관한 업무의 종합·조정을 담당한다.

원전산업정책관은 원전산업정책과, 원전산업관리과, 원전수출진흥과 및 원전환경과의 소관사무에 대해 에너지자원실장을 보좌한다(산업통상자원부직제시행령 18조 6항).

원전산업정책과는 원자력발전산업 기본정책의 수립·추진, 원전의 전원개발사업 실시계획의 승인·변경 등 원전산업의 진흥에 관한 업무를, 원전산업관리과는 원전의 운영·관리에 관한 업무를, 원전수출진흥과는 원자력발전 플랜트설비·기술의 수출진흥업무를, 원전환경과는 방사성폐기물 관리기본계획의 수립·시행 등 방사성폐기물 관리와 관련된 업무를 총괄한다(산업통상자원부직제시행규칙 14조 12~15항).

---

22) 박영일 『새 정부의 원자력안전행정체제 개편에 따른 규제전문기관 역할강화 방안』(2013년, 한국원자력안전기술원) 22쪽.

〔3〕 원자력안전규제정책

(1) 원자력 이용시설의 현황

한국의 원자력 이용시설의 현황은 **표 2**와 같다. 우선, 원전은 1978년에 고리 1호기가 상업운전을 시작한 이후, **표 3**과 같이 가동원전의 수가 23기로 늘어났고, 현재도 5기의 원전이 건설 중이며, 또한 6기의 원전이 건설 준비중이다. 2013년 말을 기준으로 원전설비용량은 20,716MW로 전체 발전설비용량 86,969MW의 23.8%를 차지하고 있으며, 원전의 전력량은 138,784GWh로 전체 발전량 513,464 GWh의 27.0%에 이르고 있다 .

표 2 원자력 이용시설(2013년 말 기준)

<table>
<tr><th colspan="3">구분</th><th>시설수</th><th>내용</th></tr>
<tr><td rowspan="4">원자로</td><td rowspan="2">발전용 원자로</td><td>가동중</td><td>23</td><td>한국수력원자력(주)[고리 및 신고리 6, 월성 및 신월성 5, 한빛 6, 한울 6]</td></tr>
<tr><td>건설중</td><td>5</td><td>한국수력원자력(주)[신월성 1, 신고리 2, 신한울 2]</td></tr>
<tr><td colspan="2">연구용원자로</td><td>1</td><td>한국원자력연구원[하나로]</td></tr>
<tr><td colspan="2">교육용원자로</td><td>1</td><td>경희대학교[AGN-201K]</td></tr>
<tr><td rowspan="3">핵연료 주기시설</td><td colspan="2" rowspan="2">핵연료가공시설</td><td>1</td><td>한국원자력연료(주)[원전연료가공시설]</td></tr>
<tr><td>1</td><td>한국원자력연구원[연구로연료가공시설]</td></tr>
<tr><td colspan="2">사용후핵연료 처리시설</td><td>1</td><td>한국원자력연구원[사용후핵연료 연구]</td></tr>
<tr><td colspan="3">중·저준위 방사성폐기물 처분시설</td><td>1</td><td>한국원자력환경공단</td></tr>
<tr><td colspan="3">방사성동위원소 등 이용시설</td><td>6,085</td><td>방사성동위원소, 방사선 발생장치 등 생산·판매·이용기관</td></tr>
</table>

출전 : 이원근 『원자력 안전의 현황과 정책 및 입법과제』(2012년, 국회입법조사처), 4쪽을 토대로 일부 수정했다.

표 3 가동중의 원전(2013년 말 기준)

발전소	호기	위치	용량(MW)	노형	상업운전일
고리	1	부산광역시 기장군	587	가압경수로	1978년 4월
고리	2	부산광역시 기장군	650	가압경수로	1983년 7월
고리	3	부산광역시 기장군	950	가압경수로	1985년 9월
고리	4	부산광역시 기장군	950	가압경수로	1986년 4월
신고리	1	부산광역시 기장군	1,000	가압경수로	2011년 2월
신고리	2	부산광역시 기장군	1,000	가압경수로	2012년 7월
월성	1	경상북도 경주시	678.7	가압중수로	1983년 4월
월성	2	경상북도 경주시	700	가압중수로	1997년 7월
월성	3	경상북도 경주시	700	가압중수로	1998년 7월
월성	4	경상북도 경주시	700	가압중수로	1999년 10월
신월성	1	경상북도 경주시	1,000	가압경수로	2012년 7월
한빛	1	전라남도 영광군	950	가압경수로	1986년 8월
한빛	2	전라남도 영광군	950	가압경수로	1987년 6월
한빛	3	전라남도 영광군	1,000	가압경수로	1995년 3월
한빛	4	전라남도 영광군	1,000	가압경수로	1996년 1월
한빛	5	전라남도 영광군	1,000	가압경수로	2002년 5월
한빛	6	전라남도 영광군	1,000	가압경수로	2002년 12월
한울	1	경상북도 울진군	950	가압경수로	1988년 9월
한울	2	경상북도 울진군	950	가압경수로	1989년 9월
한울	3	경상북도 울진군	1,000	가압경수로	1998년 8월
한울	4	경상북도 울진군	1,000	가압경수로	1999년 12월
한울	5	경상북도 울진군	1,000	가압경수로	2004년 7월
한울	6	경상북도 울진군	1,000	가압경수로	2005년 4월
계	23		20,716		

출전 : 한국산업통사자원부·한국수력원자력(주) 『Nuclear Power Note 2014』(2014년, 산업통상자원부·한국수력원자력), 41–42쪽을 토대로 일부 삭제했다.

정부는 5년마다 중장기에너지정책목표와 에너지원별 추진계획을 포함한 '에너지기본계획'을 수립하고 있지만, 2008년에 수립한 제1차 에너지기본계획에서는 원자력발전의 비중(전력설비 기준)을 2030년까지 41%로 한 수치목표에 대해 2014년 1월에 발표된 '제2차 에너지기본계획'에서는 2035년까지 29%로 축소했다[23].

한편, '방사성동위원소 등 이용기관'은 산업기관이 4,594(75.5%)로 가장 많고, 공공 및 군사기관이 709, 교육 및 연구기관이 576, 의료기관이 206으로 합계 6,085기관이 있다[24].

(2) 원전에 대한 안전규제

한국의 원자력발전사업자는 '한국수력원자력주식회사[25]'뿐이다. 따라서, 원전의 건설 및 운영에 대한 허가는 발전사업자인 한국수력원자력주식회사, 전력정책을 총괄하고 있는 산업통상자원부, 안전규제를 담당하고 있는 원자력안전위원회의 3개가 관계하게 된다(**그림 3** 참조).

① 건설중인 원전

원전의 건설과 관련한 안전규제에는 부지사전승인, 건설허가, 사용전 검사 및 운영허가가 있다.

'부지사전승인'이란 발전용 원자로 및 관계시설을 건설하고자 하는 자가 부지에 관한 사전승인을 신청하여, 원자력안전위원회가 그것을

23) 한국 산업통상자원부·한국수력원자력(주)『원자력발전백서 2014』(2014년, 한국 산업통상자원부·한국수력원자력) 559쪽 및 561쪽.

24) 이원근·전게주 6) 9쪽.

25) 한국수력원자력주식회사란 「전력산업구조개편촉진에관한법률(법률 6282호, 2000년 12월 23일 제정, 2009년 12월 31일까지 유효)」에 근거하여 2001년 4월 2일에 한국전력공사로부터 분리·설립된 한국전력공사계열의 발전부문의 자회사이다.

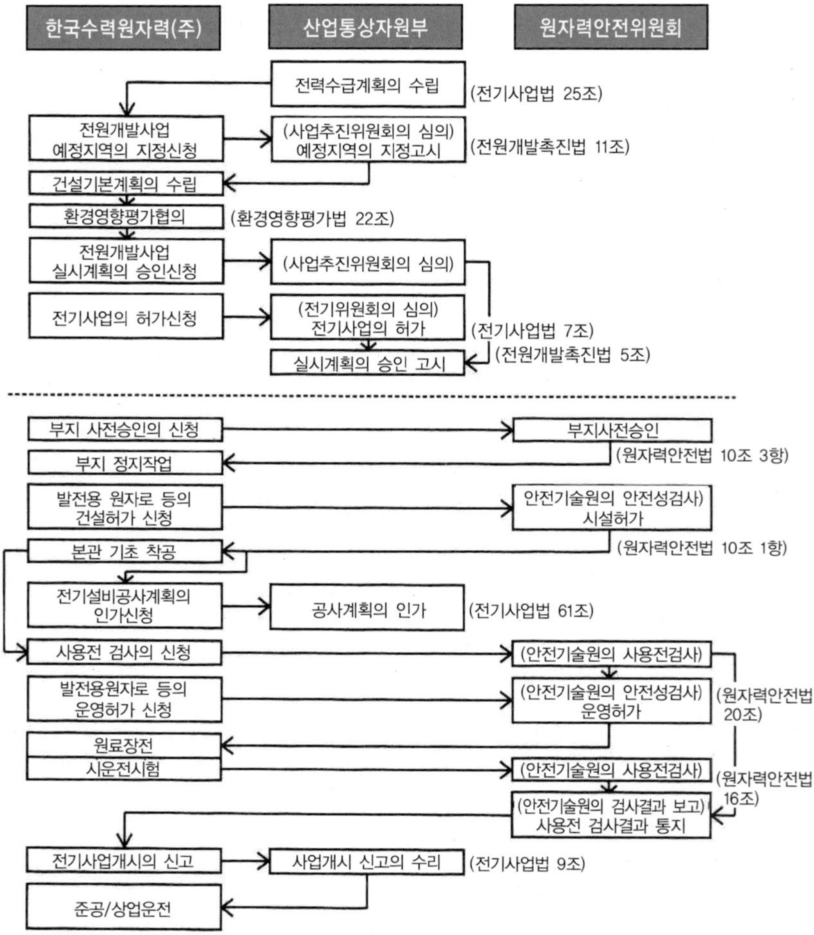

출전 : 한국산업통상자원부· 한국수력원자력(주) 『Nuclear Power Note 2014』(2014년, 산업통상자원부· 한국수력원자력) 24쪽을 일부수정했다.

그림 3 원전건설 인허가 플로차트

승인하는 것이다. 승인을 받은 자는 공사에 착수할 수 있다(원자력안전법 10조 3항~6항).

'건설허가'란 발전용 원자로시설을 건설하고자 하는 자가 원자력안전위원회의 허가를 받는 것이다(동법 10조 1항 및 2항).

'사용전 검사'란 발전용 원자로시설설치자가 원자로시설을 사용하기 위해 해당 시설의 공사 및 성능에 대해 각 공정별[26]로 동 위원회의 검사를 받는 것이다(동법 16조 및 동법시행령 27조).

'운영허가'란 발전용 원자로시설을 운영하고자 하는 자가 동 안전위원회의 허가를 받는 것이다(동법 20조).

② 가동중인 원전

가동중인 원전에 대한 안전규제에는 안전심사, 정기검사, 주기적 안전성심사 등이 있다.

'안전심사'란 규제요건의 변화 또는 기술발전에 따라 발전용 원자로시설운영자가 시설을 보완 또는 변경하거나 운영절차를 변경하고자 하는 경우에 원자력안전위원회가 관계법령과 기술기준에 적합한지 여부를 평가하는 것이다.

'정기검사'란 발전용 원자로시설의 운영에 필요한 기술능력을 확보하고 있는지 여부, 원자로시설의 성능 등이 관계법령과 기술기준에 맞게 운영되고 있는지 여부, 원자로시설의 내압, 내방사선 및 기타 성능이 사용전 검사에 합격한 상태로 유지되고 있는지 여부 등을 확인하는 것이다. 발전용 원자로시설운영자는 원자로시설의 성능에 대해 정기적으로(최초의 상업운전을 개시한 후 또는 검사를 받은 후 20개월 이내) 검사를 받아야 한다(동법 22조, 동법시행령 35조 및 동법시행규칙 19조).

'주기적 안전성평가'는 가동중인 원전에 대한 안전성의 향상 및 확인을 위해 기존의 정기검사 등의 안전성 확인방법 이외에 실시하는 포괄적이고 체계적인 안전성 평가기법이며, IAEA의 권고에 따라 상업용

26) 사용전 검사를 받은 공정 및 시기는 ①원자로시설의 주요 구조물에 대한 공사를 착공하였을 때 및 주요공정별 강도시험이 가능할 때, ②원자로시설의 공사가 완료되어 계통별 기능시험이 가능할 때, ③상온수압시험 및 고온기능시험이 가능할 때, ④핵연료장전 및 시운전시험이 가능할 때이다(원자력안전법 시행령 29조).

원전을 보유하고 있는 많은 국가가 기존의 안전성 보장노력과 함께 실시하고 있다. 발전용 원자로시설 운영자는 원자로시설의 안전성을 주기적으로(해당 원자로시설의 운영허가를 받은 날부터 10년 마다) 평가하고, 그 결과(평가보고서)를 동 위원회에 제출하여야 한다(동법 23조 및 동법 시행령 36조 1항~3항).

③ 원전의 해체와 계속운전

원전이 설계수명에 도달한 경우에는 '계속운전'의 허가를 신청하거나 주변환경에 영향을 주지 않도록 안전하게 '해체[27)]'해야 한다. 발전용 원자로시설 운영자가 원자로시설을 계속해서 운전하지 않는 경우에는 원자로시설의 영구정지를 위한 변경허가를 원자력안전위원회에 신청하여야 한다(동법 20조 1항 후단). 그리고, 발전용원자로시설운영자가 원자로시설을 해체하고자 할 때에는 해체계획서를 작성해서 미리 동 위원회의 승인을 받아야 한다(동법 28조 1항 및 2항).

동 위원회는 설계수명이 만료된 원전의 영구정지 및 해체에 관련하는 규정을 보다 구체적으로 정비하기 위해, 2015년 1월 20일에 원자력안전법을 개정(법률 13078호)했다. "원자로시설의 운영을 영구적으로 정지한 후, 해당 시설과 부지를 철거하거나 방사성오염을 제거함으로써 이 법의 적용대상에서 배제하기 위한 모든 활동"(동법 2조 24호)을 '해체'로 정의하고, 발전용원자로시설에 대한 건설·운영허가 신청시에 해체계획서를 첨부하도록 하고(동법 10조 2항 및 20조 2항), 발전용원자로

27) 해체절차는 영구정지 → 해체계획 수립 및 준비 → 사용후핵연료 인출 및 격리 → 안전관리 → 오염제거 및 해체 → 부지 복원 및 종료의 순으로 행하여, 약 10~30년이 소요된다. 2013년 말 현재, 세계의 원전의 해체현상은 지금까지 19개국에서 149기의 원전이 영구정지되고, 이 가운데 19기(미국 15기, 독일 3기, 일본 1기)의 해체가 완료되었다(한국 산업통상자원부·한국수력원자력(주) 『Nuclear Power Note 2014』(2014년, 한국 산업통상자원부·한국수력원자력) 77-78쪽).

시설을 영구정지하는 경우에는 변경허가를 받아야 한다는 것을 법률에서 명확히 규정하였다(동법 21조 2항). 그리고, 발전용원자로시설의 해체에 관한 조항을 보다 세분화하고(동법 28조 3항~9항), 발전용원자로시설운영자에게 해당 원자로시설의 해체계획서를 주기적으로 업데이트하여 위원회에 보고하도록 하였다(동법 92조의2). 또한, 계속운전을 위한 변경허가를 받고자하는 때에는 방사선환경영향평가서 초안에 대해, 해체승인을 받고자 하는 때에는 해체계획서 초안에 대해, 각각 주민의 의견을 집약하여 그 내용에 포함시키도록 하였다(동법 103조 1항 및 2항).

정부는 해체에 드는 비용을 안정적으로 확보하기 위해 비용충당제도를 시행하고, 1983년부터 원전운영자에게 매년 일정액을 적립하게 하고있지만, 2013년 말 현재 9조 8,877억 원의 충당금을 적립하여 해체에 대비하고 있다.

한편, 발전용원자로시설운영자가 원자로시설을 지속적으로 운전하는 경우에는 원자로시설의 계속운전을 위한 변경허가를 받아야 한다(동법 20조 1항 후단). 그리고, 발전용원자로운영자가 원자로시설의 설계수명기간이 만료된 후에도 그 시설을 계속하여 운전하고자 하는 경우에는 설계수명기간 만료일(그 후 10년마다 10년이 되는 날을 포함)을 평가기준일로 하여, 평가기준일 5년 전부터 2년 전까지의 기간 내에 주기적 안전성평가보고서를 위원회에 제출하여야 한다(동법시행령 36조 4항).

정부는 2007년 6월에 설계수명이 종료한 고리 1호기의 계속운전에 관련하여, 그 안전성을 심사하여 2007년 12월에 계속운전을 허가하였다. 그 후, 고리 1호기는 지역주민과의 합의를 거쳐 2008년 1월부터 재가동을 시작하고 2017년 6월까지 계속운전하게 되었다.

또한, 2012년 11월 설계수명이 도래한 월성 1호기의 계속운전에 관련하여, 동 위원회는 원자력안전법에 의한 기술기준을 충족하여, 대형 자연재해에 대해서도 대응능력을 확보하고 있다고 하는 계속운전심사 및 스트레스 테스트의 결과를 받아들여, 2015년 2월 27일에 계속운전 허가를 결정하였다. 설계수명 종료 이후, 정지했던 월성 1호기는 정기 검사와 지역주민과의 합의를 거친 후에 재가동하여, 2022년 11월까지 10년간 계속운전을 할 예정이다[28].

(3) 원자력 이용시설에 대한 안전규제

① 연구·교육용원자로 등

연구용 또는 교육용원자로 및 관계시설을 건설하고자 하는 자는 원자력안전위원회의 허가를 받아야 하며(원자력안전법 30조), 그러한 관계시설을 운영하고자 하는 자도 동 위원회의 허가를 받아야 한다(동법 30조의2).

② 핵연료주기사업

핵원료물질 또는 핵연료물질의 정련사업 또는 가공사업(변환사업을 포함한다)을 하고자 하는 자는 원자력안전위원회의 허가를 받아야 한다(동법 35조 1항). 또한, 사용후 핵연료처리사업을 하고자 하는 자는 주무부처 장관의 지정(지정시에는 원자력안전위원회와의 협의가 필요)을 받아야 한다(동법 35조 2항).

③ 핵물질 사용

발전용원자로설치자 등이 핵연료물질을 그 허가를 받은 사업에 사용하는 경우, 핵연료주기사업자가 핵연료물질을 그 허가 또는 지정을 받은 사업에 사용하는 경우와 대통령령으로 정하는 종류·수량의 핵연

28) 원자력안전위원회 보도자료(http://www.nssc.go.kr/nssc/notice/report.jsp?mode=view&article_no=16871&pager.offset=15&board_no=2(2015년 5월 28일 최종 확인)). 「제35회 원안위 월성 1호기 계속운전 허가 결정」과 「월성1호기 계속운전 허가(안) (원안위 안건)」을 참조.

료물질을 사용하는 경우를 제외하고, 핵연료물질을 사용 또는 소지하고자 하는 자는 원자력안전위원회의 허가를 받아야 한다(동법 45조).

또한, 발전용원자로설치자 등이 핵원료물질을 그 허가 또는 지정을 받은 사업에 사용하는 경우 및 총리령으로 정하는 종류·수량의 핵원료물질을 사용하는 경우를 제외하고, 핵원료물질을 사용하고자 하는 자는 원자력안전위원회에 신고하여야 한다(동법 52조).

④ 방사성동위원소 및 방사선 발생장치

방사성동위원소 또는 방사선 발생장치를 생산·판매·사용(소지·취급을 포함) 또는 이동하여 사용하고자 하는 자는 원자력안전위원회의 허가를 받아야한다(동법 53조).

⑤ 방사성폐기물의 폐기 및 운반

방사성폐기물의 저장·처리·처분시설 및 그 부속시설을 건설·운영하고자 하는 자는 원자력안전위원회의 허가를 받아야 한다(동법 63조).

또한, 발전용원자로설치자 등의 원자력관계사업자가 총리령으로 정하는 수량의 방사성물질 등을 해당 사업장 외의 장소나 외국에서 국내의 해당 사업소로 운반하려는 때에는 총리령에서 정하는 수량의 방사성물질을 실은 선박이나 항공기를 대한민국의 항구 또는 공항에 입항시키거나 대한민국의 영해를 경유하려 할 때에는 원자력안전위원회에 신고하여야 한다(동법 71조).

(4) 후쿠시마원전사고 후의 대책

후쿠시마원전사고 이후, 정부와 IAEA 점검단이 원자력발전의 종합적인 안전점검을 실시했다. 2011년 5월, 정부는 이를 바탕으로 최악의 시나리오를 상정하여 지진·쓰나미, 전력·냉각계통, 중대사고 등의 분야에서 50항목의 장단기개선대책[29]을 마련했다. 그리고, 정부는 이러한 대책을 위해 약 1조 1천억 원을 투입해 2015년까지 단계적으로 대책을 완료할 계획을 수립했다.

이어서 2011년 하반기에는 후쿠시마원전사고의 재해에 대응하기 위한 제2단계의 안전보완대책을 추가발표하여 실시했다. 즉, IAEA, 미국, 일본 등에서 도출된 후쿠시마원전사고의 후속조치 중에서 한국에 적용하는 것이 필요한 항목(사용후핵연료 저장조에 안전등급의 계측기의 사용 등)과 원전사업자가 스스로 주체적으로 준비한 과제(용수공급관로의 내진성능평가 등)를 반영하는 것이다.

이렇게, 국내외의 원자력의 안전성 강화에 대한 요구에 앞서 대응한다고 하는 원칙하에, 50항목의 개선대책과 IAEA Action Plan 등 국내외 안전강화조치사항을 반영한 법령 및 기준체제의 재정립을 통해 국내의 안전수준을 크게 향상시키기로 하였다.

3 방사성폐기물 관리제도[30]

〔1〕 방사성폐기물 관리제도의 수립

(1) 방사성폐기물의 개요

한국에서는 원자력안전법시행령 2조 1항에서 "'고준위방사성폐기물'이란 방사성폐기물 중 그 방사능농도 및 열발생률이 원자력안전위원회가 정하는 값 이상의 방사성폐기물을 말하며, '중·저준위방사성폐기물'이란 고준위 방사성폐기물 이외의 방사성폐기물을 말한다"고 규정

29) 이 장단기 개선대책에 대하여 자세한 것은 한국 산업통상자원부·한국수력원자력(주)·전게주 23) 414-416쪽 참조.

30) 한국에서의 방사성폐기물의 관리에 대한 일본어 문헌으로서는 公益財団法人原子力環境整備促進·資金管理センター『放射性廢棄物海外總合情報調査報告書』(2015년, 経濟産業省)의 「第Ⅱ編アジア諸國の情報收集·第1章韓國」이 가장 상세하다.

하고 있다. 이에 따라, 원자력안전위원회는 '방사선방호 등에 관한 기준'(원자력안전위원회고시 2014-34호) 3조에서 '고준위 방사성폐기물'을, 방사능농도가 반감기 20년 이상의 α선을 방출하는 핵종으로 4,000Bq/g, 열발생률이 $2kW/m^3$ 이상인 방사성폐기물로 정의하고 있다. 따라서, 원자력산업에서 생성된 방사성폐기물은 원전에서 배출되는 사용 후 핵연료를 제외하고, 모두 '중·저준위방사성폐기물'로 분류된다[31].

(2) 방사성폐기물 관리제도의 수립

방사성폐기물 관리정책은 원자력진흥위원회(구 원자력위원회)에서 결정된다. 1986년부터 해온 방사성폐기물 처분시설부지 선정 추진은 '인천시 굴업도'에서 활성단층의 발견에 의한 부지 안전성의 문제, 또한 그 후의 '지방자치단체 자율유치방침'에 근거하는 공모에 신청한 '전라북도 부안지역'에서의 주민에 대한 홍보 부족으로 인한 지역주민의 반발 등으로 모두 부지 선정은 실패했다.

그래서, 정부는 주민들이 보다 수용하기 쉽게 하기 위한 특단의 대책을 강구하기로 했다. 즉, 2004년에 '주민투표제'를 도입하여, 주민참

31) 한편, 원자력안전위원회는 2013년 12월 13일 개최의 18차 원자력안전위원회에서 2단계(고준위와 중·저준위)로 구분한 국내의 방사성폐기물의 분류기준을 IAEA의 분류체계에 근거하여 5단계로 세분화한 「원자력안전법 하위규정 개정안」을 심의·의결하였다(公益財団法人原子力環境整備促進·資金管理センター·전게주 30) 8-11쪽). 그러나, 그 후, 입법추진과정에서 그 내용을 더욱 일부수정하여 2014년 9월에 「원자력안전법 시행령」 및 「방사성폐기물 분류 및 자체처분 기준에 관한 규정」(원자력안전위원회고시 2014-3호)을 개정하였다. 즉, 종전의 기준에 근거한 고준위 방사성폐기물 이외에 방사능 농도가 저준위의 방사능 농도 제한치 이상인 중준위방사성폐기물, 자체처분허용농도의 100배 이상으로 저준위의 방사능 농도제한치 미만인 저준위방사성폐기물, 자체처분 허용농도 이상으로 자체처분 허용농도의 100배 미만인 극저준위방사성폐기물의 4분류이다.

여를 통한 민주적인 방법으로 추진함과 아울러, 2004년 12월 개최의 253차 원자력위원회에서 중·저준위 방사성폐기물 처분시설과 사용 후 핵연료 중간저장시설과 함께 건설하기로 했던 기존의 방사성폐기물 관리대책을 변경하여, 이를 분리하여 추진할 것을 심의·의결[32]했다.

또한, 2005년에는「중·저준위방사성폐기물처분시설의유치지역지원에관한특별법」(법률 7444호, 2005년 3월 31일)을 제정하여, 이 특별법에 의한 처분시설에는 사용 후 핵연료를 제외한 중·저준위 방사성폐기물만을 반입하고, 유치지역에는 3,000억 원의 '특별지원금', 폐기물의 반입량에 따른 금액의 '반입수수료', 한국수력원자력주식회사의 본사 이전 등을 제도적으로 보장하며, 이 밖에 '양성자가속기사업'의 유치지역으로 추진하는 등, 그야말로 획기적이라고도 할 수 있는 정책전환을 했다.

2005년 6월에 중·저준위 방사성폐기물 처분시설 후보부지 선정 등에 관한 공고'를 발표하고, 이러한 정책이 주효하여, 경주, 군산, 포항, 영덕의 4 지역이 유치신청을 하게 되고, 2005년 11월에 4개 지역에서 동시에 실시된 주민투표의 각각의 결과, 찬성비율이 가장 높았던 경주(89.5%)를 중·저준위 방사성폐기물 처분시설부지에 최종 선정했던 것이다[33].

---

32) 당시 원자력위원회는 원전내에서 보존중인 중·저준위방사성폐기물에 대해서는 2008년 말부터 포화가 예상되어, 처분시설의 건설이 긴급하게 필요한 상황이었지만, 사용후핵연료의 경우는 상대적으로 포화시점(2016년)에 여유도 있고, 또한 국가정책의 방향과도 관련되어 있기 때문에 중간저장시설의 건설 등을 포함하는 충분한 논의를 거쳐서 추진하는 것이 바람직하다고 판단했다(한국 산업통상자원부·한국수력원자력(주)·전게주 23) 313쪽).

33) 한국 산업통상자원부·한국수력원자력(주)·전게주 23) 109-110쪽. 한편, 이러한 중·저준위방사성폐기물 처분시설후보부지선정에 대해서는 인접구역의 주민으로부터 위헌확인등헌법소원심판(헌법재판소결정, 2005헌마1158, 2008년 12월 26일)이 제기되었다. 즉, 정부는「중·저준위 방사성폐기물 처분시설의 유치지역지원에 관한 특별법」을 제정하여,「중·저준위 방사성폐기물 처분시

2002년 11월의 경주의 중·저준위 방사성폐기물 처분시설(이 시설의 공식명칭은 경주시민의 공모를 통해 '월성원자력환경관리센터'로 결정되었다)의 부지선정 이후는 국제기준에 적합한 방사성폐기물 관리체제 구축이 핵심적인 정책과제로 대두하게 되었다. 지금까지는 방사성폐기물 관리는 원전사업자이며, 방사성폐기물의 주된 발생자인 한국수력원자력주식회사가 수행해왔다.

그러나, 방사성폐기물의 발생자가 관리사업을 동시에 수행한다는 구조는 사업의 객관성 및 투명성에 문제가 있다는 지적이 제기됐다. 국제기준인 IAEA 권고사항도 방사성폐기물의 안전관리를 위해 방사성폐기물 발생자와 처분관리자를 분리하여 상호견제와 균형이 가능한 구조로 할 것을 권고하고 있으며, 감사원 감사결과에서도 방사성폐기물 관리사업은 국가가 직접 수행하거나 원전사업자로부터 독립

설후보부지 선정등에 관한 공고」를 하고, 경주시 양북면을 후보부지로 선정하였지만, 울산시 북구는 경주시 양북면과 인접한 지역이며, 처분시설이 유치될 경우, 이웃 울산시 북구의 주민들이 받는 위험이나 불이익은 경주시 주민들과 같음에도 불구하고, 처분시설의 실질적인 영향권을 고려하지 않은 채, 행정구역만을 기준으로 하여 주민투표실시지역과 지원대상지역을 결정한 것은 울산시 북구 주민의 평등권, 청문권, 직업선택의 자유, 알 권리, 환경권, 주민투표권 및 행복추구권 등을 침해한다고 하여, 헌법소원심판을 청구한 것이다. 이에 대해, 헌법재판소는 "(주민투표를 규정한 공고와 관련하여) 주민투표법 8조에 근거한 국가정책에 대한 주민투표는 법률이 보장하는 참정권이라고 할 수 있더라도 헌법이 보장하는 참정권이라고 할 수 없다. 그리고, 처분시설의 후보부지로 선정된 행위는 공권력의 행사에 해당하는 행정처분으로서 행정소송법 19조로 규정한 취소소송의 대상으로 되기 때문에, 부지선정에 대한 헌법소원에서 용이하게 보충성의 원칙의 예외를 인정하는 것은 곤란하다. 또한, 특별법의 조항은 그 지원대상을 지방자치체로 정하고, 처분시설을 유치하는 지역에 대한 지원을 규정한 것이기 때문에 이에 의해 청구인들의 기본권이 침해될 가능성은 인정하기 어렵고, 특별법의 조항은 지역주민을 대상으로 한 것이 아니라 처분시설의 유치지역으로 대상으로 한 것인 이상, 청구인들의 평등권에 대한 침해가능성 또는 자기관련성도 인정하기 어렵다"고 하는 판단을 내렸다.

한 법인이 담당할 것, 방사성폐기물 처리의 재원은 원전사업자 및 관리사업자와는 다른 기관이 기금의 형태로 관리할 것, 고준위 방사성폐기물 처분시설 부지선정의 공정한 기준과 절차를 법제화할 것이 요구되었다.

이처럼, 국내외에서 방사성폐기물의 안전한 관리가 적극적으로 요구됨으로써, 기존의 방사성폐기물 관리체제를 개선하기 위해, 2008년 3월에 방사성폐기물관리공단 및 방사성폐기물관리기금의 설치근거인 '방사성폐기물 관리법'(법률 9016호, 2008년 3월 28일)이 제정되었다. 이에 따라 2009년 1월 1일에는 그동안 한국수력원자력주식회사에서 수행해 온 방사성폐기물 관리사업을 계승한 '한국방사성폐기물관리공단(현 한국원자력환경공단)이 설립되었다[34].

(2) 방사성폐기물 관리관련법

(1) 방사성폐기물 관리법

방사성폐기물 관리법은 개별적인 법률에 산재해 있던 방사성폐기물의 관리에 관한 사항을 통합하여 체계적으로 규정함으로써 실효성있는 방사성폐기물 관리정책을 추진할 수 있도록 위한 것이며, 방사성폐기물 관리에 관한 기본법이다.

동법은 방사성폐기물 관리 기본계획(6조), 사용후핵연료에 대한 공론화(공론화는 이해관계인 또는 전문가 등으로부터 널리 의견을 집약하는 절차를 말한다. 6조의2), 방사성폐기물 관리사업(9조), 방사성폐기물의 인

---

34) 한국 산업통상자원부·한국수력원자력(주)·전게주 23) 324-325쪽. 한편, 「한국방사성폐기물관리공단」은 「산업통상자원부」 산하의 준정부기관이며, 2013년 7월에 「한국원자력환경공단」으로 명칭을 변경하였다. 방사성폐기물관리기금의 운영·관리, 방사성폐기물 처분시설의 건설·운영, 방사성폐기물의 운반·저장·처분 등을 행하고 있다.

도(13조), 방사성폐기물 관리비용(14조), 사용후핵연료관리부담금(15조), 원전해체비용의 적립(17조), 방사성폐기물 관리전담기관의 설립(18조~27조), 방사성폐기물관리기금의 설치·운용(28조~33조) 등을 주요내용으로 하고 있다.

(2) 원자력안전법

원자력안전법은 원자력안전규제 기본법이며, 특히 사용후핵연료 관리에 대한 자세한 내용은이 법에서 규정하고 있다.

동법에서는 사용후핵연료처리 및 방사성폐기물의 정의(2조 14호 및 18호), 사용후핵연료처리사업의 허가(35조 2항), 방사성폐기물관리(저장·처리·처분)시설 등의 건설·운영허가(63조), 주민의 의견수렴(103조) 등을 규정하고 있다.

(3) 원자력 진흥법

원자력 진흥법에 국무총리 소속으로 원자력진흥위원회를 두고, 이 위원회에서 방사성폐기물 관리 기본계획에 관한 사항과 사용후핵연료의 처리·처분에 관한 사항을 심의·의결하는 것으로 하고 있다(4조 6호 및 7호).

〔3〕 중·저준위 방사성폐기물

(1) 중·저준위 방사성폐기물 관리의 현황

원자력 관련시설의 운영과정에서 발생하는 잡고체(천, 종이 등), 폐수지, 농축폐액 등의 중·저준위 방사성폐기물은 방사성물질의 종류에 따라 감쇠, 고체화, 여과, 증발 등의 처리를 거쳐, 각 시설부지내의 저장고에 안전하게 저장한 후, 경주방사성폐기물처분시설에서 처분한다(발생 → 처리 → 저장 → 처분).

중·저준위 방사성폐기물 관리현황을 보면, 2013년 말 현재 원전운영 중에 발생하는 중·저준위 고체폐기물이 94,772 드럼(200ℓ 기준)으로, 이들은 발전소 부지 내의 저장시설에서 관리되고 있으며, 이 가운데, 2,712 드럼(하늘원전 1,000 드럼, 월성원전 1,712 드럼)은 한국원자력환경공단이 맡고, 경주방사성폐기물처분시설의 인수저장건물에서 저장·관리하고 있다.

그리고, 방사성동위원소 이용기관에서 발생한 동위원소폐기물은 3,190 드럼통에서 동 공단이 방사성폐기물 발생자로부터 맡아 한국원자력연구원 구내 저장시설에서 관리하고 있다. 또한, 한국원자력연구원에서 20,923 드럼통, 한전원자력연료주식회사에서 6,887 드럼통을 각자의 저장시설에서 관리하고 있다35).

(2) 중·저준위 방사성폐기물 처분시설의 건설

경주지역 중·저준위 방사성폐기물 처분시설 부지로 선정된 후, 정부는 2006년 1월 경주시 양 북면 봉길리 일대의 약 210만 m^2를 80만 드럼통 규모의 중·저준위 방사성폐기물 처분시설 건설을 위한 "전원개발사업예정구역으로 지정·고시"했다. 2006년 6월에 제1단계로서 10만 드럼통 규모의 중·저준위 방사성폐기물 처분시설을 '동굴방식'으로 건설하기로 하고, 2007년 7월에 "전원개발사업 실시계획을 승인"하고, 2008년 7월에는 "방사성폐기물 처분시설의 건설·운영허가"를 하였다. 이에 따라, 공단은 2008년 8월에 착공하여, 2010년 12월에 인수저장건물 등의 '지상 지원시설' 9개동 모두를 완공하고, 2014년 6월 운영동굴, 건설동굴, 사일로 등으로 구성된 '지하처분시설'의 공사를 최종완료했다36).

---

35) 한국 산업통상자원부·한국수력원자력(주)·전게주 23) 111쪽.

36) 중·저준위 방사성폐기물 처분시설의 공기와 관련하여서는 2009년 6월에 무리한 공기의 설정과 진입동굴의 암반등급의 저하에 의해 당초 공기인 2010년 6

정부는 2014년 12월에 개최된 32차 원자력안전위원회에서 약 6년간의 사용전검사를 거친 경주 방사성폐기물 처분시설의 제1단계의 동굴처분시설에 대해 '사용승인'을 했다. 그리고, 2015년 1월 개최의 4차 원자력진흥위원회에서는 경주 방사성폐기물처분시설이 2015년부터 본격적으로 운영됨에 따라, 국민의 안전과 신뢰를 최우선으로 하는 '중·저준위 방사성폐기물 관리 기본계획[37]'을 심의·확정했다.

이어서, 2단계로 12.5만 드럼 규모의 천층처분시설을 2019년을 목표로 건설을 추진 중이며, 제3단계 이후의 처분시설은 천층처분방식을 원칙으로 하면서도 기존의 처분시설의 활용도 및 효율성을 감안하여 추후 시기를 결정할 계획이다[38].

〔4〕 고준위 방사성폐기물

(1) 사용후핵연료 관리 현황

사용후핵연료는 원자로연료로 사용한 후에 발생하여, 자체 발생열의 냉각을 위해 일정 기간 안전하게 소내 저장하고, 최종처분 전까지

월 30일에서 2012년 12월 31일로 30개월간의 연장이 있고, 그 후도 2012년 1월에는 사이로의 암반등급의 저하 및 지하수의 과잉발생에 의한 보강을 위하여 2012년 12월 31일에서 2014년 6월 30일로 18개월간의 재차 연장하였다(한국 산업통상자원부·한국수력원자력(주)·전게주 23) 114쪽).

37) 중·저준위 방사성폐기물 관리기본계획의 주된 내용은 ①국민의 안전과 신뢰를 최우선의 원칙으로 하고, ②예비검사 → 인수검사 → 처분검사의 3단계의 안전성검사를 거쳐서, ③우선은 2015년에 4,200드럼 규모를 처분하는 것을 시작으로 물량을 점차 확대해서 처분하고, ④저감기술개발 등의 효율화(처분대상폐기물의 최소화)의 노력과 함께, ⑤주민이 수용하기 쉽도록 정보공개와 지역지원사업을 중점적으로 추진한다는 것이다.

38) 미래창조과학부 보도자료(http://www.msip.go.kr/web/msipContents/contents.do?mId=NzM=(2015년 5월 28일 최종확인)) 중의 「(보도) 제4차 원자력진흥위원회 개최」를 참조.

중간저장소에 모아 안전하게 관리한 후에, 심지층에 매립하거나 재처리하는 방법이 있지만, 아직 국가정책이 결정되지 않았다(발생 - 소내(임시) 저장 - 중간저장 - 처리 또는 처분).

사용후핵연료 관리현황을 보면, 경수로(고리, 영광, 울진원전)와 중수로(월성원전)의 2종류의 원자로에서 각각 모양이 다른 사용후핵연료가 발생하고 있지만, 2013년 말 현재의 누적발생량은 392,792다발[39]로 발전소별로 특수설계된 철근콘크리트 구조물 형태의 습식저장시설 또는 건식저장시설에 안전하게 저장·관리되고 있으며, 이 중 8뭉치는 한국원자력연구원에 이송·보관 중이다. 사용후핵연료는 2004년 12월에 개최된 253차 원자력위원회의 의결에 근거하여, 각 원전별로 저장능력을 확충하고, 2016년까지 원전부지 내에서 안전하게 저장할 계획이다[40].

(2) 사용후핵연료의 공론화[41]

사용후핵연료의 관리에 대해서는 2004년 12월에 개최된 253차 원자력위원회에서 우선 중·저준위 방사성폐기물 처분시설을 건설하기로 중간저장시설의 건설을 포함한 사용후핵연료 관리방안은 국가정책방향 및 국내외 기술개발 추이 등을 감안하여, 중장기적으로 충분한 논의를 거쳐 국민적 이해 하에 추진하는 것으로 결정했다.

이에 따라 정부는 2007년 4월에 대통령을 위원장으로 하는 '국가에너지위원회[42]' 산하에 '갈등관리전문위원회'와 '사용후핵연료 공론화태

---

39) 예컨대, 길이 50cm, 직경 10cm, 무게 23kg의 중수로원전연료의 한 다발에는 합계 37개의 연료봉이 있다.

40) 한국 산업통상자원부·한국수력원자력(주)·전게주 23) 111쪽.

41) 사용후핵연료 공론화에 대하여 자세한 것은 公益財団法人原子力環境整備促進·資金管理センター·전게주 30) 20-56쪽을 참조하기 바란다.

42) 국가에너지위원회란 「에너지기본법(법률 7860호, 2006년 3월 3일 제정)」 9조에 근거하여, 국가의 주요 에너지정책 및 에너지관련계획에 관한 사항을 심의하기 위하여 2006년 11월에 설치된 위원회이다. 2010년 1월에 「저탄소성장기

스크포스'를 설치해서 1년간 운영하고, 동 태스크포스는 2008년 4월에 정부에 '공론화권고보고서'를 제출했다.

2009년 12월에는 '방사성폐기물 관리법'의 개정(법 6조의2 신설)을 통해, 이해관계인 또는 전문가 등으로부터 널리 의견을 수렴하는 절차(공론화)의 추진 및 공론화위원회의 설치를 위한 법적 근거를 설정하였다. 또한, 같은 해 12월부터 약 21개월간 원자력학회, 방사성폐기물 학회 등이 참여하는 위탁연구를 통해, 각 원전 내의 임시저장시설의 포화시점을 연장하는 방안과 사용후핵연료의 단기, 중기, 장기관리의 대안을 준비했다.

정부는 2011년 11월부터 2012년 8월까지 위탁연구를 통해 도출된 사용후핵연료 관리정책과 관리정책에 대한 국민의 의견수렴의 방법 등에 대해 검토하기 위해, 원전지역대표(지자체의원 4명), 과학기술계의 전문가(7명), 인문사회계 전문가(12명)로 구성된 '사용후핵연료정책포럼'을 설치·운영했다.

동 포럼에서는 '사용후핵연료 관리정책 수립 및 공론화를 위한 권고보고서'를 정부에 제출했다. 정부는 포럼에서 제출된 권고보고서를 바탕으로 '사용후핵연료 관리대책 추진계획안'을 작성하여, 2012년 11월 개최의 2차 원자력진흥위원회에서 이를 의결했다. 이에 따라, 2013년 1월부터 약 9개월간 원전지역 민간단체, 국회, 전문가와 50회 이상의 설명회, 간담회, 토론회 등의 의견수렴을 통해 2013년 10월에 '사용후핵연료 공론화위원회'가 발족했다.

동 위원회는 2014년 1월에 공론화의 방향을 담은 '실행계획'을 수립하고, 이에 따라, 간담회, 토론회, 타운홀 미팅, 인식도 조사 등의 다양

본법(법률 9931호, 2010년 1월 13일)」이 제정되고, 녹색성장위원회(대통령이 지명하는 자와 국무총리의 2인이 공동위원장이 된다)가 신설됨에 따라, 에너지기본법은 「에너지법」으로 제명이 변경되고, 국가에너지위원회는 에너지위원회(위원장 : 지식경제부장관(현 산업통상자원부장관))로 격이 떨어졌다.

한 의견수렴프로그램을 진행하고, 2014년 말까지 정부에 권고안을 제출할 예정이었지만, 의견수렴의 부족을 이유로 반년 연장한 끝에, 2015년 6월 29일, 늦어도 2051년까지 사용후핵연료 처분시설을 건설하고, 운영해야 한다고 하는 '사용후핵연료 관리에 대한 최종권고안'을 정부에 제출했다.

정부는 이 권고안을 토대로 '사용후핵연료 관리 기본계획'을 수립하고, 부지선정 및 건설에 착수할 계획이다.

4 결론에 갈음하여 - 앞으로의 과제 -

한국의 원자력안전의 법적 체계 및 방사성폐기물의 관리제도에 대한 개관에서 몇 가지 과제가 떠오른다. 여기에서, 많은 논자들이 원자력의 안전규제를 위한 과제로서 공통하여 지적하는 바를 요약하면, 다음과 같이 될 것이다.

즉, 첫째로, 법률의 정비이다. "후쿠시마원전사고를 계기로 충분한 검토도 못한 채 성립된 원자력관련법령(규정 및 이용의) 분법화문제에 대해서도 국제적 수준에 맞게 재정비가 필요하고, 법률규정이 거의 없는 고준위 방사성폐기물 관리법제에 대해서도 서둘러 정비하여야한다[43]"는 것은 누구라도 부인할 수 없는 바이다.

둘째로, 안전기반을 더욱 강화하는 것이다. 여기에는 안전규제 인재의 확충, 안전규제 예산의 자율성 확보, 사업자의 철저한 안전의식과 원전 운영의 투명성 확보, 전문인력의 육성, 사고대응 모니터링체제의 정비 등을 들 수 있다. 논의의 초점이 되는 원자력안전위원회의 위상

43) 김민훈「원자력 안전규제에 대한 법적 고찰 – 원자력 행정체제의 변화를 소재로」『부산대학교 법학연구』53권 2호(2012년) 72쪽.

강화에 대해서는 원자력안전위원회를 대통령 소속으로 복원한다는 의견도 있지만, 이에 대해서는 국무총리의 행정각부 통할권을 고려할 때, 반드시 바람직하지 않다고 하는 견해도 있다.

셋째로, 수요의 관리와 대체 에너지의 개발이다. 에너지 안보차원에서 절전형의 사회·경제구조로 전환하고 전력소비를 줄이고, 재생가능 에너지의 개발 및 투자를 확대할 필요가 있다.

그리고 넷째로, 국민과의 의사의 소통과 신뢰의 회복이다. 이를 위해서는 지역주민과의 의사소통의 강화, 정보의 공개, 공청회제도의 충실 등을 통해 국민의 신뢰를 회복하는 것이 중요한 것은 물론이지만, 국민도 정부의 정책에 관심을 계속 가져야 한다.

여하튼, 일본과 마찬가지로 한국은 천연자원이 부족할 뿐만 아니라, 지정학적으로도 주변국가로부터의 전력공급은 기대할 수 없다. 따라서, 에너지의 자급자족, 공급의 안정적인 확보, 온실가스의 감축 등을 위해서는 향후 상당기간은 원자력발전의 활용은 피할 수 없을 것이다. 그러나, 원자력에너지의 이용은 뜻밖의 사고가 발생했을 때, 방사능의 피해는 광범위하며, 방사성물질의 유해성은 장기간에 걸치기 때문에 국민의 불안은 헤아릴 수 없다. 결국, 에너지안보의 차원과 국민편익의 차원을 함께 고찰하는 한, 원자력의 안전규제를 강화함과 동시에, 재생가능한 에너지의 개발이용을 동시에 모색하는 양면전략이 필수가 된다. 이를 위해서는 정부, 사업자, 그리고 전문가는 적극적인 대국민과의 의사소통을 통해 신뢰와 공감을 확보할 수 있도록 더욱 노력할 필요가 있으며[44], 그 구체적인 첫 걸음인 '중·저준위 방사성폐기물 처분시설 후보부지 선정'을 위한 주민투표와 '사용후핵연료 공론화' 등의 경험은 일본에서도 도움이 될 것이다.

그런데, 한국의 산업통상자원부는 2015년 6월 12일에 에너지위원회

44) 김민훈·전게주 43) 71–72쪽, 이원근·전게주 6) 104–108쪽.

를 열고, 경제성 및 안전성 등을 고려하여, 한국 최초의 상용원전인 고리 1호기의 영구정지를 사업자인 한국수력원자력주식회사에 권고했다. 한국수력원자력주식회사는 6월 16일 이사회를 열고, 정부의 권고를 받아들였다. 향후는 영구정지를 위한 변경허가 신청 등 해체를 위한 조치에 들어가게 된다.

이것은 후쿠시마원전사고를 교훈으로 한 안전문제와 한국수력원자력주식회사의 직원의 납품비리에 의한 불신의 회복을 최우선으로 한 것이 있다. 그러나, 한편으로는, 정부는 원전해체기술에서 선진국에 뒤지고 있는 상황을 개선하고, 원전플랜트 건설에 추가하여, 해체에서도 국내사업자를 육성하여 원전산업의 수출 확대로 연결하기 위한 것이라고도 알려져 있다[45]. 원자력발전이 다양한 측면을 가지고 있는 만큼, 국내의 논자에 의해 지적되고 있는 과제에 대해 진지하게 검토할 것이 요청되고 있다고 할 수 있을 것이다.

| 윤용택(**尹龍澤**) 소카대학(創価大學) 법과대학원 교수 |

| 권종헌(**權宗憲**) 한국 산업통상자원부 전기위원회사무국 행정사무관 |

45) 『중앙일보』 2015년 6월 13일자, 『日本經濟新聞』 2015년 6월 16일자, 『朝日新聞』 2015년 6월 16일자 등.

제3장 대만의 원자력안전규제시스템

1 처음에

(1) 대만의 에너지 상황

대만의 에너지는 그 대부분을 수입에 의존하고 있다. 2014년 경제부의 통계에 따르면, 에너지의 98.04%는 외국으로부터의 수입이다. 따라서, 안정적인 에너지정책을 수립하는 것은 대만사회의 발전, 국민생활의 복지증진과 국가의 안전보장에 중요한 과제이다. 또한, 대만의 에너지의 하나로서 중요한 원자력에너지는 과거에는 에너지의 3분의 1을 차지하였지만, 최근에는 사회정세의 변천에 따라 그 비중은 매년 줄어들고 있다.

(2) 대만의 원자력발전

대만은 1978년 석유위기를 경험한 것으로부터 원자력발전을 촉진했다. 원자력발전의 법적 근거는 1968년에 제정된 원자력법이다. 제1 원자력발전소(이른바 핵 1)가 1978년에 운전을 개시하고, 개시 이후 지금까지 37년이 경과했다. 대만에서 현재 3개의 원자력발전소가 운전중이며, 제4 원자력발전소(이른바 핵 4)가 건설중이다. 원자력에너지는 대만의 에너지 총공급의 8.33%를 차지하고 있다. 그 이외에, 재생에너지는 불과 1.24%뿐이며, 그 가운데 풍력이 0.13%, 태양에너지가 0.08%를 차지한다[1]. 원자력에너지에 대해 국민들이 가장 관심을 보이고 있는 문

---

1) 經濟部能源局『能源統計手冊』92015年 5月, 35쪽.

제는 일본과 마찬가지로 원자력발전소의 안전과 핵폐기물의 처리문제이다.

2011년 3월 11일에 일어난 일본 후쿠시마의 원자력발전소사고 이후, 대만에서는 많은 국민이 핵 4(제4 원자력발전소)의 안전성을 우려하고, 원자력발전에 반대하는 목소리가 다시 대두하고 있고, 핵 4의 건설을 중지할 것을 주장했다. 마침내, 2013년 2월에 행정원의 강의화(江宜樺) 원장은 핵 4를 건설할지 여부를 국민투표에 맡긴다고 선언했다. 2015년 7월 1일에 핵 4의 건설은 공식적으로 중단되고, 그 기간은 3년이다. 향후, 핵 4의 건설이 다시 개시될지 여부는 국민투표에 의해 결정되게 된다. 이와 같이, 현재 대만의 원자력에너지정책은 기로에 서있다고도 할 수 있다.

2 대만의 원자력발전소의 안전규제체제

(1) 처음에

대만의 원자력안전규제체제에 대해 그 법률적인 근거는 1968년에 제정된 원자력법(원자능법)이다. 그 규율사항은 원자력발전소의 건설의 허가절차, 방사선의 보호와 방사성폐기물 처리 등이다. 그 후의 입법 방침에 따르면, 원자력법에 대신하여 원자력기본법을 제정할 예정이며, 현재 원자력기본법 초안이 공표되어 있다. 그 이외에, 원자로의 건설, 운전 및 폐로의 규제, 방사선장해의 방지와 방사성물질의 관리를 원자력법에서 독립시켜, 2002년 1월 30일에 방사선장해방지법(遊離輻射防護法), 2002년 12월 25일에 방사성물질관리법, 2003년 1월 15일에 원자로규제법(核子反應器設施管制法)이 제정되었다. 또한, 대만의 원자력 이용과 방사선 보호의 안전을 위해 행정원이 2013년 2월 21일에 '핵능(核

能)안전위원회조직법 초안'을 수립하고, 입법원에 심의를 위해 제출하였다. 초안에 의하면, 행정원은 중앙 3급독립기관인 핵능(核能)안전위원회를 설치하는 것으로 된다.

본장에서는 주로 대만의 원자력안전규제법제에 대해 논하기로 하고, 원자력배상체계에 대해서는 할애하였다[2]. 이하에서 구체적으로 언급하기로 한다.

〔2〕 원자로규제법(核子反應器設施管制法)

2003년 1월 15일에 제정된 원자로규제법은 5장으로 구성되어 있다. 그 내용은 총칙, 건설과 운전의 규제, 정지와 폐로, 벌칙과 부칙이다. 이 법률의 입법목적은 원자로의 시설을 규제함으로써 공중의 안전을 보장하는 것이다. 이 법이 규정하지 아니한 사항에 대해서는 다른 법률의 규율에 위임된다. 이 법의 주관기관은 원자능위원회이다.

(1) 안전관리상의 중요사항

원자로시설의 건설 또는 운전기간 동안 설계를 수정하거나 또는 설비를 변경하려고 할 때에 안전관리상의 중요사항에 관계가 있을 때에는 주관기관의 허가를 얻어야 한다. 안전관리의 중요사항의 범위에 대해서는 주관기관이 정하는 것으로 되어있다[3]. 또한, 원자로시설의 건설 또는 운전기간 중에 주관기관은 언제든지 인원을 파견하여 조사를 하고, 시설의 사업자에게 시설의 건설 또는 운전과 관련된 자료의 제출을 요구할 수 있다. 사업자가 이러한 요구에 응하지 않고, 방해하거

2) 대만의 원자력손해배상법의 제도에 대하여, 程明修『國際原子力損害賠償法システムと台湾の原子力損害賠償法の修正構想·原子力法のシステム(一)一原子力安全規制と原子力損害賠償法制』(2014年, 台湾能源法學會/行政院原子能委員會) 343쪽 이하 참조.

3) 核子反応器設施管制法13條.

나 또는 거부하는 것 등은 금지되어 있고, 법령을 위반하거나 국민의 건강과 안전 또는 환경생태를 손상할 우려가 있는 경우에는 주관기관은 조기의 개선 또는 필요한 조치를 취할 것을 명할 수 있다. 그 사태가 중대한 경우, 기간 내에 개선하지 않는 경우, 또는 필요한 조치를 취하지 않는 경우, 주관기관은 사업자에게 현장작업, 운전정지, 허가 취소 등을 명할 수 있다[4].

(2) 원자로의 폐로에 대해

시설의 사업자는 원자로의 운전정지의 3년 전까지 폐로계획을 첨부하여 주관기관에 신청을 하여 허가를 받아야한다. 그리고, 허가를 받은 후, 25년 이내에 폐로를 완성해야 한다[5]. 폐로의 허가요건은 폐로 작업시에는 공중의 건강과 안전을 충분히 보장할 것, 환경보호와 생태에 미치는 영향에 대해 관계법령에 위반하지 않을 것, 방사선의 작업 및 방사성물질의 관리가 법령에 위반하지 않을 것, 신청자의 기술 및 관리능력, 재무의 기초 등이 폐로의 실시에 대해 충분한 능력이 있을 것이다.

폐로계획이 주관기관의 허가를 얻은 후, 그 내용의 변경이 규제상의 중요사항에 관계가 있을 때, 사업자는 변경에 대해 주관기관의 동의를 얻어야 한다[6]. 원자로 폐로계획의 시행이 종료한 6개월 이내에 사업자는 폐로 후의 원자로의 주위의 방사선에 대해 주관기관에 보고서를 제출하고, 그것을 주관기관은 심사한다[7]. 폐로 후의 원자로 주변의 방사선의 보고는 이하의 내용을 포함한다. 조사의 목적과 항목, 방법 및 위치도, 조사의 결과와 분석, 방사선의 양의 평가 및 주관기관에 지정된

4) 核子反応器設施管制法14條1項.

5) 核子反応器設施管制法施行細則16條.

6) 核子反応器設施管制法施行細則18條.

7) 核子反応器設施管制法28條.

사항이다.

〔3〕 방사선장해방지법(遊離輻射防護法)

2002년에 제정된 방사선장해방지법은 5장으로 구성된다. 그 내용은 총칙, 방사선의 안전보호, 방사성물질 및 방사선의 설비, 방사선 작업의 관리, 벌칙 및 부칙이다.

(1) 방사선 방호

시설의 운영자는 방사선 아래에서의 작업의 규모와 성질에 따라, 주관기관이 공포한 규정에 따라 방사선의 관리조직 또는 방사선방호의 인원을 배치하고, 방사선 아래에서의 작업을 수행한다. 시설의 사업자는 방사선 아래에서의 작업에 대해 우선, 방사선 방호계획을 작성하여 주관기관의 허가를 받아야한다[8].

(2) 방사선 방호계획

시설의 사업자는 방사선 방호계획을 작성할 때, 다음 사항을 고려하여야 한다.

즉, 방사선 방호의 관리조직과 권한, 인원의 방호, 의료상의 방호, 지구의 관제, 방사선원의 규제, 방사성폐기물의 처리, 예기치 않은 사고의 처리, 합리적인 감소조치, 기록의 보존, 그 외 주관기관이 지정한 사항[9]이다.

또한, 방사선의 의료상의 방호에 대해 (i) 건재, 강재와 건축물의 방사성 물질에 의한 오염의 방지, (ii) 방사성물질에 의한 건축물의 오염에 대한 방호 및 처리방법의 두 가지 사항에 대해 규율이 되어 있다.

---

8) 游離輻射防護法 7條.

9) 游離輻射防護法施行細則 2條.

〔4〕 방사성물질의 관리체제(放射性物料管理法)

2002년에 제정된 방사성물료관리법은 5장으로 구성되어 있다. 그 내용은 총칙, 핵원료와 핵연료의 규제, 방사성폐기물의 규제, 벌칙과 부칙이다.

동법의 입법목적은 방사성물질의 관리, 방사선에 의한 장해의 방지 및 공중의 안전의 보장이다. 이하에서는 동법에서의 핵원료와 핵연료 및 방사성폐기물에 관한 규제의 내용을 말한다.

(1) 핵원료, 핵연료에 관한 관리

핵원료, 핵연료의 생산 또는 저장시설의 건설을 하고자 하는 경우, 사업자는 주관기관에 신청해야 한다. 그 때, 다음의 조건을 충족함으로써 건설허가가 부여되고, 건설을 행할 수 있다. ①원자력의 평화적 이용의 목적과 일치할 것, ②설비와 시설이 공중의 건강과 안전을 충분히 확보하고 있을 것, ③환경과 생태에 미치는 영향에 대해 관계법령을 준수할 것, ④원자로 등의 시설의 운영에 대해, 기술적 능력, 관리능력 및 재무상황 등이 적절한 수준에서 확보되고 있을 것, 그리고 시설의 운전에 의해 발생한 방사성폐기물에 대해 처리, 저장 및 최종처분능력이 있을 것[10]이다.

동법에 근거하여, 핵원료, 핵연료의 생산 또는 저장시설의 건설허가를 신청하고자 하는 자는 먼저, 시설의 건설 종료 후에 시운전 라이센스를 첨부하여 주관기관에 시운전을 신청한다. 그 다음에, 시운전 후 이하의 자료(①최신의 안전분석보고서, ②시설운전의 기술규범, ③시운전 보고서, ④예상치 못한 사건에 대한 대처계획, ⑤국내외 방사성폐기물의 최종시설에 대한 처분 또는 저장의 허가 또는 대리계약의 사본, ⑥기타 주관기관이 지정한 자료[11])를 첨부하여, 주관기관에게 시설의 운전라이센스를 신청

10) 放射性物料管理法 8條 1, 2項.

한다. 또한, 운전라이센스의 기간은 40년이다[12].

(2) 방사성폐기물에 관한 관리

방사성폐기물의 처분, 저장 또는 최종처분시설의 건설에 대해, 사업자는 주관기관에게 신청서를 제출하고, 이하의 사항에 대해 심사를 받아 허가를 얻어야 한다. 즉, ①관계의 국제조약의 규정과 일치할 것, ②설비와 시설에 대해 공중의 건강과 안전이 충분히 보장될 것, ③환경과 생태에 미치는 영향에 대해 관계법령을 준수할 것, ④원자로 등의 시설의 운영에 대해 신청자의 기술적 능력, 관리능력 및 재무상황 등이 적절한 수준에서 확보되어 있을 것[13]이다.

운전허가의 기간에 대해 방사성폐기물의 처분, 저장의 시설은 40년이며, 방사성폐기물의 최종처분시설은 60년이다[14].

〔5〕 저준위방사성폐기물최종처분장설치조례

저준위 방사성폐기물의 최종처분의 근거법률로서는 2006년 5월 24일 제정의 '저준위방사성폐기물최종처분장설치조례'(법률)와 2003년 9월 10일 제정의 '방사성폐기물최종처분및시설의안전관리규칙'(명령)이 있다.

이에 대해, 고준위 방사성폐기물의 최종처분에 대해서는 법률 레벨의 규범은 없다. 그 법적 근거는 방사성물질관리법의 수권에 근거하여 공포된 '고준위방사성폐기물최종처분및시설안전에관한관리규범'과 2015년 제정의 '고준위방사성폐기물의최종처분장에관한규범'이다.

---

11) 放射性物料管理法施行細則 8條.

12) 放射性物料管理法 9條.

13) 放射性物料管理法 17條 1項.

14) 放射性物料管理法施行細則 27條.

고준위 방사성폐기물의 최종처분의 법적 근거가 명령에 의한 규범이기 때문에, 법률유보의 원칙에 위반하는 것이 아닌가라는 의문이 제시되고 있다. 그리고, 저준위 방사성폐기물의 최종처분의 법규범에서 규정되어 있는 것과 같은 국민(주민)투표와 환경영향평가제도는 규정되어 있지 않다.

저준위 방사성폐기물의 최종처분장의 설치조례에 의해, 최종처분장의 입지의 선정위원회가 설치되게 되어있다. 위원회는 17명에서 21명까지의 위원으로 구성한다. 위원회는 기관대표와 학자전문가를 포함하여, 그 가운데 학자전문가의 수는 적어도 5분의 3 이상이 되어야 한다. 위원의 선정방법, 임기, 회의소집, 결의의 방식 등의 규정은 주관기관에 의해 공포된다[15]. 제안된 처분장의 후보지에 대해서는 공고기간의 만료 후 30일 이내에 그 장소의 현(시)에서 주민투표가 실시된다. 그리고, 주민투표의 결과, 소정의 다수의 찬성을 얻을 수 있다면, 입지점의 후보가 된다. 입지점의 후보가 둘 이상인 경우에는 주관기관이 결정한다. 최종처분장의 선정을 촉진하기 위하여 주관기관이 '핵능후단(核能後端)운영기금'으로부터 보조금을 지출하는 것으로 되어있으며, 그 최고금액은 50억 위안(약 200 억 엔)[16]이다.

경제부는 2012년 7월 3일, '타이둥현(台東縣) 달인향(達仁鄉)'과 '진먼현(金門縣) 오구향(烏丘鄉)'을 입지점의 후보로 제안했다. 구역 내의 주민투표에 대해, 경제부는 2012년 8월 7일에 타이둥현 및 진먼현에서 주민투표의 실시를 위탁했지만, 같은 해 9월 26일에 진먼현, 10월 9일에 타이둥현에서 입지에 부동의 결과가 나타났다.

15) 低レベル放射性廢棄物最終處分場設置條例 5條.

16) 低レベル放射性廢棄物最終處分場設置條例 12條.

3 규제시스템의 문제점과 장래적인 과제

〔1〕 원자력기본법 초안과 법원의 심사밀도

(1) 원자력기본법 초안의 내용

2002년 4월 20일, 행정원이 원자력기본법 초안을 입법원에 제안했다. 초안의 이유서에 따르면, 현행 원자력법(원자능법)의 규정 중, 방사선장해방지에 관한 조항은 2002년 1월 31일의 방사선장해방지법에서 공포하고 있으며, 또한 원자로의 규제, 방사성물질의 관리 및 원자력사고 긴급대응 등 관계조항에 대해서는 이미 2002년 3월 13일 원자로규제법 초안과 방사성물료관리법 초안을 입법원에 제안했다는 것이다. 또한, 장래는 원자력사고긴급대처법 초안을 제출할 예정이라고 되어있다.

원자력법의 성질은 기본법이며, 앞서 언급한 3 법률의 규율내용과 중복되기 때문에, 원자력법 중에서 구체적인 규제에 관한 조문을 삭제하거나 또는 수정하고, 구체적인 규제에는 관계없는 조문을 현재와 미래를 내다보고 수정하고, 그리고 원자력의 평화적 이용과 구체적인 규제에 관한 원칙을 규율하는 조문을 늘렸다. 따라서, 동법의 명칭은 '원자력(원자능)기본법'이라 한다.

원자로규제법(核子反應器設施管制法)은 2003년 1월 15일에, 방사성물료관리법은 2002년 12월 25일에, 또한 원자력사고긴급대처법은 2003년 12월 24일에 제정되었다.

학자의 견해[17]는 다음과 같다. 즉 (i) 원자력기본법 초안에 대해서는 현행법률에 규정되어있는 작용법상의 조문을 삭제한다. 따라서, 모든 벌칙을 삭제한다. (ii) 초안은 기본법에 관련된 것이기 때문에 규제에

17) 行政院原子能委員會 「原子爐使用濟燃料プールの冷却分析と各安全完成基本法の修正研究計畫」(2013년 6월 28일) 171쪽.

표 1 원자력법제의 제정·개정(공포) 동향

법규명칭(원문)	최종개정(공포) (연월일)
원자력법(원자능법)	1971년 12월 24일
원자력손해배상법	1997년 5월 14일
방사선장해방지법	2002년 1월 30일
방사선물료관리법	2002년 12월 25일
원자로규제법	2003년 1월 15일
원자력사고긴급대처법	2003년 12월 24일
저준위방사성폐기물최종처분장설치조례	2006년 5월 24일
「원자력(원자능)기본법 초안」	2002년 4월 20일
「핵능안전위원회조직법 초안」	2013년 2월 21일

관한 조항 외에도 촉진의 취지도 초안에 명확히 규정해야 한다. 또한, 원자력분야에서는 규제사무가 여러 기관에 걸치기 때문에 '주관기관'이라는 용어 대신에 '정부'라는 용어가 채택되어야 한다. 마지막으로, 원자력기본법 초안에 정보공개와 국민의 참여를 명시해야 한다.

(2) 원자력 안전에 관한 심사밀도

대만에서는 지금까지 원자력에 관한 소송은 드물었다. 이하에서는 2013년의 원자로의 안전성에 관한 고등행정법원의 판결[18]을 소개한다.

① 고등행정법원 판결

이 고등행정법원의 판결에서는 제2 원자력발전소(이른바 핵 2)의 원자로를 지지하는 금속제 보호판(에프론)의 나선형 마개의 단열이라는 사건의 위험성에 대해서는 본건 피고인 원자능위원회가 판단여지의 권한을 가지고 있다는 판단이 제시되었다.

(i) 본건에서 다투어진 핵 2(제2 원자력발전소)의 1 호기에 대해서 제22

18) 台北高等行政法院102年度訴字201号判决(2013年).

회의 대규모 점검을 실시한 후, 재운전을 인정한 처분은 고도의 과학기술에 관한 위험평가이고, 또한 복잡한 리스크 판단에 속하는 것이다. 따라서, 그 당시의 과학기술 수준에 비추어, 원자로의 설치 및 운전에 따라 일어날 수 있는 손해에 대해 필요한 예방조치가 취해지고 있다고 인정할 때, 주관기관은 원자로의 설치 및 운전허가를 부여할 수 있다. 독일의 재판실무와 학설의 통설에서는 원자로의 설치, 운전허가처분에 대해 판단여지를 인정한다. 핵 2(제2 원자력발전소) 발전소 1 호기가 제22회 대규모점검 후에 안전하게 운전이 재개될지에 대해 감독하는 기관으로서는 피고인 원자능위원회가 가장 적절한 기관이다.

(ii) 원자력발전소의 기기의 대규모점검 후에 그 재운전을 인정할지 여부의 심사는 당시의 과학기술 수준에 비추어 필요한 예방조치가 취해져 있어야한다. 즉, 원자력발전소의 사업자가 원자력발전에 관한 과학기술 수준의 발전에 대응하여, 사고대책의 레벨을 보다 높이는 것을 통해 국민의 기본권의 보장이 확보된다.

(iii) '절대적 안전'의 기준을 채택하는 것은 그 당시의 인간의 과학기술에 대한 인지를 초월하는 것이며, 또한 국가가 전면적으로 과학기술의 사용을 금지하고 허가하지 않는 것을 의미한다. 궁극적으로는 인간의 과학기술의 이용에 의한 발전의 길을 방해하고, 과학기술의 연구와 개발은 불가능하게 한다. 이에 의해, 원자력발전소의 기기의 대규모점검 후, 재운전의 심사에 관해, 법원은 실천이성을 평가의 기준으로 삼아야 한다.

(iv) 이것은 실천이성의 한계를 초월하는 과학의 '불확정'의 영역을 과학으로부터 완전히 배제하는 것을 의미하지 않는다. 이 영역에 대해서도 원자력발전소의 주관기관이 원자력발전소 기기의 대규모 점검 후의 심사에서 원자로규제법에 규정된 '안전영향', '이상현상' 등의 불확정개념에 대해 주관기관에 속하는 판단여지의 범위 내에서 판단이

이루어진다.

(v) 주관기관은 원자로규제법과 규제명령에 따라 원자력발전소사업자가 취한 조치가 위험의 예방에 관한 필요조건을 충족시키고 있는지, 원자력발전소에 대해 취한 보호조치가 당시의 과학기술에 적합한지 등에 대해 심사한다. 그 때, 사업자가 취한 위험예방조치가 충분한지 등에 대한 판단은 안전평가에 관한 확인적 요소를 포함하지만, 행정법원은 행정기관의 결정을 심사할 때, 그 결정의 합법성만을 심사하고 행정법원이 주관기관의 결정판단을 대치하는 것과 같은 실체적 심사를 하지 않는다.

② 판결의 해설

(가) 원자능위원회의 판단여지[19)]

우선, 본 판결은 본건에서 다투어진 처분, 즉 핵 2(제2 원자력발전소)의 1 호기 제22회 대규모점검 후에 재운전을 인정한 처분은 고도의 과학기술에 관한 리스크 평가로서 한편 복잡한 리스크 판단에 속하는 사항이기 때문에, 본건 피고인 원자능위원회가 판단여지의 권한을 가지고 있다고 판단했다.

(나) 동태적 기본권 보장

원자력발전소의 대규모 점검 후에는 재운전을 인정할지 여부의 심사는 그 당시의 과학기술 수준에 따라 필요한 예방조치를 취하여야 한다. 즉, 원자력발전에 관한 과학기술 수준의 발전과 함께, 예방의 위해를 위한 조치를 보다 높임으로써 국민의 기본권 보장을 확보할 수 있다.

---

19) 대만에서는 판단여지와 사법심사의 밀도에 관한 논의를 大法官553号解釋(2002年)을 비롯하여, 재판실무에서 다수의 판례가 원용되고 있다. 최근의 판결의 원용례로서는 最高行政法院104年度判字272号判決(環境影響評價法)(2015년), 最高行政法院104年度判字39号判決(文化資產保存法)(2015년) 등이 있다.

(다) 원자력과 안전의 개념

법원은 안전의 개념에 대해, 실천이성의 한계를 초월하는 과학의 '불확정' 부분은 과학에서 완전히 제거되는 것은 아니라고 하면서, '절대적 안전'의 기준을 취하는 것은 불가능하다고 판단하고 있다. 이처럼 법원은 안전 개념에 대해 실천이성을 평가의 기준으로서 안전성을 파악하고 있다[20].

(라) 실체적 판단 대치의 배척

원자력발전소사업자가 취한 조치가 위험예방에 관한 필요조건을 충족시키고 있는지, 원자력발전소에 대한 보호조치가 당시의 과학기술에 적합한지 등에 관한 행정기관의 결정을 심사할 때, 법원은 결정의 합법성만을 심사하고 행정법원이 행정기관의 판단을 대치하는 것과 같은 실체적 심사를 하지 않는다.

③ 집행정지에 대해

본안소송과 동시에, 원고(주민과 환경단체)는 본건 처분의 집행정지의 신청을 하였다. 이 핵 2(제2 원자력발전소)에 대한 집행정지의 신청은 타이페이고등행정법원 102년도 소자(訴字) 9호 재정(2013년)에 의해 기각되었기 때문에, 최고행정법원(재판소)에 재항고가 되었다. 그리고, 최고행정법원은 102년도 소자(訴字) 1779호 재정(2013년)에서 이를 각하하였다. 그 이유는 (가) 행정처분의 외관으로 보면, 명백한 불법이 아니었다는 것, (나) 원고는 손해회복의 곤란을 소명하지 않았다는 것, (다) 집행정지에 필요한 사안의 긴급성을 확인할 수 없었다는 점이다.

---

20) 원자력법 영역에서의 안전의 개념과 실천이성을 평가의 기준으로 한 것에 관한 논의에 대하여, 陳春生『ドイツ原子爐の設立許可手續とその安全性の問題、核能の利用とその法規制』(1995년, 元照出板公司) 38쪽 이하.

(2) 규제기관의 독립성과 조직레벨

2011년 후쿠시마원전사고 이전의 시점에서 대만에서는 행정원의 조직개조의 방침을 따라 원자능위원회를 행정원의 2급기관에서 강등시켜 3급기관으로 하기로 했다. 후쿠시마원전사고 이후에서도 이 방향성에 변화는 없다. 즉, 대만의 행정조직 개편을 위한 중앙행정기관조직기준법 32조에 근거하여, 독립기관은 3개로 한정되고, 원자력안전규제기관은 3급기관으로 자리매김되는 것으로 되어있다. 행정원은 2013년 2월 21일에 '핵능안전위원회조직법 초안'을 통과시키고, 입법원에 심의를 위해 제안했다. 초안의 입법 설명에 의하면, 이 초안의 목적은 대만의 핵능(원자력)과 방사선 방호에 관한 안전 확보를 위하여 행정원이 중앙 3급독립기관인 핵능안전위원회를 설치한다는 것이다. 핵능안전위원회조직법 초안 2조 1항에 따르면, 핵능안전위원회의 임무는 다음의 항목에 관한 것으로 된다.

- 원자력안전규제의 정책, 계획, 법 정비, 과학기술, 연구, 교육, 국제원자력의 합작사항의 규제, 연정(硏訂), 심사 및 집행
- 원자력안전의 보호, 원자력보안업무의 연락과 규제
- 원자로 설치장소의 안전심사와 원자로의 설계, 건설, 운전, 유지, 폐로 및 부속설비의 수입·수출의 심사와 규제
- 원자로의 운전인원, 방사선 하의 작업인원과 상관(相關)라이센스의 허가와 관리
- 방사성물질과 방사선의 방사설비와 방사선 하의 작업과 환경에 관한 심사와 규제
- 환경방사선의 집행과 감독
- 사고의 방재, 정비, 대응 및 복구의 감독과 협조, 원자력사고의 조사평가
- 방사성물질의 보유, 사용, 수입, 수출, 월경(越境), 가공, 처리, 운송,

저장, 폐기, 최종처리, 양도, 임차 또는 질권 설정에 관한 심사와 규제사항

- 방사성폐기물의 처리, 저장 및 최종처분시설의 설계, 건설, 운전, 폐로 또는 폐쇄의 심사와 규제
- 그 외, 원자력안전의 규제, 집행과 규제사항

한편, 핵능안전위원회조직법 초안 2조 2, 3항에 따르면, 핵능안전위원회의 위원은 5명에서 7명으로 주임과 부주임이 전임이며, 다른 위원은 비상근으로 임기 3년, 연임 1회가 가능하다.

핵능안전위원회의 독립성을 확보하기 위해 핵능안전위원회조직법 초안 3조 1항에서는 본 위원회는 동법에 따라 독립적으로 직한(職限)을 행사한다고 규정하고 있다. 또한, 동조 5항에서는 핵능안전위원회의 위원이 원자력 안전과 방사선 보호 등의 관련지식과 경험을 가져야 한다고 규정하고 있다. 또한, 동일 당파에 소속된 위원의 수는 위원 총수의 2분의 1을 초과할 수 없다.

핵능안전위원회의 심의는 합의의 방식으로 실시한다. 핵능안전위원회에서 심의할 사항은 다음을 포함한다. 원자력과 방사선 안전기술에 관한 개발의 방침과 정책의 심의, 원자력과 방사선 안전기술의 연도계획의 심의와 심사, 주관하는 법률의 제정, 개정 및 폐지에 관한 심의, 위원 제안의 심의, 기타 위원회에 의해 심의해야 할 사항(핵능안전위원회조직법 초안 5조).

또한, 위원회의 회의 개최에 있어서는 학자, 전문가를 참여시켜 관계기관, 사업 또는 단체의 직원에게 출석, 설명 및 의견제공을 요구할 수 있다(동법 초안 6조 3항). 위원회의 회의는 공개하지 않지만, 위원회의 기록의 공개는 정부정보공개법 7조에 근거한 능동적 공개의 규정을 적용한다(동법 초안 6조 4항).

그러나, 이러한 입법정책에 대해서는 학계에서 비판이 있다. 즉, 현

시점에서 원자력의 안전성에 대해 국민은 강한 우려를 가지고 있으며, 또한, 원자능위원회가 행정원의 2급기관에서 강등된 3급기관으로 된다면, 핵능안전위원회는 핵능안전위원회조직법에 근거하는 독립기관이긴 하지만, 행정원 아래인 경제부와 과학기술부의 영향을 배제하고, 정치상, 조직상 및 공능(功能)상 독립성을 확보할 수 있는지에 대해 의문이 생긴다고 주장되고 있다.

원자력안전의 규제기관인 핵능안전위원회는 행정원의 2급기관에서 강등된 3급기관이 되는 이외에, 주임위원과 부주임위원을 제외하고, 다른 위원은 모두 비상근으로 되고, 그 위에, 외부위원의 수를 2분의 1 이상으로 하는 보장규정은 두고 있지 않기 때문에, 위원회의 전문성과 독립성을 발휘하는 것은 제한된다[21]. 따라서, 핵능안전위원회가 정말로 원자력의 안전성을 확보할 수 있는지 의구심이 남아 있다.

〔3〕 방사선 방호 - '민생별장' 사건 -

(i) 다음으로, 방사선 방호가 문제가 된 사안에 대해 소개한다. 사안은 다음과 같은 것이었다. 우선, 1985년 3월, 타이베이시 용강로의 주택인 '민생별장'에서 주민들이 건물의 벽에서 방사선을 감지했다. 주관기관인 원자능위원회 방사선보호처가 신고를 받고 조사하여, 강한 방사선을 검출하였지만, 주민들에게 통보하지 않은 채 7년이 경과했다. 그리고, 1992년 매스미디어에 의해 사태가 폭로되었다. 그래서, 48명의 '민생별장' 주민들이 원자능위원회를 피고로 하여 지방법원에 국가배상소송을 제기했다. 제1심 지방법원은 주관기관의 직무 태만을 이유로 주민들에게 3,845만 9,660 위안(약 1억 5천만 엔)을 배상해야한다고 판결을 내렸기 때문에, 원자능위원회가 항소했다. 이에 대해, 대만고등법원

---

21) 行政院原子能委員會 「原子爐使用濟燃料プールの冷却分析と各安全完成基本法の修正研究計畫」(2013년 6월 28일) 92쪽.

은 대체로 다음과 같은 판결을 내렸다.

(ii) (α) 방사선 장애에 관한 사건에서는 자연과학의 방법에 의해 사실상의 인과관계를 해명하는 것은 곤란하다. 충분한 과학지식이 없는 일반인에게 인과관계의 입증을 요구하는 것은 거의 불가능하며, 이는 공해의 영역에서도 마찬가지이다. (β) 일본의 학설과 실무에서는 공해사건의 입증곤란의 문제를 해결하기 위해, 우세증거설, 사실추정설 등 개연성의 인과관계이론이 있다. 대체로, 이러한 견해에서는 공해사건에 대해 인과관계가 존재하는지 여부의 입증은 엄밀한 과학적 거증을 할 필요는 없고, 개연성의 증거 제시로 충분하다고 된다. 즉, "만약 해당 행위가 없으면, 이 결과가 발생하지 않는다"고 판단된다면, 이 정도의 개연성으로 충분하다. (γ) 그 외, 역학인과관계와 간접반증설이 있다. 예를 들면, 공해에 대해 역학인과관계를 적용하면, 그 판단방법은 어떤 요소가 질병의 발생원인과의 관계에 대해 역학에서 몇 개의 가능한 요소를 생각하면서, 통계방법에 의해 '합리의 개연성'을 기준으로 하고, 만약 피고의 행위(요소)에 의해 증가된 위험성은 "의학상의 합리적 확정성(reasonable medical certainty)에 이른다"고 증명할 수 있다면, 이 정도로 충분하다. 따라서, 피고의 행위가 원고의 손해를 야기한 원인까지도 증명할 필요는 없다.

(iii) 본건의 상황에서는 대만의계(医界)연맹기금회가 실시한 역학적 인과관계에 관한 인증은 피상소인(원고) 등의 건강이 손상되고, 또한 그 장애는 장기에 걸쳐 방사선에 피폭한 것과 인과관계가 있다고 하는 것이었다. 상소인(피고)은 1985년의 시점에서 '민생별장'에 방사선에 오염된 철근이 존재하고, 그 철근의 유래 및 건축물에 사용된 사실을 인식하고 있으며, '민생별장'이 방사선 철근에 오염된 것을 알 수 있을 것이었다. 그러나, 상소인이 그 의무를 게을리 하여, 피상소인에게 고지하지 않았기 때문에, 피상소인은 장기에 걸쳐 주소 또는 그 행동의 과

정에서 과도하게 피폭하게 되었다.

(iv) 이상을 이유로, 대만고등법원은 "피상소인의 장애와 상소인의 직무태만과의 사이에는 인과관계가 존재한다"고 판결했다[22].

이 판결의 특징은 역학적 인과관계(감염증학적 인과관계)를 원용하여, 주민승소의 결론을 이끈 것에 있다. 즉, 역학적 인과관계의 인정수법에 따르면, (α) 어떤 요소가 감염증의 유행의 원인과 관계하는지 여부에 대해, (β) 역학적인 견지에 근거하여, 몇 개의 생각할 수 있는 요소를 감안하면서, 통계의 방법에 의해 '합리적인 개연성'을 기준으로 하여, 만일 피고의 행위(요소)에 의해 증가된 위험성은 "의학상의 합리적 확정성에 이른다"는 것을 증명할 수 있다면, 이 정도로 입증은 충분하다. 따라서, (γ) 피고의 행위가 원고의 장애를 야기한 원인까지도 증명할 필요가 없다. 이러한 판단에 근거해 법원은 인과관계의 존재를 인정하고 있다[23].

〔4〕 정보공개와 절차적 참여

(1) 정보공개

대만의 정부정보공개법은 2005년에 제정되었다. 그 1조는 동법의 제정목적은 정부정보공개제도를 설정하여 국민이 정부정보를 공유하고, 공평하게 이용하고, 국민의 알권리를 보장하며, 국민의 공공사무의 이해, 신뢰와 감독을 증진하며, 및 국민의 참여를 촉진하는 것이라고 규정한다.

5조는 정부정보가 동법에 의해 능동적으로 공개되거나 또는 국민의

---

22) 台湾高等法院91年1月30日判決(2002年) 참조.

23) 이 판결에 대한 평석에 대하여, 陳春生「民生別莊放射線汚染事件の國家賠償責任」『月旦法學雜誌』34기(1998년 3월) 22쪽 이하 참조, 의학인과관계에 대해 동 29쪽 이하 참조.

신청에 따라 제공된다는 내용이다.

6조는 국민의 권익과 관련된 시책, 조치 및 기타 정부정보가 원칙적으로 능동적으로 공개되고 적시에 이뤄지지 않으면 안된다고 하는 것이다.

7조는 이하에서 기술하는 정부정보는 동법 18조에 규정된 공개의 제한, 또는 비공개의 사유를 제외하고, 공개해야 한다고 하는 내용이다.

①조약, 외교상의 관계문서, 법률, 긴급명령, 중앙법규표준법으로 규정된 명령, 법규명령 및 지방자치법규, ②정부기관이 하급기관을 지원하거나 또는 하급관원의 통일적인 법령해석, 사실인정, 재량권 행사를 목적으로 공포된 해석규정 및 재량기준, … (중략)…, ④행정지도에 관한 문서, … (중략) …, ⑩합의제기관의 회의기록.

원자력 안전에 관한 제도에 대해서도 당연히 정부정보공개법이 적용된다. 따라서, 전술한 바와 같이, 핵능안전위원회조직법 초안 6조 4항은 위원회의 회의는 공개하지 않지만, 위원회의 기록의 공개에 대해 정부정보공개법의 능동적 공개에 관한 7조가 적용된다고 규정하고 있다.

(2) 절차적 참여

① 대만 행정절차법과 청문제도

행정절차법 1조는 "행정행위의 공정, 공개와 민주적 절차에 따라, 법률에 의한 행정의 원리를 확보하고, 이에 의해 인민의 권익을 보장하며, 행정효능을 올리고, 그리고 인민의 정부에 대한 신뢰를 촉진하기 위해 본 법을 제정한다"고 규정하고 있다.

한편, 행정절차법 102조의 규정은 「행정기관이 인민의 자유나 권리를 제한하거나 박탈하는 행정처분을 발급하기 전에 제39조의 규정에 따라 처분을 받는 자에 대하여 의견진술을 통지하고, 청문을 통고하는 외에 처분을 받는 자에게 의견진술의 기회를 주어야 한다. 다만, 법규에 규정이 있으면 그 규정에 따르는 것으로 된다"고 하는 것이다. 그 입법취지는 행정기관의 자의와 전단을 방지하고, 당사자의 권리를 보장하는 것에 있다. 행정절차법 54조에서 66조까지, 102조에서 109조까지에서 청문과 의견진술의 절차가 규정되어 있다.

그러나, 실무상 행정기관은 종종 청문에서 공청으로 도피하는 경우가 있으며, 이러한 사태는 회피되어야 한다고 된다. 실제로, 2001년 이후 행정기관이 행정절차법의 청문규정에 따라, 청문의 절차를 엄격히 실시한 예는 드물다. 이에 대해, '공청'에 대해서는 법률상의 정의가 없고, 게다가 일부의 법률, 예를 들어 환경영향평가법은 원래의 조문에 있었던 '청문(聽証)'의 용어를 '공청'으로 개정했다. 이 때문에, 이러한 법률 개정 후에 위의 행정절차법 102조가 '공청'에 적용되어야 할 것인지 여부라는 문제가 부상하고 있다('청문에서 공청으로의 도피'의 우려).

② 대만전력공사·건식저존(乾式貯存)시설의 사례

원자능위원회는 2006년 11월 7일, 방사선물료관리법 8조 3항에 근거하여, 행정절차법의 규정에 따라 '방사선물료시설의 건설에 관한 청문절차 요점'을 공포했다.

이 요점 내용은

(가) 법원(法源)과 위상 : 방사성물료관리법 8조와 17조의 규정에 따르면, 핵원료, 핵연료의 생산 또는 저장의 시설 및 방사성폐기물의 처리, 저장 또는 최종처분시설의 건설에 관한 신청안에 대해서는 청문절차를 실시하여야 한다,

(나) 청문의 대상과 범위 : 청문절차의 참가자로서 시설입지지점의 주변으로부터 적절한 거리에서 사는 주민 외에, 행정청은 필요하다고 인정할 때에 시설 설치자 또는 개별 사안에서 영향을 미칠 가능성의 범위 내의 주민을 초치할 수 있는 것,

(다) 청문의 준비절차,

(라) 청문절차의 실시,

(마) 청문절차 실시 후의 조치이다.

또한, 청문절차 이전에 행정청은 필요하다고 인정할 때에 준비회의를 개최할 수 있다. 이 경우에는 이하의 사항을 결정한다. (i) 쟁점의 정리, (ii) 발언의 순서, (iii) 기타 청문절차와 관련된 사항.

원자능위원회는 2007년과 2012년의 2회, 제 1(핵 1), 제 2(핵 2) 원자력발전소의 '사용후연료 건식저장시설'의 건설신청안에 대해 청문절차를 실시했다. 그 결과를 감안한다면, 행정절차법의 규정에 따라 청문절차를 실시하는 것에 아무런 지장도 인정되지 않았다. 이 경험은 다른 행정기관에 대해 좋은 모범이 된 것으로 보인다.

〔5〕 방사성폐기물의 최종처분

(1) 고준위 방사성폐기물 최종처분의 근거규범

저준위 방사성폐기물 최종처분장 설치조례에 따르면, 저준위 방사성폐기물 최종처분에 관한 규제는 다섯 단계로 나눌 수 있다. 즉, 최종처분장의 선정, 환경영향평가, 건설, 사용과 폐로관리의 단계이다.

이에 대해, 이미 언급한 바와 같이, 고준위 방사성폐기물의 최종처분에 대해서는 방사성물료관리법의 수권에 따라 공포한 '고준위 방사성폐기물의 최종처리 및 시설안전관리규범'과 2015년의 '고준위 방사성폐기물 최종처분장에 관한 규범'으로 규정되어 있으며, 법률 레벨의 규범은 없다. 그러나, 지금까지 고준위 방사성폐기물 최종처분장의 선정절차는 실시되지 않는다. 대만전력공사가 주관기관에게 제출한 '사용후핵연료 최종처리계획서'에 따르면, 2017년부터 2028년까지의 시기가 '우리나라의 사용후핵연료 최종처분의 기술가능성에 관한 평가보고'에서 최종처분장의 평가 및 선정의 단계이다. 그리고, 당면 후보지의 하나인 대남오(大南澳)지구에 대해 원주민의 보호법률규정(원주민족기본법 21조·31조)을 적용해야할지 여부가 문제로 되고 있다. 왜냐하면, 이 보호법률규정(원주민기본법 21조)에는 "정부 또는 사인이 원주민의 토지내에 토지의 개발, 자원이용, 생태보육 및 학술연구를 하는 경우에는 원주민의 의견을 청취하고, 동의를 얻거나 또는 원주민의 참여를 얻어야하며, 또한 원주민은 그것으로부터 얻은 이익을 공유할 수 있다"고 하며, "정부는 원주민의 의사에 반하여, 원주민족의 지구 내에 유해물질을 저장할 수 없다"(원주민기본법 31조)고 하기 때문이다.

또한, 고준위 방사성폐기물 최종처분에 관한 규범은 저준위 방사성폐기물 최종처분에 관한 규범과는 달리, 환경영향평가제도는 규정하고 있지 않기 때문에 환경영향평가법이 적용되는지 여부의 문제도 발생하고 있다. 환경영향평가법 5조 1항 10관은 "원자력 및 다른 에너지의 개발 및 방사성폐기물 저장 또는 처분장의 건설에 관하여 그 개발행위가 환경에 대해 좋지 않은 영향을 미칠 우려가 있는 경우에는 환경영향평가를 실시해야 한다"고 규정하고 있다. 따라서, 원칙적으로 방사성폐기물 최종처분은 환경영향평가가 적용되어야 하며, 이것이 저준위 방사성폐기물 최종처분에 대해 저준위 방사성폐기물 최종처분장 설치조례 13조에서 확인적으로 규정되었다고 해석되어야 할 것이다. 그러나, 이 점에 관해서는 고준위 방사성폐기물의 최종처분에 대해 대만전력공사가 주관기관에게 제출한 '사용후핵연료 최종처분계획서'에 따르면, 고준위 방사성폐기물 최종처분장의 설치는 '처분후보로 되는 모암(母岩)의 특성조사와 평가', '후보지의 선정 및 확정', '후보지의 상세조사와 시험', '처분장의 설계와 안전분석평가', '처분장의 건설'의 5 단계를 거쳐야 한다. 이러한 절차에는 당연하지만 오랜 세월을 요하고, 각 단계에서는 환경평가의 체계보다도 엄격한 조사, 시험 및 평가가 이루어지기 때문에, 또한 환경평가를 실시할 필요가 있는지 여부라는 문제는 남아 있다.

(2) 저준위 방사성폐기물 최종처분의 실시주체

저준위 방사성폐기물 최종처분의 집행기관에 대해서는 최근 행정원이 '행정법인방사성폐기물관리센터설치조례 초안'을 제출했다. 장래적으로는 이 행정법인·관리센터가 최종처분의 주체가 된다. 그 이유는 인사, 조직, 재무 등에 대한 규제를 완화하고, 기업적 관리수법을 도입하고, 이에 따라 방사성폐기물 처분의 관리·운영의 전문성, 객관성을 강화하고, 아울러, 국민의 행정에 대한 신뢰를 얻고, 운영실적을 향상시킨다는 것이다.

덧붙여서, 대만에서는 그동안 행정법인이 설립된 예는 매우 드물다. 그 운영의 경험도 적고[24], 근거법인 행정법인법은 2011년 4월 21일에 제정되었다. 따라서, 만일 행정법인 방사성폐기물관리센터가 성립한다면, 그 실제운영이 주목되게 될 것이다.

〔6〕 동아시아의 원자력안전규제시스템의 구축

동아시아지역에서 원자력발전소는 2024년까지 100개를 넘을 것으로 예상되고 있다. 우선, 대만의 논고 중의 통계에 따르면, 중국은 현재 11기의 원자력발전소를 운영하고 있으며, 24기가 건설 중이다. 일본에는 50기의 원자력발전소가 있다. 한국은 21기의 원자력발전소를 가동 중이며, 2024년까지 35기를 운전할 예정이다. 대만에서는 6기의 원자력발전소가 가동하고 있으며, 2기가 건설 중이다. 이상의 동아시아 국

24) 대만에서는 최초의 행정법인으로서의 「행정법인중정(中正)문화센터」가 2004년에 발족하였지만, 2014년에 행정원조직 개조를 위해 폐지되고, 새롭게 발족한 「국가표연(表演)예술센터」(감독기관은 문화부)로 편입된 후에 「국가중산(中山)과학연구원」, 「국가재해방구(防救)과기센터」 및 「국가운동훈련센터」가 발족하고 있다. 그러나, 이들 설치는 모두 2014년 이후의 일이다.

가들에서 2024년까지 127개 전후의 원자력발전소가 건설 완료 또는 가동중이 된다. 따라서, 원자력안전규제체제의 문제는 일 국가 내에 그치는 것이 아니라, 동아시아지역의 각국에 공통되는 과제라고 할 수 있을 것이다[25][27].

동아시아지역에서의 원자력안전의 법제도의 구축시에는 (i) 각국의 안전규제 주관기관의 규제권한을 강화하고, 독립성을 강화시킴과 함께, (ii) 원자력안전규제시스템에서의 국민의 참여와 정보공개를 철저히 하는 한편, (iii) 국가와 국가 사이에서 이하의 조치를 취하는 것이 중요하다고 생각한다.

(1) 전문가 간의 상호평가(Peer Reviews)

1994년의 국제원자력안전협정 20조에 의해, 회원국에 대해서는 정기적으로 조약상의 국제적인 안전확보의무의 이행을 위해 실시된 평가보고에 대해, 검증의 기회가 제공된다. 전문가간의 상호평가(Peer Reviews)을 이용하여, 각국에 대해서는 다른 회원국으로부터의 평가보고에 대해 협의하는 이성적인 자리가 주어지고, 그 때, 다른 회원국의 평가보고에 대한 설명을 요구할 수 있다[26][27].

---

25) Chen, Chun-Sheng, "Establishment of an East Asian nuclear safety and lilability regime", International Nuclear Law Association(INLA)-2014 Congress, 20-23 October 2014. Buenos Aires, Argentina.

26) P.W. Birnie, A. E. Boyle and C. Redgwell, "International Law & the Environment, third edition" Oxford University Press 2009, p. 502.

27) 高橋滋 「福島原發事故後の原子力規制システムの見直し一原子力法のシステム(一)」『原子力安全規制と原子力損害賠償法制』(2014년, 台湾能源法學會/行政院原子能委員會) 97쪽 이하, 下山憲治「日本における原子力規制組織の改革一原子力法のシステム(一)」『原子力安全規制と原子力損害賠償法制』223쪽 이하, 松本充郎「原子力規制の再構築に向けて一原子力法のシステム(一)」『原子力安全規制と原子力損害賠償法制』251쪽 이하, 彭峰「中國の原子力政策と立法の幾つか問題を考える一原子力法のシステム(一)」209쪽 이하, 朴均省「韓國の原子力安全

전문가간의 상호평가에서는 전문가에게 각국의 보고에 있어서의 문제점, 우려사항, 불명확한 점 또는 누락을 확인하고, 가장 중요하고 우려되는 사항을 중점적으로 다룰 기회가 주어진다.

(2) 규제경험의 교환 (Exchange of Regulatory Experiences)

위에서 설명한 바와 같이, 전문가간 상호평가는 회원국들에 대해 원자력발전시설의 안전성에 관해서 재검토를 할 성격의 것이 아니다. 각 회원국은 철저한 검증을 통해 건설적인 의견교환을 함으로써 원자력 안전의 규제경험을 학습할 수 있다.

(3) 긴급상황의 통보 (Notice of Emergency Situation)

체르노빌원자력발전소사고 이후 원자력사고의 조기통보에 관한 국제협정이 1986년에 조인되었다. 동 협정은 각국에 대해 국경을 넘을 우려가 있는 방사선 영향에 대해 영향의 우려가 있는 국가에게 통보하는 조약상의 의무를 부과한다. 회원국은 사고발생의 정보를 제공하고, 또한 방사선의 영향을 경감시키는 방법에 대해 다른 회원국에 통보할 의무를 진다. 이 구조를 통해 다른 회원국은 스스로 실행가능한 조치를 모두 취할 수 있다.

4 끝으로

(1) 원자력안전규제법제의 강화

2011년의 일본 후쿠시마원전사고 이후에 대만에서는 대응조치를 취하면서, 원자력법제의 각종 개정도 검토되었다. 예를 들어, (i) 안전규

規制システム一原子力法のシステム(一)」『原子力安全規制と原子力損害賠償法制』135쪽 이하.

제에 관한 조직적 정비, (ii) 규제를 주관하는 기관의 권한과 독립성의 강화, (iii) 원자력재해에서의 긴급피난의 범위의 확장(8km), (iv) 원자력손해배상법의 개정 등이다. 대만에서 핵 4(제4 원자력발전소)가 가동되는지 여부라고 하는 문제는 제외하고라도, 원자력이용의 안전성은 계속 강화되어야 한다. 특히, 효과적인 원자력안전에 관한 규제체계의 정비는 중요하다고 생각한다.

동아시아의 각국은 원자력안전규제체제를 재검토하고, 원자력안전규제에 관한 관계법령을 수정하거나 혹은 개정 초안에 대해 논의를 행하고 있다[27]. 안전규제의 내실은 각국에서 차이가 있지만, 다음 두 가지 점에서 공통성이 인정된다. 즉, (i) 원자력안전규제기관의 독립성을 강화하고 또는 원자력안전의 규제기관과 원자력의 촉진기관을 분리한다, (ii) 원자력안전규제에 대해 규제기관에 대해 강력한 권한을 부여한다. 이러한 점은 대만에서도 올바른 방향을 취하고 있는 것으로 평가할 수 있을 것이다.

그러나, 대만에서는 행정조직 개편 때문에 중앙행정기관조직기준법 32조에 근거하여, 독립기관이 세 개로 한정되어, 원자력안전규제기관은 3급의 기관으로 되었다. 이 점에 대해서는 원자력안전에 관한 강력한 규제권한을 핵능안전위원회에 수권하고 있다고는 말할 수없는 상태이며, 향후, 위원회가 안전규제의 기능을 충분히 발휘할 수 있을지는 하나의 과제로서 남아 있다.

〔2〕 동아시아지역에서의 시스템 구축

동아시아지역에서의 원자력발전소는 2024년까지 100기를 초과한다. 따라서, 원자력안전규제에 대해서는 한 국가 내의 원자력안전에 그치지 않고, 지역 전체에서의 원자력안전규제시스템의 구축이 중요한 과제로 되고 있다. 구체적인 방향으로서는 각국 간의 원자력안전에 관한 규제경험의 교류를 생각할 수 있다. 예를 들어, 대만과 중국 사이에서는 이미 원자력안전협정이 체결되어 있다[28]. 동아시아지역에서의 원자력안전을 확보하기 위해서는 미래에 일본과 한국과 대만 등 사이에서도 안전협정을 체결하는 것이 유익하다고 할 수 있을 것이다.

| **진 춘생(陳 春生)** 대만 사법원 대법관·전 국립대만대학 교수 |

28) 「해협양안의원자력안전에관한합작협의」(2012년 6월 29일 발효).

색인

ㅇ

ㅈ

ㅊ

ㅋ

ㅌ

ㅍ

ㅎ

기타

집필자 소개

다카하시 시게루(高橋 滋, 히토츠바시대학 대학원 법학연구과 교수)
히토츠바시대학 박사(법학). 공해등조정위원회 위원, 원자력손해배상분쟁심사회 위원, 원자력위원회 원자력손해배상제도 전문부회 전문위원 등을 맡고 있다.
주저로 『현대형 소송과 행정재량』(弘文堂), 『행정절차법』(ぎょうせい), 『先端技術의 행정법리』(岩波書店) 등.

하세 히로유키(長谷 浩之, 죠치대학 법학부 지구환경법학과 준교수)
히토츠바시대학 박사(법학). 문부과학성 연구개발국 등을 거쳐 2015년부터 현직.
주논문으로 「프랑스의 국립대학의 법적 지위와 근년의 개혁」『자치연구』 등.

치쿠시 게이이치(筑紫 圭一, 죠치대학 대학원 지구환경학연구과 교수)
죠치대학 박사(법학).
주저·주논문으로 『행정재량론』(방송대학 교육진흥회·공저), 「미국에서의 행정입법의 재량론」 등.

다나카 요시히로(田中 良弘, 히토츠바시대학 대학원 법학연구과 특임준교수)
히토츠바시대학 박사(법학).
주논문으로 「원자력손해배상의 법정책적 검토」, 「방사성물질오염대처특조법의 입법경위와 환경법상의 문제점」, 「행정형법과 질서벌」, 「행정의 실효성 확보수단으로서의 형벌규정의 바람직한 형식에 대한 일고찰」 등.

도모오카 후미토(友岡 史仁, 니혼대학 법학부 교수)
후생노동성과학심의회 임시위원, 가와자키시정보공개·개인정보보호심사회 위원 등을 맡고 있다.
주저로 『공익사업과 경쟁법』(晃洋書房), 『네트워크산업의 규제와 그 법리』(三和書籍), 『要說 經濟行政法』(弘文堂) 등.

가와이 토시키(川合 敏樹, 국학원대학 법학부 준교수)
히토츠바시대학 대학원 법학연구과 박사후기과정 단위취득 퇴학.
주논문으로 「독일에서의 원전규제의 동향」 사이토 히로시 편 『원전의 안전과 행정·사법·학회의 책임』(法律文化社) 등.

시미즈 치카(淸水知佳, 야마나시가쿠인대학 법학부 준교수)
죠치대학 박사(환경학).
주논문으로 「미국환경행정에서의 연방과 주의 협동관계」 죠치대학, 「미국환경행정에서의 연방에 의한 주의 집행활동의 감독 - 오버파일링의 의의와 가능성 -」 『환경법학정책학회학회지』, 「미국환경법 집행에서의 연방과 주의 협동관계」 『환경연구』 등.

오리 아케미(織 朱実, 죠치대학 대학원 지구환경학연구과 교수)
히토츠바시대학 박사(법학). 산업구조심의회 용기포장리사이클WG, 화학물질심의회, 중앙환경심의회 자동차배기가스종합대책소위원회 등의 위원을 맡고 있다.
주저로 『환경리스크와 환경법(미국편·구주편)』(有斐閣), 『화학물질 관리의 국제동향 제 외국의 움직임과 우리나라의 방안』(화학공업일보), 『알기 쉬운 폐소법, 리사이클법, 용기포장리사이클법 - 구미 제국의 제도와 비교하여 -』(日報) 등.

슈 세이(周 倩, 구루메대학 법학부 준교수)
히토츠바시대학 박사(법학).
주논문·주저로 「중국철도의 『분할·민영화』 - 행정법의 시점으로부터의 고찰」, 「영국에서의 민영화 및 규제개혁」, 『행정법 Visual Materials』(有斐閣·共著)

윤용택(尹龍澤, 소카대학 법과대학원 교수)
소카대학 박사(법학). 소카대학 법과대학원연구과장, 주일 한국대사관 재외선거관리위원회 위원장.
주저로 『동아시아의 행정불복심사제도』(有信堂), 『현대의 한국법』(有信堂), 『인권은 누구의 것인가』(有信堂), 『일반행정법 Ⅰ』(八千代出版) 등.

권종헌(權宗憲, 한국·산업통상자원부·전기위원회사무국 행정사무관)
산업통상자원부에서 국비유학생으로 소카대학 대학원 법학연구과에 재학 중.
주된 담당업무는 사무국 업무총괄, 전기사업인허가 및 전기사업분쟁재정의 검토 등.

진춘생(陳春生, 대만 사법원 대법관·전 국립타이베이대학 교수)
사법원소원심의위원회, 행정원원자능위원회 법규위원회, 핵자사고긴급응변기금관리위원회 등의 위원을 역임하였다.
주저로 『행정법의 학리와 체계(一)』(元照出版公司), 『행정법의 학리와 체계(二)』(元照出版公司), 『법치국의 권리보호와 위헌심사를 논함』(新學林) 등.

후쿠시마원전사고와 법정책

지진·원전사고로부터의 부흥을 향해

인 쇄 | 2017년 3월 27일
발 행 | 2017년 3월 30일

편저자 | 다카하시 시게루(高橋 滋)
역 자 | 함인선
발행인 | 정병석
발행처 | 마로니에(전남대학교출판부의 Imprint)

등록 | 1981. 5. 21. 제53호
주소 | 61186 광주광역시 북구 용봉로 77
전화 | (062) 530-0571~2 마케팅 530-0573
팩스 | (062) 530-0579
홈페이지 | http://www.cnup.co.kr
이메일 | cnup0571@hanmail.net

값 25,000원

ISBN 978-89-6849-401-7 (93360)

이 도서의 국립중앙도서관 출판예정도서목록(CIP)은 서지정보유통지원시스템 홈페이지(http://seoji.nl.go.kr)와 국가자료공동목록시스템(http://www.nl.go.kr/kolisnet)에서 이용하실 수 있습니다.
(CIP제어번호 : CIP2017007898)